周易文化与人生哲学

张玖青 编著

北京大学出版社
PEKING UNIVERSITY PRESS

图书在版编目（CIP）数据

周易文化与人生哲学/张玖青编著. —北京：北京大学出版社，2018.2

ISBN 978-7-301-28343-1

Ⅰ.①周… Ⅱ.①张… Ⅲ.①《周易》—研究②人生哲学—研究 Ⅳ.①B221.5②B821

中国版本图书馆 CIP 数据核字（2017）115053 号

书　　名 周易文化与人生哲学
ZHOUYI WENHUA YU RENSHENG ZHEXUE

著作责任者 张玖青　编著

责任编辑 郭　莉　王长民

标准书号 ISBN 978-7-301-28343-1

出版发行 北京大学出版社

地　　址 北京市海淀区成府路 205 号　100871

网　　址 http://www.pup.cn　　新浪微博：@北京大学出版社

电子信箱 zyl@pup.cn

电　　话 邮购部 62752015　发行部 62750672　编辑部 62767857

印 刷 者 三河市北燕印装有限公司

经 销 者 新华书店

787 毫米 × 1092 毫米　16 开本　22 印张　414 千字

2018 年 2 月第 1 版　2019 年 5 月第 2 次印刷

定　　价 58.00 元

内容简介

《周易》设卦观象，以符号代表自然界的现象，再借符号的组合与移动，描绘自然界千变万化的奥秘。《周易》在中国文化史、思想史上影响深远广泛，一代代学人孜孜不倦探研，对其进行注释阐发。本书旨在将艰深晦涩的《周易》转为人人皆能习读之书，从《周易》的基础知识入手，通俗解读六十四卦的卦爻辞义，分析各卦的卦德及卦理，较为全面地融贯了各家学说，并融入作者自己的见解。书中引举大量古代与现代生活案例，拉近了传统与现代的时空距离，并着意突出了《周易》对于现代人立身处世的积极指导意义。

作者简介

张玖青，安徽桐城人，文学博士，中南财经政法大学新闻与文化传播学院教授。

目录

导言

《周易》冠居群经之首，是我国现存最早的一部古代经典著作，在中国文化史、思想史上影响深远广泛。孔子说：“洁静精微，易教也。”黑格尔说：“《易经》代表了中国人的智慧，就人类心灵所创造的图形和形象来找出人之所以为人的道理，这是一种崇高的事业。”荣格说：“谈到人类唯一的智慧宝典，首推中国的《易经》。在科学方面，我们所得出的定律常常是短命的，或被后来的事实所推翻，唯独中国的《易经》亘古常新，相距六千年之久，依然具有价值，而与最新的原子物理学有颇多相同的地方。”诚然，《周易》外披“占筮”之玄秘，内蕴丰富之哲理，涵括天道、人道、地道，让人类在天地之间安身立命。古之圣贤先哲，从孔子读《易》韦编三绝开始，到汉魏六朝的司马迁、孟喜、焦赣、京房、班固、马融、郑玄、虞翻、阮籍、王弼，唐宋的孔颖达、李鼎祚、欧阳修、邵雍、周敦颐、司马光、程颐、苏轼、杨万里、朱熹，以及元明清以降的胡一桂、来知德、黄道周、李光地、陈梦雷、惠栋、张惠言、焦循等人，皆孜孜不倦探研《易》理，见仁见智，逐代加深对《周易》的研求，著述丰繁。《易》学已成为精微奇妙的专门学问。历朝科举取士，均将《周易》冠于群经之首，士子奉《周易》为必读教科书。

《周易》设卦观象，以符号代表自然界的现象，再借符号的组合与移动，描绘自然界千变万化的奥秘，由此展示吉凶祸福与因应之道。因此，首先必须正确理解一系列基础知识，许多问题虽有种种成说，却未臻于一致。笔者不敢妄论先哲是非，就学界共识，采取合理解释，再做简单说明。期望有助于人们在探索《周易》、析读经典时提供一条较为便捷的途径。

一、《周易》之“经”

《周易》含两部分：一是“经”，内容极少，只有六十四卦的卦象和卦爻（yáo）

辞，传为伏羲氏与周文王所作；二是“传”，为经作注解，称为“十翼”，包括彖（tuàn）、象、文言、系辞、说卦、序卦、杂卦。其中，文言只论乾坤二卦；系辞的解说全面深入，极富哲理；说卦明示卦象，即八个单卦所象征的实物与处境；序卦解释六十四卦的排列顺序及其中道理；杂卦并无次序，试图找出六十四卦分为 32 组的不同解读。目前学界共识是：“十翼”为孔子及其后学的合作成果。换言之，《周易》已含《易传》在内，是一本独立而完整的经典。主体是六十四卦，卦爻辞以及彖传、象传是一般研究《周易》的论述重点，也是本书的重点所在。

1. 阴阳概念的产生。《周易》首先肯定万物的起源、发展、变化、结束，都是阴与阳这二元因素所造成的，符号分别为⚋（阴）⚊（阳）。为什么用⚋与⚊表达阴、阳？或认为是男女生殖器的象征，或认为是龟卜兆纹所演化，或认为是古人占筮的两种竹节的象形等，见仁见智，皆可并存。古人用这两符号代表阴、阳，喻示的事物、现象非常多，象征着广泛的对立，如寒暑、日月、男女、昼夜、表里等。

2. 八卦创立。古人以阴爻（⚋）与阳爻（⚊）这两画，每三爻叠成一卦，形成八卦（经卦）。于是有了乾（☰）与坤（☷），有如父与母。由此再衍生出震（☳）、坎（☵）、艮（gèn）（☶）三子以及巽（xùn）（☴）、离（☲）、兑（☱）三女，依次象征天、地、雷、水、山、风、火、泽。

卦形	卦名	象征物	象征意义
☰	乾	天	健——刚健
☷	坤	地	顺——柔顺
☳	震	雷	动——震动
☴	巽	风	入——顺入
☵	坎	水	陷——险陷
☲	离	火	丽——附着
☶	艮	山	止——静止
☱	兑	泽	悦——欣悦

朱熹作《八卦取象歌》：

乾三连，坤六断；
震仰盂，艮覆碗；
离中虚，坎中满；
兑上缺，巽下断。

3. 重卦并撰成卦爻辞。古人又将八卦两两相重，形成六十四卦（别卦）。其中每一卦都有六根线条，称为“爻”。阳爻称“九”，阴爻称“六”。每卦六爻自下而上，依次称“初、二、三、四、五、上”。位序自下而上，古人认为《易》有气从下往上生的原理。下三线称“下卦”（内卦），上三线称“上卦”（外卦）。如乾、坤两卦：

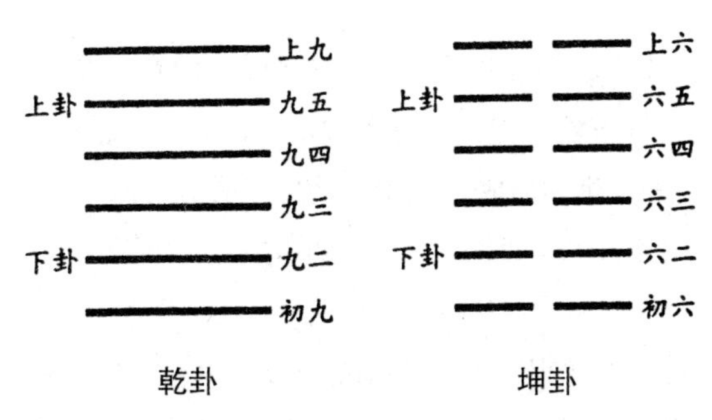

乾卦　　　　坤卦

就卦形看，六十四卦及每卦六爻，都是作者遵循“观物取象”思维模式的产物。卦爻辞附系于六十四卦符号下。卦辞每卦一则，总括全卦大意；爻辞每爻一则，揭示该爻旨趣。

卦爻辞的特色，一是“假象喻意”，借用生活中习闻常见的物象，通过文字表述，使卦爻形内涵的象征旨趣生动呈现。如未济卦辞有“小狐汔济，濡其尾”，是借“小狐狸渡河，濡湿了尾巴”来象征事未成。这些取拟生动的事象、物象来说明卦义、爻义的文辞，称“拟象辞”。二是常用“吉”“凶”“利”“贞”“无咎”等“占验辞”，来揭示利弊。卦爻中有很多占验辞，《周易》因此具有浓厚的卜筮色彩。当卦爻辞撰成之后，六十四卦按一定的次序编排，《周易》便形成了完整严密的体系。

二、《周易》之“传”

解经之论包括《彖》上下、《象》上下、《文言》、《系辞》上下、《说卦》、《序卦》、《杂卦》等七种十篇。其创作宗旨乃解说“经文”大义，犹如“经”之羽翼，故汉人合称“十翼”，后世统称《易传》。

1.《彖》：“彖”犹言“断”，谓“断定一卦之义”。《彖》阐释卦名和卦辞，结合上下卦象、六爻整体形象，以简约的文字说明本卦主旨。

2.《象》：“象”，犹言“象征”。《象》文辞言简意明，解析64卦、384爻的立象所在，阐说《周易》经文的象征旨意，对卦象、爻象所蕴含的道理作进一步的阐释，从而使人们学会如何正确地选择和行动。其中释卦象的《大象》64则，

每卦一则。释爻象的《小象》384 则，每爻一则。①

3.《文言》：即谓“文饰乾坤两卦之言”，专门阐发乾坤两卦的意义，分《乾文言》和《坤文言》。在两卦《彖》《象》的基础上进一步拓展，解说乾、坤的象征意旨，文意深刻而广为引申。至于《文言》只释乾、坤两卦，而不涉及它卦，朱熹指出是衍发《彖》《象》之旨，以尽乾坤两卦的意蕴，而其余六十二卦，便可依此类推。

4.《系辞》：分上下，篇幅长。一，解释卦爻辞的意义及卦象爻位，采用取义说、取象说、爻位说等方法。二，论述揲蓍（shé shī）求卦的过程，用数学解释《周易》筮法和卦画的产生和形成。《系辞》说，《周易》是一部讲圣人之道的典籍，圣人之道有四：一察言，二观变，三制器，四占卜。《系辞》可视为早期总论《易》理的文章。

5.《说卦》：阐说八个基本卦的象征。先追述作者用“蓍草”演卦之历史，再申言八卦的两种排列方位（“先天”“后天”），然后集中说明八卦的取象特点，并广引象例，如乾为天，坤为地，震为雷，巽为风，坎为水，离为火，艮为山，兑为泽，以及八卦象征意义：乾健，坤顺，震动，巽入，坎陷，离丽，艮止，兑悦。这些象喻条例是理解与探讨《易》象产生及推展的钥匙。

6.《序卦》：说明《周易》六十四卦的编排次序，揭示各卦相承相受的意义。这种卦序相沿已久，其各卦相次依承，含有事物向正面或向反面转化的辩证观点。

7.《杂卦》：即“杂糅众卦，错综其义”，打散《序卦》的卦序，把 64 卦杂排成 32 组两两对举，精要概括各卦大意，将意义相关或相对的合一起解释。对举的两卦卦形或“错”或“综”②，其卦义大多相反。

上述为《易传》的内容要点，《易传》抒论角度不同，叙述各有重点，但基本宗旨都围绕经文阐发。另外，《易传》原本单行，后合经文并行。经传合编约在汉魏期间，《易传》的学术地位随之与“经”并驾齐驱。后代学者多依之研习，影响广泛。所以《周易》，狭义指“经”，广义兼含“经”“传”。

三、《周易》释名、创作时代及作者

（一）《周易》释名

古代对“周易”一词的解释众说纷纭，但主要归为两种：一种认为是周代占

---

① 乾、坤两卦多出“用九”“用六”文辞之象，若合计，有 386 则。

② 错，又称“旁通”，六爻互变，如乾与坤。综，又称“反对”，卦体相互倒置，如比与师。

筮之书；一种认为《周易》是讲变化的书。

1. “周”有二义。① 指代号，即周朝，古称周朝的书为周书，如《周礼》《周语》等。此说认为，《连山》是神农时代的筮书，神农又称“连山氏”，《归藏》是黄帝时代的筮书，黄帝又称“归藏氏”。后来，《连山》为夏代所用，《归藏》为商代所用。《连山》《归藏》以时代名书，所以《周易》之“周”应指西周。故《周礼》合《连山》《归藏》《周易》，称为“三易”。唐代孔颖达撰《周易正义》，认为“因代以称周”较为合理。自唐以来，注《易》各家多主张“周”为“周代”。② 指周普、普遍，即《易》道广大，无所不包。《周易》以乾坤两卦居六十四卦之首，乾坤为天地，象征“《易》道周普，犹天地之无所不备”。①

2. “易”有多义。

“易”字古今歧义更多。①“易”是“蜥易”的象形。许慎《说文解字》认为，“易”是壁虎类“蜥易”的名称，是个象形字。“易”篆文写作，横看像壁虎，头身足尾俱全。旧说“蜥易”能在12时辰内变12种颜色，以作掩护而免遭侵害，故假借为“变易”之“易”。②《周易乾凿度》认为，“易”字含“简易”“变易”“不易”三层意义。简易，指《周易》的阴阳之理在人类社会、大自然中随处可见，毫不繁杂。变易，指《周易》之道尽在于变，如四季更替、事物变化之类。不易，指《周易》揭示某些事理不可变易，如天上地下、父尊子卑之类。③“易”上“日”下“月”，谓“日月为易”，取日月更迭、交相变易之义。④《周礼》记载《连山》《归藏》《周易》三部筮书称为“三易”，故易是古代卜筮之书专有名词。且“易”字本指“占卜”，古代掌占卜之官亦称为“易”。《周易》为占卜书，遂取以为书名。

总之，立言纷纭。我们认为，《周易》中的“周”为代名，“易”为变易。古文献引用《周易》，常简称《易》，亦可见“易”字为名，书大旨所在。当前，欧美汉学界对《周易》书名的意译，多作《变化的书》（*The Book of Changes*），即立足“易”字本义，颇为确切。他说可并备为参考。“六经”之名，据章学诚《文史通义》考，起于孔门弟子，然当时尊称某典籍为“某经”尚未通行。西汉初《周易》被列为学官的“经”书之一，世人尊之为《易经》。

（二）《周易》成书时代及作者

《周易》作者及成书时代世无定论。《汉书·艺文志》承司马迁之说，提出

① 有观点认为：《连山》以艮卦居六十四卦之首，艮为山，象征“山之出云，连连不绝”，故取“连山”为名；《归藏》以坤卦居六十四卦之首，坤为地，象征“万物皆归藏于地中”，故取“归藏”为名。

“人更三圣”，认为是伏羲、文王、孔子完成；欧阳修开始怀疑；“五四”以后，学界对传统说法提出怀疑。

1. 古文献记载三个传说。

一，龙马负图，伏羲画八卦。伏羲，又名宓羲、包牺、庖牺等，是中国神话中的人类始祖，他和女娲兄妹相婚而产生人类后代。传说伏羲教民织网狩猎，并发明了八卦。据学者考证，伏羲是原始社会的部落首领。从考古出土文物看，伏羲像多是人头蛇身，这可能是一种图腾崇拜，是后人对祖先加以崇拜的结果。另传上古时，黄河上通天界，河中出现一匹龙马，背上布满神奇的图案。伏羲惊异，便临摹下来，即为“八卦”。二，文王重卦并撰卦爻辞。文王，周族首领，姓姬名昌。商末纣王残暴，不断遭到人民反对。而商统治下的周国在文王治理下日益强大，文王大得民心，对商构成威胁。商纣将文王囚于羑（yǒu）里。文王结合自身遭遇，探研八卦之理，感慨自然与社会的阴阳消长规律，将八卦重为六十四卦，写成卦爻辞附在诸卦爻后。三，孔子喜《易》，撰《易传》十篇。春秋末年，孔子感叹礼崩乐坏，以为是“世道衰微，人心不古”所致，于是将流传下来的古代文献加以整理，修订六经，晚年撰《易传》传于后世。

司马迁撰《史记》采用上述三说。班固撰《汉书》，承司马迁之说，在《汉书·艺文志》提出“人更三圣，世历三古”。唐代颜师古注：“伏羲为上古，文王为中古，孔子为下古。”

2. 不同的看法及北宋以后的疑古之说。

自汉至唐，对伏羲作八卦、孔子撰“十翼”之说，多信而不疑，而对重卦者及卦爻辞的作者却有异议。关于重卦者，另有三说：一，王弼认为伏羲画八卦后自重为六十四卦；二，郑玄认为神农重卦；三，孙盛认为夏禹重卦。关于卦爻辞，有认为卦辞文王所作、爻辞周公所作。

欧阳修撰《易童子问》，首次对孔子作《易传》提出疑问。欧阳修考辨《易传》内容，指出《文言》《系辞》《说卦》有相互牴牾之处，而《系辞》前后文略有自相矛盾。故认为《文言》《系辞》《说卦》《序卦》《杂卦》非出一人之手，不可视为孔子一人所作。欧阳修只怀疑上述五种，而《彖》《象》仍以为孔子撰。

自欧阳修后，疑古学风渐启。清代姚际恒《易传通论》、康有为《新学伪经考》等，均认为《易传》非孔子所作。康有为的议论，不但推翻孔子作《易传》，并断言《说卦》《序卦》《杂卦》乃汉人伪作。康氏之言，或失于臆测，但对后来学界疑古风气大盛产生了重要影响。

20 世纪二三十年代，学界关于《周易》作者及成书时代的讨论出现了一次热潮，以顾颉刚为代表，对传统说法提出质疑。因为卦爻辞有写文王之后的历史事件和人物，足以说明《周易》成书非一时非一人。于是出现周初说、春秋中期说和战国说，所据不一，主要倾向是否定汉代学者的说法。人们一直探讨《周易》

经传的作者，迄今结论不一。大多认为，《周易》（指六十四卦及卦爻辞）成书于殷末周初，反映了殷末周初文王与纣之事，其重卦出自文王之手，卦爻辞为周公作。而多认为《易传》成书于春秋战国期间，作者不是孔子，应是历代弟子依孔子授《易》内容，“人更多手，时历多世”地集体编撰而成。《易传》体现了孔子的精神，反映了孔子儒家的思想。

（三）阅读的基本条例

阅读《周易》必须要了解一些重要的条例。

1. 阴阳。在《周易》卦形符号体系中，“阳”用“⚊”表示，“阴”用“⚋”表示。八卦、六十四卦就以这两个符号叠合组成，分别喻示自然界或社会中的一切“刚”“柔”物象，体现事物运动变化的发展情状。

2. 时、位。“时”为时间，六十四卦各自象征某一事物、现象在特定背景中产生、变化、发展的规律。伴随着卦义而存在的这种特定背景，称“卦时”。“时”引申为人生阶段、客观情势、主客之间形成的时机以及个人对时机的感受。“位”为空间，引申为个人地位、处境以及与他人之间的相对关系。吉凶祸福，一半由时与位决定，一半取决于当事人对时、位的认知及相应行动。

3. 二体。六十四卦由八卦相重而成，每卦含两个八卦符号，居下称“下卦”（内卦），居上称“上卦”（外卦）。上下卦合称“二体”，或“上下体”。上下二体象征事物发展的两步，下卦为“小成”阶段，上卦为“大成”阶段，又象征事物所处地位的高低，或所居地域的内外、远近等。

4. 爻位。卦有六爻，分处六级不同等次，象征事物发展所处或上或下、或贵或贱的地位、条件、身份等。六爻分处的六个等级，称“爻位”。爻位排列由下至上依次递进：初、二、三、四、五、上。这表明事物的生长变化规律，体现从低向高的渐次进展。

5. 三才。八卦符号各由三画线组成。古人认为，八卦三画线的下画象征“地”，中画象征“人”，上画象征“天”；合“天”“地”“人”，谓之“三才”。由八卦重成的六十四卦，各具六爻。若把六爻位序两两合并，也体现了三级层次，所以古人又认为初、二两爻象征“地”，三、四象征“人”，五、上象征“天”。三者亦合称“三才”。

6. 当位、不当位。六爻位次，有奇偶之分：初、三、五为奇位，又称阳位；二、四、上为偶位，也称阴位。64 卦 384 爻，凡阳爻居阳位，阴爻居阴位，称“当位”（或“得正”“得位”）；凡阳爻居阴位，阴爻居阳位，称“不当位”（或“失正”“失位”）。“当位”之爻，象征事物发展遵循正道、符合规律；“不当位”之爻，象征背逆正道、违反规律。但当位、不当位并非诸爻吉凶利弊的绝对标

准，在各卦各爻所处的复杂条件及因素的影响下，得正之爻可能转向不正，不正之爻也可转化成正。所以，爻辞常警醒“当位”者守正防凶，诫勉“不当位”者趋正求吉。

7. 中。依六爻位次，第二爻在下卦的中位，第五爻在上卦的中位，两者象征事物守持中道、行为不偏，称为“中”。凡阳爻居中位，象征“刚中”之德；阴爻居中位，象征“柔中”之德。若阴爻处二位，阳爻处五位，则既“中”且“正”，称为“中正”，这在《易》爻中最具美善的象征。

8. 承、乘、比、应。每卦六爻之间，由于各爻的位次、性质、远近等因素，常出现承、乘、比、应等现象。凡下爻紧靠上爻叫作“承”，即以下承上。《易》例侧重揭示阴爻上承阳爻的意义，即象征卑微柔弱者顺承尊高刚强者，求获援助。此时爻义必须视具体情状而定，大略以阴阳“当位”之爻相承为吉，“不当位”的相承多凶。凡上爻高凌下爻叫作“乘”，即以上凌下。《易》例以阴爻乘阳爻为“乘刚”，象征弱者乘凌强者、小人乘凌君子，爻义多不吉善。但阳爻居阴爻之上不言“乘”，认为理所当然，可见《周易》扶阳抑阴的思想。凡六爻位序相连叫作“比”，即两相比邻。如初与二比，二与三比，等等。两爻互比也体现着“承”“乘”。如，初六与九二相比，则初以阴承阳；九二与六三相比，则三以柔乘刚。凡六爻之间，居下的三爻与居上的三爻两两交感对应，叫作“应”。具体说，初与四应，二与五应，三与上应。若一阴一阳两相交感，称为“有应”；若两者同为阴爻，或同为阳爻，不能交感，称为“无应”。

9. 互卦。每卦六爻之间，除初爻、上爻外，中间四爻又有相连互交的卦包涵其间，称为“互卦”。其中二、三、四爻合成一个三画卦，称为“下互”；三、四、五爻合成一个三画卦，称“上互”。这样，“上互”“下互”组合便构成另一个六画卦。以屯卦为例：

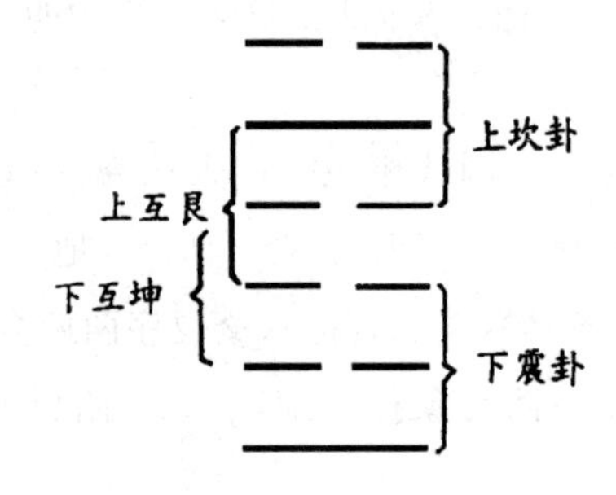

屯卦由下震、上坎组成，中间四爻涵有下互坤（☷）、上互艮（☶），上下互合成剥卦。互卦条例是六十四卦卦形的构成特征之一。

10. 卦主。每卦有为主之爻，称“卦主”。卦主有两种，一是“成卦之主”，即本卦因之而成的主爻。这种卦主不论爻位高下、爻德善否，只要全卦意义因之而起，都为卦主。如夬卦（䷪），上六一阴高凌于上，被五阳所决除，全卦含

"君子决除小人"之义，因此上六为"成卦之主"。二是"主卦之主"，即本卦六爻中最完美的主爻。这种卦主必爻德美善、得位得时，通常各卦第五爻为主卦之主，他爻偶一有之。如乾卦（☰）第五爻"九五"，阳刚盛美，有"飞龙在天"之象，即为主卦之主。各卦《彖传》往往指点卦主所在。

四、《周易》的性质

关于《周易》的性质，史上争论不止。或曰《周易》是一部占筮书，或曰是哲学著作。客观地讲，在漫长的历史发展中，随着政治变迁、理论需求以及自身地位变化，《周易》性质也随之变迁。

① 产生初期，《周易》最突出的应用是占筮。当人们屡遭天灾人祸而无法解释时，就萌生了对神的崇拜，认为神支配世上的一切，更渴望借助神意预知灾祸，得到解决方法以趋利避害。《周礼》说："太卜掌《三易》之法"，太卜即专司占卜的官。《左传》《国语》载录22个春秋时用《周易》占筮的史例，也足以印证这一说法。《左传》载：齐棠公死，崔武子吊丧，见其遗孀美貌，想纳为妾，但心中没底，用《周易》占卜，得困卦。有人据爻辞"困于石，据于蒺藜。入于其宫，不见其妻，凶"，断定此女不可娶。而崔武子不信，认为一个无夫之妇没有公害，若有害早让先夫带走了。故纳之为妾。足见春秋时《周易》主要用于筮占，为人们行为提供指南。结合《易传》对《周易》的解说可知，《易传》注重《周易》的筮占功能，反复强调学《周易》可知死生之说、幽明之故、鬼神之情，可断天下之疑、通天下之志、成天下之务，并且认为《周易》是使人们顺从天意、立于不败之地的法宝。"是故君子居则观其象而玩其辞，动则观其变而玩其占，是以自天佑之，吉无不利。"（《系辞》）同时，《易经》含较完整的占筮方法——大衍法。汉以后，易学家们解脱大衍法的种种局限，创立新筮法，趋向完备。如《易林》创立的新筮法、京房纳甲法等。

② 说"《易》为卜筮之书"，只对了一半。因为卦爻辞揭示吉凶时，后续仍有个体修正、改变命运的弹性空间。朱熹虽极力强调"《易》本为卜筮而作"，却也不曾抹杀其哲学意蕴，认为"孔子恐义理一向没卜筮中，故明其义"。就是说，孔子怕世人只知《周易》占筮，不晓内中哲理，才撰《易传》来揭明《易》义。清人皮锡瑞撰《经学通论》，反对把《周易》看成简单的筮书，认为八卦、六十四卦符号及卦爻辞均寓含义理，而《易传》作者对这些义理作了更鲜明、更切近人事的阐发；指出《周易》的占筮，仅是古人对六十四卦义理的一方面运用，《周易》的象征，是其哲学内容的基本表现形式，而贯穿全书的反映事物对立、运动、变化规律的思想，才是六十四卦哲理的内在精华。因此，《周易》的"经"

部分，虽以占筮为表，实以哲学为里，应视为一部独具体系的哲学著作。《周易》哲学的一个重要特色，是建立在对《周易》经义的阐释、发挥的基础上。因此，其中有相当一部分思想内容，如关于阴阳矛盾、事物运动变化的辩证观念，关于以乾坤为本的宇宙生成说，乃至关于政治、伦理、道德各方面的观点，常常是六十四卦大义的直接引申，与“经”的本旨无法割裂。诚然，也有不少内容是《易传》作者的独特见解，但仍是在阐“经”过程中得出的。朱熹论《系辞》说：“或言造化以及《易》，或言《易》以及造化，不出此理。”认为《系辞》作者在解《易》的同时，泛及自然界的发展规律，以体现其哲学观点。

与之相应，历代研究《周易》的学者主要分为象数派与义理派。两派各有根据，各有贡献，但无法获得共识，以致每一卦的每一爻都有千奇百怪的诠释，所谓“易无达占”，让人望洋兴叹。《周易》的象数派是更专门的学问，本书未曾深究。迄今学界存有共识，《周易》是我国古代最早的一部特殊的哲学专著。

《周易》博大精深，无限丰富。编写此书除了传统的注疏之外，我们主要参考了程颐《伊川易传》、朱熹《周易本义》、杨万里《诚斋易传》、易祓《周易总义》、陈梦雷《周易浅述》、朱骏声《六十四卦经解》、郭雍《郭氏传家易说》、马其昶与李鼎祚《周易集解》、方宗诚《读易笔记》、吴澄《易纂言》、《周易会通》等，以及当代学者高亨《周易古经今注》、周振甫《周易译注》、金景芳与吕绍纲《周易全解》、蒋凡《周易演说》、刘大钧《易经全译》、黄寿祺与张善文《周易译注》、陈鼓应与赵建伟《周易译注与研究》、马恒君《周易正宗》、南怀瑾与徐芹庭《周易今注今译》等书，余不一一列举。本书在写作过程中，参考了前贤时修的研究成果，限于体例，不一一注明，但一并感谢。由于本人学识有限，书中一定有许多错脱之处，请读者予以批评指正。

一 乾☰

【卦辞】乾：元亨利贞。

【译文】乾卦象征天纯阳至健的品质：创始，通达，适宜，贞定坚固。

【解读】六十四卦之乾卦䷀由八卦之乾卦☰重叠而成。乾卦象征天道刚健，运动不息。《说文解字》段玉裁注："乾者，日始出，光倝倝也。""乾"字原指日出时光芒四射的样子，因其发音近"健"，所以《说卦传》释"乾，天也""乾，健也"。卦辞"元亨利贞"说明全卦总义。元，原也，万物由此创始；亨，通也，生长发展；利，宜也，收益，和谐；贞，定也，占卜。元亨利贞，为乾卦四德。

【彖辞】大哉乾元，万物资始，乃统天。云行雨施，品物流形。大明终始，六位时成，时乘六龙以御天。乾道变化，各正性命。保合大（通"太"）和，乃利贞。首出庶物，万国咸宁。①

【译文】伟大呵，乾元！万物因此才有开始，乾元由此主导整个自然界。云气流行，雨水降施，众物周流而各自成形。天有日之运行，以定上下四方，以成昼夜四时。天象自然规律的变化，（使万物）各自正定本性与命运。万物保存聚合并处于最和谐状态，达到适宜和贞固。天的功德为首，创生出万物，万国皆得康宁。

【解读】《彖传》对卦辞的解释，把"元亨利贞"提炼为四个哲学范畴，即乾之四德，论述天道运行的规律。又推天道以明人事，启示人们根据对天道的认识来确立社会管理的理想目标。1."大哉乾元，万物资始，乃统天"解释"元"，指蓬勃盛大的乾元之气，是万物赖以始生的动力资源，以其刚健有力、生生不息

---

① 《彖辞》即《彖传》，是孔子及其门徒解释卦辞的文字。彖，断也，裁断之义。

属性统贯天道运行。2. “云行雨施，品物流形”解释“亨”，乾元之气的发动，得阴气应合，云化为雨润泽于下，万物受其滋育，茁壮成长为诸种品类，畅达亨通。3. “大明终始，六位时成，时乘六龙以御天”，太阳落而复升，象征天道的运行。“六位”指一卦六爻按时序形成的时位，初爻为始，上爻为终，六个时位即六个特定的时空环境。概言之，天道运行适应六个不同的时空环境，由始到终，表现出不同的方式，潜—见—惕—跃—飞—亢，仿佛驾驭六条巨龙在天空自由翱翔。4. “乾道变化，各正性命”“保合太和，乃利贞”，天道的变化使得万物各正性命。天所赋为命，物所受为性，万物由此而各具禀赋，各成品性，呈现多姿多彩的世界图景。这幅图景并不是混乱无序的，而是通过万物协调并济，形成了最高的和谐，称“太和”。天道的变化长久保持太和状态，而万物各得性命以自全，谓“利贞”。“首出庶物，万国咸宁”，将天道运行规律用于人事，前者就物质生产的管理而言，后者就社会政治的管理而言。

【大象】象[①]曰：天行[②]健，君子以自强不息。

【译文】象传：天体不停地运行，是天道刚健的象征，君子由此领悟要奋发图强、永不止息。

【解读】乾之卦象为天，天道运行刚健有力。君子观此卦象，推天道以明人事，接受自然法则的启示，应该把天道的刚健有力转化为自己的主体精神和内在品质，自强不息，奋发有为。

【文言】元者，善之长也；亨者，嘉之会也；利者，义之和也；贞者，事之干也。君子体仁，足以长人；嘉会，足以合礼；利物，足以和义；贞固，足以干事。君子行此四德者，故曰：乾，元亨利贞。[③]

【译文】《文言》说：元是众善之首，亨是嘉美的会合，利是事物得体而中和，贞是事物的根本。君子实践仁德足为君长，嘉美会合足以合乎礼仪，裁成事物足以合乎义行，坚持正道足以成就事业。君子能实行此四德，所以说：“乾，元亨利贞。”

【文言】乾元者，始而亨者也；利贞者，性情也。乾始能以美利利天下，不言所利，大矣哉！大哉乾乎！刚健中正，纯粹精也。六爻发挥，旁通情也，时乘六龙，以御天也。云行雨施，天下平也。

---

① 《象》即《象传》，分《大象》《小象》。《大象》解释卦象，附在《彖传》后；《小象》解释爻象，附在爻辞后。《大象》《小象》原文都用“象曰”表示，在翻译中为方便阅读，卦辞后标为大象，小象未逐一标。《大象》常从上而下分析经卦卦象的意义，再扩展到人事。《大象》不使用“卦德”，只用卦象，基本卦象是原始《易》特征。

② “天行”有二解。孔颖达说：“行者，运动之称”。王引之说：“天行谓天道也。”天行健，指天体运行，昼夜不息，周而复始。

③ 《文言》是“十翼”之一，为孔子及其后学解说乾坤二卦的文字。本段是《文言》第一节，解说卦辞，以下分爻解说。

【译文】乾元，开始而亨通；利贞，是物之性情。乾元的创始作用能以美妙和适宜造福天下，却不言利物之功，盛大啊！伟大啊乾元，刚劲强健而中正不偏，可谓纯粹精微。六爻按时位发挥作用，普遍通达于情理，就像乘着六条龙，驾驭天道。云气流行，雨水布施，天下和平。

【解读】《文言》专门解说乾坤卦经文。乾坤代表天地，为一切变化之始，最重要，需额外加以说明。本段总述卦辞，下续分述六爻爻辞。有创始才有万物，一切价值由此开端，所以为众善之长。万物之间通顺畅达，所有会合皆美好。凡有利或适宜于万物，皆有其正当性。君子体认“元亨利贞”，明白仁、礼、义并成就事业，无异于找到人世的康庄大道。

【爻辞】及【小象】

初九：潜龙勿用。

象曰：潜龙勿用，阳在下也。

【译文】

初九：龙潜伏着，不能有所作为。

象传：潜伏之龙，不要行动，阳爻在下。

【文言】初九曰：“潜龙勿用。”何谓也？子曰：“龙德而隐者也，不易乎世，不成乎名，遁世无闷，不见是而无闷，乐则行之，忧则违之，确乎其不可拔，潜龙也。”

【译文】初九爻辞说：“潜伏之龙，不可妄动。”是什么意思？孔子说：“人有龙德而隐居，其志不为世俗所改变，不急于成就功名，隐退世外而不烦闷，其言行不被世人赞同亦无烦闷，乐合心意的事就去做，违背心意的事则不去做，坚强而不可动摇。这就是潜龙。”

【文言】君子以成德为行，日可见之行也。“潜”之为言也，隐而未见，行而未成，是以君子弗用也。

【译文】君子以完成道德修养作为行动目标，每天都有所成就。初爻所说的“潜”，指君子尚处隐居状态，行动尚未显现，所以君子才能尚未表现。

【解读】八卦三爻，为天、人、地。六十四卦初、二为地，三、四为人，五、上是天。“龙”是传说中的神奇生物，充满刚健活力与变化势能，可“乘风云而上天”。爻辞多就本爻所处之位，作一客观的描述，为筮辞；若再论断其出处进退以及吉凶祸福，为占验之辞。以位而言，初九位于地下，如在深渊，所以称“潜龙”，此时不宜有所作为。外在的意义，天地间万事万物的开始根元，当它隐藏潜伏时，无法且不宜现出功用与成效。《小象》解释潜龙之所以勿用，是因为这条龙虽具阳刚的品性才德，但因穷居下位，受客观条件限制，所以既不能展现才德，也不可轻举妄动，希图有所作为。《文言》以孔子师生问答的方式解释六爻，深刻阐明乾卦各爻对人生的启示。这一段释初九爻辞，强调当潜时，潜而无

怨，唯有龙德者能之，与《论语》“人不知而不愠，不亦君子乎”的思想吻合。以汉初淮阴侯韩信为例。当年汉王刘邦登坛拜大将，统率汉军取赵灭齐，最终灭了楚霸王项羽，其中韩信作为汉军统帅，威名显赫，功勋盖世。而《史记·淮阴侯列传》载，韩信青少年时因贫困失志，曾遭乡里流氓的羞辱，迫他要么无故杀人，要么受胯下之辱。韩信不争一时之气，宁愿选择后者。当时若泄一时之气，愤而杀人，哪里会有淮阴侯韩信？这就是“潜龙勿用”。潜龙（龙潜）又象征帝王尚未登位的特殊阶段。宋代蔡居厚《蔡宽夫诗话》有一则“晏元献题阏伯庙诗”的故事：“南京高辛庙制度甚雄，世传太祖龙潜时，尝以木杯珓占己名位，自小官以渐数之，至极品皆不应，忽曰：‘过是则为天子乎？’一掷而契。”太祖即赵匡胤。后来，晏殊为南京留守，就此事题诗庙中云：“炎宋肇英主，初九方潜鳞。尝因蓍蔡占，来决天地屯。”当其潜伏民间时，怎敢公开自己占得天子之位？他当时若大肆宣扬，必以篡逆大罪论处而人头落地，史上何来龙飞九五的宋太祖呢？又如康熙少年智擒鳌拜、剪除逆党的事，可算是“潜龙勿用”的佳例。所以，初九潜藏，正是避凶趋吉，为今后腾飞做必要的准备。

九二：见龙在田，利见大人。①

象曰：见龙在田，德施普也。

【译文】

九二：龙出现在田地上，宜于见到高贵的大人物。

象传：龙出现于田野，九二阳爻之德所施普遍。

【文言】九二曰：“见龙在田，利见大人。”何谓也？子曰：“龙德而正中者也。庸言之信，庸行之谨，闲邪存其诚，善世而不伐，德博而化。《易》曰‘见龙在田，利见大人’。君德也。”

【译文】九二爻辞说：“龙出现在田野，宜于见到高贵的大人物。”什么意思？孔子说：“人有龙德而居正得中，日常说话要守信，日常行为当谨慎，防止邪恶而保持诚信，造福社会但不自夸，德性广博而化育人。《周易》说：‘龙出现在地上，适宜表现大人之德（或宜于见到大人，两说都通）’。这是君主之德。”

【文言】君子学以聚之，问以辩之，宽以居之，仁以行之。《易》曰：“见龙在田，利见大人。”君德也。

【译文】君子学习以聚积知识，互相问难以明辨是非，宽宏大量与人相处，以仁爱之心指导行动。《周易》说：“龙出现在田野，宜于见大人。”此谓君子之德。

---

① “见龙在田”，乾九二，下乾变离，离为目，故曰“见”。又有一说：古代“见”“现”相通，也可称“现龙在田”。“大人”含义：1. 指有道德有作为的人；2. 指有道德并居于高位的人。九二指前者，九五指后者。

【解读】初九好比太阳深夜潜藏未出，九二犹如太阳从地面升起，显现世人眼前，给予生机与希望。第一种解释："利见（xiàn）大人"，便有潜龙上升到地面，必有所为而发的现象。但它的动向，还未确定，所以说"利见大人"。"君德"，上述表现已是君主的德行，但并未拥有君主之位。若修养到了君子的程度，则担任君主亦非难事。第二种解释：二为地之上，表示龙已崭露头角，才华受到注意。这时见到大人是有利的，可获得进一步的栽培与磨炼。"大人"，德行完备之人，在此可称圣君（与九二对应的九五为天子）。譬如，舜在耕田捕鱼时，他的卓越表现开始受到尧的赏识，那么舜就是"利见（jiàn）大人"。大人指有位者，君子则是无位者。

九三：君子终日乾乾，夕惕若，厉，无咎。

象曰：终日乾乾，反复道也。

【译文】

九三：君子白天勤奋努力，晚上警惕戒惧，虽有危险，但没有灾难。

象说：君子终日勤奋不懈，九三反复而行其道。

【文言】九三曰："君子终日乾乾，夕惕若，厉，无咎。"何谓也？子曰："君子进德修业。忠信，所以进德也。修辞立其诚，所以居业也。知至至之，可与言几也。知终终之，可与存义也。是故居上位而不骄，在下位而不忧。故乾乾因其时而惕，虽危无咎矣。"

【译文】九三爻辞说："君子终日勤奋不息，夜间戒惕，有危厉，无咎灾。"这是什么意思？孔子说："君子为增进德性而修治学业。忠诚信实，以此增进德性。修饰言辞以树立诚意，所以成就学业。知道时势达到之机就顺应其到达，能对事物了知其几微。知道时局何时终止就顺应其终止，能与事物保持和谐状态。所以居上位而不傲慢，在下位而不忧愁。因此勤奋进取，随时而戒惧，虽有危厉而无咎。"

【文言】九三重刚而不中，上不在天，下不在田，故乾乾因其时而惕，虽危无咎矣。

【译文】九三处于重重阳刚交接之处而不居中位，上不及天位，下不在地位，所以终日勤奋，因其时而戒惕，虽有危难而无咎。

【解读】按《易》例，刚爻为君子，柔爻为小人。三四是人位，所以九三谈到君子的表现。九三在下卦里，它处于上位；就全卦而言，它仍在下位。无法确知下续发展，唯立足乾卦精神，日夜精进。除进德修业外，别无良策。同时，虽乾卦主刚健之进，但下体不便速进，故有"夕惕若，厉，无咎"之戒。九三由内卦向外卦发展，上升到下卦之巅，阳刚过强，或遭刚折之危。程颐云："在下体之上，未离于下而尊显者也。舜之玄德升闻时也……天下将归之，其危惧可知。"足见大人君子要格外警惕，自强自救，以挽救功业于危险之中。朱熹云："九阳

爻，三阳位，重刚不中，居下之上，乃危地也……乾乾，惕厉之象……言能忧惧如是，则虽处危地而无咎也。”这种“忧惧如是”是一种考验，培养人的智慧，予以“言几”“存义”。“几”指几微之理，在事发之前，可洞烛先机，看出端倪，从而预作准备。“义”指适宜正当的作为，否则没有坚守的必要。另有一说：九三已走完一乾卦，未来又是一乾卦，所以说终日乾乾。九三处于两乾（天）之间，两天之间为夜，故说“夕惕若”。三爻因为离开了中道，故说“厉”，但由于九三君子日夜精进，所以无咎。

九四：或跃在渊，无咎。

象曰：或跃在渊，进无咎也。

【译文】

九四：或跳跃而起或退居深渊，均无灾难。

象传：或跳跃而起或退居深渊，上进而无咎。

【文言】九四曰：“或跃在渊，无咎。”何谓也？子曰：“上下无常，非为邪也。进退无恒，非离群也。君子进德修业，欲及时也，故无咎。”

【译文】九四爻辞说：“龙或跳跃而起或退居深渊，均没灾难”，这是什么意思？孔子说：“或上或下，无一定常规，并非为邪恶行为。或进或退，不是恒久不变，并非脱离人群。君子增长德性，修治学业，只要能因势而行，不会有灾难。”

【文言】九四重刚而不中，上不在天，下不在田，中不在人，故“或”之，“或”之者，疑之也。故“无咎”。

【译文】九四爻处于重重阳刚交接处而不居中位，上不及天位，下不在地位，处卦中间不在人位，所以有“或”字。即多方置疑，审时度势，所以不会有灾难。

【解读】爻象看，四应初比五，初为潜渊，五为天，“巽为进退”，故“或跃在渊”，言龙在天渊之间反复试飞，“跃”与“在渊”是两种选择，所以说“上不在天，下不在田，中不在人”。又九四以刚居柔位不正，有不安之象。九四上下进退练习试飞，是为尽快增进德行以建功立业。表明成功的背后都要经历磨炼。宋代俞琰《周易集说》引林希元曰：“九阳爻，四阴位，阳主进，阴主退，是进退未定也。以上体言，四居上之下，居上欲进，居上之下则又未必于进，亦进退未定也。以上下二体言，四初离下体入上体，是为改革之际，亦进退未定也。”又云：“未必于进，非不进也，审进退之时，必时可进然后进也，是谓随时进退。”的确，九四升至上卦，上卦主进，故四同样处于进退之际，但不像九三，有疑问的“或”辞，这因为上下卦体有别。很明显，九四已离下卦而升上卦，处于上卦之下。虽有压迫感，但紧邻“五”之中位，获大力提携，所以可进可退，随机而发，而不必冒大风险。

九五：飞龙在天，利见大人。

象曰：飞龙在天，大人造也。

【译文】

九五：龙飞在天上，适宜实现大人之德。

象传：龙飞于天，大人有所作为。

【文言】九五曰："飞龙在天，利见大人。"何谓也？子曰："同声相应，同气相求。水流湿，火就燥。云从龙，风从虎，圣人作而万物睹。本乎天者亲上，本乎地者亲下，则各从其类也。"

【译文】九五爻辞说："龙飞于天上，适宜实现大人之德。"这是什么意思？孔子说："声调相同就相互感应，气息相同就相互追求，水往湿处流，火往干处燃。云从龙生，风由虎出，圣人兴起而万物瞻仰。受气于天的亲附上，受气于地的亲附下，这就是各自追随自己的同类啊。"

【文言】夫"大人"者，与天地合其德，与日月合其明，与四时合其序，与鬼神合其吉凶。先天而天弗违，后天而奉天时，天且弗违，而况于人乎！况于鬼神乎！

【译文】（九五爻辞中的）"大人"，其德性与天地相合，其圣明与日月相合，其施政与四时顺序相合，其吉凶与鬼神相合。先于天道行动而与天道不相违背，后于天道行动而顺奉天时，既然天都不违背他，何况人呢！更何况鬼神呢！

【解读】龙飞上天，行云布雨，大显身手。这时龙所象征的人必是德行完备、招引同伴，施展才能、造福天下。程颐说："圣人既得天位，则利见在下大德之人，与共成天下之事。天下固利见夫大德之君也。"文王演《周易》，以乾卦为核心，九五又是卦之主爻。九五爻对中国文化的影响非常大，帝王称九五至尊和真龙天子，圣贤称龙象，皆源于此。"同声相应，同气相求"是古人对自然与社会对应关系的最基本认识，"天人相应""天人合一"源于此。天上出现龙，必对应世间出现圣人。五爻得中且阳居刚位，比喻大人居高贵之位，有所作为，所以说"飞龙在天，利见大人"。就人事而言，象喻具有为君之德的君子经历四个阶段的磨炼，逐渐跃升到九五君位，从而克服了有德与无位的矛盾，实现了理想。换龙的角度看，蓝天只提供实现理想的外在条件，自由翱翔才是理想。对于一个真正体现龙德的君子来说，九五之尊的君位并非理想本身，而其特定外在条件，便于其参赞化育，造福于民，建立"首出庶物，万国咸宁"的丰功伟绩。宋太祖赵匡胤和儒臣王昭素曾有一段有趣的对话。据《宋史·儒林传·王昭素传》及《朱子语类》载，宋太祖问，一般人不是龙，怎么也会占到"九五，飞龙在天，利见大人"呢？言外之意，最吉祥最完美的乾之九五，唯帝王一人才配拥有。王昭素答，没有关系，当臣民占到此爻时，"飞龙在天"指陛下，而臣下是"利见

(jiàn) 大人”。“利见(xiàn)大人”，利于大人展现而大有作为。王昭素读“jiàn”，释为看见，即利于万民瞻仰大人，以资楷模。朱熹称赏：“此说得最好，此《易》之用所以不穷也。”因为王氏巧妙解释字义，迎合帝王唯我独尊的心理，得以全身远祸。

上九：亢龙有悔。

象曰：亢龙有悔，盈不可久也。

【译文】

上九：龙飞到极高处，则有悔。

象传：龙飞过高则有悔，阳爻盈满而不可长久。

【解读】亢龙比喻居极高之位的统治者，骄傲自满，脱离臣民。盛极必衰，所以后悔。

【文言】上九曰：“亢龙有悔。”何谓也？子曰：“贵而无位，高而无民，贤人在下位而无辅，是以动而有悔也。”

【译文】上九爻辞说：“龙飞过高有悔。”这是什么意思？孔子说：“尊贵而不当位，高高在上脱离百姓，贤明之士处下位不能来辅佐，所以一动就会产生悔恨。”

【文言】“亢”之为言也，知进而不知退，知存而不知亡，知得而不知丧，其唯圣人乎？知进退存亡而不失其正者，其唯圣人乎？

【译文】(上九爻辞中的)“亢”，是说只知前进而不知后退，只知生存而不知灭亡，只知获得而不知丧失，能称得上圣人吗？(这种人不能称为圣人。)知进退存亡之理而不失掉正确原则的人，能称得上圣人吗？(这种人可称作圣人。)

【解读】此爻最能体现《周易》的辩证法思想，万事中庸，过犹不及。

用九[1]：见群龙无首，吉。

象曰：用九，天德不可为首也。

【译文】

用九：出现一群龙，没有首领，吉利。

象传：用九，乾卦天德，不可用上爻。

【文言】“潜龙勿用”，下也；“见龙在田”，时舍也；“终日乾乾”，行事也；“或跃在渊”，自试也；“飞龙在天”，上治也；“亢龙有悔”，穷之灾也；乾元“用九”，天下治也。

【译文】“潜伏之龙，不要轻举妄动”，因地位卑下；“龙出现在田野”，因时机未成熟；“终日勤勉不倦”，做该做的事；“或跳跃而起或退居深渊”，自己慎选

---

① 用九：指全卦都是阳爻，有整体使用之德。占卜时，如果乾卦六爻皆变，当用此“用九”之辞。用九“天德不可为首”，是指乾卦六爻六条龙首尾相连，如环无端。

进退；“龙飞上天”，居上而治理天下；“龙飞过高而有悔”，由穷极而造成灾害；乾卦全体用九（唯变所适），天下必然大治。

【文言】“潜龙勿用”，阳气潜藏；“见龙在田”，天下文明；“终日乾乾”，与时偕行；“或跃在渊”，乾道乃革；“飞龙在天”，乃位乎天德；“亢龙有悔”，与时偕极；乾元“用九”，乃现天则。

【译文】“潜伏之龙，不要轻举妄动”，阳气潜藏于地下；“龙出现在田野”，天下万物呈现文采光明；“终日勤奋不息”，随从天时的变化而行动；“龙或跃或潜于渊”，乾之道即将出现变革；“龙飞上天”，已位居于天德；“龙飞过高而有悔”，随天时变化而达到终极；乾卦全体用九，是实现天道的法则。

【解读】“用九”，指占筮得到六个数都是“九”，奇数“九”为阳爻，故所得卦为“乾”；“九”又为变爻，六个阳爻都变为阴爻，那么乾卦将变为坤。值得注意的是，“用九”所得卦既不全是乾，也不全是坤。是乾，却将变为坤；变坤，却又仍是乾。就是说，处在乾坤转变之中，兼有乾坤二者的美德。依古筮法，占筮遇乾卦，六爻皆七，则以卦辞断事；六爻皆九，则以用九爻辞断事。“群龙无首”即六爻各龙顺时而变、随位而成。众龙首尾衔接形成一个圆，没有首尾、本末、先后之分，所以结果吉祥。比喻众人得志而飞腾，故曰“吉”。“用九”即用九之道，全面应用乾元之道。若把“群龙无首”提到天则即自然法则的高度来理解，提倡全面应用乾元之道，便可成就天下大治的辉煌业绩。六爻实为一整体，万物变化“始卒若环”，无法分辨先后，因而一往平等。且上下贯通，无首无尾，形成一个不断流变的过程，即“穷则变，变则通，通则久”。因而生生不息，变化日新，永葆蓬勃生机。

总结：

《周易》以乾卦为象征符号，并以龙的形象展现其充满活力又变化无已的特性。乾是纯阳之卦，但通过卦象、爻位及卦爻辞，形象地展现潜龙—地龙—飞龙—亢龙—群龙无首的发展过程，表现了事物的矛盾运动及其由阳转阴、由盛转衰的自然辩证法，以及所谓“一阴一阳之谓道”的自然本体的哲理探索，具有丰富而深邃的哲理内容。

乾卦对中华民族精神影响很大。“元亨利贞”，乾之四德是天道的本质，核心是生。生是动态的，可分四阶段：元者，万物之始；亨者，万物之长；利者，万物之遂；贞者，万物之成。与四时相配，元为春生，亨为夏长，利为秋收，贞为冬藏。乾元创生万物，乾道永在变化，而其效应是要让万物各自正其性，变中有不变，达到太和状态，即利贞。“生”之过程至此并未终结，而是贞下起元，冬去春来，新一轮循环。程颐说：“乾道首出庶物而万汇亨，君道尊临天位而四海从，王者体天之道，则万国咸宁也。”程氏将乾道与

君道对比，与乾之“天下治也”互为表里。

乾卦含有渊深的人生哲理：

一，人生充满无限可能。

乾卦告诫人们要像天的运行一样，永不停息努力前进，人生充满无限可能。姚舜牧《药言》讲：“盘根错节，可以验我之才。波流风靡，可以验我之操。艰难险阻，可以验我之思。震撼折冲，可以验我之力。含垢忍辱，可以验我之量。”高尚道德的君子应以仁爱为本，不论出处进退，都必须努力进德修业。这才是人生无咎的真正原因。由此可见，儒家一方面强调坚定的立场，同时也保持深刻的社会关怀。

二，要自强不息。

人，只有胸怀大志才会有大的发展，只有自强不息才会真正通达顺利。“天行健，君子以自强不息”，奠定了中华民族世代繁衍不息的牢固思想根基。必须时时进德修业，保持与时俱进的精神，才能在不断的人生历程中，知进退存亡而不失去正大的方向。在中华历史上，自强不息的精神被无数的仁人志士反复践履，使中华民族饱经患难却仍屹立于世界民族之林，成为世界上唯一的一个文明延续了五千年仍生机勃勃的国家。

三，人生定位要准确。

人生是阶段性的调整，每一阶段，都应做好合理的调整，逐渐提高自己的层次，以配合实际的需要。当我们年轻，或时机还没到时，充分利用自己的低谷期充实力量，积蓄自己，不可轻举妄动；在自己力量还不够强大时，要借助周围人的帮助；当事业有所进展时要兢兢业业，小心谨慎；当自己力量强大时，要把握时机，伺机而动；当事业达到巅峰时，要发展自己的潜能，不能脱离群众；当事业过了巅峰期后，一定要把握尺度，选择隐退未尝不是明智之举。

四，要有大局胸怀。

人生就是一连串的选择。每一次选择，可能进步，也可能后退。一定要坚守正道，有大局胸怀，谦虚礼让。盛昌之运反招致灾祸，要懂得物极必反、盛极而衰这一法则。顺其自然，谨慎地适应变化，善用刚与柔的法则，掌握进退之要则，才能确保通达。

二

坤䷁

【卦辞】坤：元亨，利牝（pìn）马之贞。君子有攸往。先迷后得主，利西南得朋，东北丧朋。安贞吉。

【译文】坤卦象征大地纯阴至顺：创始，亨通，像雌马一样以柔顺坚持正道。君子有所往求。先迷途，后找到贤明君主，往西南可得到朋友，往东北则丧失朋友。安于正道，自然吉祥。

【解读】坤卦象䷁，由八卦中的坤☷重叠而成。孔颖达曰："阳大阴小，阳得兼阴，阴不得兼阳。故坤之德，常减于乾之半也。"《说卦》说"坤，地也"，又"坤，顺也"，以坤象征大地和阴柔温顺的事物。坤性属阴柔，强调驯顺天道，静合自然，兼容并包。《周易》多次提及"利西南，不利东北"，往西南去有利，往东北去不利。古人以为新月产生在西南，残月消失在东北，故以西南有利，东北不利。或曰，东北、西南指的是政治地理。周初时，周民族地处黄河中上游，东部中原地区及黄河中下游地区是势力强大的商朝。而周的西南部是戎，地处偏僻，是很落后很弱小的一些少数民族。在"剪商"准备工作尚未完成的周初，往东北与天下共主、势力强大的商朝对抗，显然不利；而往西南对付西戎，周族力量则绰绰有余。这在周人中早成共识。又或曰，西南属阴，为坤卦所在的方位，象征平坦的大地，东北属阳，为艮卦所在的方位，象征险峻的高山；处于蹇难之时，对于客观环境和行进方位的选择，当然避难就易，有利于平坦而不利于险峻。

【彖辞】至哉坤元，万物资生，乃顺承天。坤厚载物，德合无疆。含弘光大，品物咸亨。牝马地类，行地无疆，柔顺利贞。君子攸行，"先迷"失道，后顺得常。西南得朋，乃与类行。东北丧朋，乃终有庆。"安贞"之吉，应地无疆。

【译文】至极呵，大地的化育之功！万物依赖它而生成，它顺承天的意志。

大地用厚德载养万物，德性与天相合而无边无际。坤道能包含宽厚而广大，众物全得亨通。牝马属阴性，与地同类，自由驰骋而无边，它柔顺而宜于守正。君子有所往，若遇事抢先而行，会迷失方向。如果跟在后面顺随大势，则会走上正道。往西南走得到朋友，则是与朋友同行。往东北则丧失朋友，最终仍将有吉庆。安顺和守持正固的德性，与大地一样无边无际、远大深厚。

【文言】坤至柔而动也刚，至静而德方，后得主而有常，含万物而化光。坤道其顺乎，承天而时行。

【译文】坤极其柔顺，但动显示出它的刚强。坤极其静止，但尽得地之方正。后找到主人而有常道行之，含藏万物而化育广大。坤道多么柔顺，顺承天道依时而行。

【解读】天地万物的变化"一阴一阳之谓道"，这是《易》道的本质。运动都可归结为阴阳对立势力的变化运动，由两者交错联结、斗争消长决定。纯阳的势力谓之"乾元"，纯阴的势力谓之"坤元"。一方面，"大哉乾元，万物资始，乃统天"；另一方面，"至哉坤元，万物资生，乃顺承天"。可以看出，在万物化生的过程中，"乾元"为阳刚之性，起着创始、施予、主动和领导的作用，"坤元"为阴柔之性，起着完成、接受、被动和服从的作用。孤阳不长，独阴不生，二者对立统一，相反相成，实现万物化生。就自然史来说，正因这两大势力阴阳协调、刚柔并济的共同作用，遵循乾阳统御坤阴、坤阴顺承乾阳的自然法则，才能形成调适畅达、品物咸亨的太和景观。

【大象】地势坤，君子以厚德载物。

【译文】地势柔顺，君子效此当以宽厚之德容载万物。

【解读】对比乾"天行健，君子以自强不息"，两者行文对仗，都体现人的行为应效法自然的法则，与老子《道德经》"人法地，地法天，天法道，道法自然"一脉相承。坤为地，为大舆，为众，所以说载物，厚德。一切为民，是为厚德。

【爻辞】及**【小象】**

初六：履霜，坚冰至。

象曰：履霜坚冰，阴始凝也。驯致其道，至坚冰也。

【译文】

初六：踏霜时，当知坚冰不久即至。

象传：履霜坚冰，阴气开始凝结。顺致阴道，以导致坚冰。

【文言】积善之家必有余庆，积不善之家必有余殃。臣弑其君，子弑其父，非一朝一夕之故，其所由来渐矣。由辩之不早辩也。《易》曰："履霜，坚冰至。"盖言顺也。

【译文】积善之家，必定福庆有余，积不善之家，必定灾殃有余。大臣杀掉国君，儿子杀死父亲，这并非一朝一夕所造成的，祸患的产生由来已久，渐积而成，只是由于没有及早察觉此事。《周易》说："踏霜之时，预示坚冰之日将至。"这是说顺从事物发展预判其结果。

【解读】 坤初六处下卦初，象征事物的萌芽阶段。阴居阳位不正，表示阴气渐积渐盛，阳气衰退。在节候上，阴象征寒，就像足履微霜，虽非严寒，却预示坚冰必降的自然规律。所谓"冰冻三尺，非一日之寒"，适合自然规律，也适合社会盛衰规律。《淮南子·齐俗训》载：昔太公望、周公旦受封而相见，太公望问周公曰："何以治鲁？"周公曰："尊尊亲亲。"太公曰："鲁从此弱矣！"周公问太公曰："何以治齐？"太公曰："举贤而上功。"周公曰："后世必有劫杀之君！"其后齐日以大，至于霸，二十四世而田氏代之。鲁日以削，至三十二世而亡。故《易》曰："履霜，坚冰至。"圣人之见终始微言。故糟丘生乎象箸，炮烙生乎热升。子路撜溺而受牛谢，孔子曰："鲁国必好救人于患。"子赣赎人而不受金于府，孔子曰："鲁国不复赎人矣。"子路受而劝德，子赣让而止善，孔子之明，以小知大，以近知远，通于论者也。大意为：以前姜太公吕望、周公姬旦分别受封后见了面，太公问周公："你打算怎样来治理鲁国？"周公答说："尊敬尊长，亲爱爱人。"太公说："鲁国从此要衰弱了。"周公问太公："那你又打算怎样来治理齐国呢？"太公说："我要举荐贤能，崇尚功绩。"周公说："齐国后代一定有被篡夺弑杀的君主。"之后，齐国一天天强盛，以至于称霸，传二十四代时国政被田氏篡夺；而鲁国日益衰弱，到三十二代亡国。这就是"履霜，坚冰至"。圣人能从起始细微的迹象预见事物发展的终结。所以，酒糟堆积成山肇始于用象牙为筷，炮烙之刑肇始于用熨斗烙人。子路救起溺水者而接受主人答谢的牛，孔子评说："鲁国一定会兴起助人为乐的好风气。"子赣用钱财赎救出奴隶而不接受官府的钱财，孔子评说："鲁国再也不会有赎救人的事了。"子路接受谢礼而能鼓励人们修养善德，子赣推辞赏钱却停止了人们行善。孔子的伟大在于其见微知著，通晓事理。

六二：直方大，不习无不利。

象曰：六二之动，直以方也。不习无不利，地道光也。

【译文】

六二：大地正直、端方、广大，人若具备了大地的这种德行，即使不学习也没有任何不利。

象传：六二之动，平直而方正。不习没有不利的，六二地道柔顺广大。

【文言】"直"其正也，"方"其义也。君子敬以直内，义以方外，敬义立而德不孤。"直方大，不习无不利"，则不疑其所行也。

【译文】"直"是正直，"方"是事物处置的适宜。君子用恭敬以使内心正直，用处事之宜来方正外物，"敬"与"义"已确立而道德就不孤立了。"直方大，不熟习没有不利的"，这样就没人怀疑他的行为了。

【解读】 六二阴居阴位，居中得正，非常吉利。在阴柔上升的第二阶段，六

二完全符合为臣的本分，具有直、方、大三种品德。立位正直，居体端方，胸襟宽广，包容万物，从位、体、用三方面保持自然品质，这样虽然“不习”也无不获利。如王弼注说：“不假营修而功自成”，强调自然禀赋，反对虚伪矫饰。大地的柔顺之道发出自然光辉。

六三：含章可贞，或从王事，无成有终。

象曰：含章可贞，以时发也。或从王事，知光大也。

【译文】

六三：蕴含美德可以恪守正道。辅佐君王做事，虽不居功，但结局还是好的。

象传：蕴含章美可以守正，待时而发动。善于辅佐君王办事，功成不居，说明六三的智慧光明远大。

【文言】 阴虽有美，“含”之以从王事，弗敢成也。地道也，妻道也，臣道也。地道“无成”而代“有终”也。

【译文】 坤阴虽是美德，要含蓄不露地为君王做事，不敢以成功者自居。这就是地道、妻道、臣道。地道不居己功，只代替天道做事，完成养育万物之事。

【解读】 六三已升到下卦终极，处自下而上的过渡阶段。随着爻上升，六三担任职务，辅助上级领导，参与管理。虽阴处阳位非正，但其阳位之势内含阳刚美质，君子可据此守正无邪。这是自我实现为臣之道大好时机，应充分发挥才智配合上级领导，共同实现组织管理的目标。错过时机，含而不发，无所作为，都不正确。《伊川易传》中“有善则归之于君”“不敢当其成功，惟奉事以守其终”等，便是说如何当好助手。如果高估自己，居功自傲，甚至刚愎自用，以致触犯上级的权威，同样不正确。只有懂得无成有终的道理，最后才会有好的结果。

六四：括囊，无咎无誉。

象曰：括囊无咎，慎不害也。

【译文】

六四：束扎口袋，没有过失，也没有荣誉。

象传：束扎口袋没有过失，谨慎而无害。

【文言】 天地变化，草木蕃。天地闭，贤人隐。《易》曰：“括囊，无咎无誉。”盖言谨也。

【译文】 天地交感变化，草木蕃盛。天地闭塞不交，贤人隐退。《周易》说：“束扎口袋，没有咎灾，没有名誉。”是说谨慎处世的道理。

【解读】 由三升到四，六四权高位重，担任要职，为近君之位。如何妥善处理君臣关系极为重要。地位越高，越应收敛锐气，谨言慎行。古人说“伴君如伴虎”，“括囊无咎”正是安处此境的良方。也比喻人小心谨慎，不露锋芒，韬光养晦。这种处世之道，虽无称誉，也无咎害。

六五：黄裳，元吉。

象曰：黄裳元吉，文在中也。

【译文】

六五：穿黄色下服，会有吉祥。

象传：穿黄色下服至为吉祥，文德在守中。

【文言】君子“黄”中通理，正位居体，美在其中而畅于四支，发于事业，美之至也！

【译文】君子内有中德通达文理，外以柔顺之体居正位，美存在于心中，而通畅于四肢，发见于事业，这可达到最高的境界！

【解读】坤卦六五以阴柔之性升到尊贵君位，掌握权力，但其内在品质却没改变。“黄裳”象征地位尊贵又具有柔和谦下的美德，大为吉祥。以中和之德与居于下位的同类亲附聚合，容民畜众，厚下安宅，从而赢得爱戴与支持。这种中和美德，实质是刚而能柔，柔而能刚，阴阳协调，刚柔并济。《左传·昭公十二年》载：春秋时鲁国费邑宰南蒯，欲以费邑叛鲁降齐，筮得坤六五“黄裳，元吉”，“以为大吉也”。但子服惠子坚决不同意而斥之曰：“忠信之事则可，不然必败。”认为坤六五的随顺，服从于积极、进步、正义的要求，才会元吉；而叛乱之事，违背《易》之道，所以“筮虽吉”，但不可行。这正体现了“易无达占”的解卦之道。

上六：龙战于野，其血玄黄。

象曰：龙战于野，其道穷也。

【译文】

上六：龙在原野上搏斗，流出的血液有青有黄。

象传：龙交战于野外，阴道穷极。

【文言】阴疑于阳必战，为其嫌于无阳也。故称“龙”焉。犹未离其类也，故称“血”焉。夫“玄黄”者，天地之杂也，天玄而地黄。

【译文】坤阴交接于阳（阴气旺盛到与阳气相似），阴阳必定会发生战斗，为嫌坤没有阳，所以坤上六爻辞称“龙”。虽阴阳相战，但阴并未脱离同类，所以爻辞点出“血”。“玄黄”是天地混杂的颜色，天色为玄，地色为黄。

【解读】上六是事物发展到顶点的转化阶段。阴气盛极而衰，阳潜生其中。阴阳摩荡，对立转化，所以用“龙战于野”作譬喻。所谓“战”，象征天地阴阳的矛盾与碰撞，强调阴阳矛盾的对立和转化。其血玄黄，指天地，“天地玄黄，宇宙洪荒”，以血色为喻。天玄地黄，天地阴阳和合，所以产生万物，厚载不偏。社会生活的人事运作中，由于阴阳性质不同，自然存在对立冲突。在五行中，玄色代表水，黄色代表土。水和土，一个动荡激进，一个保守稳重。好比在事业发展中，激进与保守两派力量的对峙。坤卦上六和乾卦上九犯了同样错误，因

为不懂阴必顺阳、阳必顺阴的道理，没有进行自我抑制，顺性纵容斗争，从而导致阴阳排斥、彼此伤害的恶果。应自觉借助中和美德进行抑制，促成协调并济的统一。

【用六】

用六：利永贞。

象曰：用六永贞，以大终也。

【译文】

用六：用六数占筮，适宜永远持守正道。

象传：用六数占筮永守正道，坤阴养育万物作为归宿。

【解读】坤卦用六，是占筮结果表现为六爻全动变成老阴的一种状态。物极必反，老阴寓意阴势将尽，因而可能转为阳爻。

总结：

“地势坤，君子以厚德载物”，纵观坤卦，重在体现为人之道、为臣之道。

首先，虚怀若谷，厚德载物。只有虚，才能够大。就如大海，因为能容，所以才浩瀚无边。做人亦如此，人生在世，不可一味刚强。坤卦《象传》用“君子”来称呼具有阴柔之性而居下位的被领导者。“君子”意味着德行，用现代话语说就是对行为规范要求的遵守，就居下位的被领导者而言，这种行为规范就是“柔顺利贞”。以宽广的胸怀包容天下之人与物。刻薄寡恩，阴险狡诈，唯我独尊，永远得不到人们的敬仰。所以，坤卦《象传》以“柔顺利贞”界定君子之德，重点论述称职的被领导者应奉行的行为规范。这是为了实现对社会群体的有效管理。鉴于社会分工的必要，有上级必有下级，有决策者必有执行者，各有不同的分职。《周易》八卦方位中，坤居西南，乃与类行，西南得朋，往西南方向可得到许多同类的朋友。但有阴而无阳，脱离了阳的领导，不会有好的结果。乾居东北，东北丧朋，乃终有庆，往东北方向虽丧失了同类朋友，但因得到阳的领导，与阳结为一体，最终将有吉庆。协调并济，“安贞之吉，应地无疆”，这种恪守本分、履行规范的安静而贞正的吉祥，与无疆的大地顺承上天的美德相适应。

其次，依循客观规律办事。从坤卦初六的“履霜，坚冰至”开始，一直到上六的矛盾转化，用六的“利永贞”，体现了阴柔事物发展的全过程，揭示了刚柔相济的朴素辩证法。阴柔事物其性虽柔，但渐积渐盛，力量同样无穷。可以向好的方向转化，也可以向坏的方向发展，所以要学习和锻炼见微知著的本领，做到防患于未然。且应随顺自然，因势利导，积极促成矛盾向好的方向转化。

总之，天创造万物，地负载万物。恪守本分、安静顺从便是坤卦的核心大旨，也是坤卦带给我们的人生启迪。只有懂得沉静、包容，才能有大地一般的胸怀。而顺从包容、见微知著、正直谦逊、胸襟宽广、含蓄内敛、谨言慎行，不极端过分，这就是为人之道、为臣之道。要想有好的发展，要懂得外柔而内刚，外圆而内方，并且懂得如何自保，内心机智成熟。自己的所作所为，使天下人感到安然，才会无往不利。

三

屯䷂

【卦辞】屯（zhūn）：元亨，利贞。勿用有攸往，利建侯。

【译文】屯卦象征始生：极为亨通，利于坚守正道。不宜有所往，利于封建诸侯。

【解读】屯卦指出艰难创始时期的形势和策略。《序卦传》："屯者，物之始生也。"屯，甲骨文字形像刚发芽的幼苗从土里露出头来。因为事物初生，正待成长，有一股难以抑制的勃勃生机，所以其势极为亨通。但初生之物毕竟脆弱，必须正其根本，所以又宜于守正。乾卦"元亨利贞"与此处"元亨，利贞"解释不同，乾卦讲天道，屯卦讲人事。"勿用有攸往"，不可轻举妄动，必须培固根本，以图将来成就大业。

【彖辞】屯，刚柔始交而难生。动乎险中，大亨贞。雷雨之动满盈。天造草昧，宜建侯而不宁。

【译文】屯卦象征初生，阳刚阴柔开始交合，艰难随之产生。动于险难之中，如能坚持正道极为亨通。雷雨将作，乌云雷声充满天地之间。天始造化之草昧时期，万物萌发，此时适宜封建诸侯，但艰难困顿，很不安宁。

【解读】卦象震雷在下，坎水在上。万物初生，万事草创。人和万物的生命同源，德道修身与此同理。目前虽以各自不同的生命状态存在着，然而只要修德守正，最终肯定吉利。做事不可盲目、随意而行，必须先确定目标，就像射箭先立靶子，这样才利于行动。

【大象】云雷，屯。君子以经纶。

【译文】云行雷动，象征初生。君子据此在初创时期要善加经纶治理。

【解读】云雷交往，雷雨将作。这里用天象比喻人事，见此情景，就该想到，愈是初生之物，愈是草创之事，就愈加需要小心谨慎。

【爻辞】及【小象】

初九：磐桓，利居贞，利建侯。

象曰：虽磐桓，志行正也。以贵下贱，大得民也。

【译文】

初九：徘徊不前，利于守持正固，利于建立诸侯。

象传：虽然徘徊不前，但志向和行为纯正。屯难时以高贵而下接低贱，大得民心。

【解读】万事开头难，作为屯卦的第一爻更处在最难处。初九虽来自乾体的阳刚之爻，身份尊贵，屯难之时，位处卑贱的两阴爻之下，动辄难生。所以初九虽为刚爻而勇于前进，也不得不谨慎。唯一稳妥的就是立足于德道修身，目标建立诸侯，以求资助；同时要谦恭下士，收揽民心。且一步一步脚踏实地做起来，才能走出困境，变难为易，吉祥顺利。

六二：屯如邅（zhān）如，乘马班如。匪寇婚媾，女子贞不字，十年乃字。

象曰：六二之难，乘刚也。十年乃字，反常也。

【译文】

六二：创始艰难，彷徨不前。乘马的人纷纷而来，他们不是盗寇，而是求婚者。女子贞静自守不嫁人，过十年才出嫁。

象传：六二之所以出现困难，是因为阴柔乘凌阳刚。十年后才出嫁，终返归常道。

【解读】指出守正待时的重要。六二阴处阴位，力量柔弱，在艰难初创时，前有六三、六四阻隔。虽有济险之志，但在坎险的现实前，只能徘徊不已，必得阳刚之助才能出险。史载伊尹之事商汤，吕尚之事文王，明君贤相，两相求匹，犹如处子的“十年乃字”。又如刘备三顾茅庐，诸葛隆中纵谈天下，终于出山，艰苦卓绝，开创了蜀汉的数十年基业，成为名垂青史的一代名相。

六三：即鹿无虞，惟入于林中，君子几，不如舍，往吝。

象曰：即鹿无虞，以从禽也。君子舍之，往吝穷也。

【译文】

六三：追逐野鹿时，缺少虞人引导，致使鹿逃入树林中去。君子见机行事，不如放弃追踪，继续追赶会发生祸灾。

象传：追逐野鹿时，缺少虞人引导，盲目地跟着猎物跑。君子应及时放弃，继续追赶不止，必有遗憾并陷入困境。

【解读】指出在屯难中应借助外力，避免盲动。古人打猎，需山林管理员（虞人）把禽兽赶进特定的围场。六三阴处阳位，又处在屯卦上下体之交的位置，处境很艰难，但力弱却躁进有贪欲。正像无虞人相助而逐鹿，必然劳而无功。若

不及时停止，深入山林，不仅有徒劳之憾，极可能会陷入困境。《三国志·陈琳传》载：汉末，外戚何进为大将军，为驱逐宦官集团，决定召集董卓等割据各地的军阀率兵进京，当时陈琳就引屯卦六三的“即鹿无虞”之说加以劝阻，认为何进不明形势，急躁冒进，引狼入室，必致大祸。何进不听，专断独行，最终身死族灭，天下大乱。证明六三应守静以待，避免盲动，谨遵卦辞“勿用有攸往”之旨。如有所为，理应借助外力，有虞人才能逐鹿。

六四：乘马班如，求婚媾，往吉，无不利。

象曰：求而往，明也。

【译文】

六四：乘马纷纷而来，是求婚者。前往应婚是吉祥的，无所不利。

象传：求婚者来，前去应婚，是明智之举。

【解读】六四阴柔之质，无力独自渡过屯难之险，有待外援。与六四正应的初九向上仰攀，专程来求婚；六四欣然前往应允。初九既有济险之志又有济险之力，只因所处境遇不好，才坐而待时。六四十分明智，自身力量不足，毅然以上求下，取刚济柔，与贤者初九同舟共济，必能出险。如《三国志·蜀书·先主传》载三国时刘备占荆州后，吴主孙权“稍畏之，进妹固好”。《三国演义》及京剧《龙凤呈祥》以此为题材，写刘备江东招亲，是为联吴抗曹的政治需要。吴国统帅周瑜等，百般阻挠孙刘联姻，派兵追杀刘备及孙夫人。幸有诸葛亮定下锦囊妙计，鼓励刘备毅然冒险去江东，顺利娶到孙夫人回荆州，周瑜诡计失败，“赔了夫人又折兵”。这则故事鼓励人们面对险难不气馁，振奋精神，勇往直前。自古凡成大事者无不具有开拓和拼搏的精神。

九五：屯其膏，小贞吉，大贞凶。

象曰：屯其膏，施未光也。

【译文】

九五：克服困难、囤积财富，准备对下施其膏泽，柔小者守贞可获吉祥，刚大者须行动谨慎、守正以避凶险。

象传：囤积财富，说明九五所施的恩泽尚未光大。

【解读】指出居上位者必须广施恩泽。九五要想得到辅佐，必须广施德泽，收揽人心。若是柔小处下者，处理小事，虽恩泽未施，但守持正道，尚可得吉；至于刚大处上者，处理国家大事，若恩泽不及广施，应守正以防凶灾。据《史记·高祖本纪》载，刘邦部下分析，刘邦舍得以官位和城池奖赏有功之臣，广施恩德，“与天下同利”，所以能得天下；而项羽吝于赏功，恩泽不施，“战胜而不予人功，得地而不予人利”，所以失去天下。

上六：乘马班如，泣血涟如。

象曰：泣血涟如，何可长也？

【译文】

上六：骑在马上盘旋不前，悲伤哭泣，血泪涟涟。

象传：悲伤哭泣，血泪涟涟，这种状况怎能长久呢？

【解读】 上六位居屯难之极，因其阴柔之质，无力摆脱困境，与六三无正应，孤独无援，因此骑在马上盘旋，忧惧交加，血泪横流。象曰："何可长也？"喻示有两种可能：一是山穷水尽，无奈灭亡；二是柳暗花明，屯极思通。

总结：

《序卦》说："盈天地之间者唯万物，故受之以屯。屯者，盈也；屯者，物之始生也"。天地相和万物生，但万物初生时都有困难。屯卦告诫人们要认识艰险，不可轻举妄动；同时勉励人们把握事物的发展规律，积聚力量，冲破险阻，达到元亨的最佳境界。上自国家社会之大业，下至平民百姓的小事，都要处理艰难创始的问题，由此可见屯卦的普遍意义。

南北朝时，宋武帝刘裕北伐，命令谢灵运作《撰征赋》，说"民志应而愿税，国屯难而思抚"。正确理解屯卦精神，排除艰难，北伐胜利，解民倒悬，因而刘宋皇朝应运而生。反之，如秦二世胡亥不思创业屯难，做了皇帝，纵情声色而不知经纶，结果国亡身死，丧失万世基业。这两则史实生动地说明了屯卦精神，不是临难逃避，而是勇往直前，积极有为，以谋新生。

平凡人每临大事，千难万难，权衡得失，难以决策与取舍。怎样走出这种困境？人生万事开头难，难在方向的选择与坚持，该如何面对？

屯卦辞强调："屯：元亨，利贞。勿用有攸往，利建侯。"很明显，说明在事物初起之时，以安定为好，并且要树立正确而远大的目标。人们只要朝着自己的正确而远大的目标前进，在困难面前从容应对，即使是初创阶段（"元"，开始），也能通达目标（"亨"，通达），关键是如何把握一个良好的度（"利"，适宜），并且要顽强地坚持（"贞"，正固）。《彖传》讲明了这一初始困难的原因："屯，刚柔始交而难生。动乎险中，大亨贞。雷雨之动满盈。天造草昧，宜建侯而不宁。"阳刚之气与阴柔之气开始交流，当然会产生初始的困难。人们在险厄中，容易急躁，失去稳定性，因而要求通达正固，即灵活坚持。正因处在草创冥昧阶段，所以适宜不断勤奋努力。

《象传》说："云雷，屯。君子以经纶。"君子要努力经营筹划。很多时候我们都希望能一日千里，立刻有成就。若时机不成熟，条件不具备，所作所为只原地打转，白费力气。通观屯卦，旨在论述初生萌芽和创始艰难及其对策。同处屯难之中，六爻因所处爻位不同各具特点。初九"磐桓"，以居正不出为利；六二"屯""邅"，以守正待时为宜；六三"即鹿"，以盲动有吝

为诫；六四“婚媾”，以屈尊求贤为吉；九五“其膏”，施恩以防凶；上六“泣血”，屯极应思变。因此领悟屯卦：一，自觉选择以德道修身为人生崇高目标，安身立命；二，克服心猿意马；三，稍有收获，禁生骄矜。在困境中悟道，在艰难中奋发，从而明德、知道、立圣心。要想彻底解脱人生困苦，以居正慎行为要旨。

四

蒙䷃

【卦辞】 蒙：亨。匪我求童蒙，童蒙求我。初筮告，再三渎，渎则不告。利贞。

【译文】 蒙卦象征蒙昧：亨通。不是我求蒙昧的孩童，而是蒙昧的孩童来求我。初次请问应该回答，对同一问题再三滥问，那是对先生的亵渎，就不再回答。利于守持正道。

【解读】 蒙在屯后，事出必然。天地乾坤生出万物，万物初生受屯难，成功破土萌芽。起始混沌蒙昧，孩童幼年没有知识，必须接受教育。《吕氏春秋·尊师》云："且天生人也，而使其耳可以闻，不学，其闻不若聋；使其目可以见，不学，其见不若盲；使其口可以言，不学，其言不若爽。"学习始于童蒙，尤为重要。蒙卦主要论启蒙之道，志趣相应，教学双向互动。这里强调"童蒙求我"，不仅仅是强调师道尊严，更重要的是强调受教者的学习主动性、积极性和求知欲望的重要性。正如孔子说的"不愤不启，不悱不发"。同时重点启发孩童领悟，培养其独立思考。

【彖辞】 蒙，山下有险，险而止，蒙。蒙，亨，以亨行，时中也。匪我求童蒙，童蒙求我，志应也。初筮告，以刚中也。再三渎，渎则不告，渎蒙也。蒙以养正，圣功也。

【译文】 蒙昧，犹如山下有险难，知有险难而止步，这是蒙昧之象。蒙，亨通。按照亨通的法则行动，时机适中。不是我求蒙昧的孩童，而是蒙昧的孩童来求我，双方的志趣相应。初次请问应该回答，是因蒙师得刚中之道。对同一问题再三滥问，这是亵渎怠慢，就不再回答，滥问亵渎了启蒙教育。将蒙昧培养入正道，这正是圣人的功绩。

【解读】 从卦德分析，上艮为山为止，下坎为险为陷，"山下有险，险而止"，遇险而彷徨止步，犹如蒙稚智慧未开之时，不知所措的状态。而从卦象上看，上艮下坎，山泉淙淙，冲石激湍，汇为江湖。好比儿童接受启蒙教育之后，历经挫折，智慧渐开，终于成才。从互卦看，蒙之九二、六三、六四组成震卦，震为雷为动，学童年幼好动，多问好学，故“动”并非坏事。蒙之六三、六四、六五组成坤卦，坤为顺，顺从自然，强调学习应循序渐进。坤为地，则象征学无止境。

【大象】山下出泉，蒙。君子以果行育德。

【译文】山下流出泉水，象征蒙昧的开启。君子因此用果敢的行为培育品德。

【解读】泉水冲破山石的阻碍而流出，象征蒙昧得到消除，智慧得以开发。人的智慧首先应表现在品德修养上，所以君子观此象想到要“果行育德”。行动之果决必行，要像泉水之流，一往无前。修德不止不息，要如泉水之出，滔滔不绝。

【爻辞】及**【小象】**

初六：发蒙，利用刑人，用说桎梏，以往吝。

象曰：利用刑人，以正法也。

【译文】

初六：启发蒙昧，施加惩罚手段是有利的，使人免犯罪过。听任其发展下去必然造成憾惜。

象传：施加惩罚手段是有利的，居初使人守规于法律。

【解读】提出严厉管教的必要。初六不中不正，蒙昧最甚，但只处在最初阶段，可塑性强。小惩而大诫，对他略施薄惩，正是为了他日后免受更大的惩罚。英国法学家边沁说过，既然惩罚是承受痛苦，那么只有当它是为了防止更大痛苦时，它才被证明是正当的。

九二：包蒙，吉，纳妇，吉，子克家。

象曰：子克家，刚柔接也。

【译文】

九二：包容蒙昧，吉祥。娶媳妇，吉祥，儿子能够治家。

象传：儿子能够治家，阳刚与阴柔相接应。

【解读】指出宽容包纳的必要。九二以刚爻居阴位得中，是刚柔相济、能行中道的师长，故能包容蒙昧的受教者。刚柔相结，是说九二为师，诲人不倦；六五为蒙童，能虚心受教，学而不厌。这样就能教育出“克家”之“子”。

六三：勿用取女，见金夫，不有躬，无攸利。

象曰：勿用取女，行不顺也。

【译文】

六三：不要娶此女子，她见了有金钱的男人即失身，娶她为妻没有好处。

象传：不要娶此女子，她的行动不守正道。

【解读】指出品质不端的人难以施教。六三阴居阳位，不中不正，且处蒙卦下体之终，乘凌位卑而中正刚明的良师九二，攀附与它同样不正不中而处于极位的上九，可谓见利忘义，邪僻妄行。孔子也叹过“朽木不可雕也”，所以说，外因只能透过内因发生作用，教育也不是无往而不胜的。鲁迅在小说《奔月》里描写了企图射杀师父的逄蒙，实则讽刺他过去的弟子高长虹之流，“或则投书告密，或则助官捕人”。从伦理上看，作者认为启蒙学习如果虚浮躁急，根基不正，就必然会带来不顾廉耻的后果。要注重德育，强调入门需高、蒙以养正的道理。

六四：困蒙，吝。

象曰：困蒙之吝，独远实也。

【译文】

六四：被蒙昧所困，必有悔吝。

象传：被蒙昧所困的憾惜，独自远离阳刚之师。

【解读】感叹不从师问学的人被蒙昧所困。六四为孩童，没有知识，要虚心向学，开发智慧。若远离名师，不主动亲近，且夹在六三、六五两阴爻之间，主观上气质昏暗，客观上遮蔽很深，所以会困于蒙昧。那些流浪街头的少年，近墨者黑，最后犯罪不能自拔，恰合这一爻。所以，选择教师与注重教育环境，尤为重要。儿童成人皆如此。《荀子·劝学》说：“故君子居必择乡，游必就士，所以防邪僻而近中正也。”

六五：童蒙，吉。

象曰：童蒙之吉，顺以巽也。

【译文】

六五：孩童幼稚蒙昧，吉祥。

象传：孩童幼稚蒙昧而吉祥，是因为他顺从而卑逊下求。

【解读】六五居尊谦逊，以“童蒙”自处，是好学“君子”的象征。

上九：击蒙，不利为寇，利御寇。

象曰：利用御寇，上下顺也。

【译文】

上九：用猛击来启发蒙昧，过于暴烈是不利的，采用抵御强寇的方式行事是有利的。

象传：采用抵御强寇的方式行事是有利的，说明蒙师与孩童上下之间的意志顺合和谐。

【解读】指出攻治蒙昧宜严不宜暴。上九高居上位，刚极而不中，以严厉措施治蒙，治之以猛，号称击蒙。过于暴力容易产生弊病。近几年，经常报道父母因为孩子学习成绩欠佳，考试不理想或升学无望，痛加殴打而不幸致死的悲剧。所以说对孩子“不利为寇，利御寇”，可以采取适当严厉之举，使其知有所畏，

但不可过分猛烈。

总结：

杜甫有诗云：在山泉水清，出山泉水浊。譬如儿童，初生时犹如一泓清泉，至纯至正。若从小不加以教育，使之放任自流，一旦劣性滋生，日后恐铸成大错，悔之晚矣。当今父母，扛着“不让孩子输在起跑线上”的大旗，无不费尽心机给孩子创造条件，学知识，学技能，内心却一片茫然，到底怎样做才能给孩子一个成功人生？

蒙卦，象征启蒙，有教育就会亨通。“蒙以养正，圣功也。”一语道破教育的至高目标——养正教育。

蒙卦强调：① 教育要慎始，开始的方向，是人生最重要的课程，决定了人生的走向。教育的核心思想是“君子以果行育德”。《周易》把德育放在启蒙教育的首位。天地人之大道，依道而思称为义，按道而行称为德，沿道而修则有礼，守道于心则有仁。君子“以懿文德”“反身修德”“厚德载物”等等重视品德修养的表达屡见于《周易》中。蒙卦提醒我们，一个人的德行好比人生的方向盘，决定着一个人生活的质量、一生的走向、对国家和社会的价值。② 启发童蒙的学习自觉性。童蒙求师，师便教授；童蒙不来，师不下就。求学、请教都如此，要有主动诚心诚意、渴望如旱苗待雨的心态，才会取得成效。孔子是一位伟大的教育家，曾明白说过：“不愤不启，不悱不发。举一隅不以三隅反，则不复也。”（《论语・述而》）因材施教，而非盲目灌输。苏轼在《东坡易传》里提出“自得、自悟、自胜、自达”的学习法，也是强调儿童学习的自觉性，这样的教学效果最佳。在施教方式上，一般说来主张宽容，但在必要时也不排斥严厉。比如蒙稚儿童，不辨黑白，不分美丑，因好奇心驱使而胡乱发问，“初筮告，再三渎”“学而不思则罔”，就该拒绝回答。教学从严是对的，不过要目的明确，这是九二爻强调的；又要程度适当，这是上九爻所强调的。同时，蒙卦以阳爻刚明为师，以阴爻昏暗为蒙童。九二为能行刚中之教的良师，上九为刚极不中的严师。四阴爻也各有不同，六五素质好，爱学习；六三则品行不端，难以施教；初六因顽劣而蒙昧；六四因不得从师受教而蒙昧。蒙卦主张要包容蒙昧者而不是排斥他们，要帮助他们走上正常的人生道路。同时，主张教育与惩罚相结合，必要时要给出严厉的措施。③ 严师重教，诚其心意。教育教学的成败与受教者的学习态度有很大关系。因此教育当从端正学习态度入手，去其可能有的轻慢懈怠之心。《学记》云：“凡学之道，严师为难。师严然后道尊，道尊然后民知敬学。”孔子诲人不倦，主张有教无类。可弟子入门，必行以束脩。孔子是借几条干肉这个形式，达到诚其意、正其心的目的。他说过：“不重，不威，学则不固。”尊敬老师是学好知识的前提。蒙曰：“初筮告，再三渎，渎则不告。”一个求学者，其求学之心不诚，老师可放弃。从心理学角度说，是在给这不诚之人思考与反省的空间。这是正确的培养方法，也是一种智慧的方式。

此外，蒙卦在这里用孩子受教来比喻凡是蒙昧的人都应教育。蒙之《象辞》中说“山下出泉，蒙。君子以果行育德”，告诉人们，教育是用智慧浸润人的心灵，一个人要想摆脱蒙昧，需要启蒙和教育。而立足社会，成就事业的第一步必须接受教育，以消除自己的蒙昧。

五

需䷄

【卦辞】需：有孚，光亨，贞吉。利涉大川。

【译文】需卦象征等待：心怀诚信，光明磊落、可致亨通，坚持正道、可获吉祥。利于涉越大河。

【解读】自然万物，历经屯难萌芽、幼稚启蒙，开始转入生长期。养育之道，需待以时日。需卦指出善于等待的重要意义。在事物的发展进程中，遇到艰险时，要审时度势，耐心地等待时机。能进则进，眼下不能前进时，要善于等待。不是消极等待，而是为了创造条件，捕捉时机，适时而进。恰如柏拉图说："耐心是一切聪明才智的基础。"这样才能真心诚意地信守待时之道，处理问题才不会有偏差失误，前途才会光明亨通。

【彖辞】需，须也，险在前也。刚健而不陷，其义不困穷矣。需，有孚，光亨，贞吉，位乎天位，以正中也。利涉大川，往有功也。

【译文】需，等待，因为前方有危险。乾性刚健勇于进取，而又能不陷入险中，其意义就在于避开穷途和困境。需卦象征等待，心怀诚信，光明磊落、可致亨通，坚持正道、可获吉祥，是由于九五位于天子之位，居正得中。利于涉越大河，如此前往必会成功。

【解读】五、上两爻为天位，九五居天位，又以阳居阳得正，居上体之中得中，其德其位都极好，所以能以诚信之心行待时之道。一旦时机成熟，则锐意进取，必成大事。

【大象】云上于天，需。君子以饮食宴乐。

【译文】云气上升于天，象征等待，君子因此饮食安乐（而待时）。

【解读】从卦象上看，上坎为云，下乾为天，云气上蒸于天，待其阴阳交变，遇冷化雨下降，雨水滋润大地，所以有生养之义。而云气上升，未能成雨。需卦提出养精蓄锐，等待时机。因为从卦德看，上坎是水，代表险陷；下乾是天，性属刚健，刚健涉险而不妄为，待时而后动，才能避免陷于困境，所以要需待。君子观此天象，领悟自己在做事的中途，必须等待时机，不宜急躁。不如借饮食来颐养自己的身体，用娱乐来舒缓自己的情绪，养精蓄锐，等待时机放手进取。

【爻辞】及**【小象】**

初九：需于郊，利用恒，无咎。

象曰：需于郊，不犯难行也。利用恒无咎，未失常也。

【译文】

初九：在旷野中等待，持之以恒，则无灾害。

象传：在旷野中等待，初九不冒险犯难而行。持之以恒，则无灾害，初九未失常理。

【解读】要耐心等待，不可轻易冒险。初九以阳居阳，易冲动。譬如刚健之人或为才能所使，或为意气所动，或为形势所激，常易失去理智，在时机不太成熟时犯难而行，招致灾祸。所以这里强调等待并善于持之以恒。

九二：需于沙，小有言，终吉。

象曰：需于沙，衍在中也。虽小有言，以吉终也。

【译文】

九二：在沙滩上等待，略有口舌是非中伤，最终是吉利的。

象传：在沙滩上等待，内心舒坦轻松。虽略有口舌是非中伤，但结果是吉祥的。

【解读】镇定以待，可以避险。客观上看，九二、九三与六四互卦为兑。兑"为口舌""为毁折"，九二已近坎险，所以受到言语中伤。主观上看，九二处柔居中，有静待不躁之象，所以虽已接近，但仍能保持内心的宽舒，镇定以待。因此主观因素比客观因素更重要。

九三：需于泥，致寇至。

象曰：需于泥，灾在外也。自我致寇，敬慎不败也。

【译文】

九三：在泥泞中等待，以致招来盗寇。

象传：在泥泞中等待，灾难就在近前外卦。自己招致盗寇，只有恭敬谨慎才不败于寇。

【解读】上坎下乾，九三位在乾之上，逼近坎险。但毕竟没有直接陷入险中。只要不去招惹，就能保全自身。若自己招惹，则咎由自取。韩愈《原毁》开篇就说："古之君子，其责己也重以周。"《周易》叫人自我反省，临险谨慎，可令不败。如北宋末靖康之难，金兵追杀，康王赵构"泥马"渡江，如陷泥潭，岌岌可危。但最终越险，在江南建立南宋王朝，保住了半壁江山。所以说"需于泥"也

非绝境。可惜后来南宋王朝“暖风熏得游人醉，直把杭州作汴州”，祸起内部争斗，杀害忠良，外敌乘机侵袭，导致覆亡。

六四：需于血，出自穴。

象曰：需于血，顺以听也。

【译文】

六四：在血泊中等待，能从险穴中脱出。

象传：在血泊中等待，六四能顺应形势，听从变化。

【解读】陷入险境，从容待变。六四已在坎险之中，且又受伤，极其危殆。终因六四自身以阴居阴，即便在血泊中仍能静待脱险的时机。顺应形势，听从变化。能够如此行事，终究会化险为夷，从险陷中脱出。周文王被商纣王囚于羑里，镇定自如，潜心研究八卦（传文王狱中推演六十四卦），静待形势的发展变化，最终获得释放。这是经典的“需于血，出自穴”现身说法。

九五：需于酒食，贞吉。

象曰：酒食贞吉，以中正也。

【译文】

九五：在酒食宴会中等待，守持正道可获吉祥。

象传：在酒食宴会中等待，守持正道可获吉祥，说明九五守中正之道。

【解读】身处险困，不改其乐。不单是食用酒菜的美味快乐，更是在艰险围困中仍能不失操守、持中守正的恬然快乐。王弼注需之九五说：“已得天位，畅其中正，无所复须，故酒食而已，获吉贞也。”这是安然自处困境的大智慧。

上六：入于穴，有不速之客三人来。敬之，终吉。

象曰：不速之客来，敬之终吉。虽不当位，未大失也。

【译文】

上六：进入自己居住的地方，有三个不请自至的客人来。若以礼敬之，最终得吉。

象传：不请自至的客人来，若以礼敬之，最终得吉。虽位不当，但没有大的过失。

【解读】遇险待援，贵在诚敬。和上六正应的九三，以阳居阳，勇于进取，主动援救上六，且带动九二和初九，所以有三位不速之客。

总结：

《序卦》曰：“需者，饮食之道也。”而饮食之道正是人生必需，人不仅要有物质需求，更要有精神食粮，清醒的理智。人为万物之灵，就意义而论，后者更胜于前者。因此《周易》处处提醒我们要以“君子”为近程目标，以“大人、圣人”为远程目标，而“需”是要我们拥有一颗真诚的心，时时提升。向内悔过，变化气质，脱胎换骨；向外追求圆融和谐，本持天一生水的智慧，去解开人生要义，迈向光明亨通的人生境界。

需卦的精神：坎险在前，要心怀诚敬，守正待时，切忌躁急。卦中六爻，无论刚柔，无不耐心守静，敬慎待时。所以或可“吉”，或“无咎”，或“不败”，或“未大失”，皆不呈凶象。若以卦德来论：需之外卦为坎，有陷险之象；内卦为乾，有刚健之象。有如人生来此娑婆世界，最需要张开慧眼，学习如何了解、如何判断、如何历练通过考验、如何领悟人生的意义。万事需从自心开始，因为人生不如意十有八九。外卦之坎，代表处处有危机陷阱，自己需要练成内在乾卦“自强不息”金刚不坏之身心，方能克服一切困难，不被外境左右我们的内在志节。“君子藏器于身，待时而动，何不利之有”，正是需卦意义和真谛。需卦卦辞曰：“有孚，光亨，贞吉。利涉大川。”孚为至诚，最具感应力；能契合，最有联想力，达到乾卦文言的“六爻发挥，旁通情也”。如何契合天心人情，必以诚信互动，投入深入融入，就能感通契合。

现以楚汉战争为例，观释需卦。秦末天下大乱，刘邦率沛县子弟加入反秦义军。时项羽率楚军北渡黄河，攻击秦军主力，陷于坎险之中。刘邦则率偏师西进避开了秦军主力，终于顺利进军关中。这就是“初九，需于郊”，远避坎险而积蓄力量。事业初起，力单势薄，不得不如此。这符合“需待”初级阶段的规律。而刘邦被叛徒曹无伤告密，项羽决定集中兵力消灭刘邦，双方力量悬殊，刘邦不得不用张良计，亲赴鸿门宴，终于争得时间，化险为夷。这是“九二，需于沙，小有言，终吉”。虽有曹无伤一类小人的毁谤中伤，但如同接近沙滩，有凶无险。刘邦为汉中王后，用韩信、萧何之谋，北定三秦，东进中原，招致项羽楚军主力的攻击，屡次大败，如陷泥淖。这如“九三，需于泥，致寇至”。但因刘邦正确需待，以关中为根据地，源源不断地往前线输送粮食、增加兵力，所以能自立不败。“六四，需于血，出自穴”，如楚汉二军主力，战于彭城灵壁东，据《史记·高祖本纪》载：“睢水上，大破汉军，多杀士卒，睢水为之不流。（项羽）乃取汉王（刘邦）父母妻子于沛，置之军中以为质。当是时，诸侯见楚强汉败，还皆去汉复为楚。”但刘邦并没自甘失败，而是屡踬屡起，耐心需待，终于“出自穴”，获取最后胜利。而项羽则骄兵悍将，心浮气躁，急于决战，甚至隔着楚河汉界，寻找刘邦个人挑战，作为一军统帅，行动如此幼稚，实在可笑。正因不懂需待，最后惨以霸王别姬、自刎乌江的悲剧收场！胜败转换，生死易位，瞬息万变。“需待”之时义，伟乎大哉！“九五”爻，如刘邦龙飞九五，开朝建国，“需于酒食”，象征朝廷恩泽普施，完美吉祥。而“上六”之“入于穴”，如高祖刘邦去世，诸吕乱政，但有周勃、陈平等老臣同心救上，共赴危难，一军尽皆左袒，终于平难出险，迎来了文景之治。

六

讼䷅

【卦辞】 讼：有孚，窒惕。中吉，终凶。利见大人。不利涉大川。

【译文】 讼卦象征争讼：内心诚信，克制警惕。终止争讼吉祥，争讼到底有凶险。利于出现大人，不宜涉越大河。

【解读】《序卦》说："需者饮食之道也；饮食必有讼，故受之以讼。"生养饮食，实指涉及人类生存的根本物质利益。而有了利益，就有分配不均的问题，由此而起争议，兴诉讼，打官司，辨是非。诉讼渐渐普遍存在于人类生活中。人们渴望"利见大人"。人们对于努力追求"讼者平"的圣贤君子，总是报以深切而诚挚的怀念。今河南省宜阳县，北魏时称甘棠县，县西北五里有召伯庙，就是纪念周初燕召公奭（shì）听治讼平的事迹。《括地志》载："召伯听讼甘棠之下，周人思之，不伐其树，后人怀其德，因立庙。"争讼是坏事，不争讼最好。讼卦提出处理争讼的指导思想，告诫人们如何止讼息争。

【彖辞】 讼，上刚下险，险而健，讼。讼，有孚，窒惕，中吉，刚来而得中也。终凶，讼不可成也。利见大人，尚中正也。不利涉大川，入于渊也。

【译文】 讼卦，阳刚在上，陷险在下，阴险而又刚健，就会与人争讼。争讼，要内心诚信，克制警惕，中途停止是吉利的，说明阳刚争讼要守持中道。争讼到底有凶险，说明争讼是不会取胜的。利于出现大人，裁决争讼要崇尚中正之德。不宜涉越大河，那样将陷入深渊。

【解读】 从卦构看，乾上为刚，坎下为险。内险阻而外刚强，刚险相接，这就产生诉讼。诉讼是在原告、被告和裁判三方共同的参与下完成的，原告先提出诉讼，是诉讼的主体，所以在这诉讼过程中，原告至为关键。为了使诉讼顺利进行，原告应遵循这几条行为准则。"有孚"，指掌握确凿可信的理据而毫无欺诈不实之辞，"窒惕"，指在是非曲直窒而不通、未获明判的情况下要戒慎警惕，"中吉”，指不提过分的要求而守持中道。如遵循了这几条准则，叫作“刚来而得中”，可使诉讼获得有利的结果。“有孚”是根本，是决定诉讼行为是否正当合理的前提，如果理据不足，毫无诚信，编造欺诈不实之词执意与人争讼，这是存心险恶，无理取闹。有诚信，但是非曲直有待裁判的明察鉴别，所以还要保持一种“窒惕”的心态，按照法律程序的要求，提供理据，反复申辩，不可意气用事，出言不逊，恶语伤人。至于诉讼的结局，要适可而止，因为“中吉”是化解纠纷的最佳选择，只有“中”才能得“吉”，如果不懂得“中吉”的道理，一意孤行诉讼到底，就会由“吉”而“凶”，促使事物转向反面。所以说，“讼不可成也”。在诉讼行为中，裁判是决定是非曲直的最高权威，应具有中正美德，主持公道，伸张正义，不可徇私枉法。

【大象】天与水违行，讼。君子以作事谋始。

【译文】天转向西，水流向东，互相违背运行，象征争讼的产生。君子因此在做事开始时就要仔细谋划。

【解读】指出在谋事之始就要防止争讼。天转西，水流东，二者的方向目标完全相反，背道而驰。古人观察这一自然现象，领悟到在反向中存在着矛盾，难以沟通整合，协调发展，从而产生矛盾对抗，这就是讼卦的象征。如果说自然界“天与水违行”的矛盾对抗由客观外在的因素所决定，不以人的意志而转移，那么就人类社会而言，各种矛盾的现象都是人为造成的，应从主观上的决策失误、谋划不周上找原因，预先防范。所以君子观此卦象，推天道以明人事，领悟到做事谋始、防患于未然的道理，应制定必要的行为准则和规章制度，使人们有所遵循，以防止争讼，消除对抗。

【爻辞】及**【小象】**

初六：不永所事，小有言，终吉。

象曰：不永所事，讼不可长也。虽小有言，其辩明也。

【译文】

初六：不为争讼之事纠缠不休，略有口舌是非，最终得吉利。

象传：不长久陷入争讼之事，争讼之事不可长久坚持。虽然略有口舌是非，是非可以辩说清楚。

【解读】争讼初起，略辩即明，不可长久纠缠。初六以柔弱之质居下位，与刚强居上位的九四争讼，根本无法以实力取胜，只能以柔克刚。初六的主导思想是小小争端不要发展下去，所以言语辩明尽快结束。

九二：不克讼，归而逋（bū），其邑人三百户，无眚（shěng）。

象曰：不克讼归逋，窜也。自下讼上，患至掇也。

【译文】

九二：争讼失利，匆忙慌张地逃回。退居在三百户人家的小封邑里，便无灾害。

象传：争讼失利，匆忙慌张地逃回，此为逃窜。九二在下而讼九五，招来祸患就像俯身拾物一样容易。

【解读】争讼失利，要及时中止以避祸。九二与九五位置相对，两刚相遇而无正应，造成争讼。九二阳处阴位，又在坎险中；九五以阳居阳，又是君位，势不可敌。所以九二火速退出争讼是明智的。

六三：食旧德，贞厉，终吉。或从王事，无成。

象曰：食旧德，从上吉也。

【译文】

六三：享用旧有的恩德，守持正道以防危险，最终得吉。或辅助君王的事业，不以成功自居。

象传：享受旧有的恩德，六三顺从居上位的阳刚得到吉祥。

【解读】六三爻辞爻位，从正反两方面劝诫弱者安食旧有的恩德，毋争毋讼，必然吉祥如意。如果好讼，则效果相反，一事无成，反致凶厉。如《史记·魏其武安侯列传》载，汉武帝时，灌夫因前吴、楚七国反叛之时，披坚执锐，冲锋陷阵，马踏吴军壁垒，“身中大创十余”，战功赫赫，名闻天下。后因饮酒使性而丢官。但食旧德，“家累数千万”，“诸所与交通，无非豪杰大猾”，其家族横行乡里，颍川儿乃歌之曰：“颍水清，灌氏宁；颍水浊，灌氏族。”后又因饮酒骂座，得罪丞相武安侯田蚡，被逮下狱，灌夫“亦持丞相阴事”，上与争讼于帝前。后果致弃市之祸。讼之六三，六三以阴处阳，其位不正，灌夫似之。不安于“食旧德”之吉，又不自度德力，更兼处于九二、九四之间的危厉之境。六三与上九相对，与上九（田蚡）争讼不息，上九咄咄逼人，终于败讼，“无成”而取祸。若六三甘居下风，无力争讼、退让不争则可获吉。此事可为健讼者戒！

九四：不克讼，复即命，渝安贞，吉。

象曰：复即命，渝安贞，不失也。

【译文】

九四：没有在争讼中取胜，回心转意归向正理，改变初衷而安守正道，则吉利。

象传：回心转意归向正理，改变初衷而安守正道，不会有大的损失。

【解读】九四争强好胜，与初六位置相对，倚强凌弱。但初六以柔克刚，仅是辩解几句，退而不争。这样九四就会理屈词穷，自知理亏，然后有能退之象，改变蛮横无理的态度，归向正道。这样就不会有大的损失，结果吉祥。

九五：讼，元吉。

象曰：讼元吉，以中正也。

【译文】

九五：能够决断争讼，吉利。

象传：能够决断争讼，吉利，因为九五能行中正之道。

【解读】以中正之道决讼最为吉利。九五象征刚健中正、公平无私的听讼之主，其余五爻都是诉讼之人。九五明断曲直，诉讼者心悦诚服。这是讼卦最大的吉祥。所以民众对包拯、海瑞等明镜高悬的法官世代崇仰铭记。

上九：或锡之鞶（pán）带，终朝三褫（chǐ）之。

象曰：以讼受服，亦不足敬也。

【译文】

上九：或许会被赐以鞶带，却在一日之内又三次被剥夺。

象传：在争讼中被授以鞶带，不足以受人尊敬。

【解读】上九以阳刚居讼卦的终极之地，象征恃强争讼到底而不悔改的人。对手是六三，六三顺从上九不与他相争，所以上九不讼而获胜，并因此获得加官晋爵。但这到底不光彩，甚至一日之间被君王多次褫夺封赏，弄得身败名裂。如《史记·魏其武安侯列传》载，丞相武安侯田蚡是太后的同母弟，仗着太后之势，诬陷魏其侯窦婴等功臣，窦婴被杀。田蚡胜诉，一时权倾朝野，位高势逼而不知退让，结果很快愧死国除。汉武帝明言："使武安侯在者，族矣！"田蚡之例，如上九之健讼，恃强争讼不止，必有恶果。

总结：

从讼卦卦象看，天在上，水在下，天向西转，水向东流，它们的行动相互违背，呈现争讼之状。争论诉讼的起因是丧失了诚信，诉讼的过程中虽然有时吉利，但最终结果难免凶险。该卦有利于出现贵人，但不利于涉越江河巨流。这是讼卦的主体思想。

《易》家举一反三，由天象联想人事，由讼之害想到事之初，看到讼争表面胜利所留下的后遗症，值得今人深思。讼卦不是教人如何争讼而胜，而是教人息争止讼。除了九五居尊中正、为听讼之主外，作为诉讼人的其余五爻的凶吉，无不体现息争止讼的主张。初六和六三，以柔克刚，不争不讼，得以终吉。九二、九四和上九，刚健能讼。但九二、九四能迷途知返，及时息讼，因此也免灾获吉。只有上九一味逞强，争讼到底，虽一时得利，终究没有好结局。正好印证了卦辞和彖辞多强调的"终凶，讼不可成也"的告诫。《史记》记载蔺相如、廉颇的故事，一个是忍让息争的典型，一个是迷途知返的榜样，最能够说明讼卦的卦义。

讼争之事古已有之，至今尤甚，这是社会的进步。经济发展，竞争激烈，法制健全之后，人们为了保护自己的利益不受侵害，需拿起法律武器自我保

护。然而，“讼”亦有德。讼卦主旨就是告诫人们，在现代生活中，凡事以和睦为先。人生在世难免发生争端，因而在做事之初就应想到后果，以便预防和及时遏制不必要的争讼。宁可先小人后君子，先把协议书或合同签好，定好必要的、详细而公正的条款，明确彼此的权限、责任和利益，把可能的争讼消除在起事之初。应力持中庸平和的做人做事准则，不要因一时之愤而使得两败俱伤。一个理想的社会，应是和谐有序，争讼不兴。因此，尽管在现实社会中由于各种各样的矛盾，争讼之事时有发生，难以避免，但要有理有利有节，不要得理不让人，更不要无理胡搅蛮缠；否则，赢了官司也会身败名裂。因此必须正本清源，“明德慎罚”，平息争讼，尽可能做到无讼。如果助长争讼之风，就会激化矛盾，把社会引向灾难的深渊。

讼卦的指导思想与目的诉求，至今仍值得提倡：尽量不诉讼、诉中不纠缠、司法公正、赏罚分明、罪责自负……这些至今仍是重要的司法精神。

七

师䷆

【卦辞】师：贞，丈人吉，无咎。

【译文】师卦象征军队：守持正固，贤明长者统帅，可获吉祥，无灾祸。

【解读】《序卦》说："讼必有众起，故受之以师；师者，众也。"从卦序看，人们因物质利益的分配不均、占有多寡而起争议、致诉讼，而律讼的裁决一旦不能解决问题，必然群起争斗，兴师动众。小至部落，大至国家与民族，以战争手段来解决问题。所以师卦随讼卦后。卦辞首先强调战争的两大原则：一要把握战争的性质，用兵要守持正道，所谓正义之师，师出有名；二要善于选择统帅，要以贤明而富有经验和威望的将领统兵，这是出师制胜的关键。

【彖辞】师，众也。贞，正也。能以众正，可以王矣。刚中而应，行险而顺，以此毒天下，而民从之，吉又何咎矣。

【译文】师，部属众多。贞，守持正固。若能使众多部属守持正道，就可以成就王业了。刚健居中者在下相应于尊者，履行危险之事而顺合正理，凭借这些来攻伐天下，百姓愿意服从，势必获得吉祥，哪里会有咎害呢？

【解读】从卦德方面分析，下卦为坎为陷，象征"兵者，凶器也"。所以《老子》说："师之所处，荆棘生焉，大军之后，必有凶年。"《孙子兵法》开篇也说："兵者，国之大事，死生之地，存亡之道，不可不察也！"战争本来就是灾祸，伤财损民。险陷之地，非出于不得已，不可蹈之。强调用兵之险，实寓不要穷兵黩武的言外之旨。但是，正义的战争非打不可。近百年来，西方资本主义国家，凭借坚船利炮，发动侵略战争，辱我中华。殷鉴不远，谁能去兵？所以现在世界各国，国防与军队建设具有积极重要意义。但用兵必须合乎正义，蹈险而行顺，虽行危道，而人心归顺。所以古兵书说，兵为凶器，必有所杀，但除暴安良、去恶从善，"杀，所以生之也"。师卦强调的是以杀止杀，劝善惩恶，反对穷兵黩武。

一，"能以众正"，使千军万马成为仁义之师，才能打赢战争。二，"刚中而应，行险而顺"，是一个优秀统帅应具有的素质。

【大象】地中有水，师。君子以容民畜众。

【译文】地中蓄藏着水源，象征兵众。君子效此广纳人民，畜养庶众。

【解读】从卦象分析，下坎象征水，上坤象征地，有包容蓄聚之象，地中容蓄着滔滔不尽的水源。而空气和水是生命之源，是人类赖以生息的必要条件。因此，地中蓄水，犹如土地遍养民而广积兵。朱熹说："水不外于地，兵不外于民，故能养民则可以得众矣。"坤地德厚能容民养民，能容能养则无流民；坎水长流而蓄积地中，则能蓄众，待势而发，以至柔之水摧至刚之敌。这样不仅内无叛众，而且组成了一支强大的军队。古代兵书以水比兵，谓"胜兵似水"，就是因水至柔弱，但一旦蓄势待发，便溃穴决堤，千里奔泻，势不可挡。这是古代"寓兵于农"的象征，也是"民为兵本"的意思。所以《象传》说："地中有水，师。君子以容民畜众。"军队一旦脱离了人民，则如无源之水，无本之木。军民一家，则战无不胜。

【爻辞】及**【小象】**

初六：师出以律，否臧凶。

象曰：师出以律，失律凶也。

【译文】

初六：军队出动要用纪律来约束，军纪不良必有凶险。

象传：军队出动要用纪律来约束，丧失纪律必定凶险。

【解读】初六师卦之始，弱才为将，特告诫：必须以节制之师，依法度行事，否则凶险。《史记·司马穰苴列传》载，春秋末年，燕晋二国兴兵伐齐，齐师败北。于是晏婴向齐景公推荐司马穰苴统帅军队以抗强敌。齐景公派其宠臣庄贾监其军。司马穰苴因为人微言轻，威信不立，士卒未附，于是严申军纪，"立表下漏"，限定时刻，士卒报到。但监军庄贾，恃宠生娇，与亲友饮酒而迟不报到，司马穰苴召军正申明纪律，将斩之以法。齐景公急派使者驰车兵营以救之，但穰苴义正词严，曰："将在军，君令有所不受。"遂斩庄贾以徇三军。又召军正，指责使者入军驰马，违纪当斩，因为"君之使不可杀之"，于是斩其仆及马。作为齐军统帅，穰苴与士卒同甘苦、共患难，带头严守军纪号令，于是士气大振。"晋师闻之，为罢去。燕师闻之，度水而解"，很快尽复失地。足见初六强调出兵打仗军纪为先是正确的。

九二：在师中吉，无咎。王三锡命。

象曰：在师中吉，承天宠也。王三锡命，怀万邦也。

【译文】

九二：统帅军队，守持中道，可获吉祥，无灾祸。君王三次赐命嘉奖。

象传：统帅军队，守持中道，可获吉祥，说明受到天子的宠爱。君王三次赐命嘉奖，怀有安抚天下的志向。

【解读】在卦爻结构中，九二与六五的互动关系最关键。九二刚而处中，是全卦唯一的阳爻，最适于统率出征；但二为臣位，能否得到委任且履行统帅的职务，取决于六五。六五本质阴柔，不适合亲自率兵出征，把指挥军队的重权交给九二，宠爱有加，信任专一。因为六五与九二正应，不存在猜忌疑虑的隔阂，能够在君臣同心的基础上共度时艰。至于王三次赐命，一说为一命受职，二命受服，三命受位；一说为一命受爵，二命受服受车，三命受马。全卦五阴一阳。汉末刘备三顾茅庐请诸葛出山，之后三国鼎立，诸葛亮成为蜀国的丞相兼统帅，他可以胜任"丈人"的称呼。后人常讥诮蜀汉后主刘禅，称之为"阿斗"。实际上他授权"丈人"诸葛亮，没半点猜忌。君主将帅同心，因而蜀汉以四川一州之地，抗天下数十州之力，北伐曹魏，东联孙吴，艰苦卓绝。若没有"丈人"的正确指挥，能否有三国鼎立，未为可知。从卦义上看，九二为一卦之主，象征将帅，与六五正应。将帅受到君王的委任派遣，出征作战，授有指挥军队的权力。事关国家的胜败兴亡，必须慎之又慎。

六三：师或舆尸，凶。

象曰：师或舆尸，大无功也。

【译文】

六三：军队时而载尸而归，凶险。

象传：军队时而载尸而归，出师完全失败了。

【解读】兵法常说"知己知彼，百战不殆"。六三以阴居阳，处于下坎之上，上无相应，下以柔乘刚。象征带兵将领力微而任重，才疏志刚，贸然贪功，盲目行险，结果必大败而归。《孙子兵法》说："不尽知用兵之害者，则不能尽知用兵之利。"如《左传》载，僖公三十二、三十三年，秦穆公不听蹇叔的谏诤，派孟明、西乞、白乙三人为将，率师越晋境而偷袭郑国。三将只知袭郑之利，而不计晋军之险，结果郑国商人弦高借犒师之名而滞秦军，并飞报郑国戒备。秦军袭郑不成，经崤函撤退，为晋军所袭。全军覆没，三将尽擒。早在秦军过周之时，王孙满就断言："秦师轻而无礼，必败。轻则寡谋，无礼则脱；入险而脱，又不能谋，能无败乎？"秦军败北，早在秦穆公定策袭郑之日已定，但骄兵悍将嗜利轻进，更是重要原因。再如战国时赵括全军覆没于长平，三国时马谡一败涂地于街亭，都是任用志大才疏、刚愎自用之士的惨痛历史教训。六三之爻，从反面总结了失败的历史教训：骄兵必败，悍将勿用，否则必定成为溃败之师。

六四：师左次，无咎。

象曰：左次无咎，未失常也。

【译文】

六四：军队撤退防守，没有灾害。

象传：军队撤退防守，没有灾害，未失用兵作战的常法。

【解读】六四处上下之交的多惧之地，下无阳爻相应，很不利。幸好六四以柔处阴，阴柔得正，慎重不冒险轻进，而是退守保存实力，以待形势变化。三国时曹操派夏侯渊镇守关中，与刘备对垒。渊曾“虎步关右，所向无前”，为曹魏军中一员虎将，但因胜生骄，曹操常诫之曰：“为将当有怯弱时，不可但恃勇也。将当以勇为本，行之以智计；但知任勇，一匹夫敌耳。”结果在与刘备相拒阳平关时，形势不利，应该退守，夏侯渊却没有据险固守，而是轻率出战，被刘备袭杀于阵。六四说明将士应根据力量对比，战场变化，审时度势，或进或退。列宁曾有“退一步，进两步”之说。生活中，为更好地前进而作必要的退让，有时万不可缺。尤其在主张双赢的战略合作时代，退让更是一种风范和精神，恰当巧妙地把握，必获大益。

六五：田有禽，利执言，无咎。长子帅师，弟子舆尸。贞凶。

象曰：长子帅师，以中行也。弟子舆尸，使不当也。

【译文】

六五：田中有禽兽，捕捉是有利的，没有灾害。刚正长者率师作战，平庸小子以车载尸。要守持正固以防凶险。

象传：刚正长者率师作战，说明九二能行中道。平庸小子以车载尸，说明任用将领不当。

【解读】六五是战争期间最高决策人。选用将领至关重要。先用“长子”阳刚居中，且行中道，善于指挥战争。六五身为君王，任命他为统帅，非常正确。遗憾的是，六五阴柔居师卦的君位，以阴居阳失正，画蛇添足委派六三参与军事指挥，用以牵制九二。结果六三成事不足败事有余，战争最后大败而归，载尸奔逃。唐肃宗在平息安史之乱时，命郭子仪等率军围攻叛军于邺城，又命令宦官鱼朝恩为监军，节制各路军马，结果招致唐王朝六十万人马溃败。因此，六五爻辞发出守正防凶的告诫，用人要光明正大，任人唯贤，才是正道。

上六：大君有命，开国承家，小人勿用。

象曰：大君有命，以正功也。小人勿用，必乱邦也。

【译文】

上六：国君颁发命令，封赏功臣。或分封为诸侯，或任命为大夫。小人则不可重用。

象传：国君颁发命令，是为了评定功劳。小人不可重用，重用他们必乱邦国。

【解读】封赏军功时要防止小人拥有实权。上九是师卦之终，象征战争结束，军队班师凯旋，该论功行赏了。小人有功，也只能给以财帛田宅的奖赏，不能让他染指权柄，开国承家，否则会危害国家。

总结：

师的含义是军队。师卦用短短六个字，就从政治及战略上概括了两条具有普遍意义的军事原则：第一是“贞”，即理由正当，师出有名，为正义而战；第二是“丈人”，即精选良将，选拔贤明而有威信的统帅作指挥。战争用兵之道，尽在于师。寓兵于农，全民皆兵，谁敢与战？仁义之师，贵在于正，战争的正义性必须坚持。

师者，凶器，所以反对穷兵黩武，而要求“以杀止杀”，正是持正以战的具体表现。君王三次赏赐作战有功的将帅，并非鼓励穷兵黩武，而为了迅速结束战争，以安抚百姓，防止战争脱逸正义的轨道。从正义战争的进步意义来看，尽管付出了惨痛的代价，其结果毕竟吉祥。武王伐纣的战争，虽惨烈异常，血流漂杵，但推翻商纣王的暴虐统治，推动了历史的进程，还是受到了民众的追随。师的下卦是坎，坎为险，上卦是坤，坤为顺，“行险而顺”，象征战争在危险的境地顺利进行而最后得胜。其所以顺利，是因为九二统帅之军是正义之师、王者之师。既有正当合理的战争目的，又有指挥战争的卓越才能。“以此毒天下，而民从之，吉又何咎矣”，毒字兼有双重含义，一为毒害，一为治理。以毒攻毒，通过毒害来治理。兴师动众出兵作战，虽免不了伤财害人，毒害天下，但战争目的是主持正义，治理天下，所以顺天应人，得到民众的衷心拥护，自然吉而无咎。

《周易》作者把战争的性质和价值相叠加来考量，极度智慧。持正以战，则战无不胜，这是因为人心向背的关系。而社稷安危，又与选择良将有关。在上者的职责，主要在宠任“丈人”而斥“小人”，这是人君的御将之道；师出贵刚中有德者为帅，严明军纪，审时度势，这是在下的为将带兵之道。胡炳文说：“六爻中，出师驻师，将兵将将，伐罪赏功，靡所不载。其终始节次严矣。”因此，师卦是孔子以前的古代兵法总纲，其军事思想对诸子百家影响巨大。

因此，在战争中，统帅的作用至关重要。就师卦的卦爻结构而言，唯有九二是最合适的统帅人选。因为一卦六爻，五爻皆阴，九二一阳，而战争性属阳刚之事，所以选拔统帅非九二莫属。九二刚而处中，本身具有刚中品德，且与六五之君正应，君臣同心。从人品素质、领导才能和君臣关系各个方面来看，都是合适的。如果不同时具备这两个条件，战争的结果或是有吉而有咎，或是无咎而不吉，不可能做到吉且无咎。

同时，从卦象来看，地在上，水在下，水蓄聚于地中，象征民众中包含

士兵。换言之，要兴师作战就得蓄聚民众，网罗人心。得人心者得天下，失去众人的支持，胜利就成了无源之水、空中楼阁。

如今是和平年代，但国际政治风云迭起，保卫国土安全，人人有责。而经济腾飞时代，商场、情场等，各种竞争屡见不鲜。因此，师卦的现代人生启迪是：当与人发生争端，乃至发生激烈冲撞之时，所采取的攻击行为一定要符合道义，兴正义之师。此外，当以团队形式讨伐对方时，选用的人一定要足智多谋，守信诚实，勇敢果断，而且以慈善为怀。只有这样，才能在道义上和战略上立于不败之地。

八

比䷇

【卦辞】比：吉，原筮，元永贞，无咎。不宁方来，后夫凶。

【译文】比卦象征亲附：吉祥。要经过考察研究再做决定是否亲附，如果所亲附者有尊长之德、可以长久不渝、能够守持正固，就不会有灾祸。不安顺的邦国也来亲附了，缓缓来迟者将有凶险。

【解读】从卦象看，下坤为地，上坎是水。《周易集解》引何晏说："水性润下，今在地上，更相浸润，比之义也。"柔水浸润大地，大地滋养万物，象征人们相互亲辅。而从卦德看，比卦下坤为地，其性宽厚温顺；上坎为陷，其性为险。陷阱在地上，人皆见之而知避，所以能化险为夷，越险而过。相亲相附，一无所忌。

【彖传】比，吉也。比，辅也，下顺从也。原筮，元永贞，无咎，以刚中也。不宁方来，上下应也。后夫凶，其道穷也。

【译文】亲附，会得到吉祥。比，辅助，在下的都能顺从。经过考察研究而做决定，所亲附者有尊长之德、可以长久不渝、能够守持正固，就不会有灾祸。因为九五刚健而居中。不安顺的邦国也来亲附，说明上下应结合，后来者有凶险，因为它已走入困境。

【解读】比卦下为坤，坤为顺，故曰下顺从也。九五刚健居中，与下面四阴爻相应。这是君子间的亲附，以仁义圣贤为旨归，安定团结，大吉大利。古人认为，如尧、舜以仁义治国，文武以百里取天下，其道正而足以统一人心，所以天下人，争相比附，相亲相爱，安定团结。如《诗经·大雅·文王有声》言："自西自东，自南自北，无思不服。"而上六上乘九五，路走到尽头，所以凶险。

【大象】地上有水，比。先王以建万国，亲诸侯。

【译文】地上有水，象征亲附。先王因此分封建国，亲比诸侯。

【解读】 地上有水，水性润下，浸润入地，象征亲附。先王观此卦象，发扬大地厚德载物的精神，封建万国，亲比诸侯。“先王”指九五。在卦爻结构中，五阴应一阳，作为阴类的势力纷纷前来与九五亲比，但是九五也必须采取主动的姿态去与五阴亲比。因为亲比本质上是双向互动的行为，若只等对方与己亲比，自己却不主动，则是单向的片面的服从，而不是双向互动的亲比。为了实现相互亲比，九五虽居阳刚至尊的君位，但应刚而得中，像大地含容宽厚，柔顺谦和，主动亲比诸侯，精诚团结。

【爻辞】 及 **【小象】**

初六：有孚比之，无咎。有孚盈缶，终来有它，吉。

象曰：比之初六，有它，吉也。

【译文】

初六：心怀诚信地亲附，没有过错。诚信多得像美酒满缶，最终虽有意外，仍然吉祥。

象传：在开始阶段的亲附，虽有意外，但是吉利。

【解读】 初六处下坤之初，距九五最远，又阴居阳位失正，软弱乏力；上应六四，同性相斥。只有远比九五，诚心以归，终于在九五贤明尊者的大力帮助下，消灾弥难，所以为吉爻。这是自下比附于上，亲比贵在诚信。但从在上者的角度看，也因自己内心的诚信，而使化外之民，不远万里归附自己。古人常以尧舜二帝为例。据《史记·五帝本纪》载，帝尧“其仁如天，其知如神”，圣德顺人，九族以睦，“百姓昭明，合和万国”。舜承尧业，发扬光大，诚心比下，“至于荒服”，南抚交阯，西和羌戎，北合息慎，东安岛夷，“四海之内，咸戴帝舜之功”。仁义治国，远荒来服，四境安定，意义重大。就这样，在漫长的历史发展中，经过了战争与亲比的无数次的反复，融汇了各地众多的部族联盟，以中原文化为中心的中华民族最终形成，源远流长，发扬光大。

六二：比之自内，贞吉。

象曰：比之自内，不自失也。

【译文】

六二：从内部亲辅，坚守正道必获吉祥。

象传：从内部亲辅，没有失去其自有的正应关系。

【解读】 强调亲比贵在守正。六二居内卦正中，与外卦正中的九五亲比，叫“比之自内”，当然有非常好的条件。但也要坚持正道，才“不自失”。六二应修身正己，以待九五人君之求，而非降志辱身，汲汲钻营。伊尹、吕尚、诸葛亮等名臣就是很好的例子。《三国演义》中刘关张桃园三结义，也是“比之自内”的典型。异姓兄弟，生死与共，亲密比辅，上下一心。不是为金钱美女、高官厚禄，而是为汉室江山，解民倒悬。关羽被曹操所败，曹氏待之极优，封侯赐爵，上马金，下马银，美女成群，日日酒宴，但关羽还是封金挂印，千里寻找刘备。在灯红酒绿的浊世中，不失其贞正节操之守，“比之自内”所以为吉兆。如果为外在目的所驱使，或者急于用世，或者追逐名利，依附于九五的权威地位，汲汲以求比，则不贞而自失，违反了自己中正的本性，丧失了自己独立的人格，非君子自重之道。

六三：比之匪人。

象曰：比之匪人，不亦伤乎。

【译文】

六三：亲辅而不得其人。

象传：亲辅而不得其人，这不是很悲伤的事吗！

【解读】从爻位看，六三居下坤之上，阴而失正，躁动盲进，向上为六四所阻，无法靠拢九五，与九五也非正应，而与之相应的上六属于“后夫”，也即道德行为不当之人。所以六三处境可伤，只能乘二承四应六，所比三爻皆为阴，三阴为群小之象，比于群小，而非九五尊者，所以说“比之匪人”。这是凶兆，比附坏人而听其指挥，可悲可叹！如明末天启年间，宦官首领魏忠贤建立阉党，遍布特务，内廷有熹宗奶娘客氏之助，外廷有众多心腹党羽，欲窃国家神器。上自内阁宰辅，下有文臣武将，呼朋引类，亲比为奸。小人的朋党比奸，结成一个黑暗的社会集团。

六四：外比之，贞吉。

象曰：外比于贤，以从上也。

【译文】

六四：向外亲辅君主，守持正固可获吉祥。

象传：向外亲比于贤人，六四顺从于上位。

【解读】六四以阴居阴，柔顺得正，上承刚健中正的九五。六四不与上六正应，而向上比附九五。九五是中正贤明之君，外比于贤，顺从尊上，当然是贞正而得吉。提醒六四一定要守持正道，以免被误解为逢迎讨好。孔子当年叹过：“事君尽礼，人以为谄也。”

九五：显比。王用三驱，失前禽。邑人不诫。吉。

象曰：显比之吉，位正中也。舍逆取顺，失前禽也。邑人不诫，上使中也。

【译文】

九五：光明无私地亲比。君王用三面之礼狩猎，听任最前面的禽兽走失。邑人也不告诫警备，吉祥。

象传：光明无私地亲比，可获吉祥，说明九五居位端正适中。舍弃违逆而取其顺从，听任最前面的禽兽走失。邑人也不告诫警备，说明君上行施中道。

【解读】陈梦雷释说：“此爻取象极得帝王之用心。盖王者未尝不欲万国皆在

绥怀之中，然惟顺我抚而亲之，其叛去者亦姑舍之。在内者安之，在外听之。其心光明正大，在下亦相忘其化，王道所以隆也。”王者对于前来亲附的民众，来者不拒，去者不追。顺从者就收容他，违逆者则放过他，有着任之来去自由的大气度。九五对前来亲比的下四阴爻，一概收容；对上六违逆，以阴乘阳，不愿归依，则随其自便。九五对属下邑人不专门告诫，令他们亲附自己，而是一视同仁，施行中道，不因近者亲，不因远者疏。

上六：比之无首，凶。

象曰：比之无首，无所终也。

【译文】

上六：相互亲辅而没有居于领导地位的首领，将有凶险。

象传：相互亲辅而没有首领，不能亲比到底。

【解读】上六比道已尽，不能与九五亲比共终。《周易集解》引郑玄注：“阴气侵阳，上至于五，万物零落，故谓之剥也。”上六野心，后果严重，为正人君子所不齿，所以为极凶之兆。

总结：

比卦的卦义为亲比，讲述如何正确处理社会关系，以及人际交往和交友方面的原则。

第一，亲比是双向追求。独阴不生，孤阳不长，阴阳应协调并济，而非相互排斥、彼此伤害。人类社会也同样，任何人都不可脱离群体而孤立存在。群体归为阴阳两类。阳类势力刚健，发挥创始、主动和领导的作用，阴类势力柔顺，发挥完成、实现和配合的作用。二者作用不同，却同等重要。只有刚柔并济、阴阳协调，才能组建一个稳定有效的组织系统。

第二，亲比的前提是“有孚”，缺乏诚意决不可亲比。因此，“原筮”是指对人我是否有诚意的一种全面考量。

比卦一阳五阴的格局，九五爻：“显比。王用三驱，失前禽。邑人不诫。吉。”君王用三驱之礼狩猎，舍逆取顺。这里九五阳刚居君位，作为权力的中心，吸引着五阴前来亲比，但九五却不能凭借至尊权位，妄自尊大，而必须仁爱宽厚，且坚持不懈。诸葛亮收服孟获、安抚南中地区，正是应用此卦的出色表现。三国时，南王孟获是南中地区少数民族的领袖。蜀汉昭烈帝刘备死后不久，孟获乘机造反。诸葛亮为使大后方得到巩固，统兵三路讨伐孟获，一举将其活捉。孟获不服气，诸葛亮放归，接着上演了七擒七纵孟获的故事。最后，孟获心悦诚服，归顺蜀汉，南中地区成了蜀汉征伐北魏的可靠后方。这则史例符合六二爻强调的“比之自内，贞吉”，诚信应出自真实意愿，因为亲比目的是双赢。

第三，交友的对象应当慎重选择。

亲比有吉有凶。比卦借喻水在地上流动，相互依承，相辅结合。每个人由于自己的经历和认识、教育背景不一样，都有自己的人生态度、性格特点、处事方式，所以选择朋友也有各自的标准和条件。交朋友是为了让自己有进步，有提升。这种提升不是金钱上，而是发展共同的价值观和生活态度，能够进行愉快的沟通。人们在社会关系中，互相交往应以诚信为原则，远离小人，亲近君子。对于有伟大志向的同道者来说，比是一种亲密无间、有利于事业发展的人际关系；而对于心怀诡计、相互勾结的恶人贼党来说，比是狐朋狗友，狼狈为奸。只有自我省身，宽容，无私，才会吉祥。刚毅中正的领袖，用自己的仁德和诚信去感化下属，下属才衷心拥护他，这是创造共同幸福的根本。

第四，广交朋友的重要性。

人是社会动物，每个个体都有独特思想、背景、行为模式及价值观，且人际关系对个人生活、工作有很大影响。除了衣食住行等物质需要外，人还有精神需要。友情就是一种精神需要，朋友可带来温暖、支持和力量，让我们感受生活的美好。

随着科技的进步，交通的便利，我们会遇到来自五湖四海的人。正所谓“物以类聚，人以群分”，真诚、友好、善良、负责任等品德，会使我们在交往中具有持久的吸引力、较强的沟通意识和沟通能力。广交朋友对个人的成长具有重要意义，让人能从各方面提升和完善自己。但真正的友谊与“江湖义气”有本质区别，“江湖义气”只讲“友情”，不讲是非。有人把“江湖义气”看成“够朋友”，认为做事“够朋友”就是友谊。其实这是结交朋友的常见误区。同时，聚合离散很正常，不必刻意去维持。现代社会中，在事业上应合理利用人际关系，以诚待人，团结合作，实现双赢。这样我们的人生才更精彩。

九

小畜䷈

【卦辞】 小畜：亨。密云不雨，自我西郊。

【译文】 小畜卦象征小有积蓄：亨通。从西郊吹来的阴云密布，却不降雨。

【解读】 从卦象看，全卦六爻，六四一阴为成卦之主，以畜养其余五阳。以小畜大，以臣畜君，形成以阴柔之主为核心的世界，所以称小畜。云层被风从西吹向东，实难下雨，谚语说："云行东，一场空；云行西，披雨衣。"下雨是阴阳二气和合的结果，密云不雨，说明阴气的聚集还不足以和合化雨。这正是行小畜之道的时候。

【彖辞】 小畜，柔得位而上下应之，曰小畜。健而巽，刚中而志行，乃亨。密云不雨，尚往也。自我西郊，施未行也。

【译文】 小畜，阴柔得位而上下众阳应和，所以称小畜。刚健而逊顺，阳刚居中而志向可以施行，因此亨通。乌云密布而不下雨，说明阳气还在上行。风从西郊吹来，说明阴阳交合已经实施，尚未畅行。

【解读】 从卦德分析，内乾外巽，有可为之才。下乾阳刚而健，上巽阴柔而顺，阴阳相吸而聚，这是自然规律。畜养刚健，止其盲动，聚以待进，莫如巽阴之顺。行小畜之道，不仅要求阴柔的一方能够以小蓄大，而且需要阳刚的一方健而能巽，能顺乎形势，接受阴爻的蓄积，才会亨通。

【大象】 风行天上，小畜。君子以懿文德。

【译文】 风流行于天上，象征小有积蓄。君子效此修养文辞德业。

【解读】 从卦象分析，上为巽为风，下为乾为天，所以风行天上，驱聚乌云，但风有气无质，能畜而不能久，还没达到阴阳交和、普降时雨的火候。表明还处在积蓄力量的阶段，故名为小畜。还未能普施天下万物，君子观此象，深悟要不断蓄养自己的美德。

【爻辞】及**【小象】**

初九：复自道，何其咎？吉。

象曰：复自道，其义吉也。

【译文】

初九：返回于本位，会有什么灾害呢？吉利。

象传：返回于本位，在事理上是吉祥的。

【解读】初九本应六四，但阳质尚弱，所以在发展之初，遇到困难不要急躁冒进。明智的做法是返回自己的阳刚之道，归于本位，积蓄等待，这样就不会有什么危险。

九二：牵复，吉。

象曰：牵复在中，亦不自失也。

【译文】

九二：被牵连而返回本位，吉利。

象传：被牵连而返回本位，九二居守中位，也没有自失本质。

【解读】九二也因阳质薄弱，上行受到初九的牵连影响，退到下卦中位，也避免了被九五蓄积而失去阳爻的主导性。在突破艰难时，应与志同道合的朋友携手并进，即使受到牵连而返回到老路，只要坚守正道，就会获得吉祥。

九三：舆说辐，夫妻反目。

象曰：夫妻反目，不能正室也。

【译文】

九三：车轮的辐条散落分离，夫妻失和离异。

象传：夫妻反目失和，说明九三不能规正妻室。

【解读】九三与六四阴阳亲比，形成舆和辐、夫和妻的亲密关系。但九三处下卦上位，刚亢而躁动，而六四以阴居上，乘凌九三，导致阴盛阳衰，失了平衡。历史上这类弱主被强臣挟持的悲剧例子很多。

六四：有孚，血去惕出，无咎。

象曰：有孚惕出，上合志也。

【译文】

六四：心怀诚信，摈弃忧虑，排除惊惧，没有灾患。

象传：心怀诚信，惊恐可以排除，说明六四与九五意志相合。

【解读】六四处于近君危惧之地，施行以阴蓄阳之事。只有心怀诚信，取得九五的信任与支持，君臣合志，精诚合作，"小畜"之道顺利施行，为国家的富强创造条件。如诸葛亮之于刘备，魏徵之于唐太宗，一以政略，一以谏诤，忠贞无二，守持中正，左右着国家发展的方向，所以道路亨通，至为吉祥。

九五：有孚挛如，富以其邻。

象曰：有孚挛如，不独富也。

【译文】

九五：心怀诚信，牵合群阳紧密合作，用阳刚来充实丰富他温和柔正的近邻。

象传：心怀诚信，牵合群阳紧密合作，说明九五不独享阳刚富实。

【解读】六四诚信地以阴蓄阳，九五也是诚信地接受蓄积，让六四消除疑虑，充分发挥六四作为从属者的辅佐作用。三国时刘备对诸葛亮三顾茅庐，白帝托孤，一片至诚。诸葛亮也是赤诚相报，鞠躬尽瘁，死而后已。

上九：既雨既处，尚德载，妇贞厉。月几望，君子征凶。

象曰：既雨既处，德积载也。君子征凶，有所疑也。

【译文】

上九：密云已经降雨，阳气已经蓄止，高尚的功德已经圆满。妇人应该坚守正道以防危险。要像月亮将圆而不过盈。此时君子如果继续前进，将有灾祸。

象传：密云已经降雨，阳气已经蓄止，说明功德的累积已经圆满。此时君子如果继续前进将有灾祸，因为形势的发展变化令人疑虑。

【解读】杜甫《忆昔》诗曰："忆昔开元全盛日，小邑犹藏万家室。稻米流脂粟米白，公私仓廪俱丰实。九州道路无豺虎，远行不劳吉日出。齐纨鲁缟车班班，男耕女桑不相失。"摹写的是贞观之后至于开元期的李唐王朝。这是几代君王小畜之聚、休养生息才达到的小康生活，民众无不欢欣鼓舞。但玄宗不知畜止，继续莽撞地四处拓边，穷兵黩武。不听边帅王忠嗣谏诤，派哥舒翰统帅大军"西屠石堡取紫袍"。西征吐蕃，南侵南诏，民怨沸腾，哀号遍野。朝廷内宠信李林甫、杨国忠等奸佞群小，政治黑暗。加之穷奢极欲，耗尽国库，民不聊生，很快导致"渔阳鼙鼓动地来"。安史之乱后，盛唐气象荡然无存，李唐王朝从此一蹶不振。

总结：

小畜卦六四一阴为成卦之主，形成五阳应一阴的态势。但以柔弱之力难以完全蓄积刚强，只能小有蓄积，称为小畜。"畜"就是聚，而聚要停顿才能聚积，就有了止的含意。停止了才能相聚，阻止了才不流失，才能集中力量办成事情。

卦中五阳，九二与九五刚而得中，具有刚中之德，虽本质刚健雄强，但能以中道来调整自己的行为。顾全大局，服从小畜之时的总体需要，协助六四实现以柔蓄刚的目标。六四以一阴处于五阳之间，本身当位得正，又得到九五与九二的大力协助。从客观形势上看，是五阳应一阴，从主观运作上看，是一柔蓄五刚。虽如此，小畜的态势毕竟是以柔蓄刚，以弱制强，阴阳双方的力量对比很不均衡，没有达到协调并济的完美结合。心中有刚健的意志，并为实现志向而努力，因此获得亨通。“聚积着浓密的云层而不降雨”，说明仍在进行之中；“云气自城外西郊升起”，抱负刚刚开始实施，没能实行。在事业上时机尚不成熟，应当耐心而积极地积存力量，切不可冒险行动。

此外，在君臣上下关系中，提倡推诚相见，“富以其邻”，共同创造富裕的生活。小畜之畜，不仅聚物，而且畜德，重视精神文明的建设，这一启示，也很重要。秦皇汉武，不畜其德以趋小康，不恤士卒性命，大兴徭役，连年征战，导致国库空虚，白骨蔽野，连小畜之境都丧失殆尽，无法奢谈大畜之国泰民安。

启示：蓄卦是止，在做事之前，进行力量的积蓄是有必要的。要做智者，善于借力而行，像荀子所说：“假舆马者，非利足也，而致千里；假舟楫者，非能水也，而绝江河。君子性非异也，善假于物也。”凡事不可能顺风顺水，一挥而就。在自己的力量还不足以成事之前，要停下来积聚一下，就像下雨之前，水蒸气酝酿成云，然后聚集着，到一定程度就会下起雨来。形象比喻形势虽向亨通的方向发展，但在现阶段却处于酝酿的过程中，不可盲目乐观而错误估计形势，应该清醒务实，全面衡量，积极准备条件，做出正确决策。

十

履䷉

【卦辞】履：履虎尾，不咥（dié）人，亨。

【译文】履卦象征行走：踩着老虎尾巴，老虎不咬人，亨通。

【解读】“履虎尾”象征人世间的艰难险恶，面临生命的危险。这是客观处境。“不咥人”比喻化险为夷，虽经历危险，却能平安无事。这是主观的智慧。如何凭借主观的智慧使得老虎不咬人，从而履险如夷，达到预期的亨通光明的目标，这是履卦所讨论的主题。履卦讲的是行为哲学，要求用礼节来规范行为，循礼而慎行。立身处世，强调慎行免祸，要有如履虎尾的危机感。

【彖辞】履，柔履刚也。说而应乎乾，是以履虎尾，不咥人。亨，刚中正，履帝位而不疚，光明也。

【译文】行走，阴柔者行走在阳刚者之后。喜悦地和应于阳刚者，所以踩了老虎尾巴，老虎却不咬人。这样行事是亨通的。刚健者居中位、正位，占据帝王之位而避免弊病，因为盛德光明正大。

【解读】履上乾下兑，乾在前行，兑蹑其后。兑为柔，乾为刚，形成柔履刚之象，象征阴柔者蹑行于阳刚者之后，犹如人蹑行于猛虎之后。一方面是兑以“说而应乎乾”的方式“履虎尾”，一方面是乾以“中正”“不疚”“光明”的品格“履帝位”。

【大象】上天下泽，履。君子以辩上下，定民志。

【译文】上为苍天，下为湖泽，象征循礼而行。君子因此辨别上下名分，安定民志。

【解读】履上乾下兑，乾为天，兑为泽；天在上，泽居下。履卦卦象象征君臣上下尊卑贵贱的等级制度。君子观卦，应明辨上下之分，确定正当的行为规范，使人民去遵循。

【爻辞】及【小象】

初九：素履，往无咎。

象曰：素履之往，独行愿也。

【译文】

初九：以谦卑质朴的态度行事，继续前进必无过错。

象传：以谦卑的态度行事而继续前进，说明初九专心循礼而行的意愿。

【解读】初九以阳居阳，当位得正，内在具有刚明之德；但爻位卑下低微，上不能正应九四。观察履卦的总体形势，人人皆有践履之时，孤立无援，唯一支撑就是自己的人格操守和不为世俗所移的夙愿。恰似《中庸》说：“君子素其位而行，不愿乎其外。君子无人而不自得焉。”初涉世事以谦卑质朴的态度行事，是一种旷达，又是一种执着。

九二：履道坦坦，幽人贞吉。

象曰：幽人贞吉，中不自乱也。

【译文】

九二：行走在平坦的大道上，幽静安恬的人守持正固可获吉祥。

象传：幽静安恬的人守持正固可获吉祥，说明九二能保持中道，不淆乱自己心中的循礼信念。

【解读】九二先以阳刚而谦居阴位，可谓刚而能柔；其次，处在下卦之中，得中而不偏。具有刚中之德，中和之美，所以内心宁静。如同行在旅途的人们走在人生康庄大道上，所以说“履道坦坦”。幽人，幽静自守不事外求之人。九二与九五不能正应，这一点与初九相同，亦孤立无援。虽如此，九二淡泊以明志，宁静而致远，其行为模式与初九之“独行愿”相同，重在修心养德，值得赞扬。

六三：眇能视，跛能履，履虎尾，咥人凶，武人为于大君。

象曰：眇能视，不足以有明也。跛能履，不足以与行也。咥人之凶，位不当也。武人为于大君，志刚也。

【译文】

六三：盲眼的人还强看，跛脚的人还强走，行走中踩到了猛虎的尾巴，猛虎回头咬人，有凶险；雄武勇猛的壮士应该效力于大人君主。

象传：盲眼的人还强看，实在不足以辨析识别事物；跛脚的人还强走，实在不足以健步踏上征途，不足以行走。猛虎回头咬人，有凶险，说明六三居位不当。雄武勇猛的壮士应该效力于大人君主，说明六三志向刚正（以匹夫之勇盲目行动是很危险的）。

【解读】六三是履卦唯一的柔爻，受客观环境制约，不得不在强大的五刚势力范围内以柔履刚，免不了随时会踩老虎的尾巴，陷入“履虎尾”的困境。若六三理智，遵循正确的行为准则，完全有可能把“履虎尾”的困境转化为“不咥

人”的亨通。但六三愚钝毫无自知之明，本来眼瞎却自以为视力很强，本来脚跛却自以为能够履行，因而自不量力，盲目行动。就其爻位而言，以阴居阳，不中不正，本质阴柔，而志欲务刚，一味逞强，不能依据中道自觉调整自己的行为，违反了“悦而应乎乾”的总原则。好比刚愎自用的武人，志大才疏，以匹夫之勇盲目妄动，非常凶险。

九四：履虎尾。愬（sù）愬，终吉。

象曰：愬愬终吉，志行也。

【译文】

九四：行走在老虎尾巴之后，保持恐惧谨慎，最终得吉。

象传：虽有恐惧最终有吉，说明九四奉行小心循礼的心愿。

【解读】 九四和六三同样面临着“履虎尾”的困境，但九四小心谨慎，临事而惧，终于获吉。因为九四以阳居阴，本质刚健而能用柔顺之道，虽刚而志柔。戒骄戒躁，以谦为本，循礼而行。履危知惧可化险为夷。九四有勇有谋，行为合理正当，有利于转危为安，实现自己的志愿。

九五：夬履，贞厉。

象曰：夬履贞厉，位正当也。

【译文】

九五：决然而行，占问有危险

象传：决然而行，占问有危险。然而不至于咎凶，因其人以正道守其职位，又有才德称当其职位。

【解读】 主宰者要防止行事武断。九五以刚居阳，处于乾体正中。这一爻说明，独断专行，刚愎自用，即使行事虽正，亦有危险。

上九：视履考祥，其旋元吉。

象曰：元吉在上，大有庆也。

【译文】

上九：审视行走的历程，考察各个方面的吉凶，反身自省，大为吉利。

象传：居于至尊的位置，大吉大利，表明非常值得庆祝。

【解读】 上九处履卦之终，在践履至旅途的终点时，回头审察走过的历程，反身自省得失成败。历经艰难险阻，终获元吉。值得庆幸，善始者必善终。

总结：

个人生活在社会上，不但要掌握书本上的知识和谋生技能，更需要掌握为人处世的方式。履卦所论，正是与朋友、同事、上司和平相处的方法，了解履卦，有助于我们在残酷激烈的社会竞争中立于不败之地。

《序卦》说：“物畜然后有礼，故受之以履。履者，礼也。”履卦在小畜之后，是因为物产蓄积得较为丰富后，才会制礼习礼，行善养德。可以说，履就是礼，履德就是礼德，就是人们按礼制法律去履行义务，言而有信，行而有礼，使人成其为人，而不是只知蓄积私财、满足私欲的无礼无义之徒。这是履卦的含义。宇宙自然和人类社会，和谐以秩序为前提，秩序以和谐为依归。片面强调尊卑贵贱的等级制度，用秩序性去否定和谐性，社会易陷于分崩离析。反之，片面强调和谐性，否定秩序性，就会上下不分，秩序混乱，社会难以正常运转。

履卦是小畜卦的覆卦，两者卦爻结构都是一阴对五阳。但小畜卦六四以阴居阴，当位得正，柔顺利贞，能够蓄止阳刚势力前进的势头；而履卦六三以阴居阳，由此形成的态势是以刚遇刚。小畜卦的卦义是静态的蓄止，履卦的卦义是动态的履行，由于一阴的势力单弱，五阳的势力强大，当一阴由静而动，从蓄止转而为履行，遇到“履虎尾”的困境也是必然。

履卦六爻形象展示了从履之初到履之终的六种情况，一一加以分析，正反两面予以告诫，寓意深长。比如，初九居下守朴，九二安心恬静，九四履危知惧，九五果决持正，上九回顾反省，这五阳爻虽气质刚健，但能善处其身，慎行防危。只有六三盲目妄行，有虎咥人之凶。虽如此，人遇“履虎尾”的困境并非无能为力，全面分析客观形势，发挥主观智慧的能动作用，对策合理，行动正确，则完全可以把“履虎尾”的困境转化为“不咥人”的亨通。因此，阴阳刚柔两类势力在履卦之时，一柔对五刚的形势下，困境相同，需求相同，必须协调并济，调整自己的行为，尽量双方寻求互补。履卦兑下乾上，兑代表阴柔势力，乾代表阳刚势力。兑为悦，阴柔势力抱着愉快喜悦的心态去对待阳刚势力，化干戈为玉帛。尤其九五作为阳刚势力的代表，刚而得中，自觉以中正之道来抑制自己过刚行为，不侵犯阴柔势力，而能协调并济，结为一体，所以“履帝位而不疚”，维持了系统的稳定和谐。

履卦强调慎行防危的行为哲学，给人的启示：行险而顺，坦诚待人，专心做事，量力而行，安守本分，不可逞强冒进。以柔制刚，不可一意孤行。不可刚愎自用，应心悦诚服于人。做事应遵循规矩，待人应有礼节。人生的旅途充满危险，我们一定要小心翼翼，知礼而立，应戒慎恐惧，以柔制刚。同时，要有仁爱之心，凡事发自内心，出乎仁的表现，而不流于形式。不被世俗诱惑，心胸坦荡，甘于寂寞。

十一

泰䷊

【卦辞】泰：小往大来，吉亨。

【译文】泰卦象征通泰：阴气往上升，阳气往下降，吉利亨通。

【解读】泰下卦乾，三阳居于内卦，由否的上乾三阳由外转内而成，所以说大来。上坤，三阴处于外卦，由否的下坤三阴由内转外而成，所以称小往。阴气上升，阳气下沉，二者相遇相交。因而阴阳和畅，万物生长，吉祥亨通。强调泰之卦旨阴阳相交而通。

【彖辞】泰，小往大来，吉亨。则是天地交而万物通也，上下交而其志同也，内阳而外阴，内健而外顺，内君子而外小人。君子道长，小人道消也。

【译文】通泰，意味着阴气往上升，阳气向下降，吉祥亨通，这是由于天地相交使得万物生生不息，尊卑相交使得人们的思想一致。阳在内，阴在外，刚健者在内而柔顺者在外，君子在内而小人在外，说明君子的正道日益增长，小人的邪道日趋消亡。

【解读】阳气下降、阴气上升，云行雨施，万物生成，是大自然的通泰。上下尊卑，相互沟通，协调一致，是国家和社会的通泰。

【大象】天地交，泰。后以财成天地之道，辅相天地之宜，以左右民。

【译文】天地交合，象征通泰。君主因此裁度天地交合之道，辅助扶持天地化生万物之机宜，护佑天下人民。

【解读】陈梦雷说：“自有天地人物以来，蒙以教之，需以养之，讼以平之，师以卫之，比以附之，畜以聚之，履以辨之，而后得泰。乃过中而否之几伏矣。甚矣，致泰之难，保泰之不易！虽曰天数，不可无人事也。”天是最大的阳，地是最大的阴。阴阳二气交通往来，“天地交”双向互动，由此而促使万物生育，调适畅达，永葆生机，这是自然遵循的普遍规律，为“天地之道”“天地之宜”。对于君主而言，观天地交泰之象，在施政中顺应阴阳协调、上下交泰的规律行事，才能保国安民，实现天地之道。

【爻辞】及**【小象】**

初九：拔茅茹以其汇，征吉。

象曰：拔茅征吉，志在外也。

【译文】

初九：拔起茅草，根系相牵而并出，因为他们是同类，前进可获吉祥。

象传：拔其茅草，前进可获吉祥，初九志向向外进取。

【解读】初九向外上应六四，连同九二、九三一起上应六五、上六。譬如一个团队，有共同的目标，团结一致，又能得到上面领导的信任与支持，这样去做一件事，自然吉祥。李世民开创李唐江山之初，其时太子建成和齐王元吉，相互勾结以排斥秦王李世民。他们向父皇李渊进谗，贬斥和离间秦府的主要文臣武将，如房玄龄、杜如晦、尉迟敬德等。但秦王府精诚团结，上下一心，力图帝业。后秦王府先发制人，发动玄武门兵变并大获全胜，杀了建成、元吉，迫使李渊禅让。秦王府以类相聚，同声相应，同气相求，转危为安，展现了通泰的前景，从此开启贞观之治。

九二：包荒，用冯河。不遐遗，朋亡，得尚于中行。

象曰：包荒，得尚于中行，以光大也。

【译文】

九二：有包容污秽的胸襟，可以涉水过河。不疏远遗弃远方的贤者，不结党营私，能辅助中道而行的君主。

象传：有包容污秽的胸襟，能辅助中道而行的君主，因为九二光明正大。

【解读】九二以刚居柔位，内刚外柔。内心刚毅果敢，外表柔和宽大。且能以中道行事，上应六五，是君臣相得之象。九二为治世能臣。《三国演义》中许劭称曹操为“治世之能臣，乱世之奸雄”，曹操闻言大喜。曹操也曾作《短歌行》述志：“山不在高，水不厌深；周公吐哺，天下归心”，却兼有“包荒”之德和“冯河”之勇。人生处于九二的位置，不再像初九那样初出茅庐，已成为基层领导。此时一定要有包容之心，容人之量。即使这人有勇无谋，也要放到合适的位置。要顾及所有人，不能分亲疏、结朋党。只有用好了中道，基层领导才能当好。这样君子就不会被孤立，以免高处不胜寒。小人需要君子以身作则，用德行感化，不能结党欲将小人消灭干净，否则就变成君子与小人对立了，这样就会天下大乱。

九三：无平不陂，无往不复，艰贞无咎，勿恤其孚，于食有福。

象曰：无往不复，无地际也。

【译文】

九三：没有总是平地而不化为陡坡的，没有总是前往而不返回的，在艰难中守正则可以避免过错，不要担心暂时不能取信于人，自有福庆食享俸禄。

象传：没有总是前往而不返回的，说明九三正处在天地交接的边际。

【解读】从空间的扩展来看是“无平不陂”，没有绝对平坦的道路。我们送别时，极目远眺，看着送别之人消失在路的尽头。其实路并没有尽头，只是走着走着，平坦的道路就变成陡坡了。从时间的延伸来说，有去就有回，春夏秋冬，周而复始。在经历春生夏长秋收的喜悦之后，便是酷寒严冬，谁也无法回避。泰极成否，否极泰来，这是生活的辩证法。人生就像走路一样，时而平坦，时而艰险，循环往复。没有永远的一帆风顺，也没有永远的失意落魄。相信物极必反，无往不复。只有对潜伏的危机有所认识，坚守正道，正确处理，才能经历“艰贞”而获“无咎”。

六四：翩翩，不富，以其邻不戒以孚。

象曰：翩翩不富，皆失实也。不戒以孚，中心愿也。

【译文】

六四：连翩下降，虚怀求阳，与近邻未相告诫，都心存诚信。

象传：连翩下降，虚怀求阳，因为上卦各爻皆失阳实。与近邻无须相告诫，都心存诚信，因为阴爻内心均有向下的心愿。

【解读】从卦爻结构和运行趋向看，居下的乾之三爻由下往上，一齐前来与坤之三爻相交；而居上的坤之三爻由上往下，一齐前去与乾之三爻相交。都出于内在本性，发自心中意愿，势所必然。因此，当六四翩翩起舞，启动与乾之初九相交的行程，也带动了六五、上六。“不戒以孚”，用不着反复劝诫，以诚相许，自觉自愿地跟从，下降求阳。实现了阴阳合德，上下交济，一片通泰。

六五：帝乙归妹，以祉，元吉。

象曰：以祉元吉，中以行愿也。

【译文】

六五：帝乙嫁出少女，以此得福，大吉。

象传：以此得福而大吉，说明六五以中道实行应下的心愿。

【解读】泰卦六五位尊而性柔，表明自己实力弱，却在领导之位，需行刚健之事，所以屈己与九二相应。如嫁公主以配贤者，居中不偏，上下交泰，以加强统治。从统治者角度看，九二尽臣职以辅助君王，六五降帝尊以任大臣。二者相互交通，配合默契，国泰民安，所以是获得福泽的吉祥之爻。

上六：城复于隍，勿用师，自邑告命，贞吝。

象曰：城复于隍，其命乱也。

【译文】

上六：城墙倒塌于护城壕中，此时不可兴师动众，应在自己的城邑中虔诚反省。即使坚持正道也难免憾惜。

象传：城墙倒塌于护城壕中，天命到了将由治变乱的时候。

【解读】上六在泰卦的终结处，按照乾乐上复、坤乐下复的发展趋势，即将转为否道。如同累土筑成的城墙，崩塌倾覆于城壕，符合治极必乱、高极必危的自然规律。表示领导实力过弱，而正应的九三实力又过强，且阳居阳位，刚健之势必显。人生处于这一阶段，下属犯上之势明显。领导已无力对抗，此时尽管你是领导，但发布命令已无人听从。若选择对抗，则无异以卵击石。不如自降身份，发布命令，给予高官厚禄，保一时之安。大势所趋，取而代之将无法改变。因为泰之终结就是否之开端。《易》的伟大之处在于告诉人们凶险后，还告之如何化险为夷。

总结：

六十四卦中，泰否二卦都是关于人生如何变通、畅达的卦。泰卦正说，否卦反说。泰卦乾阳在下，坤阴在上。乾为君、父、夫；坤为臣、子、妻。传统观念中，君尊臣卑，父尊子卑，夫尊妻卑。泰卦颠倒等级秩序，违背了循礼而行的原则。天尊地卑的互换利于阴阳交通畅达，促使万物生育，形成“天地交而万物通”的和谐。这是宇宙自然的规律，社会人事也如此。下乾卦讨论变通中坚持原则，上坤卦讨论变通中突破常规。变与不变，该变不该变，正是人生畅达、国家畅顺时应思考的问题，这些关系处理好了，自然国泰民安。

一，上下一心、志同道合才能无往不克。孔子用君子与小人来解泰卦。下卦象征君子，上卦象征小人。认为君子处理好与小人的关系，天下就能太平。二者应交通往来，而非上下隔绝，否塞不通，形成“上下交而其志同”的和谐整体，所以必须进行位置的互换，君主屈尊就下以体察下情，臣民地位上升以使下情得以上达。这种位置的互换是一个“小往大来”的动态的过程，呈现了“君子道长，小人道消”的趋势。

二，“公正与包容”是赢得尊重和信任的前提。安泰之道在于沟通交流。人们因认同而理解，因理解而扶助。误会造成不和，便难达成一致。生活中一定要适时表达合理的诉求，发现问题要及时沟通。小人与君子，相互对立又相互依存，共同生活于社会中。小人证明了君子存在的价值，君子证明了小人存在的事实。即便君子，功成名就时，也有可能得意忘形而沦为小人。小人或因君子的熏陶渐变为君子。若明了此理，不强求他人认同，更不宜论人是非，以平和的心态待人处事。

三，泰极否来，是阴阳循环、盛衰往复的事物变化规律。泰卦由“小往大来”而形成的总体形势，阳刚君子在内健于行事，阴柔小人在外顺以听命，正是“君子道长，小人道消”的治世，其发展前景吉祥亨通，理所当然。当事物鼎盛之极后，若小人道长，君子道消，恶的消极因素居于支配地位，就会激化社会的冲突意识，破坏社会的和谐融洽，争夺不已，相互伤害，而成为乱世。泰极否来毕竟是事物发展链条上不可或缺的一个环节。

泰卦启示君子之道：在事业上应由小而大、循序渐进。离心离德，难成大事。若已达顺利，更应居安思危，积极拓新，否则必遭失败。同时，要认识历史循环上升的规律。当泰极否来之时，即使行正道，依然逃脱不了否塞的命运。但幸好还有否极泰来的规律。于个人而言，泰卦表达了外柔内刚的做人道理。乾卦表示刚健自强的性格，位在内卦。而坤卦表示顺从平和，处在外卦。这样外柔内刚，外圆内方，既坚持原则，又注重决策和行为的灵活性。内秉刚健之德，外抱柔顺之态，既有敢于坚持原则、前进的品质，对人又谦和、柔顺，处事行变通之道、取舍之宜，才能把事情做好。

十二

否䷋

【卦辞】 否：否之匪人，不利君子贞；大往小来。

【译文】 否卦象征闭塞：闭塞违反人性，不利君子坚持正道；阳气往上升，阴气向下降。

【解读】《序卦》说："物不可以终通，故受之以否。"从泰到否，坤三阴爻从外卦入主于内卦。于是泰极否来，下卦三阴爻构成否道主体。而乾三阳爻则从内往外，从所处下卦泰道之主的地位，被挤压到上卦，于是呈现了阴长阳消的征兆。否闭之世，人道不通，不利于君子所行的正道，犹如刚大者被逐于外，阴小者入主于内。这反映了全卦的主旨。譬如人生的道路曲折而漫长，有顺利，也有闭塞。泰与否是一对矛盾，意义相反而相成。泰极否来，泰是盛世，万物生长，否是阴阳不交、天地闭塞而万物不生，属乱世之象。

【彖辞】 否之匪人，不利君子贞，大往小来。则是天地不交而万物不通也，上下不交而天下无邦也。内阴而外阳，内柔而外刚，内小人而外君子，小人道长，君子道消也。

【译文】 闭塞违反人性，不利君子坚持正道；阳气往上升，阴气向下降。这是由于天地阴阳不能交接，以致万物生长不能畅通，君臣上下不能交接，以致天下不成为邦国。阴在内，阳在外；柔顺者在内，刚健者在外；小人在内，君子在外。这说明小人的邪道日益滋长，君子的正道日渐消亡。

【解读】 否闭之世，小人猖獗。君臣上下，阻隔不通，国家处于危急之秋，所以称之为"无邦"，"小人道长，君子道消"。但只要君子保存实力，黎明终将到来。因此在否闭之时，君子当不求功名利禄，收敛自藏，以免遭小人围攻而衰亡。如明代张居正对所处的明中叶后的社会很不满，因此年轻时就胸怀理想，立志改革，欲挽狂澜于既倒。嘉靖末年，奸相严嵩当政，小人得势，乌云蔽日。张居正一方面全身自保，家居三年潜心读书，外出游学，避祸严嵩之流，一方面等待时机，其《谒晦翁南轩祠示诸同志》说：“欲骋万里途，中道安可留？各勉日新志，毋贻白首羞!”严嵩集团失败后不久，他便入阁主政，成为万历初年的著名改革家。表明否塞之时必须“俭德辟难”，耐心等待；但并非逆来顺受，听从命运安排。

【大象】天地不交，否。君子以俭德辟难，不可荣以禄。

【译文】天地不交合，象征闭塞。君子因此收敛才德以求避难，此时不可以禄位为荣。

【解读】从卦象分析，下坤为地，上乾为天，天在上而地在下。从世俗眼光看，完全合乎实际，合乎正常，应是吉卦。但作者却以变的眼光来观察事物，结论相反。正常仅是外在现象，内在本质已向不正常发展。《礼记·月令》说，“（孟冬之月）天气上腾，地气下降。天地不通，闭塞而成冬。命百官谨盖藏。”说的就是否闭之时，乾天在上，气清而上升；坤地在下，气浊而下降。阴阳不交，违反了“一阴一阳之谓道”的规律，造成自然万物不通、君臣上下隔绝的结果，所以闭塞不通。而君子在乱世该如何自处？孔子说过：“天下有道则现，无道则隐”，“邦有道，则仕；邦无道，则可卷而怀之”，“邦有道，贫且贱焉，耻也；邦无道，富且贵焉，耻也。”

【爻辞】及**【小象】**

初六：拔茅茹以其汇，贞吉，亨。

象曰：拔茅贞吉，志在君也。

【译文】

初六：拔起茅草，牵连其类。君子守持正道可获吉祥，亨通。

象传：拔起茅草，守持正道可获吉祥，其志在报效君主。

【解读】初六处于否塞刚开始，阴阳阻隔，还没有通达的条件。但此时君子心中并没有忘记与阴阳之君相应，自守正道以求安吉。志在待机而动，化否为泰，在君臣际会中实现阴阳交泰。

六二：包承，小人吉，大人否，亨。

象曰：大人否亨，不乱群也。

【译文】

六二：包容奉承尊者，小人得吉，大人闭塞，可获亨通。

象传：大人闭塞，可获亨通，说明君子不与群小混乱在一起。

【解读】六二以阴处阴，长于包容奉承九五君者。象征小人处下，阿谀逢迎，巴结上司，笼络君子。宋代黄彻《巩溪诗话》云：“否卦：‘包承，小人吉。’说者谓小人在下者包之，小人在上者承之，盖处否当然。杜（甫）云：‘曲直吾不知，负暄候樵牧’，‘是非何处定，高枕笑浮生’，‘洗眼看轻薄，虚怀任屈伸’，

‘寄谢悠悠世上儿，不争好恶莫相疑’。其寄傲疏放，摆脱世网，所谓两忘而化其道者也。”阐述处否之时，社会失常，世风邪恶，上下不能以正道交往。小人浑水摸鱼，大获其利；君子退避，不与小人同流合污，决不能“乱群”而入邪途。

六三：包羞。

象曰：包羞，位不当也。

【译文】

六三：被包容为非作歹，以致蒙受羞辱。

象传：被包容为非作歹，以致蒙受羞辱，说明六三居位不当。

【解读】六三处否卦下体之终，不中不正，但恃上所包容，怀谄奉承，妄作非为。足见小人之势正盛，而君子耻之。明天启年间，阉党魏忠贤当政，当时内阁首辅顾秉谦，不顾身份欲拜魏忠贤为义父以揽权固宠，但怕魏嫌其年纪太大。先让四个儿子拜魏忠贤为“上公祖爷”，接着顺理成章，自己成了干儿子！斯文扫地，丢尽读书人的脸，真正“不死何为”！没过几年，崇祯帝即位，这批无耻之徒均落得可耻又可悲的下场。

九四：有命，无咎。畴离祉。

象曰：有命无咎，志行也。

【译文】

九四：奉行天命，必无咎害。同类相互依附，同得福禄。

象传：奉行天命，必无咎害，九四的济否之志得以行施。

【解读】天命即本有的客观规律。九四以阳刚之质居于阴位，有能力也有魄力，适时扭转乾坤。同类的三阳爻互相依附，齐心协力，成此大功。

九五：休否，大人吉。其亡其亡，系于苞桑。

象曰：大人之吉，位正当也。

【译文】

九五：休止闭塞的局面，大人可获吉利。（时时警惕）将要灭亡呵，将要灭亡呵，就可以像系结在桑树丛中一样安然无恙。

象传：大人的吉祥，说明九五居位正当。

【解读】因为六三、九四与九五互卦成巽，巽有木象、绳象，而下坤为地，有田象。古时农田、桑树为衣食根本之一，所以九五以“系于苞桑”为喻，义随象发。居安思危，有“其亡其亡”的苞桑之叹，时刻警惕残余复辟。清初王夫之《读通鉴论·唐高祖》曰：“故能折笔以御枭尤，而系国于苞桑之固。”李渊起兵太原，扫除群雄，削平割据，化否为泰，正鉴于残酷的斗争，心存“其亡其亡”之念的缘故。如唐军历下邽、过栎阳，路经隋炀帝的行宫、园苑，李渊见后，不胜感慨，颁教曰：“大业以来……经兹胜地，每起离宫，峻宇雕墙，亟成壮丽。良家子女，充仞其间。怨旷感于幽明，糜费极于民产。替否迭进，将何纠逖。驰

道所有宫室，悉宜罢之。其宫人等并放还亲属。”李渊常存危亡之心，悟到“替否迭进”之理必致苞桑之固，而丧乱不能为害。

上九：倾否，先否后喜。

象曰：否终则倾，何可长也？

【译文】

上九：倾覆闭塞的局面，先是闭塞不通，后是通泰喜悦。

象传：闭塞的终极，必定倾覆，怎么能长久呢？

【解读】 上九以阳居阴，又居于乾体发展到极点时，闭塞不通的局面已经到了尽头，物极必反，否塞必然转为通泰。

总结：

表面看来，天上地下，两两相对，否卦结构反映了宇宙的本然状态，但否卦之所以成为否塞之时的象征，关键在于其卦爻结构，坤下而乾上、天尊地卑的秩序，定位僵化凝固，阻碍了阴阳之间的交通往来。因而“天地不交而万物不通也，上下不交而天下无邦也”，与泰卦的畅达亨通形成鲜明对比。

在哲理上，否卦体现了对立面之间的不相协调，即阴阳不交、上下不和，形成闭塞不通的局面。周公曾说：“冬日之闭冻也不固，则春夏之长草木也不茂。”（《韩非子·解老》引）否闭之际自有生潜行，须要人们去发现和利用。下卦三爻皆阴，象征小人用事，胡作非为，君子此时要安于闭塞，守正而慎行。因为转否为泰的时机未到，下三爻只谈“处否”之道。从这个角度看，否卦卦构只有阴阳之分的对峙而没有阴阳之合的流行。君臣上下，只有单向度的控制而没有双向互动的协调，结果就使得整个社会离心离德，导致“上下不交而天下无邦”。这种乱世的局面总体上呈现为一种“小人道长，君子道消”的特征。因为否卦的结构，“内阴而外阳，内柔而外刚，内小人而外君子”，象征阴柔小人盘踞内廷，掌握权势；阳刚君子被斥在外，正道无法履行。孔子总结了历史教训来解释，《系辞传下》说：“危者，安其位者也；亡者，保其存者也；乱者，有其治者也。是故君子安而不忘危，存而不忘亡，治而不忘乱，是以身安而国家可保也。”上三爻皆阳，象征君子顺应否将变泰的客观趋势。否泰转化，除客观因素外，人事努力也极为重要。晋潘安《西征赋》：“生有修短之命，位有通塞之遇……嗟鄙夫之常累，固既得而患失……无危明以安位，祇（zhǐ）居逼以示专，陷乱逆以受戮，匪祸降之自天……岂地势之安危，信人事之否泰。”人们在否终将倾之时，要因势乘机而动，积极而谨慎地去“倾否”。这就是上三爻所谈的“济否”之道。君子观此卦象，推天道以明人事，领悟到在否塞不通的乱世，应该收敛其德，不形于外，以避小人之难，不可受荣华福禄的诱惑，丧失自己的节操。但是，这种“俭德辟难”并非要脱离社会，去做不问世事的隐士，而是适应“小人道长，君子道消”的乱世局面，审慎选择的一种合理的生活方式。

孟子曾说：“得志，泽加于民；不得志，修身见于世。穷则独善其身，达则兼善天下。”所谓“独善其身”，即穷不失义，做到“富贵不能淫，贫贱不能移”，始终守持正道，不改变自己匡世济民的理想。在小人得志的乱世，唯有不失正道，坚持理想，才能拨乱反正，促进形势的转化。只是由于时运不济，受到小人的排斥打击，难以有所作为，履行正道。这就应审时度势，选择适宜的生活方式，“俭德辟难”，立足于人格操守，修身见于世。君子由此领悟，纵有才华、抱负、修养与智慧，但不能不顾及时势，要收敛修德以避开灾难，不可谋取禄位来显耀自己。警世意义明显。

十三

同人䷌

【卦辞】同人：同人于野，亨。利涉大川，利君子贞。

【译文】同人卦象征与人和同：在旷野与人和同，亨通。宜于涉越大河，利于君子守持正固。

【解读】《序卦》说："物不可以终否，故受之以同人。"晋韩伯康注："否则思通，人人同志；故可出门同人，不谋而合。"生活在否闭之世，人人自危。为走出困境，就必须与人同心同德，友好合作，共同为善。利于君子坚持正道，大为亨通。但不是小人左右逢源、自媚于世的狼狈为奸之举。

【彖辞】同人，柔得位，得中而应乎乾，曰同人。同人曰，同人于野，亨，利涉大川，乾行也。文明以健，中正而应，君子正也。唯君子为能通天下之志。

【译文】和同于人，由于柔顺者处于正位，守持中道，与上面的刚健者相应，所以能够和同于人。同人卦指出，在旷野与人和同，亨通，利于涉越大河。这说明刚健者的行动发挥了作用。秉性文明又刚健，行为中正而又互相配合，这是君子所行的正道。唯有君子才能通达天下人的心志。

【解读】从卦德分析，上乾性健，下离火，其德为丽为文明。内文明而外刚健，则立脚中正，大公无私。观察卦构，六二与九五，位处中正，又阴阳相应，刚柔并济，乃君臣同心之兆。又九五乾天之位，六二处人之位，因而六二、九五之应属于以天同人。同人不仅事关人事，也符合天道自然。施行同人之道，是为了齐心协力成就大事。所以，一，强调柔顺品格在与人和同之时的重要作用，二，突出刚健品格在和衷共济时的决定意义。

【大象】天与火，同人。君子以类族辨物。

【译文】天与火亲和，象征和同于人。君子因此分析人之群体、辨别事物以求同审异。

【解读】从卦象看，下离为火为明，上乾为天为日。火性炎上，与天亲和。《周易集解》引《九家易》曰："谓乾舍于离，同而为日……以照于下，君子则之，上下同心，故曰同人。"上乾之日，明照白昼，而下离之火，烛照于天，则补天日之不足，使黑夜有白昼之明。不管黑夜或白天，日火辉映，普照天下。路明心亮，至公无私。故君子同人，既求同，又求异。

【爻辞】及【小象】

初九：同人于门，无咎。

象曰：出门同人，又谁咎也！

【译文】

初九：刚出门就能和同于人，必无咎害。

象传：刚出门就能和同于人，又有谁施加咎害呢！

【解读】初九开始就遇到卦中唯一阴爻六二，所以说，走出门就与人和同。但并非出于私意，不分亲疏厚薄。无人怪罪，超越了门户之见。

六二：同人于宗，吝。

象曰：同人于宗，吝道也。

【译文】

六二：在本宗本派中与人和同亲辅，则有憾惜。

象传：在本宗本派中与人和同亲辅，将导致憾惜之道。

【解读】六二只与同宗派的人和同，和同之道则失之狭隘。另，王弼解释"宗"是宗主九五。六二与九五本是正应关系，但在同人卦中，这不是好事，违逆了卦辞中"同人于野"的精神，专与君位九五和同亲睦，有逢迎上司之嫌。

九三：伏戎于莽，升其高陵，三岁不兴。

象曰：伏戎于莽，敌刚也。三岁不兴，安行也？

【译文】

九三：伏兵于林莽之中，又登上高陵（观察形势），三年不敢兴兵交战。

象传：设伏兵于草莽之中，前敌阳刚。三年不敢兴兵交战，怎敢贸然行进呢？

【解读】从爻象看，下离为兵戈，有戎象。六二、九三、九四互卦为巽，巽为木为入，利于遮掩埋伏，有莽象。所以爻辞称"伏戎于莽"。从爻位看，九三在六二之上，以刚乘柔，本应和六二亲比。但六二舍近求远，专与九五相好，不理睬九三，九三心生忌恨，利用横亘在六二、九五之间的有利地势，埋下伏兵，意欲与九五恶战。但瞭望敌情后，深感九五实力雄厚，自己不敢挑战。

九四：乘其墉（yōng），弗克攻，吉。

象曰：乘其墉，义弗克也。其吉，则困而反则也。

【译文】

九四：登上城墙，自退不再继续进攻，吉祥。

象传：登上城墙，九四在和同于人的意义上是不能发动进攻的。获得吉祥，乃因为处困时，自觉回头遵循正确的法则。

【解读】 九四想与六二和同，无奈九三像一堵城墙拦阻，于是九四“乘其墉”，登墙攻击。在攻而不胜、陷入困境时，九四反躬自省，觉悟于义不正，因此退而不攻。回到同人的正道，结果仍吉祥。

九五：同人，先号咷（táo）而后笑，大师克相遇。

象曰：同人之先，以中直也。大师相遇，言相克也。

【译文】

九五：与人和同，先号哭而后笑，大军出战告捷，志同者会师。

象传：和同于人，起先痛哭号咷，九五中正率直。大军出战才与志同者相遇会合，九五与敌对者交战获胜。

【解读】 九五爻辞为争夺同盟者的结局画上了戏剧性的一笔。前后涉及六二、九三、九四、九五四方。九五阳刚中正，与六二同心相应。因九三、九四横亘其间，隔断联系。九三伏兵于林莽，九四登上城墙进攻，九五先为之痛哭，后守道中正奋起战斗。“二战”期间，北非英军被德军“沙漠之狐”隆美尔打败。为救“同人”，美军远征非洲与德军坦克兵团周旋。开始，损兵折将，尸横遍野，“同人”之先，“号咷”一番，后经巴顿将军整顿，以堂堂正正之师，驱逐德军出非洲，而与被困英军会合。随后挥师北上，合围欧洲本土。最终好比九五大胜，与同盟者六二会师相遇，九五破涕为笑。

上九：同人于郊，无悔。

象曰：同人于郊，志未得也。

【译文】

上九：在郊外与人和同，没有懊悔。

象传：在郊外与人和同，上九与人和同的心志还没有实现。

【解读】 上九在与人和同的宽泛性上犹有欠缺。

总结：

同人上为乾，下为离。立足卦形，汉代一些易学家认为，乾卦在先天八卦方位中居南面，离卦在后天八卦方位中也居南面，两者有共同点。所以荀爽说：“乾舍于离，相与同居。”《九家易》称：“乾舍于离，同而为日（离卦代表太阳）。天日同明……故曰‘同人’。”近人尚秉和也持这种观点。程颐认为：“天（乾为天）在上者也，火（离为火）之性炎上，与天同也，故为‘同人’。”这种观点也有一定代表性。但都认为，同人卦揭示人与人之间应以正道和睦共处的道理。

人是社会性动物，需要与他人合群，友好相处。“同人”，即与人和同，建立相互信任的和谐群体。从卦爻结构看，“柔得位，得中而应乎乾”，这是一柔应五刚；另一方面，卦唯一阴，众阳所欲同，也是五刚应一柔。阴求阳，阳求阴，自然交往，为达到与人和同提供了可能。但六爻都没达到理想境界。再从上下二体看，下卦离为文明，上卦乾为刚健，文明象征具有洞察明照的理性精神，刚健象征具有不屈不挠克服阻力的坚强意志。二五两爻，中正而应，无偏无倚。因而这种组合关系体现了交往过程中所应当履行的价值准则，称为君子之正道。如果履行正道，按照文明刚健、中正而应这几项价值准则来调整自我的行为，就能沟通整合，发挥凝聚群体的功能，所以说“唯君子为能通天下之志”。

同人卦辞和彖辞，总揽全局的客观形势。其客观形势是“利君子贞”，对守持正道的君子十分有利。无论是同人“于门”“于宗”“于郊”，都有所不足，更不必说“伏戎”“乘其墉”“大师克”的争夺了。可见，各爻具体处境不同，在利于扩大交往的形势下，有的顺当，有的艰难，有的履行正道，有的偏私狭隘，因而六爻吉凶悔吝的后果很不一样。与人和同最容易夹带私心，孔颖达说过“易涉邪僻”。只有真正的君子以才气和智慧和同于人。蔡邕是东汉时著名的文学家和书法家，59 岁擢升左中侍郎，名倾朝野。当时，有个 16 岁少年王粲。一天，蔡邕正在大宴宾客，家丁来报，“有王粲求见”。蔡邕听说，急忙起身相迎，慌张得连鞋子都没穿好，倒拖着鞋子就出门相迎。宾客以为是大官光临，都连忙起身恭候。等到蔡邕和王粲来到堂前，众人大吃一惊：王粲只是一个矮小瘦弱的孩子。蔡邕却向众人称赞：“这是王粲，奇能异士，我不如他。从今而后，我的典籍收藏，他都可翻阅。”年幼的才子王粲受到蔡邕倒屣相迎的礼遇，成为一段佳话。这一对忘年交，促膝交谈，互相请益。后来，王粲成为著名的“建安七子”之一，曹魏政权的重要谋士。据此可见，在行同人之道时，以天下为怀、天下为公的大同，极其不易。

人与人之间总是存在许多差异。正因有差异，人类社会才丰富多彩，但同时也产生了许多矛盾冲突。同人卦告诫我们：首先，与人交往，应该端正自我心态，不可偏私狭隘，局限于宗族朋党的小圈子，而要胸怀磊落，大公至正；其次，在人际交往中，与人和同的协作精神必不可缺。只有借助集体的力量，才可翻山越岭，跨越艰难险阻，实现远大目标；最后，君子应明察同异，最终和而不同。

十四

大有䷍

【卦辞】大有：元亨。

【译文】大有卦象征富有：至为亨通。

【解读】《序卦》说："与人同者，物必归焉，故受之以大有。"同人相亲，齐心协力，事业有成，众望所归，万物依附，必然大有所获，至盛丰收，所以用大有来加以象征。卦辞简单，但含有两个重要问题：一，如何致富？二，富了以后，如何善处财富、保有财富？

【彖辞】大有，柔得尊位大中，而上下应之，曰大有。其德刚健而文明，应乎天而时行，是以元亨。

【译文】大获所有，阴柔者居尊位，大而得中，上下阳刚与它相应，称为富有。大有卦的德性刚健而又文明，顺应于自然规律，并适时行事，所以至为亨通。

【解读】据卦德分析，大有下乾上离。内怀刚健之质则奋发有为，外行文明之道则处事合理。合乎自然，则万物欢欣成长，无不昌盛，正是至盛而丰收之象。

王弼说："德应于天则行，不失时矣；刚健不滞，文明不犯，应天则大，时行无违，是以元亨。"且大有一阴五阳，六五阴居尊位。柔居尊位是"大"，处于上卦中位得"中"。六五既大且中，五阳爻都归向它，所以大富大有、大亨大通。

【大象】火在天上，大有。君子以遏恶扬善，顺天休命。

【译文】火焰高悬在天上，象征大获所有。君子因此要遏止恶行，褒扬善事，顺从天道，求得美好的命运。

【解读】从卦象分析，大有下乾上离。程颐说："火高在天上，照见万物之众多，故为'大有'。"火在天上，光照万物。上离不仅象征火，而且象征日，所以《说卦》说："日以烜之。"下乾上离，昼日夜火，普照天下，无所不明。君子由此领悟：当富有之时，要涵养道德，止恶扬善，像火一样以光明驱走阴暗。这样才不至于因逆天行事而受天谴，这样才能善处其富，保有其富，从而得到民众的广泛支持拥护，才会有美好命运，也是治世极盛之象。

【爻辞】及**【小象】**

初九：无交害，匪咎；艰则无咎。

象曰：大有初九，无交害也。

【译文】

初九：未涉及利害，没有灾难；但必须牢记艰难，才能免遭咎害。

象传：大有卦初九爻，不涉及利害。

【解读】初九离主爻六五很远，与九四也无应，所以不涉及上层利益，可以避祸。但一定要处富而思艰，不生骄奢之心，谨慎行事，才能免咎错。

九二：大车以载，有攸往，无咎。

象曰：大车以载，积中不败也。

【译文】

九二：用大车载运财物，有所前往，必无咎灾。

象传：用大车载运财物，居积适中才不致危败。

【解读】大有下卦三阳曰积，九二居中曰中。按九二阳处阴位，阳爻而刚健易行，阴位则虚中以受货，所以有“大车以载”之象。载货正中不偏，才不致倾侧颠覆。刚健谦和，中道而行，能够保有其富。九二虽爻位非正，但处于下乾中位，上与六五正应，有被君主宠信而任重道远之象，所以用大车载货以喻人事。虽才华横溢，创业有方，大有之时，宜慎行中道。态度谦逊，作风谨慎，继续前进而没有危险。

九三：公用亨于天子，小人弗克。

象曰：公用亨于天子，小人害也。

【译文】

九三：公侯向天子朝献贡品，小人不能担当大任。

象传：公侯向天子朝献贡品，小人担此大任必致祸害。

【解读】又富裕又有地位，应对国家和社会做贡献，天子是国家的代表和象征。九三以阳居阳，刚健得正。好比社会声望和政治地位很高的人，这时要向天子（国家）给予物质上的贡献和精神上的敬意，才能保其富有和地位。小人处于又富裕又有地位的情况下，妄叨君宠，不仅为君子之害，且威胁到国家与民族的利益。小人之害：一在才能之小，力小任重，如细桷为梁，无法负载太重，否则木折屋毁；一在器识之小，鼠目寸光，心术不正，且易骄盈傲物，无视天子权威。恰如《周易正义》所说：“小人德劣，不能胜其位，必致祸害。”故爻辞对尸位素餐的小人力加抨击，主张不予重用。

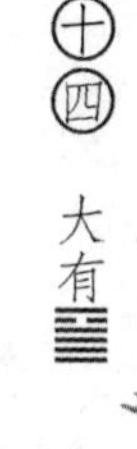

九四：匪其彭（páng），无咎。

象曰：匪其彭无咎，明辨晢也。

【译文】

九四：不以富有盛大骄人，没有灾祸。

象传：不以富有盛大骄人，没有灾祸，九四具有明辨事理的智慧。

【解读】九四已经过中，象征富有过盛。且九四位近六五君位，为多惧招嫌之地。近臣其地位亲近，君主因私人感情而予宠信，以此而致“大有”。容易狎昵过甚，触及君主要害，前途必有凶险。从爻象观察，九四处上离之初，已有盛大的气焰与声势，但因位处不中，缺乏离火的烛照之明，僭逼震主。六五柔中之君为之寝食难安。君主不安，其前途可想而知。所以要自我损抑，谦以自处。因为事物处在过盛阶段，极易发生问题。

六五：厥孚交如，威如，吉。

象曰：厥孚交如，信以发志也。威如之吉，易而无备也。

【译文】

六五：诚信交往，威严自显，吉祥。

象传：诚信交往，说明六五以诚信启发他人忠信之志。威严自显是吉祥的，因为六五行为平易而无防备。

【解读】六五是本卦之主，以阴居阳，温和诚信，坦然无私，使人心悦诚服地生出敬畏心。六五刚健威严，恰如《论语》中的“望之俨然，即之也温”。王弼注云：“夫不私于物，物亦公焉；不疑于物，物亦诚焉。既公且信，何难何备不言而教行，何为而不‘威如’？为‘大有’之主，而不以此道，吉可得乎？”济之以威，刚柔相济，才能称吉。

上九：自天祐之，吉，无不利。

象曰：大有上吉，自天祐也。

【译文】

上九：有上天保佑，吉祥而无所不利。

象传：大有上九爻的吉祥，是因为有上天佑助。

【解读】全卦五爻皆乘凌阳刚，唯独上九以阳居阴，以刚顺柔，与六五谦逊相比。所以《周易集解》引《九家易》曰：“上九说（悦）五，以柔处尊而自谦损，尚贤奉己，上下应之，为乾所右，故吉且利也。”上九居位特点比之人事，则上九如功成身退的国家耆旧，以刚顺柔。虽自居高位，但能察知盈满则溢、盛极则衰的客观规律，富而不骄，慎终如始。因此可以长保富有。

总结：

所谓“大有”，即物归我有，大大的富有当然是大大的亨通。大有下乾上离，火在天上，光照万类，无幽不烛，人间善恶无所遁形。君子观此卦，理性洞察：大有之世，善与恶的矛盾仍存在，两类势力此消彼长，不可掉以轻心。

从卦爻结构看，大有一柔五刚，柔上升到至尊的君位。奉行中道，赢得上下五刚前来相应，从而以一柔拥五刚。下卦乾为刚健，上卦离为文明，象征既有刚健有为的坚强意志，又有文明洞察的理性精神。初九为富有之始，“艰则无咎”，不能忘记艰难。九二有车载斗量之富，慎行中道方可“无咎”。九三富如公侯，必须有所贡献。九四过分富有，需要自我损抑。六五居于尊位，配合默契，诚信威严才能富有天下。上九处于大有之终，顺应天道方可长保富有。这种盛大丰有的大好形势来之不易，因而六爻各自尽职维护。如果恶得不到有效的抑制，则激化社会冲突，争夺不已，相互悖害，从而破坏大好形势。反之，如果善居主导，就能妥善处理人际关系，促进社会和谐融洽，从而维护大好形势。主要精神是：不大其所有，才能保其大有。足见大有卦揭示事物在昌盛富有之际，如何善处其时、长保所有的规律。大有六爻皆刚柔相应，遵循天道。因此君子观卦，领悟应积极“遏恶扬善”以维护大好形势，便是顺从上天美好的命令了。

当今社会，一方面繁荣富强，欣欣向荣，另一方面物欲横流，道德滑坡。因此，“遏恶扬善”是治乱安危的关键，也是君子“顺天休命”应尽职责。

大有卦在天象上，晴天丽日，人事上，蒸蒸日上，都是阳气生发而阴气消散之象，内健外明。当人在世间拥有各种资源之后，应致力于行善避恶以顺从上天的美好命令。具体到治国之道，应任人唯贤，政治昌明，励精图治，开创一个盛大丰有的政治局面。于个人而言，如同阳光照临大地，运气顺利，享受着丰盛富有的生活。但人生不可耽溺于物质享受，内心刚健，则自强不息；行为光明，则内心无私。千万要惜福，否则盛运无法保持。

十五

谦䷎

【卦辞】谦：亨，君子有终。

【译文】谦卦象征谦虚：亨通，君子能保持谦虚至终。

【解读】《序卦》："有大者不可以盈，故受之以谦。"大获所有，到一定极限就要满盈，就会衰败。以富有骄人是世间常态，然而越是富有越要谦虚。只有修养良好的君子才能安行于谦道，有始有终。

【彖辞】谦，亨。天道下济而光明，地道卑而上行。天道亏盈而益谦，地道变盈而流谦，鬼神害盈而福谦，人道恶盈而好谦。谦，尊而光，卑而不可逾，君子之终也。

【译文】谦虚，亨通。天的规律下济万物而天体愈显光明，地的规律地处卑微而地气源源向上。天的规律是亏损盈满而增益欠缺，地的规律是变易盈满而流益欠缺，鬼神的规律是祸害盈满而施福谦虚，人类的规律是厌恶盈满而喜欢谦虚。谦道，让人处尊位时道德变得更加光大，处卑位时不受欺凌，只有君子才能终身谦逊。

【解读】从卦构看，九三是成卦之主，其余五阴与之呼应。众阴向一阳，正是谦逊的表现。全卦阴爻多，阴爻形断而中虚，象征以虚空之地容纳大有，永远不会有满溢之患。从卦变来看，谦卦的"亨"来自于天地二气的交流。谦卦由剥卦变来，剥之上九下到三位，成为九三；而原来六三升到上位，成为上六。于是成了谦卦。如此可以解释"天道下济"（上九变九三）与"地道上行"（六三变上六）。

其"天道""地道""鬼神""人道"，都是客观现象。首先，以天地而言，自然界的变化向来是物极必反，保持动态的平衡。如月之盈缺更迭，四季依序运行。在古人看来，这是对"盈""谦"的适当安排。其次，以"害"与"福"描述鬼神的作用，表示鬼神有如实存之灵界力量，可以对人世采取某种报应。至于“人道”，“满招损，谦受益”，为不辩自明之理。君子若能守谦，则将“尊而光”，在尊贵时发出德行的光辉，并且“卑而不可逾”，处于卑贱时，也不会受人凌辱。如此自然是“君子之终”了。

【大象】地中有山，谦。君子以裒（póu）[①] 多益寡，称物平施。

【译文】高山藏在地中，象征谦虚。君子效此取多而补少，权衡财物，公平施予。

【解读】从卦象看，谦下艮为山，上坤为地。“地中有山”，当然不是自然界中的真实景象，而是一种寓含哲理的隐喻。不说“山在地下”，而说“地中有山”。程颐释为：“山而在地下，是高者下之，卑者上之，见抑高举下，损过益不及之义；以施于事，则裒取多者，增益寡者，称物之多寡以均其施与，使得其平也。”山本高耸于地面，现却降到地下，以造成山与地齐平，象征谦虚。因为谦之卑退，并非力所不及，而是主动谦让，以便损有余而补不足。

【爻辞】及**【小象】**

初六：谦谦君子，用涉大川，吉。

象曰：谦谦君子，卑以自牧也。

【译文】

初六：君子谦而又谦，可以涉越大河，吉利。

象传：谦而又谦的君子，以谦卑之道自养其德。

【解读】从爻位爻象看，初六以柔下处谦道之初，有谦而又谦之象。又初六阴处阳位，于艮之下，艮有止义，始行而知止，有知足不辱之象。东汉开国元勋冯异，南征北战，东伐西讨，功高盖世，百姓归心，专阃关中，号“咸阳王”。但他“为人谦退不伐，行与诸将相逢，辄引车避道。进止皆有表识，军中号为整齐。每所止舍，诸将并坐论功，异常独屏树下，军中号曰‘大树将军’……军士皆言愿属大树将军，光武以此多之”。正因为冯异谦让知止，行谦谦之道于初始之时，心地光明，得道多助，所以光武帝对他一向宠信有加，他亦成为中兴名将，泽及子孙。但谦谦知止，并非一味退让，是为跋涉艰险、成就大事业而卑以自牧。恰如《老子》的“知止可以不殆”。

六二：鸣谦，贞吉。

象曰：鸣谦贞吉，中心得也。

【译文】

六二：谦虚的名声外传，守持正固可获吉祥。

象传：谦虚的名声外传，守持正固可获吉祥，说明谦虚要出自内心。

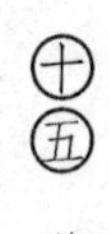

---

① 裒，古本郑、荀、董、蜀作“捊”，有取之义。《字书》作“掊”，《广雅》：“掊，减。”

【解读】六二以柔居阴得正，又得下体之中。柔顺则能谦退，得中则无过无不及。谦退居下又能行中正之道，所以谦虚的美名远扬。“兰在林中，其香自远”，谦虚是人生修养的一种境界。小人为沽名钓誉，常扮成谦谦君子。但小人之“谦”，只是一时表演，终将真相毕现。南北朝孔稚珪作《北山移文》，专门讽刺那些自命清高的隐士，内心贪图名利，却假装恬淡山林的虚伪情态：“其始至也，将欲排巢父，拉许由，傲百氏，蔑王侯，风情张日，霸气横秋，或叹幽人长往，或怨王孙不游，谈空空于释部，覈玄玄于道流”，高洁脱俗，俨然君子。但假象而已，真实画风是，“及其鸣驺入谷，鹤书赴陇，形驰魄散，志变神动”，于是“焚芰制而裂荷衣，抗尘容而走俗状”。企图走“终南捷径”的伪君子真面目暴露无遗。白居易感叹：“周公恐惧流言日，王莽谦恭未篡时。向使当时身便死，一生真伪复谁知？”说的是伪君子王莽曾谦恭下士，美名远扬，但谦虚只是他篡夺西汉政权、捞取政治资本的手段而已。

九三：劳谦，君子有终，吉。

象曰：劳谦君子，万民服也。

【译文】

九三：有了功劳而又谦虚，君子保持谦德至终，吉祥。

象传：有了功劳而又谦虚，君子保持谦德至终，万民服从。

【解读】孔子说过：“劳而不伐，有功而不德，厚之至也。”唐贞观三年，太宗问孔颖达，曰：“《论语》云：‘以能问于不能，以多问于寡，有若无，实若虚’，何谓也？”颖达对曰：“圣人设教，欲人谦光，己虽有能，不自矜大，仍就不能之人，求访能事。己之才艺虽多，犹病以为少，仍就寡少之人更求所益。己之虽有，其状若无，己之虽实，其容若虚。非惟匹庶，帝王之德，亦当如此……若其位居尊极，炫耀聪明，以才陵人，饰非拒谏，则上下情隔，君臣道乖，自古灭亡，莫不由此也。”太宗曰：“《易》云：‘劳谦，君子有终，吉。’诚如卿言。”孔颖达从正反两面对谦卦九三爻义，做了深刻解释。有了功劳，并不居功自傲，仍以谦虚自处。这是谦虚修养达到新高度的表现。

六四：无不利，㧑（huī）谦[①]。

象曰：无不利，㧑谦，不违则也。

【译文】

六四：无不顺利，发挥了谦逊的美德。

象传：无不顺利，发挥了谦逊的美德，这样做不违背谦虚的法则。

【解读】谦卦下三爻，初六“谦谦”以自养德性，六二“鸣谦”已有得于心中，九三“劳谦”而万民悦服，谦虚之道已得到最充分的展现。上三爻都有防止

① 㧑谦：一说是发挥谦虚的美德，另一说是挥退过分的谦虚。此取前者。

过谦之义。六四本以柔居阴，自是实行谦道，发挥谦虚的美德。据《三国志》裴松之注引《江表传》："（程）普颇以年长，数陵侮瑜。瑜折节容下，终不与校。普后自敬服而亲重之，乃告人曰：'与周公瑾交，若饮醇醪，不觉自醉。'时人以其谦让服人如此。"足见，在历史文献中周瑜是个谦虚大量的君子。小说中或舞台上的周瑜，是个"赔了夫人又折兵"的小人，只是个艺术形象。

六五：不富以其邻，利用侵伐，无不利。

象曰：利用侵伐，征不服也。

【译文】

六五：不富实，但能左右近邻，适合讨伐惩治，无所不利。

象传：适合出征讨伐，是说征伐不服从的骄横者。

【解读】谦虚宽容并不能解决一切问题。六五不富不实，所以有一些势力抗拒其权威性。六五不能一味谦柔，以免养虎为患。必须利用人心归向的优势，团结近邻，以武力征伐骄横不顺而悖逆谦虚之道者。

上六：鸣谦，利用行师，征邑国。

象曰：鸣谦，志未得也。可用行师，征邑国也。

【译文】

上六：谦虚的名声远扬，宜于兴师出兵，讨伐叛逆的邑国。

象传：谦虚的名声远扬，其心志没有完全实现。可以兴师出兵，只能征伐附近的叛逆邑国。

【解读】上六下应九三，阴阳共鸣；又下比六五，共行谦道，名正言顺。但因居位不中，不像六二柔顺中正，所以爻辞同是"鸣谦"，但六二"贞吉"，而上六利于"征邑国"。说明上六位居谦卦之巅，足以感化众人，但在骄横的强徒身上无法奏效。所以《象》说"志未得也"。邑人叛，叛则征之，以谦顺征叛逆，师出有名，堂堂正正，此其所以为利。

总结：

谦下艮上坤，《序卦》说："有大者不可以盈，故受之以谦。"在大有卦之后，要能谦逊，做到谦逊退让，何处不能通达？山本崇高，却处于地之下。越是自视卑下，别人越尊重你；越是自己隐晦，德行就越光辉。

谦虚而不自满是保持盛大的必要条件，有亨通之道，是君子所应终身奉行的美德。实际上，这种谦虚不仅是局限于人事层面的美德，而且通贯天地人三才之道，体现了自然造化的客观规律，具有普遍的哲学意义。

在中国传统思想中，谦虚美德人皆称颂。《周易》谦卦主其首，《尚书·大禹谟》有"谦受益，满招损"之论，以后儒道释均执谦道。据《韩诗外传》载，周公曾以此告诫儿子伯禽说："《易》有一道，大足以守天下，中足

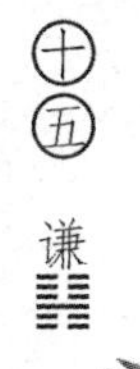

以守其国家，小足以守其身：谦之谓也。”谦虚之道对于社会人生意义深远。谦虚使人进步，骄傲必致灭亡。春秋时吴王夫差几乎每战必胜，骄傲自专，终被越王勾践所灭，身死为天下笑！历史教训值得重视。

现在有人把中国传统谦虚美德与西方竞争理念相比较，以近代史为论据，认为谦虚美德业已过时，逊于西方竞争精神。这不真实。

第一，谦虚美德，世界公认，东西方文化都崇尚谦逊。有名言说，人的成就好比分子，自我评价好比分母。分母越大，分数的值越小。

西方现代生活中这样的案例俯拾皆是。《北京人在纽约》中姜文扮演的王启明，在艰难困苦之时，谦恭勤劳，获得各种帮助，终于成了大款。他这时得意起来，威风八面，自以为是，去做完全不懂行的房地产生意，结果一败涂地，狼狈不堪。我们在生活中经常发现有一些昙花一现的人物，绝大多数都是一次巨大的成功之后，没有保持谦虚敬慎的精神，没有带着极大的热情和耐心，继续虚心勤苦去争取更大的成功。这即所谓“成名每在穷苦日，败事多因得意时”。无独有偶，希腊船王欧纳西斯白手起家时谦虚谨慎，从当餐馆服务生到电话接线员，再到生产小烟卷，学交际舞，历经种种，后来终于当了船王，事业辉煌。于是人性弱点冲昏了头脑，他要娶美国总统肯尼迪的遗孀杰奎琳为妻，以满足虚荣心。后来发现两人根本就不适合，他曾当众用昂贵的钻石项链羞辱杰奎琳，扬言只要用点钱就能让杰奎琳开心听话。这种不以爱情与欣赏为契机的婚姻，幸福指数可想而知。杰奎琳每年花天酒地消费掉欧纳西斯几千万美元，因此这位亿万富翁的晚年充满晦气，好运不再。

孔颖达说：“小人行谦，则不能长久，唯君子有终也。”桃李不言，下自成蹊。只有君子行谦道才能始终如一。还要警惕玩假谦虚的伪君子及大野心家。明洪自诚《菜根谭》一针见血指出：“谈山林之乐者，未必真得山林之趣；厌名利之谈者，未必尽忘名利之情。”外表谦逊，内心阴贪，这是世人一种被扭曲的虚伪之态。赵匡胤兵驻陈桥，部下拥他造反称王，他取低姿态，坚决不从。部下把黄袍强加在他身上，表达了对他的一致拥戴。他好像被迫当了皇上，这就减少了很多反对者。武则天、慈禧太后、袁世凯都玩过这个把戏。无数历史事实证明，“劳谦，君子有终，吉”的论断是非常正确的。为刘邦打江山立下汗马功劳的张良，其功劳不亚于萧何和韩信。在韩信已被封为楚王、萧何“所食邑独多”的情况下，张良婉拒了刘邦赏给他的“齐三万户”，谦虚地说自己并没什么功劳，只象征性地要了当初与刘邦相遇的小地方留县。张良功成身退的态度极其明智，后来韩信被杀，萧何下狱，“汉初三杰”中唯有张良得以善终。

第二，谦虚并非没有底线，过犹不及。这是儒家的中道，所以《周易》

同时强调过度谦虚并不可取。面对对抗性的矛盾，不仅要有合理的竞争，必要时可借助强制手段，主张“利用行师”也即武力争斗，这主要体现在上三爻中。当社会群体产生了严重的两极分化，强势集团桀骜不驯，过度侵犯弱势集团的利益，在这种情况下，“利用侵伐，无不利”，必须动用威武加以必要的抑制。唐中期地方军阀飞扬跋扈，各自藩镇割据。唐宪宗以宽容政策招降了河北田弘正后，任用李愬等将领发动征伐，一举扑灭了长期割据淮西对抗朝廷的吴元济，受到民众的拥护。如果任其恶性发展，无原则地宽容，就会危害社会的公平，违背谦道的本质。

总之，谦虚使人进步，骄傲使人落后。谦受益，满招损，是永远颠扑不灭的真理。程颐关于“有其德而不居谓之谦”的说法，以及朱熹关于“谦者，有而不居之义”的解释，足见古人力倡谦德的良苦用心。即要人们努力修养成为有而不居、满而不盈、实而不骄的谦谦君子，避免走向骄傲自满、故步自封、人憎鬼厌、天诛地灭的绝境。

十六

豫䷏

【卦辞】豫：利建侯行师。

【译文】豫卦象征欢乐：宜于封建侯国，出兵作战。

【解读】豫，《尔雅·释诂》曰："乐也。"生活在喜获丰收的大有之世，又能谦虚地待人接物，这必然从物质到精神，都能获得欢乐。豫卦象征安和悦乐的大好形势，人们把握这有利时机，以建立诸侯和率师出征。从卦象看，上震为雷，雷为长子。长子主器，百姓归心，有利于建立诸侯之象；而下坤为地，地多民众。九四一阳而统众阴，号令一声而众动，所以有师役之象。民众恭顺追随于上，乐于从军。上下和悦顺畅，这合乎天时地利的自然规律。人之所以追求豫的状态，是因为它表达了天地之和、上下之顺、心德之畅、人伦之乐，不完全是娱乐嬉戏而已，意义深远。

【彖辞】豫，刚应而志行，顺以动，豫。豫，顺以动，故天地如之，而况建侯行师乎？天地以顺动，故日月不过，而四时不忒；圣人以顺动，则刑罚清而民服，豫之时义大矣哉！

【译文】欢乐，阳刚与阴柔相应，心志得以施行，顺从情理而动，就感到欢乐。欢乐和谐，顺性而动，所以天地都遵从这一规律，更何况封建诸侯、出兵打仗这些事情呢？天地顺乎物理而动，故日月运转不失其度，四时更替不出差错。圣人顺乎民情而动，则刑罚清明而万民服从。豫卦时所包含的意义，太大啦！

【解读】从卦德看，下坤德性阴柔以顺，上震德性阳刚而动。阴阳相应，理想实现，所以其乐陶陶。《周易集解》引郑玄解释："坤，顺也；震，动也。顺其性而动者，莫不得其所，故谓之豫。豫，喜豫说乐之貌也。"内坤顺着外震而共鸣，出于本性，无不和悦，自然充满欢乐。九四一阳为全卦之主，上下群阴和应。犹如春雷响而万物生，九四志向得以施行。由于刚得柔应，顺理而动则安，动而和顺则乐。因此，天地宇宙作为一个大化流行的运动过程，内在蕴含着顺与动。正由于二者有机结合，生生不息，而成其生化之功。为什么在欢乐时刻却要提到“刑罚清而民服”呢？因为豫上震为雷，震曜天罚。晋夏侯湛《雷赋》云：“故先王之制刑，拟雷霆于征伐，恢文德以经化兮，耀武义以崇烈。苟不合于大象兮，焉济道以成哲！”唐张仲甫《雷赋》云：“冀贞廉于众口，法令未若于雷霆。”比之人事：上下一心，利于封侯建侯，行师讨伐则能除害，所以政治清明、民心服悦，老百姓其乐融融。

【大象】雷出地奋，豫。先王以作乐崇德，殷荐之上帝，以配祖考。

【译文】雷声发出，大地振奋，象征欢乐。先王因此制作音乐以增崇其德，用隆盛的祭祀进献于上帝，并让祖先的神灵配享。

【解读】先王看到声音有振奋万物、使之欢乐的景象，受到启发，模仿雷声创造了鼓乐等音乐，用来颂扬天地造化万物的功德。就这样逐渐地制礼作乐，举行典礼，祭祀天地祖宗。古人把陶冶民情的“乐”与行为规范的“礼”结合起来，用来教化民众。这就是豫卦的寓教化于娱乐中的运用。

【爻辞】及**【小象】**

初六：鸣豫，凶。

象曰：初六鸣豫，志穷凶也。

【译文】

初六：沉湎于欢乐而自鸣得意，将有凶险。

象传：沉湎于欢乐而自鸣得意，其志气穷尽，将导致凶险。

【解读】初六处下坤之初，阴居阳位，位卑而不中正，但上与九四强大卦主阴阳呼应，九四位处上震，震有善鸣之象，为之强援。初六有恃无恐，不顾处欢乐之初，能力低下，而急于超越二、三爻，升到上卦与四倡鸣，因此有“鸣豫”之象。犹如小人在下，行为不端，却依靠关系而得到上层强有力者的支援，故而在安乐中自鸣得意，自吹自擂，所谓“鸣豫”，必将有凶险。王弼注曰：“处豫之初，而特得志于上，乐过则淫，志穷则凶。豫何可鸣！”如汉武帝时佞臣韩王孙嫣以身媚上，外出时车马扈从极盛，连江都王见了，都以为是皇帝出巡！依仗人主之势而纵其逸乐，但最后得罪皇太后，皇帝不能救，“赐嫣死”（《史记·佞幸列传》）。自鸣得意，最后死于非命，其凶可知。所以处安豫之道，生于忧患，死于安乐。

六二：介于石，不终日，贞吉。

象曰：不终日贞吉，以中正也。

【译文】

六二：坚贞如磐石，没过完一天（就悟出欢乐必须适中的道理），守持正固可获吉祥。

象传：没过完一天（就悟出欢乐必须适中的道理），守持正固可获吉祥，因

为六二居中持正。

【解读】六二处下坤之中，以阴居阴，居位中正，非常完美。其余诸阴，爻位或不中或不正，均沉溺于欢乐而不自知。两相比较，六二之“贞吉”，事出自然。按爻象所示，六二、六三与九四互卦为艮，艮为止，以石之静止喻其坚定；而若变二为阳，与三、四互卦为离，离为日，故又有“不终日”之象，以变动喻六二思虑机敏。六二居柔得正，能以中正之道作为立身之本，且无应无比，不为外物所诱惑。《三国演义》中描述，刘备在荆州依附刘表时，因长期脱离鞍马生涯，生活比较安逸，大腿上长出了肥肉。因此想到日月蹉跎，功业不建，不觉潸然泪下。譬如六二安静而坚定，所以思虑明审，能见凡事之几微，因为沉溺于安乐必致骄奢淫逸，所以它保持警惕，不待终日。

六三：盱（xū）豫悔，迟有悔。

象曰：盱豫有悔，位不当也。

【译文】

六三：媚颜讨好以求安乐，将有悔恨；在安乐里迟疑留恋，亦有悔恨。

象传：媚颜讨好以求安乐，将有悔恨，六三居位不正当。

【解读】六三处下坤之上，正当上下卦之际变化多端的艰难之位。阴处阳位，阴柔失中正，急于向上媚悦九四卦主以寻求非分的逸乐，心术不正，非出至诚，所以会致悔咎。但六三质柔位刚，又有悔悟之象，所以爻辞诫其幡然悔悟，愈快愈好。如有迟疑，则会有“悔之迟矣”的新悔产生。爻辞虽短，“悔”字两见，表明作者虽认为六三几为凶爻，但如能勇于悔过，自新有望，则又有逢凶化吉的可能。

九四：由豫，大有得；勿疑，朋盍（hé）簪。

象曰：由豫大有得，志大行也。

【译文】

九四：人们依赖他获得欢乐，大有所得；不必疑惧，朋友聚合如簪。

象传：人们依赖他获得欢乐，大有所得，九四阳刚志向充分施行。

【解读】九四处上震之始，已由下卦升上卦，所处是“多惧”的大臣之位；又阳处阴位，德刚正而质柔顺，态度谦逊而有犹豫之象。但九四是唯一阳爻，是成卦之主，得到五阴爻的相应和悦服。马其昶指出：“一阳用事，化则无阳；九四疑位，曰‘勿疑’，惧其以失位为疑而化也。”所谓“勿疑”，是劝九四尽其至诚，直道而行，鼓勇而进，精诚团结，施展才智，以争取民众的幸福欢乐。志同道合的君子自然会像朋友一样聚集在周围，同来拥护，共成事业。

六五：贞疾，恒不死。

象曰：六五贞疾，乘刚也。恒不死，中未亡也。

【译文】

六五：守持正固以防疾病的侵扰，长久地保持健康而不致死亡。

象传：六五守持正固以防疾病的侵扰，是阴柔乘凌阳刚造成的。长久地保持健康而不致死亡，用中不偏就未必败亡。

【解读】 六五柔弱乘凌阳刚九四，宛如平庸之君依托强臣。身处安乐，必然只图享乐，不问国政。之所以没有死于安乐，是因为其居于中位，还没完全失去中道。

上六：冥豫成，有渝无咎。

象曰：冥豫在上，何可长也？

【译文】

上六：已形成昏冥纵乐的恶果，及早改正则无危害。

象传：昏昧纵乐已到极点，如何能长久呢？

【解读】 上六处豫之终极，与六三无应而下比九四以求欢乐。阴柔居豫卦之极而有“冥豫成”之象，所以尽欢极乐，毫无节制，必到昏沉的境地。但上六爻位又阴柔得正，加以上六变阳，则化为晋卦。晋出地上，有不终冥之象。爻象所示，如能及时改正，则仍可以挽救，悔过就善。文天祥年轻时曾是一个风流放荡的花花公子，文化名人弘一法师在出家前也曾有过一段纨绔子弟的放浪经历，他们明白这种狂欢长久不了，在安乐中猛醒，都成就了伟大的自我人格。

总结：

《序卦》说：“有大而能谦必豫，故受之以豫。”豫下坤上震，豫有愉悦之意，但也有居安思危的预备之意。所以豫卦解释“欢乐”所寓含的意义，强调处“乐”的两个要点：一，应当顺性而乐，适可而止；二，必须与物同乐，广乐天下，顺天下之势而动，使天下同归安乐。《左传·襄公二十七年》叙赵文子语曰：“乐而不荒，乐以安民”，正与豫卦大义相合。卦中六爻，九四一阳主于施乐，众阴趋附。五阴主于处乐，故吉凶得失不同：初过乐自鸣得意致“凶”；三谄媚寻求欢乐“有悔”；五居尊不可沉乐忘忧，须守正防“疾”；上昏冥纵乐，不改必有“咎”；唯六二“中正”不苟豫获“吉”。足见豫卦虽以“欢乐”为义，但处处诫人不得穷欢极乐。

豫不是一个抽象的哲学概念，而与人们的实践密切相连。人们要认清总体形势，要与时俱进，要顺理而动，安命顺时，循天理，顺人心，使天下同归于安乐。

豫卦六爻从正反两面作了剖析，指出了趋吉避凶的途径。由此可知，“豫”是好事，也是坏事。处理好了就是好事，否则就是坏事。卦旨主要是乐不忘忧的精神，应领悟忧乐转化、居安思危的哲理，以提高自己的决策能力。豫卦对传统思想影响很大。《礼记·曲礼上》“志不可满，乐不可极”，《孟子·告子下》“生于忧患，死于安乐”，汉武帝《秋风辞》“欢乐极兮哀情

多”。珍惜“豫”之乐，与民众共享，这样欢乐才能持久。范仲淹《岳阳楼记》中“先天下之忧而忧，后天下之乐而乐”，正是对豫卦精神的完美发挥，促使人际关系像天地万物般调适畅达，安和悦乐，已成为中华传统文明的精神典范，是社会政治管理所追求的最高目标。

人在愉悦中，必须有所预备。于群而言，人类社会的礼乐制度是对天地阴阳的效法和具体应用，一则通过制礼强调秩序，二则通过作乐颂扬和谐。于个人而言，这种预备实为修德，并且显示为对大自然与祖先的感恩之情。能修德又能感恩，才可常保愉悦。这是豫卦的逆耳忠言。

十七

随䷐

【卦辞】随：元亨，利贞，无咎。

【译文】随卦象征随从：至为亨通，利于坚持正道，没有咎害。

【解读】从卦象看，随下震为雷，上兑为泽。程颐说："雷震于泽中，泽随震而动，为随之象。"内动以德，外说之以言，则天下之人咸慕其行而随从之。"随"是一种自然（含社会）现象，生命活跃于其中。

【彖辞】随，刚来而下柔，动而说。随，大亨，贞无咎，而天下随时。随时之义大矣哉！

【译文】随，阳刚前来而居阴柔之下，有所行动必然使人悦服。乐于随从，大为亨通，守持正固必无咎害，天下人都会适时地前来随从。适宜时机来随从的意义太大啦！

【解读】上下随从并不是朋党相从，恣意妄为，而是坚持中正之道而行，使得天下人都来随从，这样就能同心协力，做事大亨通。追随无非重在选择追随的对象和时间，都必须中正不偏，不急不躁。追随的对象首先要有德，无德妄随，祸将不免，有德而能随，"元亨，利贞，无咎"。而追随的时间选择，其实就是在最重要的时候，出现在最重要的位置，做最重要的事情。"随时"就是指适时地随从。追随人要因时而定，不能随便盲从。随得对，事业亨通；随错了，动辄得咎。所以选择追随的时间意义重大，但非常难以抉择，没有一般规律，只能随机应变，不可轻易决定。

【大象】泽中有雷，随；君子以向晦入宴息。

【译文】泽中响起雷声，象征随从。君子因此随着天时在傍晚入室休息。

【解读】陈梦雷释："雷二月出地，八月入地，泽亦地也。又兑正秋，八月正兑之时。震下兑上，有雷入地中之象。君子取之，及向昏晦，则居内休息。造化有昼有夜，人生有作有息，人心有感有寂，有动有静，此造化之自然，亦人事之当然也。”借助自然景象雷震于泽中，泽随雷而动，人们体会到随之道，就应该按时作息，随时而动。

【爻辞】及**【小象】**

初九：官有渝，贞吉；出门交有功。

象曰：官有渝，从正吉也。出门交有功，不失也。

【译文】

初九：思想观念随时改善，守持正固可获吉祥；出门与人交往有功效。

象传：思想观念随时改善，随从正道而得吉祥。出门与人交往有功效，行为不失正道。

【解读】从爻位看，初九处下震之初，上与九四无应，居下无人随我，说明处于随之初始。在事物全貌尚未完全清晰以前，不能有所偏系，固执于一，而应多加观察体验，可随则随，因事物具体时位而改变思想观念，才能跟得上急遽变动的形势。初九不在家里，而是走出门外随从六二，表明交往不是出于私心，这样的相遇、相交和随从，应该获得成功。

六二：系小子，失丈夫。

象曰：系小子，弗兼与也。

【译文】

六二：倾心附从小子，失掉阳刚丈夫。

象传：倾心附从小子，说明六二不能同时多方获取亲好。

【解读】考察爻象，初阳在下而近于“小子”，九五在上居君位而为“丈夫”。又六二互六三、九四为艮卦，艮为止，有不善行动变化而就近取应之象。六二阴处下震中位，既中且正，上与九五阴阳相应，本该是吉爻。但因随卦特殊环境所限，六二阴柔软弱，难以独立支撑局面，一定要随从阳刚，而六二又被六三阴爻所阻，远离九五之阳，因而上应不专，而就近下系初九，随从之时不可避免因小失大。

六三：系丈夫，失小子；随有求得，利居贞。

象曰：系丈夫，志舍下也。

【译文】

六三：倾心附从阳刚丈夫，失掉在下小子；随从别人，有求而得，利于居家守持正固。

象传：倾心附从阳刚丈夫，其志向是舍弃在下小子（初九）。

【解读】六三处下卦之终，阴处阳位失正，又与上六无应，该是有艰难及凶险之象。六三与九四阴阳相比，上随有求而得，有向上舍下之志。如不以正道得之，则近于媚上求宠，所以又诫之“利居贞”。舍弃地位卑下的初九，六三依附九四方向并不错，但须“居贞”则利。言外之旨，如不“居贞”而坚守正义，则凶象在其中矣。

九四：随有获，贞凶。有孚在道，以明，何咎？

象曰：随有获，其义凶也。有孚在道，明功也。

【译文】

九四：被别人随从而有所获，守持正固以防凶险。存诚信而守正道，立身光明，有何灾害？

象传：被别人随从而有所获，从九四所处地位这一意义来看有凶险。有诚信而合乎正道，这是九四光明磊落品德的功效。

【解读】九四居上卦之初，紧邻九五之君，处于大臣之位，虽失正，但以阳刚之体而履阴柔之位，有刚而能柔、谦以应下之象。九四被六三随从，即获得六三的信任。但《易》重在变化。九四若变为阴，则上兑变成坎，坎有险象。所以卦辞言“有获”而诫以“贞凶”。意谓不以正道得之则所获皆凶。又九四为大臣而逼近君主，被下所随而有所获，众望所归，易于引起九五之君的猜忌。但爻辞不言其凶，而要求九四表现要尽其诚，合其道，才会无懈可击。

九五：孚于嘉，吉。

象曰：孚于嘉，吉，位正中也。

【译文】

九五：真诚地随从于嘉言善行，吉祥。

象传：真诚地随从于嘉言善行，吉祥，因为九五居位正中。

【解读】九五居尊位，以阳居阳中正，时位完美，是随卦之主，其余各爻纷纷相随。六二以阴居阴而处下卦之中，所以九五正应六二。而九五、九四处在六三、上六中，约之而成坎卦。阴虚于外，阳实于中，象征内怀诚信而达于至善。于是，天下翕然而从，君取信于万民，万民拥护明君，以诚从善，国泰民安，大获吉祥。

上六：拘系之，乃从，维之；王用亨于西山。

象曰：拘系之，上穷也。

【译文】

上六：拘禁强令附从，这才顺服相随，再用绳索拴紧；君王兴师讨逆，在西山设祭。

象传：拘禁强令附从，上六随从之道已发展到尽头。

【解读】随卦走到上六，前无去路，若回头依循九五，就被“拘系”了。但是九五不会违背随卦。上六在互巽（六三、九四、九五）之外，巽为绳直，有捆缚之象。所以它在上穷时，受困还可脱困。饱经忧患后，应当随从天意，所以“用亨于西山”。上卦兑为西方之卦，所以说西山。由此可知，对违逆不从者可先

拘禁后感化，随顺将可逢凶化吉。有人另指文王被纣王“拘于羑里”之事，由于周文王随顺，所以被释放回到岐山。

总结：

豫乐之后要懂得如何随从，随卦就回答了这个问题。随什么？随时势、随人心、随天道。从什么？择善而从。孔子曰：“三人行，必有我师焉，择其善者而从之，其不善者而改之。”随卦含“随从”之义，正集中体现“从善”的宗旨。卦辞“元亨，利贞”，高度赞美“随从”之道；“无咎”，又强调以“正”相随则无害。六爻喻义，以初、五最为美好；初九刚下于柔，迁善不已；九五居尊中正，竭诚向善。因此这两爻展示了本卦以“善”为“随”的象征主体，均获吉祥。其他四爻，或有得有失，或守正可化凶为无咎，或受强制才能从正。各见处“随”情状不同，但所发诚意，皆不离“正”字。

程颐说随卦论三件事：第一，“唯群所从”，即君子被别人所随；第二，“己随于人”，即自己随从别人；第三，“临事择所从”，即面临大事的时候选择随从什么样的人。随指相互顺从，己有随物，物能随己，彼此沟通。随必依时顺势，有原则和条件，以坚贞为前提。这里不仅要有人的主体意识，而且要善于发挥随的卦义。择善而从，止于至善，则无随而不利。若谄媚事上，邪恶相随，则无论是人随我或我随人，都是朋党比奸，对于社会发展大不利，是从“随”转为“逆”，由吉趋凶之兆。韩信、陈平傍随项羽，未得重用；改傍刘邦，建了大功。唐伯虎被江西宁王聘为上宾。宁王是明朝建文皇帝的叔父，建文皇帝已流放或杀害了近十个叔父。宁王为了谋反夺权，收罗奇才异能。唐伯虎误以为他是谦恭下士，在宁王府上待了一段时间后，发现宁王阴谋造反。但侯门一入深似海，想离开谈何容易。于是，唐伯虎便假装痴癫，经常寻花问柳，装成一个无可救药的浪子。甚至在王府里，无论长幼美媸，一见女人就追。最后王府嫔妃愤而撵他出府，唐伯虎这才跑回苏州老家。足见随非易事。随人则诡，随世则流。择善而从则身荣，党恶为非则名裂。明乎利害，慎于取舍，方可言随。

孔子说：“天下有道则现，无道则隐。”君子不怀暴君之禄，不受乱君之位。如程颐说：“凡人君之从善，臣下之奉命，学者之徙义，临事而从长，皆随也。”

随之大义在于随时。道有其不可变者，则以古为师。时有其所当变者，则以今为法。审其变迁之势，而行合宜举措。不拘执，不因循，才是豪杰。

在生活中，自己先要虚心随和他人，然后他人也会随和自己。互相随和，则事半功倍。但追随的前提是坚贞、纯正。否则就是同流合污。此外，应顺应自然规律办事，比如“日出而作，日落而息”，但现代人常通宵达旦，或嬉戏或工作，殊不知这是违反天道。年轻时不要紧，年长后疾病不请自来。人生有所求，求而得之，我甚欣喜，求而不得，我且无忧。苦乐得失随时顺势，以入世的态度去耕耘，以出世的态度去收获。所谓“有缘即住无缘去，一任清风送白云”。

十八

蛊䷑

【卦辞】蛊：元亨，利涉大川。先甲三日，后甲三日。

【译文】蛊卦象征除弊治乱：至为亨通顺利，宜于涉越大河，在象征“终始转化”的“甲”日前三天（要调查研究，周密计划），在“甲”日后三天（要监督执行，补救缺失）。

【解读】从卦象来看，山下有风，山风受阻不行，湿气闷热，就产生了蛊。中国古代记时数有天干和地支。“甲”为天干之首，是一切事物的时与数的开端。“先甲三日”为辛，“辛”与“新”同音，义取更新，意谓“前事已坏，取先甲三日之辛以更新之，不使至于大坏”；“后甲三日”为丁，“丁”与“叮”同音，义取叮咛，意谓“后事方新，取后甲三日之丁以丁宁之，不使至于速坏”（《周易浅述》）。所以蛊卦讲述太平日久而产生腐败现象，以为治蛊之道，有取于更新丁宁、慎重对待之旨。积极振奋民心，培育良好品德，抵制各种乱人心智的蛊惑。

【彖辞】蛊，刚上而柔下，巽而止，蛊。蛊，元亨，而天下治也。利涉大川，往有事也。先甲三日，后甲三日，终则有始，天行也。

【译文】蛊乱，由于上下刚柔不交，逊顺而又遇阻，就形成了蛊乱。治蛊，至为亨通，而天下大治。适宜涉越大河，说明治蛊要勇往直前。在事情开始前三天内（要周密计划），在事情开始后三天内（要监督执行），说明旧的告终才是新的开始，这是大自然运行的规律。

【解读】甲为天干数之首，寓有终而复始之含义，故取甲日为转化弊乱、重新治理之象征。“先甲三日，后甲三日”，是比喻要根治蛊乱，事前防患于未然，事后谨慎应对。先甲三日，后甲三日，加上甲日，共为七日，七日正是周而复始、循环往复的周期。物极必反，所以取甲日为转乱为治的象征。在弊乱尚未发生之前，就要从细微之处察觉征兆，并且制定处置预案，防微杜渐。而在拨乱反正后，又要注意维持效果，有“前车覆，后车戒，殷鉴不远”之意。

【大象】山下有风，蛊。君子以振民育德。

【译文】山下有大风，象征拯弊治乱。君子因此振济民众，培养德性。

【解读】从卦象看，艮为山而巽为风，象征拯弊救乱。孔颖达说：“必云山下有风者，风能摇动，散布润泽。今山下有风，取君子能以恩泽下振于民，育养以德。”大风狂吹，遇山折回，回环激荡。其力迅猛，势不可挡。枯枝败叶，扫荡一空。君子观此卦象，想到处于蛊乱之世，应该振起民心，培育民德，挽救颓败的社会风气，像劲风吹落叶一样，扫荡腐败现象，以兴利除弊，弃旧图新，才能从根本上拯弊除害。

【爻辞】及**【小象】**

初六：干父之蛊，有子，考[1]无咎。厉，终吉。

象曰：干父之蛊，意承考也。

【译文】

初六：匡正父辈的弊乱，有这样（善继家业）的儿子，父亲没有灾祸。虽有危厉，最终必得吉祥。

象传：匡正父辈的弊乱，意在（以其贤善之德）顺承父辈的心志。

【解读】从卦象看，初六以柔处卑，上承二三两阳。阴爻承阳，犹如子之承父，所以初六是“子”的象。又初六因在蛊道之初，质柔位刚，有志拯弊，而行动并不急躁冒进，所以匡救之事还比较容易。晋献公蛊乱之政，其子晋文公加以匡救。但为了治蛊，晋文公初始阶段吃尽苦头，差点被父亲派来的刺客暗杀。亡命他乡，颠沛流离十九年，但最后还是回国治蛊，匡正父弊。晋国以兴，晋文公终于成为春秋五霸之一，名垂青史。苏轼说：“器久不用而虫生谓之蛊，人久宴溺而疾生谓之蛊，天下久安无为而弊生谓之蛊……蛊之灾非一日之故也，必世而后见，故爻皆以父子言之。”蛊害的产生非一朝一夕，父辈的成法如有错误，经过时间和实践的检验，其弊端已经显露。子辈应该纠正父辈的弊端，帮助父辈免除更多的过错，使得父子承传的事业免遭更多的损失，这才是继承父志。

九二：干母之蛊，不可贞。

象曰：干母之蛊，得中道也。

【译文】

九二：匡正母辈的弊乱，不可过于固执守正。

象传：匡正母辈的弊乱，九二需要掌握刚柔适中的方法。

【解读】初九爻辞称父亲为考，九二爻辞称母亲为母，说明父亡母存。这位母亲以阴居尊失正，因此个性阴僻。对纠正母辈的弊端，不可操之过急，不能简

---

① 考：《广韵》《尚氏学》引《逸周书》及《左传》孔疏，释为“成”，亦通，并存。

单固执，强行扭转。要逊顺慢图，委曲周旋，事缓则圆。同样是治蛊，于父、于母则有别。还象征在位的前辈领导，难以听取意见。所以纠正这样的前辈领导的弊端，不可操之过急，不能简单地固执守正，强行扭转，以免让事情更僵。可知处理此事，当应合不同的性格，采用适宜的方法，因势利导，才能收效。

九三：干父之蛊，小有悔，无大咎。

象曰：干父之蛊，终无咎也。

【译文】

九三：匡正父辈的弊乱，稍有后悔，但却无大咎害。

象传：匡正父辈的弊乱，九三最终无所咎害。

【解读】九三拯治父辈弊乱稍嫌猛烈，故有小悔恨。韩愈平生二贬岭外广东。第一次在唐德宗贞元十九年（公元803年），他在监察御史任上，因关中旱饥，百姓饿死众多，激进上书《御史台上论天旱人饥状》以图匡正救乱，但被小人进谗而贬为阳山令。第二次在唐宪宗元和十四年（公元819年），时在刑部侍郎任上，因宪宗佞佛且举国若狂，韩愈上《论佛骨表》。这次若无宰相裴度等人相救，韩愈难逃一死，最终被贬为潮州刺史，并被催逼立刻离京上道。到达蓝关时，侄孙韩湘赶到相随，韩愈写下了脍炙人口的《左迁至蓝关示侄孙湘》诗："一封朝奏九重天，夕贬潮阳路八千。本为圣朝除弊政，肯将衰朽惜残年！"九三毕竟以阳居阳，"干父之蛊"是行正道，正如韩愈志除弊政。两次远贬瘴疠丛生的岭外广东，韩愈九死一生。但历经时间考验，韩愈的观点得到认同，他不久即调回京师任职。在封建君主专制之时，下者刚正不阿以拯治尊者之弊，有时必须不顾小悔，犯难而行。

六四：裕父之蛊，往见吝。

象曰：裕父之蛊，往未得也。

【译文】

六四：宽缓不迫地治理父辈的弊乱，这样往前发展必定出现憾惜。

象传：宽缓不迫地治理父辈的弊乱，六四这样往前发展难以获得治弊之道。

【解读】六四以阴居阴，又居艮止之体。柔者懦，止者怠，既懦弱又懈怠。所以姑息宽容父辈的弊乱，不能拯救及时。蛊将日深，养痈遗患，必有憾惜。

六五：干父之蛊，用誉。

象曰：干父用誉，承以德也。

【译文】

六五：匡正父辈的弊乱，因而受到称誉。

象传：匡正父辈的弊乱，因而受到称誉，六五能以美德继承先业。

【解读】六五以阴柔之质处大君尊位，下应九二，委任阳刚之贤，以刚柔相济的中道治弊，因此取得成效。如周厉王在位37年，失德蛊乱，被国人流放。其子宣王即位，本人虽非刚强之君，但用仲山甫等名臣，以阳刚之臣的大力支持作后盾，治父之蛊。伐猃狁，征荆蛮，周道号称“中兴”，饮誉青史。六五居尊位而能上承下应，既是治时之蛊，又是树己之德。

上九：不事王侯，高尚其事。

象曰：不事王侯，志可则也。

【译文】

上九：不谋求王侯事业，把自己的功成身退的行为看得很高尚。

象传：不谋求王侯事业，说明上九的清高志向值得效法。

【解读】在拯救前辈的咎病之后，功劳卓著，众人称赏。有人常会经营一己权势地位，产生称王封侯的欲望。上九没有，把功成身退看得很高尚，超然退出名利之争，逍遥高洁。蛊之上九爻辞暗指蛊道已穷，矛盾即将转化，很含蓄地表示，人主可与共患难，难与同富贵。治蛊之臣不愿同流合污，就必须功成身退，与世无争。这样才不会触动人主之忌而招杀身灭门之灾。如春秋时范蠡，一旦助越王勾践灭吴复国以后，遁归江湖，“不事王侯”，经商致富，另辟洞天，其志高洁，万世共誉。文种则因恋栈而被勾践杀害。俗话说：“飞鸟尽，良弓藏；狡兔死，走狗烹。”上九志尚之高，确有难言之隐，实为迫不得已！这是上古士人深致慨叹的一种处世哲学。杨万里提出此爻“不事王侯”，正处于“不必为”“不得为”“不可为”之时，非“事”之高尚，而是“人高尚其事”，并且说上九犹如“畎亩不忘君，江湖存魏阙”者的形象。

总结：

“蛊”是象形文字，上虫下皿。自古民间对其有多种说法，或指人体寄生虫，或指陈粮食物腐败生虫。但最出名的是说，将百种毒虫置于一瓮，任其互相吞食，待一年后残杀殆尽，剩最后那只剧毒之虫，称为“蛊”。蛊能害人，且不易被人察知。可见，“蛊”比虎豹毒蛇更为可怕，仿佛今天黄赌毒等有害人类身心健康的不良事物。引申为蛊乱、弊病，比喻事物腐败变质所生的病害，泛指国家政治败坏所生的弊端事故。

蛊卦主要讨论治弊之道，涉及凶与吉、乱与治、破与立、上与下、前人与后人的辩证关系，并不一味强调抱残守缺、萧规曹随，而提倡革故鼎新。卦辞“蛊，元亨”是说在“蛊”中蕴含着治蛊之道，可以振衰除弊，拨乱反正，达到天下大治，前景至为亨通。

关于治蛊之道，卦爻结构客观上就提供了十分有利的条件。蛊巽下艮上，艮刚居上，巽柔居下，三柔爻均居三刚爻之下。巽为顺，艮为止，下巽顺而上蓄止，这就是巽而止。这种卦爻结构意味着上刚可以断制，下柔可以施令。上令下行，而又止于柔顺。以柔顺之道治蛊，自然能够理顺各种关系，至为亨通。就人事而言，应该发扬刚健有为的精神，充分利用有利条件，奋勇向

前，所以说“利涉大川，往有事也”。卦中六爻，除上九因蛊道已穷，不提治蛊之事外，余五爻均有“干”蛊之举。初、三、四、五诸爻均以匡正父弊设喻：初六志承“先业”，虽危“终吉”；九三刚直遽行，终“无大咎”；六四柔弱不争，久必“见吝”；其中六五为治蛊之主，以柔居尊，有贤臣孝子之助，故获“用誉”之义。唯九二因治蛊的对象不同，以匡正母弊为喻，诫其因势利导、慎守“中道”。而上九独居“治蛊”穷厄之时，则以远避在外、“不事王侯”为宜。子承父绪，父养疾于前，至子辈之时而蛊疾大作。但儒家一贯有“父没，观其行，三年无改于父之道，可谓孝矣”的言论，以为这就是孝。蛊卦作者认为“干父之蛊”，匡救父蛊，从形式看似乎有违父道，但从意愿与本质言，匡正父辈弊乱是对先人事业最好的继承发扬。如前述，春秋时晋文公治蛊，表面有违父亲献公。但晋献公一心图霸，因其蛊乱而一事无成。其长子申生因不愿“干父之蛊”，而死于愚孝，无济于事。其三子惠公不能“干父之蛊”，同样兵败被俘，狼狈之极。唯次子晋文公在诸贤臣的协助下，勇于“干父之蛊”，最终实现了晋国的千秋霸业，推动了历史车轮的前进。这才是真正的“承考”壮举。宋哲宗时宰相苏辙曾上疏说：“父作之于前，子救之于后，前后相济，此则圣人之孝也。汉武帝外事四夷，内兴宫室，财用匮竭，于是……民不堪命，几至大乱；昭帝委任霍光，罢去烦苛，汉室乃定。光武、显宗以察为明，以谶决事，上下恐惧，人怀不安；章帝即位，深鉴其失，代之以宽厚、恺悌之政，后世称焉。”（《续资治通鉴·宋纪》）至于颁布政令，推行措施，还必须周密计划，审慎考虑，做到“先甲三日，后甲三日”，遵循事物发展终则有始的自然规律。甲日是政令的正式施行期，要提前三天颁布政令使人民广为知晓，延后三天观察政令所取得的实效，通过实效来检验政令是否正确恰当。这种做法符合事物发展的规律，可以取得成功。

整治前人的积弊并非易事，过缓则姑息养奸，过急则增加阻力。这是天下太平、久闭生蛊的时代所应时刻警惕的。要反腐倡廉，整治腐朽败坏，至为亨通顺利。

十九

临䷒

【卦辞】临：元亨，利贞。至于八月有凶。

【译文】临卦象征监临视察：至为亨通，利于守持正固。但到了八月将有凶险。

【解读】临卦之“临”，取居高临下的监临、临履之义。君临天下为众人之长，当然极为亨通。但必须坚持正道，以德临人，才会有利。《周易》以时令为喻，春生、夏长、秋杀、冬藏。秋八月杀气渐盛，阳气日衰。《尚书·大禹谟》记载皋陶的话：“帝德罔愆（没有过失），临下以简，御众以宽。”“临下”之术，大有讲究。相传尧舜时“临下以简”，基本上从民之欲而不扰乱，所以政清人和，国泰民安，社会发展。当时“鸿（洪）水滔天……下民其忧”，舜从民愿，派禹治水，功垂千古。这为帝舜“临下以简”的成功事例。（《史记·夏本纪》）相反，“临下”以暴，如夏桀殷纣，国灭身死，为人不齿。秦始皇虎视六合，统一中国，功高盖世。但“临下”无方，暴虐过甚，民不堪命。死后四年，秦朝江山便被推翻。春秋时鲁庄公“筑台于郎”“筑台于秦”，无功筑台，滥用民力，虽与夏桀殷纣相比，其过错甚小，但《公羊传》以为“临民”“临国”无方而书以讥之。因此，监临以视，临履而行，正是古代统治者的御控之术。

【彖辞】临，刚浸而长，说而顺，刚中而应。大亨以正，天之道也。至于八月有凶，消不久也。

【译文】以上临下，阳刚正气日渐增长，临人者喜悦而顺从，刚健者居中而上下有应。获得至大亨通仍守持正固，这才体现了天道呵！到了（阳气日衰的）八月将有凶险，因为阳气消减，好景不能长久。

【解读】在阳气渐长的春天，念及秋季阳气衰减的可能，透彻悟解阴阳消长规律，处盛而知衰，居安而思危。

【大象】泽上有地，临。君子以教思无穷，容保民无疆。

【译文】水泽之上有大地，象征监临。君子效此花费无穷的思虑教化民众，发扬无边的美德宽容保护民众。

【解读】土在泽上，相依无间。地高而泽卑，是统治者与民众的关系。君子观察临卦“泽上有地”之象，因而得到启发：高下相临，相互包容。如深泽与大地，相互涵盖。大地裹载深泽，泽水滋润大地，开辟了自然的新境界。推及社会人事，也是如此。在上的统治者，对于在下的臣民，所谓“临”，虽是居高临下，却非随心所欲的妄为，而是必须教民以德，通过教化，上下相互理解，彼此包容，而形成一个安定的社会局面。所以元代胡炳文说：“不徒曰教，而曰教思，其意思如兑泽之深；不徒曰保民，而曰容民，其度量如坤土之大。”而“教”下必先受教，所以统治者要“容保民无疆”，就必须自己有德以服人。据《左传·桓公二年》载，鲁桓公受宋国贿赂而纳其郜鼎，包庇宋国臣下弑君之罪，臧哀伯谏曰：“君人者，将昭德塞违，以临照百官，犹惧或失之，故昭令德以示子孙。”要求君主昭德以临，失德则无以“临下”。现代社会的领导必须以德临民，处置不当，激起怒涛，就有冲垮堤岸的危险。

【爻辞】及**【小象】**

初九：咸临，贞吉。

象曰：咸临贞吉，志行正也。

【译文】

初九：以感化的方式统御民众，守持正固可获吉祥。

象传：以感化的方式统御民众，守持正固可获吉祥，说明初九的心志端正。

【解读】初九居阳长之时，屈尊降下，以德临人。内心至诚主动去临近六四，感动六四，在阴阳之间自然产生一种感应的效果，称之“咸临”。初九以阳居阳，当位得正。六四以阴居阴，当位得正。表明二者感应合乎正道。六四为近君的大臣，初九与之感应，可以结成一种相互信任的关系推行正道。好比初出茅庐的领导或公司里的管理者，用感化的方法管理民众，民众喜悦，一切都顺利吉祥。

九二：咸临，吉，无不利。

象曰：咸临吉无不利，未顺命也。

【译文】

九二：以感化的方式施行监临，吉祥，无所不利。

象传：以感化的方式施行监临，吉祥无所不利，九二未能听从六五君命。

【解读】九二居阳长而渐盛之时，感动于阴，得到六五响应，但非立足正道，而立足中道。两者皆失正，所以九二有“未顺命”之象。九二与六五，阳刚之臣辅助柔弱之君，常因君主才质柔弱，考虑不周，或依违两可，缺少决断。应发扬从道不从君的精神，事必求其当，言必献其可，斟酌事宜，和而不同，未可尽顺君命。由于九二以中道感于六五，六五也以中道应于九二，君臣道合，所以尽管未顺君命，“将在外，君命有所不受”，却能妥帖处理政事，吉无不利。

六三：甘临，无攸利。既忧之，无咎。

象曰：甘临，位不当也。既忧之，咎不长也。

【译文】

六三：只凭甜言蜜语监临民众，无所利益。已知自己的过失且忧惧，则无灾害。

象传：只凭甜言蜜语监临民众，是说六三位不正当。已知自己的过失且忧惧，则其咎害不会长久。

【解读】六三阴居阳位，不中不正，上无正应，下乘二阳。为摆脱困境，六三尽施阴柔佞媚，哗众取宠，以骗取上下的信任和支持。从爻位爻象论，六三在兑之上，据《说卦》兑为口，口主言语，花言巧语媚悦人。以甘临人，虽得逞一时，却不能期许长久。终会失去信任与支持，导致处境不利。如唐玄宗时奸相李林甫，口蜜腹剑，佞上欺下，倾危国家，身死而入《奸臣传》。此谓“无攸利”。不过作者有好生之德，又为六三指出改过自新的道路。从爻位爻象看，六三与九二、六四互卦为震，震有忧惧之象，知错能改，所以爻辞称“既忧之”。六三若转为阳爻，则下乾上坤，变为泰卦，所以爻辞称“无咎”。切不可欺骗，若自食其言，则失信于民。若知错能改，亡羊补牢，未为迟也。

六四：至临，无咎。

象曰：至临无咎，位当也。

【译文】

六四：极为亲近地下临民情，必无灾害。

象传：极为亲近地下临民情，必无灾害，六四居位正当。

【解读】至临之“至”含义：① 由此到彼。六四以阴居阴，下至初九，与之正应，谓之“至临”。② 合乎至极标准。六四当位得正，与初九正应，合乎正道至极的标准，谓之“至临”。六四为近君大臣，处理与下属的关系时，守持正道，谦和宽厚，任用贤人，自然没有咎害。六四邻五，为大臣位，处上坤之初，阴爻阴位得正，又下与初九阴阳互应，所以称“无咎”。换言之，在自己位置上，做你该做的事，亲近并管理下属。

六五：知临，大君之宜，吉。

象曰：大君之宜，行中之谓也。

【译文】

六五：聪明睿智地统御民众，伟大的君主处理事情得当，吉祥。

象传：伟大的君主处理事情得当，六五必须奉行中道。

【解读】六五下应九二，施行中道，虚怀任用刚健能为的大臣，辅佐自己君

临天下。如帝尧之用舜，舜之用大禹，服四夷，制洪水，无论自然或人事，皆顺遂有成，在人与自然或人与社会的斗争中，逐渐形成了中华文明。六五身居要位，分身乏术，不能事必躬亲，所以要任人唯贤，集中众人的智慧、调动众人的积极性来管理民众。世传尧舜无为而治，实际是运用了知人善任的大智。如此，统治者自可拱手无为而事业有成。

上六：敦临，吉，无咎。

象曰：敦临之吉，志在内也。

【译文】

上六：温柔敦厚地监临民众，吉利，必无灾害。

象传：温柔敦厚地监临民众，吉利，上六的敦厚心志存在内心。

【解读】上六居上体坤之极，天高地厚，体现了“地势坤，君子以厚德载物”的精神。这种温柔敦厚完全本于至诚，发自内心，所以说“志在内也”。上六刚好具有君子敦厚之象，且临道之极。原与六三无应，但因阴爻阴位得正，其性柔和，居上而谦，德厚位固。当六五以知临于九二，上六又以温柔敦临、附益六五之君，所以在矛盾转化过程中，避凶趋吉，吉而无咎。《史记·曹相国世家》记载曹参对待下级重“厚长者”，斥去“言文刻深”之吏，坐饮醇酒，无为而治。曹参并不因居上位掌大权而擅威作福，而是“敦临”臣民，宽厚待下，最终得到皇帝的信任，臣僚的拥护，百姓的喜爱。

总结：

《易》学广博精深，对天道变化和人际关系的规律，都有精细的观察和分析，对“临”概念的看法亦如此。临，坤上兑下，泽上有地之象，象征登临。沼泽以大地为岸，大地亲临沼泽，有如君子面对百姓。君子效法大地，大地有“思”的特性。《尚书·洪范》谈到五行时，以“五曰土”殿后。接着谈五事，以“五曰思”殿后，可见“土”与“思”相应。至于大地的“容保民”，由地无不载而来。全卦所示临物居上，于古代政治而言，侧重阐发“上统治下”“尊统治卑”的规律。

论统御之术的六爻，初九、九二实行感化（咸临），六四亲切监临（至临），六五知人善任（知临），上六敦厚待人（敦临），皆获吉而无咎。只有六三以虚情假意诳众（甘临），无攸利。在统御方略中贯穿正心诚意的精神。讲德治，讨论感化、温和与忧民政策；讲人治，讨论统治者躬亲、明智和敦厚的品行。

临卦总体而言，“元亨利贞”，十分有利。从卦爻结构看：初九、九二“刚浸而长”，两爻由下而上，阳刚势力渐升。君子道长，小人道消。九二与六五柔中相应，二为臣，五为君，君臣配合，协调并济，共同维护临卦的大好形势，符合天道法则。用居高临下的气势管理民众，虽上下一致，但局面难以持久。阴阳消长，这是天之道。天道运行遵循物极必反的规律，阴阳此消彼长，周而复始。“刚浸而长”，臻于盛极，阳消之势逐渐形成。好景不再，这必须警惕。尽管无力违抗天道，但尽人事，多投入心血去教化民众，可防患于未然。因此，在政治管理上有忧患意识，居安思危，才能立于不败之地。

观临卦领悟两点：

一，“临人”必须根据不同的地位、条件采取不同的方式，此外，还要求在下者应当以刚美感应于上，居上者当以柔美施惠于下。

二，凡处“临人”之时，只要善居其位，必将多吉，此为临德思想的远见卓识。本卦多为“临人”“治人”者着想，劝人领悟以君临民的道理，懂得君民关系不能单纯建立在武力强制的基础上，而应像大地对待水泽般宽厚容纳，做到“教思无穷，容保民无疆”，争取民众的衷心拥戴，喜悦顺从。“教思”指推行伦理教化，使君民关系在精神上达到高度认同。“容保民”指以仁爱之心关怀人民，保护人民，使其安居乐业。“无穷”指应把这种做法定为基本国策，“无疆”指没有止境，行之永远。因为君民关系与“泽上有地”的关系遵循同样的规律，只有效法天道才能在政治的运作上不犯错误，营建和谐稳定的政治局面。

《周易》强调忧患意识，也强调变通，通过变来适应发展，给予世人很多启发。临卦具有空间、时间和万物间互动的道理在内。告诉你危机所在，也告诉你在危机面前不要毫无作为，而要顺势而为，懂得变通。

二十

观䷓

【卦辞】观：盥而不荐，有孚颙（yóng）若。

【译文】观卦象征观瞻：祭祀开始，已倾酒灌地用以降神，尚未供献祭品，内心已充满虔诚恭敬之情了。

【解读】孔子说："禘自既灌而往者，吾不欲观之矣。"（《论语·八佾》）正是指观仰祭礼之事，与本卦"盥而不荐"的义旨相似，都是表述"观仰"止于盛大的道理。孔子又说"祭神如神在"，因为祭祀的本质是心诚。

【彖辞】大观在上，顺而巽，中正以观天下。观，盥而不荐，有孚颙若，下观而化也。观天之神道，而四时不忒；圣人以神道设教，而天下服矣。

【译文】宏大壮观的景象总是呈现在崇高之处，譬如温顺和巽的美德、中和刚正的品质就可以让天下人观仰。观瞻祭祀，看了祭祀开始时倾酒灌地的降神仪式，还没观看后面的供献祭品，心中就已充满诚敬肃穆之情，下面观礼的人就会受到感化。观看自然运行的神奇规律，就能理解四时交替毫不差错；圣人效法种种神奇规律施行教化，天下人于是顺服。

【解读】观察事物的立足点要高，眼界要阔大。观卦借对祭祀的实质所做的观察和提示，让人们明白"神道设教"的奥秘。

【大象】风行地上，观；先王以省方观民设教。

【译文】和风吹行在地上，象征观瞻。先王效此巡视四方，观示民情，实施政教。

【解读】风行地上，无所不至。先王受此启发，开始广泛、全面地观察。

【爻辞】及【小象】

初六：童观，小人无咎，君子吝。

象曰：初六童观，小人道也。

【译文】

初六：幼稚地观察（问题），小人无所危害，君子则有憾惜。

象传：初六像孩童般观察，这是小人的浅见之道。

【解读】警示观察事物不能目光短浅。初六以阴居阳，其位不正，处在观之初期，又离九五、上九“大观”境界很远，所以很幼稚。对于在下的小人，因为没有决策性的任务，所以利害不大；但君子在上，负有指导管理的社会职责，如果一样茫然“童观”，就可能发生方向性的错误。

六二：窥观，利女贞。

象曰：窥观女贞，亦可丑也。

【译文】

六二：从门缝中偷偷窥视壮美景物，利于女子守持正固。

象传：从门缝中偷偷窥视壮美景物，利于女子守持正固，对男子来说是羞丑的。

【解读】观卦之主是九五，六二与九五相隔遥远，被六三、六四阻隔。六三、六四又与九五互卦为艮，“艮为门窥”，为门所隔，六二只能从门缝窥视九五。加以下坤为顺，本身阴柔暗弱，见识不广，因而难以冲破阻碍，一时无法尽观九五的盛德光辉，所以爻辞称“窥观”。似以蠡测海，喻自守门户之见，可谓井蛙不可以语海，夏虫不可以语冰。警示观察事物不能目光狭隘。

六三：观我生，进退。

象曰：观我生进退，未失道也。

【译文】

六三：观察自我行为，谨慎抉择进退。

象传：观察自我行为，谨慎抉择进退，说明六三没有丧失正确的观仰之道。

【解读】“我生”，陈梦雷解释：“我之所行。”六三处“观”之时，虽与上九有应，渐近九五，但阴柔失正，其位多惧，故当观于外而修于内。孔颖达云：“三居下体之极，是有可进之时，又居上体之下，复是可退之地。远则不为‘童观’，近者未为‘观国’，居在进退之处，可以自观我之动出也。故时可则进，时不可则退。观风相几，未失其道。”反观自身行为，审视自己的历程，根据客观态势的发展及自己的目标，相机而行，慎择进退。孔子曾对颜渊说：“用之则行，舍之则藏，惟我与尔有是夫！”时可进则进，不可进则退，正是观卦六三“观我生，进退”的经典阐释。

六四：观国之光，利用宾于王。

象曰：观国之光，尚宾也。

【译文】

六四：观察国家政绩的光辉，利于在王朝从政（成为君王的座上宾）。

象传：观察国家政绩的光辉，说明六四有志于从政。

【解读】六四志在从政，离九五最近，能看到九五的治国具体情况。六四与九五阴阳亲比，有君子宾于君王之象。《周易集解》引虞翻曰："坤为国，临阳至二，天下文明，反上成观，进显天位，故'观国之光'。'王'谓五阳，阳尊宾坤，坤为用为臣，四在王庭，宾事于五，故'利用宾于王'矣。"孔子周游列国时，最关注"国之光"。卫灵公拉着南子招摇过市，让孔子坐车在后面跟着。孔子感慨，他从未见过好德的程度能跟好色有一拼的人，因卫灵公好色之行离开卫国。孔子跑向晋国，在黄河边听说赵简子杀了助他上位的窦鸣犊、舜华，感觉赵简子禽兽不如，临河叹息，认为"君子讳伤其类"，立马折返卫国。

九五：观我生，君子无咎。

象曰：观我生，观民也。

【译文】

九五：省察自己的行为，君子必无咎害。

象传：省察自己的行为，说明九五应当通过观察民风民情来自我审察。

【解读】九五是执政之君，独居权势巅峰，所以观己要与观民相结合。《论语》中子贡说："君子之过也，如日月之食焉。过也，人皆见之；更也，人皆仰之。"为了长保国家盛世之治，君子之观，不仅"观民"，而且应深刻自观，方保"无咎"。"观我生"虽然表面是自观，其鹄的仍在"观民"。"自观"与"观民"，作为一种有效的统治术，相互统一。民风、民情、民生如何，正是检查君王的政绩如何、是否合乎民意的尺子。

上九：观其生，君子无咎。

象曰：观其生，志未平也。

【译文】

上九：人们都观察他的行为，君子必无咎害。

象传：人们都观察他的行为，说明上九的心志不至于安逸松懈。

【解读】上九居上位，应接受民众的监视，才可避免过错。陈梦雷说："上九以阳刚居尊位之上，亦为下所观瞻，若宾师之位也。故亦当反观己之所行，求免于咎也。曰'其生'者，上无位，不当事任，避九五，不得称'我'也。"李光地说："志未平，言心未敢自安也。"正是这样，众目睽睽之下才会警惕戒惧，不致心志安逸。

总结：

观巽上坤下，巽为风，坤为地，有风行地上之象。先王观此卦象，推天道以明人事，体会到推行政治教化的道理。为了设立政教以教化民众，首先必须全面了解四方民情，掌握真实情况，做好“观”的准备工作，而不能凭主观武断设立。

究竟以怎样的方式观察世界？不同方式会有什么不同结果？

初六“童观”，“小人无咎，君子吝”，言下之意是用儿童的眼光观察世界，对于小人物无所谓，不会酿下过错，但对于大人物就有大碍了，如此观察到的东西会很狭隘。六二“窥观”，“利女贞”。从门缝里往外观看，或戴有色眼镜观察事物，对于（古时的）女人来说没什么不妥，若坚持这样，也没什么不利。前两爻从反面指出目光短浅和眼界狭隘的弊端。六三“观我生”，“进退”，字虽简短，意义却非同一般，揭示面对进与退的抉择时，要反身自省，吸取成功的经验，汲取失败的教训。要利用前车之鉴，决定进退，这是重要的人生修养。六四“观国之光”，“利用宾于王”，则是出仕从政的重要前提，对用舍行藏的审慎。观察一国风俗民情实况，可以知兴替，看存亡，决定贤才良将是否会纷至沓来，归附于君王。九五“观我生”，“君子无咎”，特别强调执政者：一，要以上观下，观察民风民俗以检验政治的得失；二，也要重视自己品德，塑造良好形象为下所观，成为民众瞻仰悦服的对象。上九爻“观其生”，“君子无咎”。上一爻是观察自我人生，在这一爻还要观察其他人存亡和兴替，以别人为镜，也可使君子避免犯错，永远立于不败之地。

再从卦爻结构看，下四阴渐长，上二阳将消，但九五仍居尊位。“大观在上”，因而应特别重视树立自己形象，站在神道设教的高度履行政治教化职能。康熙曾说：“古人之君，居深宫之中，不知民间疾苦者多，朕于各地巡行，因目击之故，知之甚确。”康熙二十三年（公元 1684 年），康熙赴苏北视察民情。车驾从宿迁出发，前往淮阴，车程二百余里，走走停停达 12 天。所过之处，都是搬砖运土的河道工人。为了整治河道，大量民夫被征至工地，他们住简陋的窝棚，吃发霉的饭食。康熙多次停驾，亲自慰劳，并面谕主管河道工程的官员，必须保证河工们都能准时拿到额定的银两，严防贪腐官员。对侵占河工微薄工资的官员一经查实，立即惩办。正因为康熙善于视察民情，并能作出理性判断，因而康熙时代昌盛繁荣。于一国而言，君王应放眼大千世界而静观国际变化，善以他国的优势与缺点来鉴察本国的不足，由此促进本国政治制度的完善与具体建设，并积极提倡普行社会公德，以至人人向圣贤学习。如此一来才能做到“君子无咎”。

启示：人最大的敌人不是别人，而是自己。人对自己这个生命，应重新省视自观，而形成对生命本身的体悟。此即诗人之忧生也，如“生年不满百，常怀千岁忧”“哀人生之长勤”。想了解自己，必须要有自反自省的精神，有儒者慎独、诚意、反躬的态度，更能认识自我的不足和错误，从而改变自我，提升自我。观察世界，以免短视；观己省思，以便调整心态和行为，形成超越性的生命悲感意识。

二十一

噬嗑䷔

【卦辞】 噬嗑（shì hé）：亨，利用狱。

【译文】 噬嗑卦象征咬合：亨通，利于执法断狱。

【解读】 朱熹说："为卦上下两阳而中虚，颐口之象；九四一阳间于其中，必啮之而后合，故为'噬嗑'。"卦形确实像一张嘴，满口牙齿，牙中梗塞着一个东西。必须把它咬断，嘴才能合上。推演到治国大策，好似强暴邪恶，必用刑法祛除，社会才能安定。

【彖辞】 颐中有物，曰噬嗑。噬嗑而亨，刚柔分，动而明，雷电合而章。柔得中而上行，虽不当位，利用狱也。

【译文】 嘴里有食物，咬断后才能合上嘴。噬嗑卦的亨通，由于阳刚阴柔上下分开，能迅速行动而又明察秋毫，像震雷闪电交击互合而啮合之理昭彰。阴柔居中，向上而行在上体，虽不当位，但利于执法断狱。

【解读】 颐中有物比喻社会上有强暴邪恶等不好现象，非常形象生动。噬嗑卦上离下震，刚柔交杂。既需要迅如闪电疾雷，又需要柔而得中。治狱之道，过刚则伤于严暴，过柔则失于宽纵。必须行于中道，刚柔相济，宽严并施，执法断狱才最适当。

【大象】 雷电①，噬嗑。先王以明罚敕法。

【译文】 电闪雷鸣，象征咬合。先王效此严明刑罚、肃正法令。

【解读】 孔子说："不教而杀谓之虐。"所以执法先要严明刑罚，诫告天下。

---

① 《周易玩辞》曰："石经作'电雷噬嗑'，晁公武氏曰六十四卦大象无倒置者，当从石经。"程颐亦曰："当作'电雷'。"

【爻辞】及**【小象】**

初九：屦（jù）校灭趾，无咎。

象曰：屦校灭趾，不行也。

【译文】

初九：脚上套着刑具，遮没了脚趾，没有咎害。

象传：脚上套着刑具，遮没了脚趾，初九不能自由行走。

【解读】卦爻从下往上讲，人身也自下而上。受刑从脚趾开始，而后逐渐往上。初九处在噬嗑之始，犹如初触刑法，其过尚微。故仅受上足械、伤脚趾的小惩罚。对于初九的灭趾“无咎”，《系辞传下》说：“小人不耻不仁，不畏不义，不见利不劝，不威不惩。小惩而大诫。”视之为初犯者的福音，因为使犯法者重新获得了做人的机会。从犯人方面看，因其质本阳刚，有受“小惩而大诫”之象，强调迅速悔过以求自新不致重犯大过，所以无咎。

六二：噬肤，灭鼻，无咎。

象曰：噬肤，灭鼻，乘刚也。

【译文】

六二：吃松软的肉，遮没了鼻子，没有灾患。

象传：吃松软的肉，遮没了鼻子，说明六二应该乘凌初九。

【解读】马融说：“柔脆肥美曰肤。”陈梦雷认为“肤”是“豕腹下柔软无骨之肉，噬而易嗑者”。初九阳刚在下，目无尊长而躁动犯法。六二以阴居阴得中，所以审讯治狱，要防止优柔寡断。《周易集解》引侯果曰：“居中履正，用刑者也。二互体艮，艮为鼻，又为黔喙，‘噬肤灭鼻’之象也。乘刚噬必深，噬过其分，故灭鼻也。刑刻虽峻，得所疾也。虽则灭鼻，而无咎矣。”这是说，对于严重触犯律法的人，柔顺中正的执法者要加强深严。只要公正而断，虽然施以重刑，仍是对症下药；一味柔弱宽恕，则强暴不服，更易诱使继续犯法。

六三：噬腊肉，遇毒，小吝，无咎。

象曰：遇毒，位不当也。

【译文】

六三：啃咬坚硬的腊肉，中了毒，但不过是稍有憾惜，会小有不适，却不致咎害。

象传：中了毒，说明六三居位不当。

【解读】“腊肉”，孔颖达疏：“腊是坚刚之肉。”腊肉日久则变质生毒，以喻久年疑狱而犯人心生怨毒。六三处下震之上，震为动，有施刑之位势。但六三以阴居阳而失中正，又与九四、六五互卦为坎，坎为险，遇毒之象。仿佛本质柔弱之人居执法者的刚强之位，会遭遇犯人的胡搅蛮缠，负隅顽抗。但六三与六二、九四互卦为艮，艮为止，象征施刑公正。六三幸有刚强九四支持，怨毒自止，所以无伤大体。

九四：噬干胏（zǐ），得金矢；利艰贞，吉。

象曰：利艰贞吉，未光也。

【译文】

九四：吃带骨头的肉干，遇到铜箭头。宜于艰难中守正，吉祥。

象传：宜于艰难中守正，吉祥，说明九四的治狱之道尚未发扬光大。

【解读】《周易集解》引陆绩曰：“肉有骨谓之胏。”九四已升到上离之初，处于紧邻六五君主的大臣之位，专治重案大狱。治大狱则困难大且怨毒多。九四阳处阴位，不中不正。与六三同，故施刑于人，亦难顺畅，如“噬干胏”而咬到骨头。又九四与六三、六五互卦为坎，坎为险陷之象，故怨毒纷起。不过九四以刚居柔，禀性刚直不阿。陈梦雷分析：“九四……所断之狱，又非若肤腊之易者，必如金之刚则不挠，如矢之直则无私，然刚直非易行，恐瞻顾而不果矣，故必艰难正固则吉。”九四能在艰难中趋正自守，求获吉祥。但就用狱而言，此时还未能光大。

六五：噬干肉，得黄金；贞厉，无咎。

象曰：贞厉无咎，得当也。

【译文】

六五：咬肉干，得到黄铜。守持正固以防危险，可免除咎害。

象传：守持正固以防危险，可免除咎害。是说行为符合正当的治狱之道。

【解读】六五阴居君位，位尊性柔。行中道执法，治狱且上诉于君，必非小案。加以阴柔而乘凌九四阳刚，处位不当，所以如“噬干肉”。难于六二“噬肤”。但与六二位势不同，能力有异，权威临之，狱不难决。所以又比六三“噬腊肉”、六四的“噬干胏”容易，但要发扬刚中之德，守正防危。

上九：何校灭耳，凶。

象曰：何校灭耳，聪不明也。

【译文】

上九：肩上负着大枷，遮住了耳朵，有凶险。

象传：肩上负着大枷，遮住了耳朵，耳朵听不清楚。

【解读】从卦象上看，上九居全卦终位，矛盾多变之位。处离之极，又在互坎（六三、九四、六五）之上，而离代表目，坎代表耳，由此可见遮住了耳目。上九阳刚居极又躁动不安，乘凌六五之君必然触犯律法，必然受到严惩。自己不聪不明，不听改恶迁善的劝告，所以才使得刑具在肩。若一意孤行，去做没有把握的事，将很快陷入内外交困的处境。

总结：

噬嗑上离下震，卦象外虚内实，如同一张嘴：初九、上九为上下唇，六二、六三、六五为齿，九四为横梗在口中之物，必须用力咬断，始能整合，所以说“颐中有物，曰噬嗑”。这是一个喻体，象征在社会群体中，由于个性差异，致使人际常梗塞不通，难以整合。以口“啮合”食物为喻，表示施行刑法就像用牙齿咬东西一样，要用力下劲，如电闪雷鸣，合而有章，表示运用刑法既要迅疾猛烈，又要合理准确。

至于如何清除梗塞，合理整合社会，则有不同的价值取向。一是以暴制暴，除恶务尽，采用强力镇压的方式。这种做法图一时之快，只能使矛盾冲突更加激化，造成社会分裂，并不能从根本上解决问题，从而使社会恢复良性的运转。二是守持中道，公平合理。司法审判时，当宽则宽，当猛则猛。使违逆法纪者迁善改过，心悦诚服，维护社会和谐。从卦爻结构看，三刚爻与三柔爻，上下不相混杂。下震为动，为雷，上离为明，为电。雷动则有声威，离电则能明察事理。“雷电合而章”象征着声威与明察并用，一切是非曲直莫不彰明显著，因而判断绝少舛误。治国仅靠教化远远不够，要刚柔相济，恩威并施才行。在运用教化、感化的怀柔政策同时，还要整饬法令，修明刑罚，以严刑峻法惩治歹毒，制止罪恶的蔓延，保持社会的良好秩序。执法者既要有公正之心，为人端直，要有明察秋毫、明辨是非之能，还要执法威猛刚正，有雷霆万钧之势。但刑罚是不得已而为之的手段，不可滥用。而且惩罚的目的是让人向善，不能为惩罚而惩罚。噬嗑六爻中初九、上九是指罪犯，以刑具为喻谈量刑断狱。初九脚上套着刑具，只遮住脚趾，罪行应较轻。上九肩扛巨大的木枷，罪行应该加重了。其他诸爻，如六二、六三、九四、六五指执法者而言，以食肉为喻谈审讯治狱。六二、六三、九四、六五诸爻以水火喻。治狱之道，宽恕似水，刑罚如火。水性懦软，民多狎玩而溺死；火德威烈，民望畏避而生存。法官治狱，只要坚持中公之道，则明察如电火，威震似雷吼，不以为过。唐初张蕴古《大宝箴》所说的“众弃而后加刑”，正是此意。据《新唐书·刑法志》载，太宗即位，人或劝他“以威刑肃天下”，太宗没接受，“以宽仁治天下，而于刑法尤慎”。坚持按律治狱，反对滥用大赦。贞观七年，唐太宗对群臣说：“吾闻语曰：‘一岁再赦，好人喑哑。’吾有天下未尝数赦者，不欲诱民于幸免也。”《新唐书·刑法志》曾引《尚书·康诰》周武王之语：“文王作罚，刑兹无赦。”恰似六五上行居尊位，掌握决策大权，为全卦之主。虽以阴居阳，履非其正，但柔而得中。既不过刚流入残暴，也不过柔流入姑息，能把各种矛盾处理妥当，有利于断案决狱，所以说“虽不当位，利用狱也”。

当代社会，治国不能光靠教化，必须有刑罚。罪恶必须及早加以阻止，以防蔓延，以维持社会或组织的秩序。国有国法，家有家规。法治是政治的根本，为排除障碍，保障善良，建立和保持秩序，常不得已采取刑罚。同时，犯规者，需令其受教化而明理。《系辞传》释这一卦说：“善不积不足以成名，恶不积不足以灭身。小人以小善为无益而弗为也，以小恶为无伤而弗去也。”刘备下遗诏告诫刘禅说：“勿以善小而不为，勿以恶小而为之。惟贤惟德，能服于人。”佛家讲“众善奉行，诸恶莫作”。善恶都由一点小善、小恶日积月累而成。法治、刑法固然重要，但德治更重要，这种理念的确令人深思。

二十二

贲䷕

【卦辞】 贲（bì）：亨，小利有攸往[1]。

【译文】 贲卦象征文饰：亨通，对于事业发展有小利。

【解读】 文饰之风，自古已然。廿四史中《礼乐志》《舆服志》清楚记载。东汉桓谭把古今文明加以比较后说："夫不剪之屋，不如阿房之宫；不琢之椽，不如磨砻之桷；玄酒不如苍梧之醇，控揭不如流郑之乐。"（《新论·启寤》佚文）时代更替，统治者为序列等级、威仪上下，更加大兴文饰。降及战国，文饰现象上下无法，不循旧章，"竞修奇丽之服，饰以舆马，文罽（jì）玉缨，象镳（biāo）金鞍，以相夸上……虽死不悔"，但孔子说："文质彬彬，然后君子"。所以文饰只是促进事业成功的助因，决定因素是内在实质。贲卦主张发展文饰，但又不过泰过甚，而应与其内质相适应。这一义理时至今日仍具有一定的借鉴意义。

【彖辞】 贲，亨。柔来而文刚，故亨；分刚上而文柔，故小利有攸往。刚柔交错，天文也[2]；文明以止，人文也。观乎天文，以察时变；观乎人文，以化成天下。

【译文】 文饰，亨通。阴柔前来文饰阳刚，所以亨通。分出阳刚居上文饰阴柔，所以对于事业发展有小利。（日月）刚柔相互交错，即为（大自然的文饰）天文；文彩灿明而受礼义节制，即为（人类生活的文明）人文。观看天文，可以察知时节变化；察看人文，可以教育化成天下。

---

① 小利有攸往：旧解不一。程颐曰："文饰之道，可增其光彩，故能小利于进也。"王申子曰："文盛则实必衰，苟专尚文，以往则流，故曰'小利有攸往'。小者，谓不可太过以灭其质也。"

② 王弼、郭京、孔颖达、朱熹等人均认为在"天文"上脱"刚柔交错"一句。据上下文义，甚是，故补之。

【解读】据卦构卦德分析，初三上为阳，二四五为阴。三阴三阳，交错成卦，直接体现了天的自然文采。而且下离德性为明，上艮德性为止，本质刚强，另以温和的举止作为文饰。人类由此而领悟社会发展“文明以止”的道理。通过观察天的文彩变化，人们很快理解并掌握四季交替的自然规律，而“观乎人文”，由表及里，从文饰到内质，以刚为本，刚柔并兼。这是理想的人格类型，可成就事业亨通。礼仪制度是社会生活的一种文饰，但要恰到好处。过分讲究礼仪，则导致浮华虚伪，反而掩盖了质朴真诚的本色之美。应逐渐发现并掌握社会的发展规律，并且巧加运用，推行教化，以巩固其统治。

【大象】山下有火，贲。君子以明庶政，无敢折狱。

【译文】山下有火光，象征着文饰。君子因此要通晓各种政事，但不敢轻易地执法断狱。

【解读】从卦象看，下离为火为明，上艮为山。山上草木茂密、禽兽聚集，山下火光上照而通明。百物毕现，光彩闪烁，犹如文饰，所以卦象为贲。君子观贲卦而得启发。程颐说：“君子观山下有火，明照之象，以修明其庶政，成文明之治。”文明之治就是人类社会的文饰。强调“无敢折狱”，因为执法断狱一定要施用法律，而文饰之词（礼仪制度）不可滥施。程颐称此“乃圣人之用心也，为戒深矣”。

【爻辞】及**【小象】**

初九：贲其趾，舍车而徒。

象曰：舍车而徒，义弗乘也。

【译文】

初九：文饰脚趾，弃车而徒步行走。

象传：弃车而徒步行走，初九在道义上不屑于乘车。

【解读】爻辞爻象一展开就立刻把文饰与礼义联系在一起。初九以阳居阳，自饰其脚。位虽卑下，但精神刚毅，行而宜之，守礼合义。主动舍弃繁文缛节，安步当车，坦然前行。初九与孔子所说“非礼勿动”精神相吻合。

六二：贲其须。

象曰：贲其须，与上兴也。

【译文】

六二：修饰尊者的胡须。

象传：修饰尊者的胡须，六二从上爻九三而兴起文饰的念头。

【解读】陈梦雷说：“二附三而动，有贲须之象。盖须生而美，非外饰者。六二柔丽乎中正，固有其美须之贲，非待于外也。然阴柔不能自动，必附丽于阳，如须虽美必附于颐。”六二与九三各得其位，皆无应爻，二者亲比依附，文附质行。

九三：贲如，濡如，永贞吉。

象曰：永贞之吉，终莫之陵也。

【译文】

九三：又文饰，又润色，长久守持正固则可吉利。

象传：长久守持正固则可吉利，九三最终不会遭受凌侮。

【解读】从爻位爻象看，九三由下卦升上卦，又与六二、六四互卦为坎，坎为水，所以有“濡如”润泽之象。但坎又为险陷，水可致溺。爻到九三，是象征文明的“离”卦的最后一爻，已出现文胜于质的倾向。爻象揭示一味文饰其外，奢华过甚则灭其内质，润泽之水也会溺人灭顶。因此爻辞说九三与六二互施润泽，相亲相贲，但要避免文饰过度造成文胜灭质。永持正道，才可化凶为吉。

六四：贲如，皤如。白马翰如，匪寇，婚媾。

象曰：六四当位，疑也。匪寇婚媾，终无尤也。

【译文】

六四：修饰得很美，如此素白。白马奔驰如飞，不是强盗，而是求婚者。

象传：六四虽居正当位，心中仍存疑惧。不是强盗，而是求婚者，（六四尽管前往）终将无所怨尤。

【解读】爻到六四，已进入“艮”体，是贲极返素的时刻，文饰到此为止。所以六四素装白马，不加文饰。六四与初九联姻，即“柔来而文刚”的象征。以六四之柔文饰初九之刚，以六四素洁之美文饰初九刚实之质。一为“白马”尚素，一为“舍车”弃华。志趣相投，珠联璧合。初九正徒步而来，六四理应打马如飞，热情相迎。初九好比亲自劳作的高士梁鸿，六四则是举案齐眉的贤女孟光。糟糠夫妻，相敬如宾。

六五：贲于丘园，束帛戋戋；吝，终吉。

象曰：六五之吉，有喜也。

【译文】

六五：修饰家园，只花费了一束微薄的丝帛，虽然显得吝啬，但最终获得吉祥。

象传：六五的吉庆，说明必有喜事。

【解读】六五以柔居尊位，象征仁厚之君。他没有兴建奢华宫殿，只花费极少的绢帛，修饰一下庭园。看起来吝啬，没有君王的气派，但这种崇尚简朴的风格，对国家臣民的正面引导意义巨大。对一个国家、对一个君王而言，这是吉祥喜庆的好事。孔颖达曰：“五为饰主。若施设华饰，在于舆服宫馆之物，则大道损害也；施饰丘园……唯草木所生……每事质素，与丘园相似，盛莫大焉。”又下离为文明，上艮为止。六五居中，离之文明，发展到艮而知其所止，所以有敦本尚实之象。后人受六五爻辞爻象的启迪，明白了治国持家之道：不尚奢华，而贵俭约。李商隐《咏史》云：“历览前贤国与家，成由勤俭败由奢。”司马光《训俭示康》中“由俭入奢易，由奢入俭难”的道理，传诵至今。

上九：白贲，无咎。

象曰：白贲无咎，上得志也。

【译文】

上九：用白色来装饰，没有灾咎。

象传：用白色来修饰，没有灾咎，上六大遂文饰之道尚质的心志。

【解读】王弼注：“处饰之终，饰终反素，故任其质素，不劳文饰而无咎也，以白为饰而无忧患，得志者也。”上九处于贲卦之极，文饰至极，反归于素，由追求文饰转为崇尚实质。汤显祖借杜丽娘之口唱道：“你道翠生生出落的裙衫儿茜，艳晶晶花簪八宝填，可知我常一生儿爱好是天然。”超脱了外表的美、附加的美，凸显了内在的美、本色的美。

总结：

古人说“无本不立，无文不行”。贲下离上艮，文明而有所止，专论文饰。卦辞称事物获饰，可致亨通；特别指出，柔小者一经适当文饰，必利于增显其美。全卦以文与质为命题，透过卦象和爻象的剖析全面地表述了现象与本质、外在仪表与内在精神的辩证关系。大旨有二：一是刚柔相杂成文，二是文饰不尚华艳。

卦中六爻刚柔交错，互相文饰。下三爻属离体，离为文明，故侧重从“文”的角度论“文”隶属于质。初九“贲其趾”，“舍车”不尚华饰，论文饰应表现质朴；六二“贲其须”，志在承阳，论文不能脱离质；九三“贲如濡如”，永守正固，论应避免文胜灭质。上三爻属艮体，艮为止，主于笃实，故侧重从“质”的角度论文反归于质。六四“贲如皤如”，“白马”向往淡美，论素洁之美；六五“贲于丘园”，但求朴素，论简朴之风；上九“白贲”，归趣本真，论饰极反素。爻中初九、六四处上下卦之始，已见贲道端倪；六二、九三并在内卦，以顺合“礼义”为美；六五、上九并居外卦，以质素自然为美。足见诸爻并非无条件地泛言文饰，而是恰如其分地贲饰，并崇尚朴素自然的至美境界。

为何卦辞一面称文饰之道为亨，前途通畅，一面只许以小利呢？《周易集解》引郑玄的话：“贲，文饰也。离为日，天文也；艮为石，地文也。天文在下，地文在上，天地二文相饰，成‘贲’者也。犹人君以刚柔仁义之道，饰成其德也。刚柔杂，仁义合，然后嘉会礼通，故亨也。卦互体坎震，艮止于上，坎险于下，夹震在中，故不利大行，小有所之则可矣。”郑玄从卦象卦变方面加以解释。首先，从天文地文相饰成“贲”，讲到社会的仁义交合、嘉会礼通，所以“贲”道亨通，这好理解。其次，从卦变分析，九三、六四与六

五互卦为震，震为足为动，主于行。但上卦为艮，艮为止，限制震行，止于礼义，所以为“亨”。而六二、九三与六四互卦为坎。坎为水为险，行路遇水，有陷溺之危。上艮下坎把震卦夹在当中。震足一动，上面受到艮止礼义范围的规范，下面有陷溺坎水的危险，必须谨慎小心，道路才能亨通。如此行动，当然只能致小利。从互体看贲卦，文饰虽于人类大有用途，但其中也潜伏着危机。如果过分追求外在文饰而遗忘了内在实质，形式脱离内容，妖艳灭质或华而不实，则文饰之利何在？

现代社会，贲之修饰、包装，实属锦上添花。一个人无论能力多强，一款产品无论质量多高，若缺乏宣传，就难以广为人知，实现其应有价值。所谓人靠衣服马靠鞍，能力强和质量高是本质，而艳丽衣服和美观包装，则可烘托和提升地位和档次。但不能喧宾夺主、本末倒置，更不能金玉其外、败絮其中。即便为了宣传，也应相需为用，适可而至，否则贻害无穷。因为人们成功的关键不在外饰而在本质——性格、气质、能力、德行等本质内容。如果将没有内容的东西进行包装，不会吉祥，反有灾祸。因为垃圾包装后仍是垃圾。文饰只增添光彩，而不能改变本质。因此，文饰之道属雕虫小技，只小利于事业。不能本末倒置，以文饰为中心。“文太繁则灭其质，华太盛则伤其根”。无限追求文饰和浮华，远离自然质朴，会导致物质文明繁荣和精神文明堕落的巨大反差，甚而危害人类。

二十三

剥䷖

【卦辞】 剥：不利有攸往。

【译文】 剥卦象征剥落：不宜有所前往。

【解读】 剥卦阴生于下，逐渐侵阳，形成五阴剥一阳的阳气消退局面。上九为成卦之主，坚守正道以避害，则生机仍存；若上九盲目行动，则将为诸阴所剥而改阳刚之质。阳之不存，正义消失，则阴邪喧腾，群魔乱舞。故卦辞诫君子不宜有所往，要韬光养晦。

【彖辞】 剥，剥也，柔变刚也。不利有攸往，小人长也。顺而止之，观象也。君子尚消息盈虚，天行也。

【译文】 剥，剥落。阴柔者侵蚀改变了阳刚的本质。不宜有所往，因为小人的势力正盛长。要顺从天道而抑止小人之道，是观察天象得到的启示。君子崇尚阴阳消息盈虚互相转化的哲理，这是大自然的运行规律。

【解读】 剥之道是"天行"，即大自然的发展规律。如四季节候，春生夏长之后，秋之飘零，冬之肃杀，无可避免。毛泽东《冬云》曰："雪压冬云白絮飞，万花纷谢一时稀。高天滚滚寒流急，大地微微暖气吹。"可见消剥之时并非断绝大自然的生机，而是"顺而止之"，只要掌握了"顺止"的关键，将迎来更加蓬勃的新春。处剥之时，韬光养晦，把握机遇。适时而动，以利于保存自己。

【大象】 山附于地，剥。上以厚下安宅。

【译文】 山附着于地，象征剥落。上位君子当以厚施于下位庶民而安其居。

【解读】 从卦象分析，下坤为地，上艮为山。山本高高在上，现必须附着于大地，以高就低，所以为剥。人们观此卦象，悟出"上以厚下安宅"的道理。《周易费氏学》引刘牧所言："山以地为基，厚其地则山保其高。君以民为本，厚其下则君安于上。"在上位君子当以厚施下位民众而安居。所以司马光说："基薄则墙颓，下薄则上危，故君子厚其下者，所以自安其居也。”只有获取民心，才是久安之道。而获取民心，在于轻徭薄赋，少榨取老百姓。这就是厚其下，下厚则上自安。厚下就是“顺而止之”，只有顺民心才能挽回剥运。因此，《尚书》说：“民惟邦本，本固邦宁。”

【爻辞】及**【小象】**

初六：剥床以足，蔑；贞凶。

象曰：剥床以足，以灭下也。

【译文】

初六：床脚剥落，必致毁坏；守持不变，有凶险。

象传：床脚剥落，以致毁坏，指最初毁灭了下面的根基。

【解读】剥之卦形䷖像一张床，所以爻辞取床为象。《周易集解》引卢氏之说：“坤所以载物，床所以安人，在下故称足；先从下剥，渐及于上，则君政崩灭。”坤地可载万物，床具可供人休息。阴剥阳自下而上，先从床脚开始。初六意味着剥蚀刚起，若能及时加固下面的基础，问题还不会太严重。所谓“君政崩灭”是预示性的劝诫，而不是说初六“剥”道始初就遭此大凶。初六爻辞语言精警，防微杜渐，有履霜而知坚冰至的警惕。

六二：剥床以辨，蔑；贞凶。

象曰：剥床以辨，未有与也。

【译文】

六二：剥蚀大床已经危及床头，床头必致蚀灭；守持不变，有凶险。

象传：剥蚀大床已经危及床头，六二没有阳爻与之互应（没有人帮助）。

【解读】如爻象所示，阳消阴长的形势继续发展。六二之剥，已上升到床身与床足的结合处，逐渐向要害部分靠拢。被剥而无助，应守正防凶。六二虽阴而得位，但上与六五无应，又被上下诸阴所挟制，沆瀣一气，以消剥上九一阳。但初、二两爻与上九距离较远，消剥阳刚之力尚弱，还可以“顺而止之”，没有构成直接的严重威胁，所以只是告诫如若不守正道就有凶害，带有预示的警惕。

六三：剥之，无咎。

象曰：剥之无咎，失上下也。

【译文】

六三：虽遭剥蚀之时，却无灾患。

象传：虽遭剥蚀之时，却无灾患，六三离开上下群阴（独应阳刚）。

【解读】从卦象看，六三居下卦坤顺的极位，而上应艮止之终位的上九。又六三处于五阴爻之间，上下各两阴爻。唯独六三上应上九，脱离上下同类。外虽与小人为伍，而内实与君子为援。所以有转剥复阳的可能，虽剥而无咎。

六四：剥床以肤，凶。

象曰：剥床以肤，切近灾也。

【译文】

六四：剥蚀大床已危及床面，有凶险。

象传：剥蚀大床已危及床面，六四已迫近灾祸。

【解读】从爻位爻象看，六四处上下卦之间，已升至上艮之下，处多惧之位，下与初无应，上逼五而侵蚀上九，以阴剥阳，穷凶极剥。六四剥极而化为阳，则三、四、五爻互卦为坎，坎为险陷，故爻辞称“凶”。《周易集解》引王肃曰：“在下而安人者，床也；在上而处床者，人也。坤以象床，艮以象人。床剥尽，以及人身，为败滋深，害莫甚焉，故曰‘剥床以肤，凶’也。”剥落至极，已是大凶之兆。

六五：贯鱼以宫人宠，无不利。

象曰：以宫人宠，终无尤也。

【译文】

六五：引领众宫女鱼贯而入，受宠于君王，无所不利。

象传：引领众宫女鱼贯而入，受宠于君王，说明六五终无过错。

【解读】众阴剥阳，至五而剥极。阴不可再长，阳不可终消。不然，则灭绝了事物的一切生机。所以六五停止群阴剥阳，出现阴复为阳的转机。六五因上比阳而潜寓阳刚之质，顺之而剥止阳生。为上九阳刚的萌动，创造了良好的条件。

上九：硕果不食，君子得舆，小人剥庐。

象曰：君子得舆，民所载也。小人剥庐，终不可用也。

【译文】

上九：硕大的果实未被摘食，君子摘取将能驱车济世，小人摘取必致剥落万家。

象传：君子摘取将能驱车济世，说明君子会得到民众的拥护；小人摘取必致剥落万家，说明小人终究不可任用。

【解读】陈梦雷曰：“艮为果蓏（luǒ）。一阳独存于上，如硕大之果不为人所食，独留木末之象。果不食必烂，核堕地又复生仁，穷上反下，阳将复生也。……一阳未尽犹可复生。君子得此，则为小人所载。小人居之，则剥极于上，自失所覆，如剥其庐。”上九一阳独居“剥”终，完保硕果。正是剥尽复来，君子力挽颓势有为之时。但若在此危急关头，小人占了上风，宛如“小人剥庐”，大家都无法生存了。足见作者特设危言，深寓诚意，阳与君子之道不可能完全消亡。

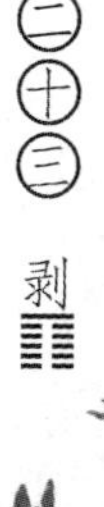

总结：

剥丧之事，虽为天运，抑亦人谋。谢灵运《撰征赋》云：“盖闻昏明殊位，贞晦异道……升平难于恒运，剥丧易以横行。”剥卦叙述阳渐消亡的被“剥”过程和退守待变的处“剥”策略，分析正气衰败形势下剥尽复来的契机。全卦意旨阐发善处“剥蚀”之道，揭明剥极必复、顺势止剥的哲理。

六爻五阴居下、一阳居上，通过不同的喻象，指出事物渐被消剥的过程以及处“剥”、转“剥”的规律。其中三阴爻以床体被侵蚀剥落设喻：初六剥及床脚；六二剥及床头，尚未致危，诫以守正防凶；六四剥及床面，此“床”业已败坏，要伤及床上的人了，有凶险。其他两阴爻虽置身于“剥”，却能“含阳”“承刚”，孕育着复阳的期望，因此六三获“无咎”、六五“无不利”。至于上九唯一阳爻，代表事物“剥”而不尽、终将回复，其硕果独存、阳刚不灭的形象，寓意深刻。一方面表明自然界及人类社会“生生不止”的客观规律；另一方面显示只有象征“君子”的“阳刚”，才能使“硕果”萌发生机、转“剥”为“复”。《折中》引乔中和曰：“‘硕果不食’，核也，仁也，生生之根也。自古无不朽之株，有相传之果，此‘剥’之所以‘复’也。”卦辞中“不利有攸往”，诫人此时必须谨慎居守，把握转“剥”复阳之机。的确，明《易》者知“剥”道而处惊不乱，积极争取黑暗消剥中的一线光明生机。诸葛亮《隆中对》对刘备纵论天下之势，使剥丧殆尽的败军之将刘备坚定信心，为蜀汉立国开创了生机。反之，则自失良机，而为剥丧横流所吞没。南宋末年，宗学博士程元凤入宫轮对，曾在理宗皇帝面前，“极论世运剥复之机及人主所当法天者”，“指陈时病尤激切”，但昏君不听，“当国者以为厉己”而贬官流放。(《宋史·程元凤传》)可以说，南宋王朝并非亡于蒙古之强大，而亡于自身之极度腐败。

启示：在小人道长渐蚀君子之道的境况下，只能顺势而为，避其锋芒，才能遏制这种逐渐的剥落之势。如果以刚猛手段对抗，针锋相对，在小人道长、君子道消的形势下，必然会受到伤害，所谓“强亢激拂，触忤以陨身，身既倾焉，功又不就，非君子之所尚”。因为根据天道循环，物极必反，否极泰来，一切力量对比都是动态的。阴阳增长和消减的自然变化规律皆如此，月亮盈满就要亏损，冬天来了预示春天就不会远。所以君子既要顺时而止，又要冷静观察，把握机遇，适时而动。另外，事物都是从下往上败坏，那些最细微的东西、最潜在的东西先变质，所谓“千里之堤，溃于蚁穴”。同时，君子要不甘于被小人剥蚀，被恶俗腐蚀，而要积极奋起，反其道而用之，剥上益下、剥阴壮阳。要自觉抵制腐朽诱惑，不致堕落为腐败分子。

二十四

复䷗

【卦辞】 复：亨。出入无疾，朋来无咎。反复其道，七日来复。利有攸往。

【译文】 复卦象征回复：亨通，阳气内生外长没有疾患，朋友前来没有过错。返转回复有一定规律，七天回归重新开始，适宜有所前往。

【解读】 复卦就是一阳复生于下之象，虽只有一阳，但它是新生的，必亨无疑。

【彖辞】 复，亨，刚反。动而以顺行，是以出入无疾，朋来无咎。反复其道，七日来复，天行也。利有攸往，刚长也。复，其见天地之心乎！

【译文】 回复，亨通，因为阳刚返回，震动而以坤顺运行，因此阳气内生外长没有疾患，朋友前来没有过错。返转回复有一定规律，七天回归重新开始，这是大自然的运行法则。适宜有所前往，因为阳刚在增长。复卦的道理，可显现天地生育万物的规律吧！

【解读】 从卦德分析，下卦震阳为动，上卦坤阴为顺，雷动于内而坤顺行于外。所以"动而以顺行"，实际上意味着初九一阳逐渐向上生长的过程。刚爻自剥卦上九返回复卦之初九，由外卦转为内卦，阳气萌动已化为内在的本质，并顺应客观规律而运行，所以产生、滋长没有害处，结伴而来也没有过错。

【大象】 雷在地中，复。先王以至日闭关，商旅不行，后不省方。

【译文】 震雷在地中微动，象征阳气回复。先王因此在冬至日闭塞关口，商人旅客不得通行，君主也不巡视四方。

【解读】《管子·四时》篇曰："春嬴育，夏养长，秋聚收，冬闭藏。"冬天的"闭藏"，犹如阳气弱而潜藏地中，是为等待来年雷动而后养育生长聚收。而据《礼记·月令》篇，"闭藏"之时指仲冬之月，即复卦所象征的一阳潜藏地中的十一月。从卦象看，复下震为雷，上坤为地。在十二消息卦中，复卦是阳气由下渐生的十一月。季候虽属仲冬，但下震一阳，潜藏地中，雷动则为生机之胎息。待来年开春，潜雷破土，一鸣惊人，万物苏醒而生机竞发，此所以为复。至于《象》所发挥的“先王以至日闭关”云云，是说古人观察仲冬地底潜雷萌动的卦象，领悟到由于阳气始生，不能随意损耗。万物应静养以待其壮大，以图来日新发展。

【爻辞】及**【小象】**

初九：不远复，无祇（qí）悔，元吉。

象曰：不远之复，以修身也。

【译文】

初九：走得不远就返回，没有大的悔恨，大吉。

象传：走得不远就回复，初九善于修正身心。

【解读】当事理未明之时，人们可能因此而犯错误，难以避免。但可贵的是，聪明的人知有不善，立即改过。孔子曾赞其得意门生颜回曰：“颜氏之子，其殆庶几乎！有不善，未尝不知复也。”陶渊明《归去来兮辞》：“实迷途其未远，觉今是而昨非。”一时偏离正道、误入歧途，总归难免，重要的是善于省察、修正。程颐说：“不远而复者，君子所以修其身之道也。学问之道无它也，唯知其不善，则速改以从善而已。”修身治学，莫不如此。

六二：休复，吉。

象曰：休复之吉，以下仁也。

【译文】

六二：喜悦地复返正道，吉利。

象传：喜悦地复返正道，六二俯就下顺仁人。

【解读】一般说，初九为复之成卦之主，阳刚仁善。陈梦雷说：“柔顺中正，近于初九之仁人，能比而下之，取友以辅仁者。复之休美，吉之道也。”因此，六二虽失上应，当阳气回复之时，性柔居中得正，能诚心诚意下比初九而亲仁行善，别开“吉门”，以回复于阳为可庆之事。

六三：频复，厉，无咎。

象曰：频复之厉，义无咎也。

【译文】

六三：愁眉苦脸而勉强复返，虽有危厉，终无咎害。

象传：愁眉苦脸而勉强复返的危险，从六三努力复善的意义看是没有咎害的。

【解读】六三以阴居阳失正，本质不太好。又与初九无比无应，回复于阳并非出自内心的向往，而囿于阳气回复之时的客观形势的裹挟，不得不勉强地回复正道。

六四：中行独复。

象曰：中行独复，以从道也。

【译文】

六四：居中行正，专心回复。

象传：居中行正，专心回复，六四顺从正道。

【解读】从爻位爻象看，六四居五阴爻的中间，众阴无应。但六四以阴居阴，位正而下应初九。阴阳相合，于心独专，所以称其“中行独复”。屈原《涉江》曰：“世溷浊而莫余知兮，余方高驰而不顾。”《渔父》云：“举世皆浊我独清，众人皆醉我独醒。”最终自沉汨罗，忠心报国。其事非吉，其义可嘉。恰如陈梦雷说：“此时阳气甚微，未足有为，故不言吉。然理所当然，吉凶非所论，所谓明其道不计其功者也。”

六五：敦复，无悔。

象曰：敦复无悔，中以自考也。

【译文】

六五：敦厚笃诚地回复，没有悔恨。

象传：敦厚笃诚地回复，没有悔恨，六五居中处尊，自我成就善道。

【解读】从爻位爻象看，上卦为坤为地，有敦厚朴实之象。六五以柔爻居尊位，持中而不偏，位失正而下无应。《周易集解》引侯果曰：“坤为厚载，故曰‘敦复’；体柔居刚，无应失位，所以有悔；能自考省，动不失中，故曰‘无悔’矣。”易卦最重中道，六五居全卦尊位而能驾驭不偏之道，故爻辞虽不称吉，却获无咎。所以六五能够敦厚诚恳地一心向善，回复于阳。

上六：迷复，凶，有灾眚。用行师，终有大败。以其国，君凶，至于十年不克征。

象曰：迷复之凶，反君道也。

【译文】

上六：迷入歧途而不求复返，有凶险，有灾殃祸患。若用于行师作战，最终将有大败；若用于治国理政，必致国危君凶，以至于十年之久不能振兴发展。

象传：迷入歧途而不求复返，有凶险，上六与君主阳刚之道背离而行。

【解读】复上体为坤，李鼎祚分析：“坤为先迷，故曰‘迷复’。坤又为师象，故曰‘行师’。坤数十，十年之象也。”上六居复之终，处极外之地，离初九阳刚最远，又与初九无应，已无法回复阳，已迷失了回复的路，大凶险。春秋末年，楚国日趋强盛，中原鲁郑诸国，战战兢兢。据《左传·襄公二十八年》载，郑国派子大叔（游吉）出使楚国，但楚康王傲慢无礼，不接待郑使。于是子大叔回国就告诉大夫子展，曰：“楚子将死矣！不修其政德，而贪昧于诸侯，以逞其愿，欲久，得乎？《周易》有之，在复䷗之颐䷚，曰：‘迷复，凶。’其楚子之谓乎！

欲复其愿，而弃其本，复归无所，是谓‘迷复’，能无凶乎？”当时楚国专心致力于恢复其春秋霸主的地位，但却狂妄自大，不联合统一战线，不修其德，迷而不复。人们分析楚国败因，归于迷溺武力，不修德政。楚国舍弃其本，大失天下之心，好比复之上六违反了阳刚之道。

总结：

《序卦》说："物不可以终尽剥，穷上反下，故受之以复。"剥卦走到极点，阳爻回到最初，重新开始。复下震上坤，是剥之覆卦。从卦形看，地雷复，指雷入地下有惊蛰之功，是一阳复始的局面，大地重现生机，所以亨。

复卦喻示事物正气回复、生机更发的情状，犹如大地微阳初动，春天即将到来的情境。卦旨在于：生命剥落不尽，一阳终将来复，揭示正道复兴是不可抗拒的自然规律。陈梦雷曰："全象以阳刚来反，理势必亨。又震动坤顺，所往皆利。天地以生物为心，天地之一阳初动，犹人善念之萌，圣人所最重。此全象之大旨也。"

复卦六爻，根据具体的社会情势设定了不同的"复"的场景。全卦以初爻为主，初九为全卦回复的根本，是仁、善的喻象，所谓天地生育万物之心，系此一阳。初九出行不远就返回（不远复），因而没犯大错、没到大悔的程度（无祇悔），所以也算大吉（元吉）。由此强调的恰好是正以修身，故《象传》说："不远之复，以修身也。"《系辞传》引述孔子赞扬颜渊的话正说明了这一意境："颜氏之子，其殆庶几乎！有不善未尝不知，知之未尝复行也。《易》曰：'不远复，无祇悔，元吉。'"因此，五阴凡与初阳相得者均获"复善"之吉。六二比初，有"下仁"的美称；六四应初，有"从道"的嘉誉。余三阴与初九未曾相得，唯独六五以得中而无悔。但六三不中则频失频复而厉，各种皱眉、心不甘情不愿，幸好六三处阳位，能勉力"复善"获"无咎"。其实六三做了小结：复反正道应当肯定，但不应老犯错误，不停复反，这样就没起到诚意正心的作用，尽管无咎，但很不好。六五居尊位，能敦厚"复善"获"无悔"；上六去初最远，居卦之穷，迷而不复，与初阳背道而驰，终致灾凶。明晓复卦之理，贵有自知之明，善于辨析事物的细微征兆，及早审知不善以回复正道，且心悦诚服，坚定持久。迷而知复，知错必改，又为生机种子的萌发创造了良好条件。反之，迷不知复，则将咎由自取，不可救药。史载，清朝和珅靠着阿谀谄媚深得乾隆宠爱。然而，他的贪婪和专权早已激起群臣的愤恨，嘉庆帝更是必欲除之而后快。然而，嘉庆与和珅的几次暗中较力失败后，便想起老师朱硅的教导：养心、敬身、勤业、虚己、致诚。在险恶形势下，只有涵养身心，虚己以待，谋定而后动。处处时时都遵循老师的教导“不喜不怒，沉默持重，唯唯是听，以示亲信”。时机终于来临，嘉庆四年正月初三日，太上皇乾隆驾崩。此时和珅依靠乾隆的遗诏，认定嘉庆不过一介书生，会忌惮以和珅自己为中心的权力网络，做着“两朝股肱之臣”的美梦。嘉庆令和珅为首席治丧大臣，但就在办理乾隆丧事期间，嘉庆趁机以治丧借口暂时免除和珅的军机大臣、步兵统领等军职，以冠冕的借口将和珅及其得力亲信数人软禁于乾隆灵前。同时，任命自己人担任各种要职。第五日，嘉庆下旨以迅雷不及掩耳之势逮捕了和珅。和珅或可以避免这一天，可是权力和金钱迷蒙了他的眼睛和大脑。和珅恃仗乾隆宠信，操揽大权，行一己之私，不懂收敛，在歧路上不知回复，这就注定走向灭亡。

“复”是自然界的常见现象，如日月东升西落，植物生老壮死，动物冬眠春醒，四季更迭，寒来暑往，飞雪迎春，夏雨金秋，沧海桑田，高陵深谷等等，无不呈现周而复始的规律。人生也如此，总是高潮交错低潮，欢乐相伴愁苦，任何人都不会一帆风顺。

复道启示我们：

一要常思己过，时时处处警戒观照自己的言行和心念是否偏离正道，偏了要及时回复。

二要亲仁向善，积蓄正能量，向往美好。

三要勇往直前，矢志不渝。要屡错屡改，义无反顾。

四要守住底线，不变初衷，行所当行，回复仁义之道。

五要重视积累，重视自考，时时告诫自己敦厚忠信地行走复道上。

六要明确方向，不要被迷雾所障，迷失正道，铸成大错。

人生失意时坚定信心持之以恒，欣悦一定再次到来。李白说得好：天生我材必有用，千金散尽还复来！

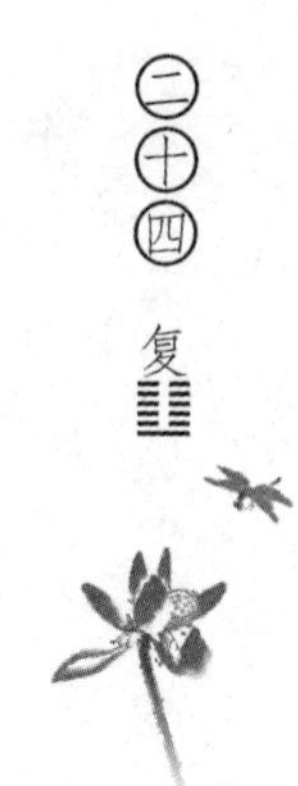

二十五

无妄䷘

【卦辞】 无妄：元亨，利贞。其匪正有眚，不利有攸往。

【译文】 无妄卦象征不妄为：最为亨通，适宜守持正固。不守正道则有灾异，不适宜有所前往。

【解读】 无妄下震为雷，上乾为天。《周易集解》引何妥曰："乾上震下，天威下行，物皆絜齐，不敢虚妄也。"故本卦象征无虚诈，去邪妄，诚心志。《象传》也说："天下雷行，物与无妄。先王以茂对时育万物。"不轻举妄动，不胡作非为，遵循自然规律的正道而动。处于不可妄为之时，如果背离正道，就会灾祸临头，不利于有所行动。事物变化的吉凶利否，决定于是否持正以行。故《彖传》曰："大亨以正，天之命也。"非正妄行，违反天命的自然规律，必会遇到灾难。所谓"不利有攸往"，正是对于背离天命"正"道者的严重警告，劝诫他们及早改邪归正，遵循无妄之道。

【彖辞】 无妄，刚自外来，而为主于内，动而健，刚中而应；大亨以正，天之命也。其匪正有眚，不利有攸往。无妄之往，何之矣？天命不祐，行矣哉？

【译文】 无妄，阳刚自外卦来到内卦做主爻，运动不息而又刚劲强健，阳刚居中而应阴柔。万物守持正固，所以大为亨通，这就是天道的体现！如果不守正道，就必然是妄为，不适宜有所前往；处在无妄之时却要妄行，能去哪里呢？天命不佑助，怎能前行呢？

【解读】 从卦德分析，震卦居内为动，乾卦居外刚健。内震一动，外乾秉刚健之性以行之，英明果决，邪妄不兴。《易》理以下卦为内，上卦为外。无妄卦的内卦为震，是由外卦乾的一刚爻来与坤的初爻相交而形成，所以称震之初"刚自外来"。蒋凡认为无妄卦下震的初九为成卦之主，是从其综卦大畜上艮的上九一阳转化而来，也能言之成理。下震动而上乾健，阳刚震动而健行，邪妄道消，符合天命自然，所以又称“动而健”。至于“刚中而应”，孔颖达曰：“刚中则能断制虚实，有应则物所顺从，不敢虚妄也。”指九五居尊位，以中正之体下应六二。

【大象】天下雷行，物与无妄。先王以茂对时育万物。

【译文】天下雷声振动，万物回应，象征不妄为。先王因此自我勤奋，顺应天时，养育万物。

【解读】古人以为，震雷代天行罚。雷声震赫，其威势足以祛邪去妄。因此，君王体悟天的权威，雷震天下，万物不敢妄为。君王为天之骄子，代天行事，要加强威权来配合天时，以养育万物。在邪妄横流之秋，不以雷震之威来治理，天下不会太平，甚或酿成灾祸。孔颖达指出：“诸卦之象，直言两象即以卦名结之，若‘雷在地中，复’。今无妄应云‘天下雷行，无妄’；今云‘物与无妄’者，欲见万物皆无妄，故加‘物与’二字也。其余诸卦未必万物皆与卦名同义，故直显象以卦结之。”特别强调作者添上“物与”，意味深长。

【爻辞】及**【小象】**

初九：无妄，往吉。

象曰：无妄之往，得志也。

【译文】

初九：不妄为，前往可获吉祥。

象传：不妄为而前往，必定会实现进取的心愿。

【解读】初九纯阳不偏，实而不妄，这是好的开端。没有妄想妄行，一切按照天道行事，就能无往不吉。

六二：不耕获，不菑（zī）畬（yú），则利有攸往。①

象曰：不耕获，未富也。

【译文】

六二：不耕种却有收获，不垦荒却有熟田，（君上来聘）应利于有所前往。

象传：不耕种却有收获，并没有主动谋取财富。

【解读】六二以阴居阴位且得中。《周易集解》引虞翻曰：“田在初，一岁曰菑，在二三岁曰畬。”菑是新开垦的生地，畬是耕种多年的熟田。陈梦雷说：“始耕终获，先种后畬，此自然之常。今皆曰‘不’，统付之无心也。”一切皆是循自然之理，而非出于妄想。

六三：无妄之灾，或系之牛，行人之得，邑人之灾。

象曰：行人得牛，邑人灾也。

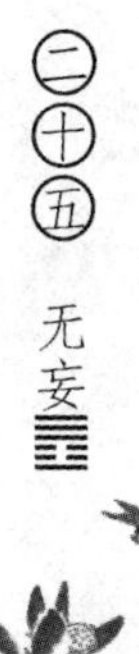

---

① 六二爻辞，向来多解。1. 六二：不事耕耘、不图收获，不务开垦、不谋良田，这样就有利于有所前往。2. 六二：不耕种就想收获，不垦荒就想种熟田，难道这样做会有利吗？今做第三解。

【译文】

六三：不妄为却有灾难。譬如有人把耕牛拴在路边，行人顺手牵走，村里人遂遭被缉捕的灾祸。

象传：行人把牛牵走了，村里人遂遭被缉捕的灾祸。

【解读】从爻位爻象看，六三处下震之极，阴柔而失中正之位，急于上应上九，意诚挚而归无妄。但有躁动之行，不妄为却遭飞来横祸。《杂卦》说："无妄，灾也。"陈梦雷说："三变离，牛象。互巽为绳，艮为鼻，系牛之象。震为大涂，中爻人位。行人之象。卦之无妄皆以正而亨，六三则不中不正矣，故有无妄致灾之象。行人牵牛以去，居者反遭诘捕之扰，所谓无妄之灾也。"所以关朗说："运数适然，非己妄致，乃'无妄之灾'。"

九四：可贞，无咎。

象曰：可贞无咎，固有之也。

【译文】

九四：能够守持正固，没有咎害。

象传：可以守正没有咎害，这是它本来就有的品格决定的。

【解读】九四不中不正，下无应与，又近君位，很容易招致灾患。但九四已脱离下卦震，与初九又无应，故可守住正固。在无妄卦中，正固自然无咎。九四下乘六三，上比九五之君，乘比皆优，不必变动，又居互艮（六二、六三、九四）的上爻，艮为止，所以说它的正固是"固有之也"。刚而能柔，有助于它正确应付复杂的环境。

九五：无妄之疾，勿药有喜。

象曰：无妄之药，不可试也。

【译文】

九五：没有妄为却得了病，不服用药就会有不治自愈的欣喜。

象传：没有妄为偶得的病不必用药，（因为）不可胡乱试用。

【解读】九五既中且正，正应六二。本该大吉，却有疾病。因其下应六二之故，六二不主动应聘，且在震卦中，震为决躁，算是小毛病。九五劳心前往聘之，导致身心略有微恙。但不必服药，单靠九五的时与位就可以化解。只需食补，不必服药。"有喜"在针对疾病时，所指为痊愈。此卦也颇合养生之道，滥用药物，损伤了人的免疫力，终为祸患。

上九：无妄，行有眚，无攸利。

象曰：无妄之行，穷之灾也。

【译文】

上九：没有妄为，行动会有灾难，没有什么利益。

象传：不妄为的行动，由于穷困处境也会导致灾难。

【解读】上九处于无妄之极，不必也不该有所行动。若心存动念，想要与六三呼应，则“行有眚，无攸利”。六三在互艮（六二、六三、九四）中，艮为止，让上九行不通，必然走向无妄的反面。上九的灾难，可谓时穷难行，行则遭灾。

总结：

无妄卦大义，主于处事“无妄为”。卦辞从正反面揭示其旨：先称万物“无妄”之时必然至为亨通，利于守正，再诫违背正道者此时将遭灾患，动辄失利。《系辞》曰：“仰以观于天文，俯以察于地理，是故知幽明之故。原始反终，故知死生之说。精气为物，游魂为变，是故知鬼神之情状。”《周易》揭示了世间善恶因果的道理，所谓“积善之家，必有余庆；积不善之家，必有余殃”。无妄六爻都现“无妄”之象，但具体情况和吉凶结果却迥然不同。初九起步不妄，往无不吉。六二不贪不妄，安顺吉利。六三虽不妄为，却飞来横祸。九四守正不妄而免祸。九五无妄得疾，不治自愈。上九时穷无妄却有祸。无妄卦提出世间还会有非常态因果的“无妄之灾”与“无妄之福”，而且着重强调“无妄之灾”，故《杂卦》云“无妄，灾也”。无妄，至诚也。无妄之人，圣贤也。圣贤也会有无妄之灾。这体现了《周易》作者的伟大智慧。

孔子困于陈、蔡，七天没吃熟食，子路问孔子：“行善的人上天用幸福回报他，作恶的人上天用灾祸回报他。现在先生积累功德，奉行道义，胸怀美好理想，行善的日子很久了，为什么处境这样窘迫呢?”孔子回答：“遇不遇者，时也；死生者，命也。”这就是天命。孔子不提倡“无妄之福”，而把“无妄之灾”作为磨炼自己心性的好机会。所以他说：“不知命，无以为君子。”这是一切圣贤的处世特征。胡炳文《周易本义通释》说：“善学易者在识时。初曰‘吉’，二曰‘利’，时也；三曰‘灾’，五曰‘疾’，上曰‘眚’……时当静而静。”总之，若欲长保“无妄”，要遵循两大原则。一是“守正”。《朱子语类》指出：“无妄一卦，虽云祸福之来也无常，然自家所守者，不可不利于‘正’。”二是“审时”。避害就利，凡事动静行止，不能不审时度势。

无妄告诫人们：一是不要违背规律地妄行妄动；二是不要有脱离实际的非分想法。所谓非分之想，是指超出自己本分，妄想得到本不属于自己的好处。思想决定行动，非分之想，往往会招来意想不到的灾祸。在某些特定的环境中，要正确对待百不遇一的无妄之灾，更不要不顾客观变化而坚持己见导致灾祸的发生。要始终明白：善有善报合乎天理人情，善得恶报难见十有其一。

人有七情六欲，都希望自己的生活富足、快乐，活得有价值。当各种诱

惑摆在面前，必须要杜绝非分之想。如果超越了本分，不顾家国天下，为满足一己私欲，玩弄权力，将终致身败名裂。面对诱惑，心有起伏是人之常情。关键是要善于克制，时刻警诫自己，坚守做人底线，遵纪守法，追求精神愉悦，经得起权力、金钱、美色考验。应该从个人实际出发，脚踏实地，摒弃投机心理，但问耕耘，不问收获，日积月累，必将获得成功。

二十六

大畜䷙

【卦辞】大畜：利贞。不家食吉。利涉大川。

【译文】大畜卦象征巨大的蓄积：利于守持正固。不使贤人在家自食，吉祥。利于涉越大河。

【解读】《礼记·表记》载，子曰："事君大言入则望大利，小言入则望小利。故君子不以小言受大禄，不以大言受小禄。《易》曰：'不家食吉。'"孔子说："侍奉君主，大的建议被采纳，就可指望得到重赏；小的建议被采纳，就只能指望得到轻赏。所以君子不因小建议被采纳而接受重赏，也不因大建议被采纳而接受轻赏。《易》说：'贤德人士不在家自食，吉利'。"朱熹曰："不家食者，食禄于朝，不食于家也。"建议贤人君子应食禄于朝廷。总之，凡有大道德大智慧的贤人，不能让他谋食于家，而应谋食于国。国家应把他们畜养起来，让他们食天子、诸侯之禄。于家国而言，这是一种大蓄。他们能帮君主涉险济难，发挥才智。

【彖辞】大畜，刚健笃实，辉光日新其德；刚上而尚贤，能止健，大正也。不家食吉，养贤也。利涉大川，应乎天也。

【译文】大畜，犹如刚健笃实者蓄聚不已，日日增新其美德；又如阳刚者在上而崇尚贤人，能蓄止刚健，这就是大的正道。不使贤人在家自食，赐以俸禄培养贤人。宜于涉越大河，顺应天道。

【解读】大畜下乾上艮，引申为刚健笃实。上九刚爻在上为贤者，六五位于下而亲比之，此君主礼贤下士尚贤之象。刘向《说苑·尊贤》引孔子曰："昔者周公旦制天下之政，而下士七十人，岂无道哉？欲得士之故也。夫有道而能下于天下之士，君子乎哉！"刚爻在上而崇尚贤人，能蓄止刚健，最为安定。不使贤人有养家糊口之忧，而由国家赐以俸禄培养之。国家崇尚贤才，贤人承担治国重任，必能涉险历难，大有作为。

【大象】天在山中，大畜；君子以多识前言往行，以畜其德。

【译文】天包含在山中，象征着大为蓄聚。君子效此当广泛学习前贤言行，以畜养美好的品德。

【解读】据卦形分析，艮上乾下，天在山中。这在现实中是不存在的，属于虚构的意象。关于这点，古往今来聚讼纷纭。《周易集解》引向秀曰："止莫若山，大莫若天，天在山中，大畜之象。天为大器，山则极止，能止大器，故名'大畜'也。"山能包容无边的天，当然所蓄至大，无可比拟。朱熹说："不必实有是事，但以其象言之耳。"大畜《大象》之"多识前言往行，以畜其德"的意义，是古代教育理论中颇有影响的观点。与《尚书》中"学古""师古"、《礼记》中"博闻强识"以及《论语》中"博学笃志"一脉相通。

【爻辞】及**【小象】**

初九：有厉，利已。

象曰：有厉利已，不犯灾也。

【译文】

初九：有危厉，宜于停止前进。

象传：有危厉，宜于停止前进，初九不可冒着灾患前行。

【解读】从爻位爻象看，初九处下乾初，乾体刚健。初九位正，上与四应。按惯例，位正而阴阳互应，该是吉爻，本爻却有厉。因为大畜卦处大畜之时，卦形卦象显"畜德"之义，卦辞示"畜养"之义，而爻象爻辞则重在阐述"畜止"。初九为六四所畜止，若恃刚健而锐进不已，超越范围，不止于所当止，必有危难。

九二：舆说輹。

象曰：舆说輹，中无尤也。

【译文】

九二：车身与车轴分离。

象传：车身与车轴分离，说明九二有中德，不犯冒失过错。

【解读】从爻象看，九二处下乾之中，居阴柔之位，刚能下人。程颐释："二虽刚健之体，然其处得中道，故进止无失；虽志于进，度其势之不可，则止而不行，如车舆脱去轮輹，谓不行也。"暂时不行，是为了将来更好前行。"舆说輹，中无尤也"，因为九二明白自己所处的地位和时势，审时度势，决不冒进，所以不会犯错。九二的"舆说輹"是为等待时机而暂时解缚停车而已。

九三：良马逐，利艰贞；日闲舆卫，利有攸往。[1]

---

① 日，或作"曰"。《周易正义》及帛书《周易》作"曰"。陆德明《释文》云音越。刘云曰犹言也。

象曰：利有攸往，上合志也。

【译文】

九三：良马驰逐，利于艰难中守持正固。每日练习驾驶车马和用以防卫的技能，利于有所前往。

象传：利于有所前往，九三与上六志向相合。

【解读】“良马逐”，西汉京房《易传》释为“进贤人”。如果国家不举贤授能，为良马的自由驰骋留下广阔空间，无道者必相攘争，导致天下大乱。从爻象看，三位多惧，所以爻辞有“利艰贞”之诫。九三与上九相斥无应，一般为凶咎或有悔，大畜卦不同。九三处下乾之上，上九居全卦之极，都处在矛盾转化、畜极而通时，所以九三爻辞不言“畜止”，而言“利有攸往”。因为三与九两阳爻，上下合志，如程颐所言，“不相畜而志同”。上九的“何天之衢”，大路畅通，正为九三的“良马”竞逐提供了广阔天地。

六四：童牛之牿（gù）[①]，元吉。

象曰：六四元吉，有喜也。

【译文】

六四：在童牛头上施放角牿（以防抵人），至为吉祥。

象传：六四至为吉祥，有喜事。

【解读】从爻象看，六四已从下乾升到上艮之初，从自止其健转为畜止乾健，态度和立场已有变化。六四位正而畜初九，喻像小牛未长角而预先加牿，禁恶未萌。六四与九三、六五互为震卦，震有木象，故爻辞称“牿”。六四变而为阳刚，则上卦化离，离有牛象。六四应初，则其牛为“童牛”。爻象与爻辞“童牛之牿”相符。防患于未然，付出少而收效显著。足见六四深谋远虑，可与谋大事，所以有“元吉”“有喜”之叹。

六五：豶（fén）豕之牙，吉。

象曰：六五之吉，有庆也。

【译文】

六五：（容易制约）阉割过的公猪的尖牙，吉祥。

象传：六五的吉祥，有福庆。

【解读】六五居尊位，又正应九二。九二为乾卦之中，刚健无比，遇九三受阻，故“舆说輹”，车子自主停止脱掉轮輹。六五则笃实九二之德，“豶豕之牙”喻去势以止暴躁野性，牙齿锋利而不用。把视之为患的野猪驯成家畜，自然“有庆”。“豶豕”之喻，是要从根本上化解不当欲望的来源，而最好的方法是修明政

---

① 牿：帛书《周易》作“鞫”，《九家易》作“告”，鞫、告、牿、梏皆以同音通假，意为绑缚在牛角上使牛不能触人的横木。

教，上行下效，大家一起蓄积德行。

上九：何天之衢，亨。

象曰：何天之衢，道大行也。

【译文】

上九：何等通达的天上大路，亨通。

象传：何等通达的天上大路，上九蓄德之道大为通行。

【解读】刘沅曰："六五以阴畜阳，实畜之主也，上九阳德而居五之上为五所尚，象所谓刚上而尚贤也。"上九为大畜终极，前五爻皆蓄止不用，今蓄德圆满，正是圣贤大有作为之时，故象曰："何天之衢，道大行也。"艮为山，为径路，所以说"天之衢"。

总结：

大畜卦，天在山中。以《彖》观之，内健外止。刚上而尚贤，利于大正之道。其畜德圆满，故曰"不家食吉，养贤"，"利涉大川"。以《大象》观之，艮体笃实终始，以艮蓄乾，君子饱学经史，"以多识前言往行"。

从大畜卦象来看，乾下艮上，山上天下。天性向上，山势压下，组成了一对前进与蓄止的矛盾，解决这个矛盾的办法是：止而蓄，蓄而强，最终冲破山的重压而后止。大畜卦六爻，上三爻艮为能蓄者，下三爻乾为所蓄者（受蓄者）。下乾三阳刚健锐进，为上艮所止。不止则不蓄不聚，故下乾三爻以"自止"为利。初、二前行阻而反，初九"有厉，利已"，不犯灾咎。九二"舆说輹"，守中而"无尤"。九三乾体刚健，与上九敌应，故曰"良马逐，利艰贞"。上艮三爻以"蓄止"为吉。初为四所蓄止，二为五所蓄止。只有三与上二爻，蓄极而通，不必言止而通路畅通自有吉利。九三与六四亲比合志，蓄德初露端倪，故曰"日闲舆卫，利有攸往"。六四应初，童牛即初九，初九刚健冒进，六四蓄之，如"童牛之牿"，犹防非止恶，元吉有喜。六五应九二，笃实九二，"豮豕之牙"喻去势以止暴躁之野性，牙齿锋利而不用，如"不战而屈人之兵"之义。上九为大畜之终，蓄德圆满，正是圣贤大有作为之时，所以"何天之衢，道大行也"。这种蓄而后动，寓进于蓄，欲动先止，止而后动的哲学易理，是相当高深的。

1. "得意不可再往"，应懂得适可而止。为了舆的安全，用革绳绑着车身和车轴，但后来又解脱革绳，让车身与车轮分开。表面上好像不吉祥，但有危险就自动停止，没有灾难。

2. 防患于未然。就像一头小公牛，角才一点点，就用横木把角架起来，这样它就不能伤人，也不能莽撞了。当恶行还未形成气势的时候来阻止它，就很容易，所以说，最有效地阻止，是止于未然。

3. 正本清源。或叫釜底抽薪。因为当障碍很大时，你想纠正它，恐怕很难。这时只能做转化的工作，就像一头长着利牙的野猪，要割掉长牙很难，但去其猛势，它就不能伤人。

不惧艰险，健而不躁，学而不止，蓄而不息，勇于攀登，那么再大的困难终能克服。

二十七

颐䷚

【卦辞】颐：贞吉。观颐，自求口实。

【译文】颐：守持正固可获吉祥。观看事物的颐养现象，应当明白用正道自求口中食物。

【解读】颐下震上艮，《序卦》说："物畜然后可养，故受之以颐。颐者，养也。"积蓄之后，就要养育，使其顺利发展。"颐"是指口与下巴的部分。由卦象看，是张嘴，上下两阳爻像是张开的口唇，中间四阴爻像是两排牙齿。食物由口中进入，等着吃东西，象征颐养。所以，"颐"是养，由口腹之养，推及养身、养德、养人与养于人。既然是养，自然以贞为吉。"口实"是指口中的食物，"自求口实"有自力更生之意，如此合乎正道。

【彖辞】颐，贞吉，养正则吉也。观颐，观其所养也。自求口实，观其自养也。天地养万物，圣人养贤以及万民：颐之时大矣哉！

【译文】颐，守持正固可获吉祥，说明用正道养身才能导致吉祥。观察事物的颐养现象，是观察获得养育的客观条件。应当明白用正道自求口中食物，是观察领会自己的谋生的正确方法。天地养育万物，圣人养育贤者以及万民百姓。颐养包含的意义太大啦！

【解读】颐养是为了满足生存的需要。就自然界的生物而言，颐养是一种纯粹的生理行为。就人类而言，主要是在各种人际关系制约下的社会行为。颐养有道，理应遵循一定的行为准则，"养正则吉"，不正则凶。人类社会的颐养包括以己养人与求人养己两个方面。"观颐，观其所养也"，从以己养人的方面观察其是否合乎正道。"自求口实，观其自养也"，从求人养己方面观察其是否合乎正道。因而颐养之世的这种社会行为究竟怎样才能合乎正道，是颐卦所讨论的主题。

【大象】山下有雷，颐。君子以慎言语，节饮食。

【译文】山下有雷动，象征颐卦之象。君子效此慎发言语，节制饮食。

【解读】上艮为山，下震为雷，雷声在山下震动。山上的草木萌芽生长，象征天地养万物。君子观此卦象，谨慎言语以修养德性，节制饮食以营养身体。

【爻辞】及【小象】

初九：舍尔灵龟，观我朵颐，凶。

象曰：观我朵颐，亦不足贵也。

【译文】

初九：舍弃你灵龟的美质，观看我隆起的两腮进食，有凶险。

象传：观看我隆起的两腮进食，这样的求养行为不足为尊贵之人。

【解读】颐约卦为离，保持上下二阳，中间四阴合而为一，则化颐为离。离有龟象，所以颐卦初九以灵龟为喻。从爻位爻象看，初九处下震之初，阳刚在下，六四即爻辞中的“我”。初九急于上应六四以求食。阴阳互应，一般为吉。但在颐卦来说，养正为贵。今初九以阳实能养之身，因其上应六四而心生求养之欲，贪婪毕现，违背养正之道。自养为贵，今因贪欲障盖而失其自养，所以说“亦不足贵也”。

六二：颠颐；拂经，于丘颐，征凶。

象曰：六二征凶，行失类也。

【译文】

六二：既颠倒向下求获颐养，又违背常理，向高丘上的尊者索取颐养，往前进发必有凶险。

象传：六二往前进发必有凶险，前行必失去朋友。

【解读】从爻位看，六二处位中正。本为吉爻，但反呈凶象。颐约卦为离，六二是口中食物，本有自养之资，但它颠倒颐养之道，向初九索养。又违背常理，急于向上九索取颐养之资。自己抛弃了中正可养之资，反而卑躬屈膝于不中之初九、无位之上九，前进必有凶险。

六三：拂颐，贞凶；十年勿用，无攸利。

象曰：十年勿用，道大悖也。

【译文】

六三：违背颐养常理，守持正固以防凶险；十年之久无法施展才用，要是施用必将无所利益。

象传：十年之久无法施展才用，说明六三与颐养正道大相违背。

【解读】六三居位不中不正，处震卦决躁之极，贪欲炽盛。与上九有应而求养不已，违反养正则吉之道。故告诫谨守正道，以防凶灾。且六三处互体坤卦之中，《周易》数字“十”皆是坤象，故曰“十年勿用”，即痛改前非，需很长时日。

六四：颠颐，吉；虎视眈眈，其欲逐逐，无咎。

象曰：颠颐之吉，上施光也。

【译文】

六四：颠倒向下求获颐养（再来养人），吉祥；就像老虎眈眈注视，迫切求物接连不绝，必无咎害。

象传：颠倒向下求获颐养（再来养人），吉祥，六四在上而德施光大。

【解读】《周易集解》引虞翻曰："眈眈，下视貌。逐逐，心烦貌。"颐卦有离象，六四变卦也为离，离为目。艮为止，专注也。故曰"虎视眈眈"。"其欲逐逐"，指初九面对六四，"观我朵颐"垂涎贪欲，初九去应六四"其欲逐逐"。"虎视眈眈"足以抗衡"其欲逐逐"。六四处艮，初九处震，六四以有德胜无德，所以无咎。按常理，以阳养阴，以上养下为顺。现在六四下应初九，以阴养阳，所以称"颠颐"。但为什么六二凶而六四吉？原因在于：颐下卦三爻象征下求养于上，不能自养而求养于人，已有凶象，更何况六二"颠颐"之养？因六二处震，其决躁贪欲，又乘刚爻，促使他舍远求近，转而往下，丧失同类，故凶。上三爻以养人利物为吉，以四养初，既顺且正，虽以阴养阳，人视为颠倒，实则吉利。六二与六四爻爻辞都称"颠颐"，但六二求养于人，其志在物，六四以养人为己任，其志在道。称颂居上者下施光明恩泽，可见吉凶不在能否养育，在德也。所以六二凶，六四吉。

六五：拂经；居贞吉，不可涉大川。

象曰：居贞之吉，顺以从上也。

【译文】

六五：违背常理；静居守持正固可获吉祥，不可涉越大河。

象传：静居守持正固可获吉祥，（六五）柔顺可以服从阳刚贤者（上九）。

【解读】六五居君位不能自食其力，有悖常理。从爻象看，六五虽处君位，但阴柔失正无下应。只能依赖上九之养而养天下，以阳补阴，致贤利民，所以爻辞称"吉"。六五乃君主之位，在其位谋其政，志"涉大川"，但阴柔不能自养，故劝诫不可。

上九：由颐；厉吉，利涉大川。

象曰：由颐厉吉，大有庆也。

【译文】

上九：天下依赖他获得颐养；知危能慎可获吉祥，利于涉越大河。

象传：天下依赖他获得颐养，知危能慎可获吉祥，上九大有吉庆。

【解读】颐之上九，乃成卦之主，故曰"由颐"。上九阳刚居上，亲比六五，有圣贤辅君、君主仰赖以养天下之象，位高则危，谨慎从事，后可获吉祥。上九阳爻体艮，能自养养他，并有节欲慎言之德，故"利涉大川"。上九为圣贤，与君主相处融洽，使君主及百姓均得其养，为举国喜庆之事。

总结：

颐下震上艮，艮为山，震为雷。雷在山下震动，使山上植物得以发芽滋长，由此而有养育之功。震为动，艮为止，行动要适可而止。颐卦虽发“颐养”之义，卦辞开句便诫告要守正则吉。卦中揭明“养正”意义，基本宗旨有二：“自养”之道，当本于德，不可弃德求欲；“养人”之道，当出于公，必须养德及物。

六爻喻旨，下三爻皆“自养”不得其道，因此初“凶”、二“征凶”、三“无攸利”。上三爻皆努力“养人”，故四“吉”、五“居贞吉”、上“吉”且“利”。六爻大义集中赞美“养人”“养贤”“养天下”的“颐养”盛德。具体而言，初九，有自养潜力而贪求他养，故凶。六二至六四，皆不能自养而应顺从上九养育，所谓“颠颐”。六二、六三体震决躁，虽受他养而德不正，故凶。六四、六五体艮为止，有节制之德，受上九之养得吉。六四虽与初九相应，面临染污之患而得“无咎”，体艮有德；六五虽居君位，阴柔不能自养，故“不可涉大川”。上九为成卦之主，自养养他，故“利涉大川”。这种吉凶的对比并不意味着人们在颐养之世不能求人养己，只应以己养人。养己是自私，养人是为公。实际上，作为一种社会行为，养人必先养己，养己也为了养人。此二者交相为用，互为前提，满足生存需要不可或缺，本身并无高下之分，公私之别，问题在于这种满足必须合理协调各种复杂的人际关系，吉凶取决于是否履行正道。

就自然界而言，天地养育万物。天无不覆，地无不载，四时寒暑使万物各得其时与其所。就人间而言，圣人首先要“养贤”，提拔贤人，任用他们，一起教化百姓。由于人类离不开自然，个人离不开社会，所以“天地养万物，圣人养贤以及万民”。天地为万物提供了丰富的生存资源，构成了宇宙级的颐养系统；圣人为每个社会成员提供了满足生存需要的机会，构成了社会级的颐养系统。孔子推行颐卦之道，是称赞天地和圣人，同样有养育之功，无私而自然。只有站在这种哲学的高度，才能理解颐卦所蕴含的深刻意义。

就个人而言，自己动手，丰衣足食，是人间正道。不劳而获要遭天谴。颐卦象征人之口，口之用在于言语与饮食，所以君子由此领悟：“慎言语”（祸从口出），以此修德；“节饮食”（病从口入），以此养身。我们应领悟到人生在世，满足口腹之欲或精神需求，是每个人应面对的抉择。颐卦强调观人正己，强调颐养要持守正道。饮食颐养为实、为表，道德颐养为精神内在，强调道德颐养更重要。

二十八

大过䷛

【卦辞】 大过：栋桡，利有攸往，亨。

【译文】 大过：房屋栋梁（因负重而）弯曲，适宜有所前往，亨通。

【解读】 经过颐卦的养育后就有行动，行动则有过度，故颐卦之后是大过卦。帛书《周易》作“泰过”，泰，即太，大也。大过卦之“过”，是孔子所说的“过犹不及”之“过”。阳刚过度，需要调整，使事物处于适中状态。

【彖辞】 大过，大者过也。栋桡，本末弱也。刚过而中，巽而说行。利有攸往，乃亨。大过之时大矣哉！

【译文】 大过，阳刚大者的过失。栋梁弯曲，首尾两端柔弱。刚爻虽有过失而居中，下巽谦逊而上兑喜悦地施行整治，因此适宜有所前往，可获通达。大过卦所蕴含的时势意义真是伟大啊！

【解读】 阴阳势力相较，常会失衡。阳刚过强而阴柔薄弱，叫作大过。大过巽下兑上，四阳二阴，其卦形似一座大厦，中间四阳爻是大厦的栋梁，上下两阴爻是支撑栋梁的柱子，由于栋梁沉重，支柱不堪重负，栋梁弯曲，大厦将倾。从卦爻结构看，九二、九五客观上阳刚过度，主观上守持中道。以中道抑制自己，求与阴柔配合。下体巽为顺，上体兑为悦，巽而悦行，前行无激烈冲突，而是温顺喜悦。总体分析，可知大过卦阳盛阴衰，危机深重，但也蕴含着转化契机，利于有所前往并获亨通。按照中和原则，扶阴抑阳，拯弱兴衰，恢复阴阳的平衡。

【大象】 泽灭木，大过。君子以独立不惧，遁世无闷。

【译文】 泽水淹没树木，大过卦之象。君子（效此）当以独立而不畏惧，隐退于世而无忧闷。

【解读】 从卦象分析，大过下巽象征树木，上兑象征大泽。泽为水，滋润树木生长。但大过卦象，树木被大泽之水淹没，是灭顶之灾的“大过”。湖泽之水滔天，树木浸没其中，过多过久过甚，树木怎能正常生长？程颐说：“君子观大过之象，以立其‘大过人’之行。君子所以‘大过人’者，以其能独立不惧，遁世无闷也。天下非之而不顾，独立不惧也；举世不见知而不悔，遁世无闷也。”大过喻示事物大过，是非常情状。此时，君子要独立不惧、遁世无闷，“立非常之大事，兴百世之大功，成绝俗之大德”。如古昔洪水灭世，大禹挺身而出，担当大任。

【爻辞】及**【小象】**

初六：藉用白茅，无咎。

象曰：藉用白茅，柔在下也。

【译文】

初六：用白茅垫在祭品底下，没有咎害。

象传：用白茅垫在祭品底下，（初六）阴柔处卦下。

【解读】古代时祭祀非常重要，初六以祭祀用物为喻象。李士鉁说：“初居下奉上，以柔承刚，藉用白茅之象……茅之为物虽薄，而有贵重之物将置于地，先以茅藉之，庶可无损，小心慎重之至也。”白茅虽微薄廉价，但只要诚信敬慎，用白茅垫放重要的祭祀供品，其用也恰到好处。从爻位看，初六以阴处阳失正，并非吉象，但无咎。因为大过初六，处大过始萌的起始阶段，初六阴处阳位，谦顺恭敬，将补过救失，兢兢业业，让事物尽量朝好的方向转化。

九二：枯杨生稊①，老夫得其女妻，无不利。

象曰：老夫女妻，过以相与也。

【译文】

九二：枯槁的杨树生发新枝，龙钟老汉娶得年少娇妻，无所不利。

象传：龙钟老汉娶得年少娇妻，九二虽阳刚已过，但与初六相亲与。

【解读】李鼎祚曰：“凡木生近水者，杨也。”大过，阳之过，阳过则老朽，故曰枯杨。从爻位爻象看，九二阳处阴位失正，上与九五无应，本为凶象，爻辞却说“无不利”。司马光曰：“大过，刚已过矣，正可济之以柔，而不可济之以刚也。故大过之阳，皆以居阴为吉，而不以得位为美。”九二处阴位而得谦柔，加以其位适中，与五无应也不急于上行，抑刚之躁而兼阴柔之性，下与初六阴阳互比。九二下比初六，九二体乾为老夫，初六体巽为长女，相亲比，老夫娶少女为妻，谋求阴阳刚柔的协调并济，以恢复自己的生机。如同枯杨长出新芽，重新焕发活力，无所不利，是九二的象征。

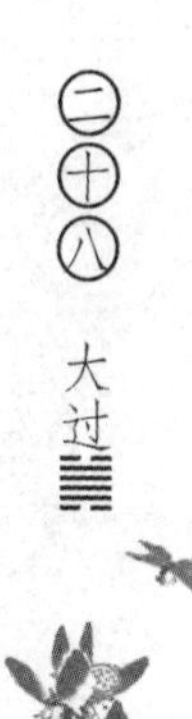

---

① 稊：tí，通“荑”，郑玄本与帛书《周易》均作“荑”。阜阳汉简《周易》作“苐”，古同“荑”。本义为茅草的嫩芽，引申为草木嫩芽。

九三：栋桡，凶。

象曰：栋桡之凶，不可以有辅也。

【译文】

九三：栋梁被压弯曲，有凶险。

象传：栋梁弯曲有凶险，不可以再加以辅助。

【解读】九三以阳居阳而不得中，阳盛之势发展到极点。过刚必折，故曰“栋桡”。王弼曰：“居大过之时，处下体之极，不能救危拯弱，以隆其栋，而以阳处阳，自守所居，又应于上，系心在一，宜其淹弱而凶衰也。”九三阳刚过盛，必会贸然追求与上六正应，然九五与上六亲比在先，其结果九三必被九五所驱逐。九三刚愎自用，独断专行，既不懂以中道自我抑制，又没有阴柔势力的辅助匡正，如同栋梁弯曲，大厦将倾，无可救治，后果十分凶险。

九四：栋隆，吉。有它，吝。

象曰：栋隆之吉，不桡乎下也。

【译文】

九四：栋梁隆起（平复弯曲），吉利；若去应他爻（初六），则生憾惜。

象传：栋梁隆起吉祥，因为不向下弯曲。

【解读】从爻位爻象看，九四是对九三过失的纠正。九三以阳居阳，刚躁过烈而摧折。陈梦雷曰：“刚柔相济，以成天下之务。”九四抑制了刚过的发展趋势，扭转了阴阳失衡的局面，使得已下弯的栋梁重新隆起，恢复平衡，能再担重任，所以吉祥。九四奋力支撑，不可另有它志，即不指望初六来分担自己的重任。九四与初六正应，按常理，得到初六应援，既必要又合理。但在大过的特殊情况下，初六已与九二结为老夫少妻，加上初六本质柔弱，不堪重负。若指望初六分担，必矫枉过正，使隆起的栋梁再度弯曲，带来遗憾。

九五：枯杨生华，老妇得其士夫，无咎，无誉。

象曰：枯杨生华，何可久也？老妇士夫，亦可丑也。

【译文】

九五：枯槁的杨树重新开花，龙钟老太配得壮男丈夫，没有咎害也没有佳誉。

象传：枯杨长出花朵，怎么能长久？龙钟老太配了个壮男丈夫，也算羞丑。

【解读】枯树开花并非正常，生机怎能长久？老妻少夫也不正常，生活怎能和谐？九五居君位，在大过之世承担着转化形势的主要责任。它与九二同具“刚过而中”的品德，懂得中道自处。但历经努力，仅仅“无咎无誉”，平平庸庸，成效不大。因限于特定条件，非不为，实不能，无可奈何。从具体爻位看，九五是四个阳刚发展的盛极，本身又以阳居阳，如同一精力旺盛的青年男子（士夫），唯一能找到的以柔济刚的对象是与之相比的上六。但是上六在五上，如同老妇。《黄帝内经》云：“女子……二七，而天癸至，任脉通，太冲脉盛，月事以时下，故有子…七七，任脉虚，太冲脉衰少，天癸竭，地道不通，故形坏而无子也……丈夫……二八，肾气盛，天癸至，精气溢泻，阴阳和，故能有子……七八，肝气衰，筋不能动，天癸竭，精少，肾脏衰，形体皆极。”一般讲，女子生育年龄最晚到四十九岁，男子到五十六岁。所以“老夫得其女妻”合乎生理规律，“老妇士夫”逆乎生理规律，生不出新生命，达不到以柔济刚的目的。如果说九二与初六“老夫女妻”不相匹配，但能以柔济刚，使得“枯杨生稊”，重现生机，那么九五与上六的结合则是“枯杨生华”，如昙花一现，不能长久。这说明，主观努力受客观条件的限制，能做到“无咎无誉”，总算差强人意。相比上六“过涉灭顶”，还算幸运。

上六：过涉灭顶，凶，无咎。

象曰：过涉之凶，不可咎也。

【译文】

上六：涉水过深，以致淹没头顶。有凶险，但（因遇救）而无灾害。

象传：渡河而带来凶险，不可以咎责。

【解读】李士铃说：“时无可为，祸无可避，甘罹其凶。”上六居大过卦终极，虽以阴补阳，力救时弊，但因时世不利，力柔弱而无可挽回。汪德钺说：“大过，过涉灭顶，木在泽下，盖舟沉于水之象。”发展到上六，阳盛之势未能得到有效的抑制，而阴衰臻于至极。朱熹说：“处过极之地，才弱不足以济，然于义为无咎：盖杀身成仁之事。”上六以柔弱之躯，克济大难，不成功而成仁。其心可鉴，其情可哀。如三国时蜀国丞相诸葛亮，处极高之位，君主倚之以救大过之时，内有谗谮小人，外有强兵压境，能不危乎？诸葛亮为了救国，不顾与魏力量对比悬殊，六出祁山，北伐强魏，明知其不可为而为之，最后无功而退，长逝于北伐途中。不久，蜀国被灭，如有灭顶之凶。但诸葛亮鞠躬尽瘁，青史留名，可称无咎。

总结：

大过兑上巽下，象征大为过甚。矛盾双方中一方势力过强，另一方则过弱，失了平衡。解决的方法唯有使弱势一方逐渐增强势力，与对方彼此相当。矛盾双方达到平衡，事物才能更好地向前发展。《易》以阳为大，大过卦解决的办法不是损阳补阴，恢复旧平衡，而是扶阴助阳，实现新平衡。这种方式是前进和上升式的，而非后退和降低式的，符合事物发展规律。

六爻以刚柔相济者为善，过刚过柔者皆凶，故大过卦有栋桡之象。初爻以柔居刚，故无咎。上以柔居柔，过于柔，故凶。二、四爻以刚居柔，故二利而四吉。三以刚居刚而不中，故凶。五以刚居刚，守中，仅得“无咎无誉”“亦可丑也”。然上应三比五，无过失，故曰“无咎”。中间四阳爻好比栋梁，上下两阴爻好比柱子，栋梁沉重，支柱薄弱，导致栋梁弯曲，整座大厦即将

倾覆。

这种情况下，究竟怎样才能扭转局面，稳定形势，挽大厦之将倾呢？从大过的卦爻结构看，九二与九五“刚过而中”，客观情境阳刚过度，主观行为合乎中道，能以中道抑制自己，求与阴柔相互配合。下体巽为顺，上体兑为悦，巽而说行，发展态势并非激烈冲突，而是温顺喜悦。据此可知，虽然大过的总体形势阳盛而阴衰，危机深重，但同时实存有利条件，蕴含着转化的契机，利于有所前往，获得亨通。善处大过的道理在于，上下两阴须取刚济柔，中间四阳须取柔济刚。如此互济，才能救大过之弊，成调和之功。故程颐曰：“刚虽过，而二五皆得中，是处不失中道也；下巽上兑，是以巽顺和悦之道而行也……故利有攸往，乃所以能亨也……如立非常之大事，兴百世之大功，成绝俗之大德，皆大过之事也。”最佳选择就是扶阴助阳，拯弱兴衰，恢复阴阳之间的平衡，做到“中”，易道贵中和。

生活在危机深重的时代，拨乱反正、力挽狂澜，需有过人之才，尤需非凡的精神气势。君子观此卦象，应当树立其不可动摇的人格精神和主体意识，面对艰难险阻，绝不畏惧。在一个伟大的时代，呼唤君子“立非常之大事，兴百世之大功，成绝俗之大德”，即令自己的行为主张被众人反对，受到排斥打击，也不感到苦闷烦躁，逃避人世，做到独立不惧，遁世无闷，坚持积极进取，大展宏图，所往皆亨。

二十九

坎䷜

【卦辞】习坎①：有孚，维心亨，行有尚。

【译文】重重坎险，只有心怀诚信，维系内心通达，前行才能上进。

【解读】诸卦之名，卦上不加其字。坎卦之名特加“习”字。“习”有二义：一，习重，谓上下俱坎，重叠有险，险之重叠，乃成险之用；二，人之行险，先须使之习其事，乃可得通。就坎卦以险为象而言，指客观环境。这种环境十分险恶，步履维艰。就坎卦以水为象而言，指克服险阻的主观精神。如何处理这种主客关系？一要对客观环境有清醒的认识，二要对主观行为做出合理的选择，这是坎卦讨论的主题。“有孚，维心亨，行有尚”，应对坎险之道当遵循这三个准则。“有孚”是说如同流水那样“行险而不失其信”。虽历经重重险阻，仍具有克服险阻的顽强意志，从不丧失信心。“维心亨”是说内心通达，明白事理，处险不惊，沉着应对。“行有尚”是说行动起来可以成功，得到奖赏。

【彖辞】习坎，重险也。水流而不盈，行险而不失其信。维心亨，乃以刚中也。行有尚，往有功也。天险，不可升也；地险，山川丘陵也。王公设险以守其国。险之时用大矣哉。

【译文】习坎，有双重危险。水流动坑中而不盈溢，历经险地而不失诚信，维系内心通达，由于有刚中之德。行动有奖赏，前往必有功效。天险不可登越，地险是山河丘陵。王公（观象）设置险阻来守卫自己的邦国。坎险配合时势的功用真大啊！

---

① 帛书《周易》作“习赣”，古“坎”“赣”二字相通。孔颖达曰：诸封之名，皆于卦上不加其字。此坎卦之名特加“习”者，以坎为险难，故特加“习”名。“习”有二义：一者习重也，谓上下俱坎，是重叠有险，险之重叠，乃成险之用也；二者人之行险，先须使习其事，乃可得通，故云“习”也。

【解读】 坎为水，水之性流动不停，只有盈满时才停止流动。坎卦以水为象，永远不停流动而从不盈满。无论前路横亘着怎样的艰难险阻，毫无顾忌，勇往直前，从不改变流水的本性。圣人作《易》，教导人们把不利因素转化为有利因素，如城池之险以守其国。所谓“上善若水”“水几于道”，既然客观环境险恶，人们无法逃避，那么合理的应对之道，就应像水那样，发挥主观能动性，化险为夷，开拓出前进之路。坎九二、九五刚而得中，既有刚毅果决的精神气魄，又能以中道调整自己的行为，所以始终泰然自若，根据不同的情况采取明智的对策。

【大象】 水洊（jiàn）[①] 至，习坎。君子以常德行，习教事。

【译文】 水流相续而至，这是习坎的象（坎下坎上）。君子由此领悟要不断修养德行，熟习教化之事。

【解读】 坎以水为象，永远不停流动。司马光曰：“水之流也，习而不已，以成大川；人之学也，习而不已，以成大贤。”水流持续不断，表现出“行险而不失其信”的坚毅品德。君子观此卦象，处于坎险之时，先要保持自己的德行，不变操守，同时也要熟习政教事务，以提高自己的应变能力。

【爻辞】 及 **【小象】**

初六：习坎，入于坎窞（dàn），凶。

象曰：习坎入坎，失道凶也。

【译文】

初六：面临重重坎险，进入陷阱中的陷阱，有凶险。

象传：面临重重坎险而入于坎中，因为初六违失履险之道而致凶险。

【解读】 初六处于重重坎险的最下方，阴处阳位失正不中。初六启示人们履险有道：须秉刚正之气以行中道，不能仅凭匹夫之勇而胡撞乱闯。初六本质柔弱，处不当位，又与六四无应，不仅没有出险，反而“入于坎窞”，难以自拔，凶险到极点。

九二：坎有险，求小得。

象曰：求小得，未出中也。

【译文】

九二：在险穴中困罹险难，从小处谋求脱险必有所得。

象传：求有小收获，因为九二此时尚未脱出险中。

【解读】 马其昶认为：“二为泉源，因其未出中，故求小得，积而后流，盈科而后进。未出中，未盈科也；求小得，积细流以成大川也。”九二当坎险之时，陷上下二阴中，处境险恶。但九二阳刚得中，沉着应对，动不失宜。其行为符合

---

① 洊，一作“臻”，又作“荐”，三者通。洊，本指水荒，此训为再、仍。

“有孚，维心亨”的处险之道，所以不像初六陷进深坑难以自拔，而是小有所得，保全了自我。主观上九二期望大有所得，完全克服险难，取得成功，但是，主观理想不能脱离客观现实，克服坎险的条件尚未成熟，那么唯一合理的做法就是降低理想的阈值。由于九二考虑到客观环境未出坎险，所以将追求目标定为“求小得”，此举非常明智。

六三：来之坎，坎险且枕。入于坎窞，勿用。

象曰：来之坎坎，终无功也。

【译文】

六三：来也坎，去也坎，坎险且深，进入陷阱中的陷阱，不可施行才能。

象传：来也坎，去也坎，最终只能徒劳无功。

【解读】六三阴处阳位，上无正应，有失中正。居下坎之上，下坎之险且止，而上坎之陷又到。前后左右皆是险陷，险而且深，故爻辞称“险且枕”。既然处境如此险恶，任何行动都不会成功，只能耐心等待，切不可轻举妄动。如陷沼泽，愈是挣扎，陷没愈快，所以爻辞诫以“勿用”。但与初六之凶相比，初在重险之下，其凶难救。而三夹在二五两阳之间，二阳中实，体水之德，有援溺救人的诚心。所以六三虽已“勿用”，似仍有被救出陷的一线生机。

六四：樽酒，簋贰，用缶，纳约自牖，终无咎。

象曰：樽酒簋贰，刚柔际也。

【译文】

六四：一杯酒，两碗饭，用瓦缶装酒盛食，从窗户送入简约的祭品，最终没有咎害。

象传：应该用樽装酒和簋盛食祭祀神，因为刚柔交接顺承。

【解读】六四以阴处阴，履得其正，已从下坎的深重险陷中脱出。虽处上坎之下，但上坎险陷较浅，自己力求脱险之心虔诚，不夹私心杂念，又以柔顺上承九五之君，是近君大臣。当此坎险之时，向君主敬献杯酒淡食，礼虽薄而心诚。六四之柔与九五之刚交际相亲，和衷共济，终免遭咎害。

九五：坎不盈，祇（zhǐ）既平，无咎。

象曰：坎不盈，中未大也。

【译文】

九五：挖山填坑，坑还没有填满，阻挡前进的小丘却被铲平了，没有灾祸。

象传：挖山填坑，坑还没有填满，是因为中正之道还没有壮大。

【解读】九五处坎之中，为上下阴虚所陷。又与六三、六四互卦为艮，艮为止，象征流水不盈而止于坎陷中，有尚未出险之象，所谓“不盈”。九五下无正应，但上止一阴，所陷未深，行将出险。又居位中正，秉阳刚正气，内怀诚信而用力深厚，成坎卦之主。终能拯溺脱陷，救人自救。况且阻挡前进的小丘已被铲

平，填坎出陷则指日可待，所以爻辞称“无咎”。足见全卦主旨在于强调行乎中正为履险之道。

上六：系用徽纆（mò），寘（zhì）于丛棘，三岁不得，凶。

象曰：上六失道，凶三岁也。

【译文】

上六：用绳索捆绑俘虏，囚禁于丛棘多险之牢狱，三年仍不能使之顺从，有凶。

象传：上六失于济险正道，导致凶险持续三年。

【解读】上六以阴柔之质而处坎之终极，本身既无脱险的条件，又无有力的应援。《周易集解》引虞翻曰：“阳刚在中，故坚多心，棘枣属也。”枣棘有刺，因此坎卦有丛棘牢狱之象。上六变阴为阳，则上坎化巽，巽有绳索象，绳索用以捕系罪犯。故上六以“徽纆”及“丛棘”为喻。如同被绳索捆绑置于丛棘中，又如被捕入狱，置身坎陷，已呈凶象。以至长达三年仍不能使之顺从，则凶象毕露，性命不保。面临坎险却迷失了正确的履险之道，所以凶险。

总结：

坎卦由两个经卦坎组成。经卦坎象征水，卦义为险，因此别卦坎表示重重危险。坎卦大旨喻示谨慎行险的道理。卦辞主于勉励，说明面临重重险陷之际，只要不失诚信，内心亨通就能排除涉难，前行可获嘉赏。卦中六爻皆不言吉，都从正反两面设诫。其中四阴爻除六四柔正承阳、慎处险境获“无咎”外，其他三爻多呈凶象。初六柔弱处重坎之下，深落险穴致“凶”。六三阴柔失正，来去均不能出险，终难施用。上六阴处险极，被捆缚幽囚，凶延三岁。至于二、五两阳，刚健居中，是本卦平险排难的希望所在。尽管两爻并未能彻底脱出险陷，但九二在“求小得”中不懈努力，九五于“铲平小丘”后继续奋发——卦辞“行有尚”，大象“常德行，习教事”的意旨，就在这两爻，尤其第五爻。

人生就是一个麻烦接着另一个麻烦，君子都懂这个道理。在小人乱世时，即是猛虎也难抬头。这时需放平心态，养精蓄锐，伺机而为。黑暗终会过去，光明必将到来，这是天之道。为此，孔子不禁感慨：险之时用大矣。

坎卦予人的启示：

① 运用得当，变害为用。学习坎卦，让我们知道凶险和阻碍会让人陷入困境，招致灾害。然而任何事物都有两面性。日月星辰，风云变幻，高不可攀，这是“天险”。山川丘陵，险象丛生，难以逾越，这是“地险”。战国时期，各国王公效法天地，坚固城楼，修造长城，以加强军事防御，巩固国防，从而得以保护家国安全。因此，无论自然或社会，险阻普遍存在，人们不应

把险阻看成是绝对消极的负面因素。艰难困苦能激发人们的创造力，因时制宜，充分发挥险阻适时之用的功效。

② 把控细节，转危为安。人生不会事事如意，身处低谷或面临险境时，应该冷静面对，从容镇定。任何事情没有绝对的好坏和吉凶。只要充分了解它的内在特性，把握细节，在一定情况下，不但无害，而且有用，甚至是生死存亡的重大功用。不忽视任何细节，善于从小处寻求突破，往往能转危为安。看来，真是细节决定成败，细节改变命运。

一个有所成就的人，在身临险境时，懂得因时因地去从容变通，一切从实际出发。先做小事，先做易事，不图大，不争功，往往能达成目标。此外，心境平稳，处事安和，正义从容，始终是做人的根本。重利轻德之人，大多心术不正，急功近利，违背常理。纵使逞得一时之强，甚至登上巅峰，长久看来也必然会招致灾祸。

三十

离☲

【卦辞】离：利贞，亨。畜牝牛吉。

【译文】离，利于守持正固，亨通。畜养母牛吉利。

【解读】“离”，附丽。就卦象说，单卦的离是二阳拱着一阴，一阴得自于坤，坤为牛，在柔位则为母牛之象。上下皆为母牛，有畜养之义。牛的本性温顺，牝牛更是如此。对于强调依附的离卦而言，“畜牝牛”十分恰当，所以吉利。万物的存在皆有其所依附的对象，光明重叠而附丽于正道，便可化成天下。

【彖辞】离，丽也，日月丽乎天，百谷草木丽乎土。重明以丽乎正，乃化成天下；柔丽乎中正，故亨，是以畜牝牛吉也。

【译文】离，附丽。日月依附于天（而光明），百谷草木依附于地（而生长）。（日月）重明而依附于正道，才化育生成天下（万物）。阴柔依附于中正（之道），所以前景亨通。因而畜养母牛可获吉祥。

【解读】日月的存在依附于天体，百谷草木的存在依附于大地，人类社会的存在依附于中正之道。六二与六五以柔爻附丽于二刚之间，又得上下二体的中正之位，“柔丽乎中正”，所以亨通。“牝牛”即母牛，母牛之性柔顺，离之为体，以柔顺为主，故不可以畜刚猛之物。

【大象】明两作，离；大人以继明照于四方。

【译文】光明重重相续兴起普照，象征附丽，离卦之象。大人效此当以连绵不绝的光明照临天下四方。

【解读】离卦为两离相重，离为明，象征重明。《白虎通》曰：“火之为言化也，阳气用事，万物变化。”有了火就有了光明与文化。从卦体看，离卦四阳二阴，阳多阴少，正是火性刚猛燥烈的征象。离卦六五、六二两中爻皆主吉象，六二处位中正，尤为元吉，为全卦之主，以阴济阳，以柔救刚，使离火之明因其附丽而有所限制，不会蔓延成灾，最终有益人类。离火之明，必须养之以阴柔中正，才会至善大吉。火之养失正则成灾，明之养太过则失之苛察。

【爻辞】及**【小象】**

初九：履错然，敬之①，无咎。

象曰：履错之敬，以辟咎也。

【译文】

初九：践行事物郑重不苟，保持恭敬谨慎，必无灾咎。

象传：践行事物郑重不苟，保持恭敬谨慎，初九这样才能避免灾咎。

【解读】来知德曰："错然者，刚则躁，明则察，二者交错于胸中，未免东驰西走。惟敬以直，内则安静而不躁妄，主一而不过察。则敬者，医错之药也，故无咎。无咎者，刚非躁，明非察也。"从爻位爻象看，初九居离之初，刚明始动，炎火上升，求附于六二，以结成以刚附柔的关系。就像有才的贤者，崭露头角锋芒毕露。在附丽之初，寄人篱下，易招人嫉妒，莫明其妙成为众矢之的。常因依附者过于刚强，对柔弱的依附对象轻慢亵渎，不够尊重，产生难以契合的咎害。但初九履行正道，顾全大局，能自觉约束自己过刚的行为，恭敬谨慎，践履得当，对六二表示应有的尊重，正确处理以刚附柔的关系，从而避免了咎害。

六二：黄离，元吉。

象曰：黄离元吉，得中道也。

【译文】

六二：保持中正的黄色附丽于物，至为吉祥。

象传：保持中正的黄色附丽于物，至为吉祥，六二有得于中道。

【解读】从爻位爻象看，六二从坤之中爻变化而来。坤为土色黄，所以六二爻辞有"黄离"之象。当位居正，履文明之盛，为全卦之主。处附丽之时，收敛上下阳刚躁烈之焰，以行中正之道。在卦中，六二爻称"元吉"，最为完美和祥。就初九与六二的关系而言，初九是依附者，六二是被依附的对象，阴不动而阳来亲附，故元吉。杨万里曰："六二当文明之世，居大臣之位，而能以谦柔之德体中正之道，此其所以获甚大之吉，为一卦之盛也。"以周公谦事成王以日新其业为例，援史入《易》，颇得卦旨。

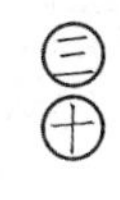

九三：日昃（zè）之离，不鼓缶而歌，则大耋（dié）之嗟，凶。

象曰：日昃之离，何可久也！

【译文】

九三：太阳将落，垂垂附丽在西天，此时要是不敲击缶器、怡然作歌自乐，

① 帛书《周易》作"礼昔然敬之"，帛书《周易》"履"作"礼"，"错"作"昔"，古"错""昔"二字互假。

必将导致老暮穷衰的嗟叹，有凶险。

象传：太阳将落，垂垂附丽在西天，岂能长久！

【解读】《周易集解》引荀爽曰："初为日出，二为日中，三为日昃"，所以九三以"日昃"立象为喻。离为日，离体三爻，初九为日出，六二为日中，九三为日昃，夕阳西下，临近黄昏，为"昃之离"。这卦象比喻一个人日暮途穷，来日无多，进入大耋之年。从爻变看，九三变阴而下卦离化震，震动躁妄，不耐日暮；九三又与九四、六五互卦为兑，兑为口舌，有歌唱之象，所以爻辞以"鼓缶而歌"立象作喻。而从爻位看，九三处重离之间，上离之极，前明将尽、后明当继之时。盛衰相继本自然之理。从自然生命的角度看，一个人到了老年，已失去年龄优势，无所依附，不可能有更多的指望。但从社会行为的角度看，却面临两种选择：一是"鼓缶而歌"，安时处顺，欢度余生，"聊乘化以归尽，乐夫天命复奚疑"；二是兴"大耋之嗟"，自怨自艾，庸人自扰，徒然悲伤。二者判然有别，后者极端错误，将导致凶险，非君子之所为。《世说新语·言语》载有谢安和王羲之的一段对话。谢曰："中年伤于哀乐，与亲友别，辄作数日恶。"王曰："年在桑榆，自然至此。正赖丝竹陶写。恒恐儿辈觉，损欣乐之趣。"以丝竹音乐来陶写性情，符合离卦柔顺守正以保持畅达亨通的人生哲学。

九四：突如其来如，焚如，死如，弃如。

象曰：突如其来如，无所容也。

【译文】

九四：突然升起火红的朝霞，像烈焰在焚烧，但顷刻间又消散灭亡，被弃除净尽。

象传：突然升起火红的朝霞，九四的虚势必将无处附丽容身。

【解读】朝霞的出现，突来即消。爻辞取此譬喻九四急欲附五、终难遂愿的情状。从爻象看，九三居下离之终，斜阳西沉，九四居上离之始，旭日东升，朝霞喷薄而出，有"焚如"之势。但突如其来的霞光只显于东方低空，无法上附蓝天，瞬间消散，落得"死如，弃如"的结局。就人事而言，九四为近君大臣，本质阳刚，急欲上进求附六五，期望以刚附柔。这种情形与初九求附六二相似，但初九能以正道约束自己，对六二表示应有的尊重，践履得当，行为检点，"敬之无咎"。而九四则履非其正，重刚而不中，刚猛躁动，气焰嚣张，以突如其来的"焚如"之势，使六五感到极大威胁。九四的错误行为违反了"重明以丽乎正"的准则，不能妥善处理以刚附柔的关系，六五拒而不纳。九四找不到依附，从而"死如，弃如"，为人唾弃，为天地不容。

六五：出涕沱若，戚嗟若，吉。

象曰：六五之吉，离王公也。

【译文】

六五：泪如雨下，忧戚叹息，（居尊获助，终将）吉祥。

象传：六五之爻有吉庆，依附王公的尊位而得助。

【解读】王弼曰："（六五）履非其位，不胜所履。以柔乘刚，不能制下。下刚而进，将来害己。忧伤之深，至于沱嗟也。然所丽在尊，四为逆首。忧伤至深，众之所助，故乃'沱''嗟'而获吉也。"六五附丽于刚强之间，柔居尊位。下临九四刚猛之臣的胁迫，处境危险，忧患深重，悲伤得泪水滂沱不绝。但六五持中而守文明之德，最终能妥善处理以柔附刚的关系。它凭借附丽于至尊之位的政治权力，一方面明察事理，从容应对九四的胁迫，另一方面获上九鼎力相助，所以终获吉祥。如周初成王年幼，谣诼纷起，管叔、蔡叔勾结殷之遗民叛乱，成王兢兢业业，有"闵予小子"之叹，后得周召二公竭力辅佐，三年终平三监之乱，国泰民安。

上九：王用出征，有嘉折首，获匪其丑，无咎。

象曰：王用出征，以正邦也。获匪其丑，大有功也。

【译文】

上九：君王用兵出征，建立丰功，斩获敌方首领，俘获不愿亲附的异己，无所咎害。

象传：君王用兵出征，以正治邦国。俘获不愿亲附的异己，立了大功。

【解读】从爻变爻象看，离有兵戈之象。上九变爻而上离化震，兵戈震动，所以上九有兴师出兵之象。从爻位看，如孔颖达言："（上九）处离之极，离道既成，物皆亲附，当除去其非类，以去民害。"上九处离之终，离道大成，大多亲密依附，还有少量分裂势力。在这种情况下，为了安定国家，治理天下，必须阳刚果断，出师征伐。"获匪其丑"，指征伐之时应区别对待首恶与胁从，"嘉折首"，嘉美之功在于折取其魁首，至于非其同类的胁从分子，则只执获而不必过于追究。《汉书·陈汤传》载，刘向曾上封事，云："《易》曰：'有嘉折首，获匪其丑'，言美诛首恶之人，而诸不顺者皆来从也。"上九勇于折首，仁及小丑，大仁大勇，邦国以正。

总结：

离卦下离上离，《序卦》说："陷必有所丽，故受之以离。离者，丽也。"离卦主旨是讨论附丽之道，在坎陷中一定要有所依附。全卦以"日""火"为基本喻象。火为虚，火必须附着于他物才能燃烧，发出光和热。就自然界而言，日月附着于天，百谷草木附着于地，没有天与地，日月与百谷草木就无所附着。离卦六爻莫不以相附丽为事，由于本身素质以及所处爻位的不同，其后果或吉或凶，各不相同。六二、六五两柔皆得吉，守持正道以成附丽之

美。九三、九四阳刚不中不正，两刚而致凶，或面临穷衰，或虚势“无所容”，均不能遂附丽之志。初九处下敬慎，渐能附丽于物。上九离道已成、物皆亲附，理性调整自己的行为并获无咎。由此可见，附丽之道在于柔顺而中正。卦爻辞及《彖》与《象》所涉指，都是人类社会中人与人之间的依附关系。

离卦强调附丽时必须柔顺守正，才能亨通畅达。刘邦打败项羽，创立西汉王朝，刘邦曾言：“运筹策帷帐之中，决胜于千里之外，吾不如子房；镇国家，抚百姓，给馈饷，不绝粮道，吾不如萧何；连百万之军，战必胜，攻必取，吾不如韩信。此三者，皆人杰也，吾能用之，此吾所以取天下也。”项羽虽早年力量强大，但不能用人善谋，最终只能是匹夫之勇，成就不了帝王霸业。

开创阶段借力打力相当重要，比如朱元璋小时生活艰难，做过和尚，讨过饭，谁也想不到他日后成为明朝开国皇帝。朱元璋25岁时，在旧友介绍下，参加郭子兴的红巾军。朱元璋精明能干，打仗时身先士卒，深得郭子兴赏识，被视为心腹。后来，郭子兴将一养女许配给朱元璋，从此军中改称他为朱公子，自己改名元璋。郭子兴病逝后，其子郭天叙为主帅，朱元璋为左副元帅。朱有勇有谋，部队大都是他招募收编而得，所以，事实上他成了主帅。经过几大战役，朱元璋最终登上皇位。由乞丐到皇帝，这是遂附丽之志的最好例子。

只有通过借力能让你快速获益成功。善于借力，可以让你少走很多弯路，甚至绕开致命的失败。如果不善于借力，你的前途将会坎坷曲折得多，不仅会耗费大量的精力和财力，还会消磨你的信心和耐心，也许一辈子的努力都赶不上别人几年的进步。

三十一

咸䷞

【卦辞】 咸：亨，利贞；取女吉。

【译文】 咸卦象征感应：亨通，宜于守持正固。娶妻可获吉祥。

【解读】 咸上兑下艮，象征男女相感，少男以笃实的态度相求，少女以喜悦的态度相应，情感专一。从卦爻结构看，上兑阴卦为柔，下艮阳卦为刚。“柔上而刚下”有利于交感，与泰卦坤上乾下的结构相似。因为阴阳交感时，阳主动，阴被动，阳气自下往上升腾，阴气自上往下沉降。阳必甘居下位，主动向在上的阴表示交合的诚意，争取阴的接纳，交感的过程才能顺利进行，从而实现“天地交而万物通，上下交而其志同”。“咸，亨”，指这种交感自有亨通之理，感而遂通。只有通过交感的过程，阴阳双方才能凝聚为畅达亨通的和谐的整体。

【彖辞】 咸，感也。柔上而刚下，二气感应以相与。止而说，男下女，是以亨，利贞，取女吉也。天地感而万物化生；圣人感人心而天下和平。观其所感，而天地万物之情可见矣！

【译文】 咸，感应。阴柔处上而阳刚处下，阴阳二气感应以相亲。稳重而欣悦，男子谦下地追求女子，所以亨通，宜于守持正固，娶妻吉祥。天地互相交感，万物化育生成，圣人感化人心而天下和平。观察这些交感的现象，天地万物的情形都可明白了！

【解读】 咸下艮为止，上兑为悦。艮为少男，兑为少女。少男谦下笃实地向少女求爱，表示对女子的尊重，引起女子的喜悦，又要止于正道，表示忠贞纯洁的爱慕之心，由此而赢得女子悦而相从。这就是阴阳二气互相感应而亲近的体现，是阴阳交感的正道，阴阳男女的交感建立在“止而说”的基础上。阴阳交感是易学普遍原理，上达天道，下及人事。从天道看，“天地感而万物化生”，天地交感而兴云致雨，促使万物生育。从人事看，男女相感而成婚姻，“圣人感人心而天下和平”，杰出的领袖应从中悟出治国的道理，要致力于感化民众，才能做到天下归心。全面观察各种交感现象，深刻领会其中的感通之理，可看出天地万物的性情。

【大象】 山上有泽，咸。君子以虚受人。

【译文】 山上有湖泽，象征交感。君子因此以谦虚之心受纳于人。

【解读】 从卦象看，因象征物不同，解释也不同。一，下卦为艮，属阳卦，艮为止，为少男，象征少男爱情诚挚，知有所止，谦恭有礼地追求少女；而上卦为兑，属阴卦，兑为悦，为少女，象征少女在上，爱情专一，下顺阳刚而感动喜悦，这是异性之间的情投意合。二，下卦为艮，艮象征山，属阳刚；上卦为兑，兑象征泽，属阴柔。孔颖达说：“泽性下流，能润于下；山体上承，能受其润，以山感泽，所以为咸。”山能容湖泽，湖泽能纳气，因此山泽通气、交相感应。君子观此景象，想到要谦虚容纳不同意见的人，才能实现感情交流，沟通上下。进一步从社会人事扩大到天道自然，表明感应之道，无所不在。

【爻辞】 及 **【小象】**

初六：咸其拇。

象曰：咸其拇，志在外也。

【译文】

初六：感应在脚大拇指。

象传：感应在脚大拇指，初六已经有意向外追求九四了。

【解读】 初六以阴居阳不正，阴柔而不躁进。九四在外卦，初六心向往之，想与九四亲近。但欲动未动，所感尚浅，因咸卦开始，善恶未现，所以爻辞未提吉凶。方宗诚曰：“盖将动之始，善与恶尚未定也，使人存慎动谨几之意。”朋友相交慎于始，因为相感相交之初，吉凶已潜伏其中。

六二：咸其腓，凶；居吉。

象曰：虽凶居吉，顺不害也。

【译文】

六二：感应在腿肚子，有凶险。安居守静则吉利。

象传：虽有凶险但安居守静可获吉利，谨顺交感正道则不会有害。

【解读】 从六二爻位看，其交感对象是九五，男女之间的关系，或君臣之间的关系。六二阴爻阴位，居中得正，又上应九五，理应大吉大利。但二与五应，中间为九三、九四所忌，障碍阻隔，安置陷阱。小腿已非脚拇指，主动性增强，感乎物而躁于动，躁于动则事易败，所以呈现凶象。六二有两种选择：一是“咸其腓”，不顾自己的身份地位，按照主观期望，抬起小腿肚急躁妄进，主动前去与九五交感；另一是安居守正，心态平和，顺其自然，以被动姿态争取九五以礼相待，前来与自己交感。爻辞指出，前者凶险，后者可获吉祥。作者勉励人们随顺六二的阴柔之情，静观其变，等待时机，所谓“居吉”。这是因为，交感之道在于“柔上而刚下”“止而说”，无论是男女关系或君臣关系，居于阴位或臣位的六二都应自尊自重，坚守自己的人格节操，顺守正道，循序而进，切不可浮躁，主动急于追求，否则会引起对方的亵渎轻慢，使得交感偏离正道，流入邪僻。实际上，六二居中得正，九五亦是中正，二者交感合于正道。爻辞明确指出仍存在导致凶险的可能，用意在于警戒。在交感中，必须上升到理性自觉的高度，做出审慎的选择。弦外之音，鼓励青年男女的感应结合，不应只凭一时热情冲动，而应秉无邪正直的本性。防之以礼，随顺无害，则人伦完美，吉祥如意。

九三：咸其股，执其随，往吝。

象曰：咸其股，亦不处也。志在随人，所执下也。

【译文】

九三：感应在大腿，执意于随从别人，前往则有困难。

象传：感应在大腿，不能安静居处。志在盲目随从别人，九三所操执的心志是卑下的。

【解读】九三处下卦之终，下卦已到极限，因而力求向上卦转化。感应到了大腿的位置，大腿之动的特点是不由自主，“志在随人”。在下受脚与小腿的制约，脚与小腿先动，则大腿不得不随之而动。在上受身体的制约，上身躯干先动，大腿也不得不随之而动。九三阳位得正，又与上六相应，理应吉利。但因下卦之艮的本性是静止，缺乏主动进取精神，而九三之阳亢盛躁动，摆动双腿，受人支配，盲目追随。这种动而前往，必有悔吝。就九三爻位看，上六是最合适的交感对象。但九三“志在随人”，一方面希望上应一阴，同时又有下随二阴的强烈欲望，三心二意，且不管双方是否有感应的诚意，妄动躁进，违反了“止而说”的正道，当然情场失意，处处碰壁，所以说“往吝”。因此，在交感的过程中，无论男女都应本于至诚，止于正道。只有这样，才能两情相悦，融洽无间。

九四：贞吉，悔亡；憧憧往来，朋从尔思。

象曰：贞吉悔亡，未感害也。憧憧往来，未光大也。

【译文】

九四：守持正固可获吉祥，悔事会消亡。往来心意不定，朋友终究顺从你的心愿。

象传：守持正固可获吉祥，悔事消亡，九四与初六无感应之害。往来心意不定，此时交感之道未能光大。

【解读】九四之位在股之上，背之下，逐步向上发展到了心。心是感应的主体，在感应中起主导作用，因而九四是咸卦主爻，集中体现感通之理的意蕴内涵。从卦爻结构看，九四处于艮下兑上二体之交，艮为止，兑为悦，符合“止而说”的要求，但九四以阳居阴，所履不正，在交感时可能偏离正道，所以爻辞强调“贞吉悔亡”。九四正应初六，心念专注初六，但初六“咸其拇”，停留于交感的初始阶段，对九四的追求尚未做出进一步的响应，所以九四“憧憧往来”，爱慕相思，心神不宁。九四虽居位不正，但内刚外柔，以刚健之质，行温柔之举，最终感动了初六。这种感情专一的追求终究会得到“朋从尔思”的回报，“朋”指初六，即初六被九四的真诚所感动，顺从地接受了九四的思念之情，结成眷属。这是一种自然本能，是感通之理的本原性的依据，只是提示了一条向上超越之路，认为应当扩大自己的心量，由男女交感的特殊性升华为感通之理的普遍性，把精神境界提到“君子以虚受人”的哲学高度，要做到守持正固，顺其自然。

九五：咸其脢，无悔。

象曰：咸其脢，志末也。

【译文】

九五：感应在脊背上，没有悔恨。

象传：感应在脊背上，九五的交感志向是肤浅的。

【解读】脢，脊肥肉，在心之上，口之下。九五阳刚中正，处于尊位，下应六二，爻象原该大获吉祥。九五以阳刚居尊位，感应发展早已超越心灵的敏感点，所以用最不敏感的脊背作为喻象。独守一处，性格孤傲，对六二的主动追求反应冷漠，自我封闭，少与外通。虽然因此减少了矛盾纠葛，但难以产生震撼人心的感应与共鸣，仅获“无悔”的结果。缺乏随心而动的感应，处于被动状态，由于理想不高，志气低下。在生活中，一些社会地位尊贵的人，婚姻未必美满，爱情未必甜美。他们虽然生活“无悔”，没有什么危险，但却因缺少感情共鸣，无法激发出应有的生命活力。

上六：咸其辅颊舌。

象曰：咸其辅颊舌，滕口说也。

【译文】

上六：感应到了口舌上。

象传：感应到了口舌上，说明上六不过是夸夸其谈罢了。

【解读】上六以阴爻居全卦之终，处于转化的临界点。在交感时，企图翻腾口舌，取悦于人。《诗经·小雅·巧言》抨击了专事滕口的无耻之尤，曰：“蛇蛇硕言，出自口矣，巧言如簧，颜之厚矣。”巧言令色，花言巧语，“鲜矣仁”，只是口头言语说说而已。真正的交感应建立在至诚的基础之上，缺乏诚意的行为只会受到人们的鄙弃，决不会感动人心。马其昶曰：“咸之极则发诸口，言者心之声也，心之感有诚伪，故于言亦难定其吉凶焉。”孔子从实践经验中总结出揭穿言语感应骗局的办法：“始吾于人也，听其言而信其行；今吾于人也，听其言而观其行。”

总结：

咸卦卦形如同人的身体。初六像脚拇指，六二像小腿肚，九三像大腿，九四像心脏，九五像脊背，上六像张开的口舌。咸，“寂然不动，感而遂通”，无心而感，故为咸。领悟万物感应，莫如少男少女。《礼记·乐记》曰：“人生而静，天之性也；感于物而动，性之欲也。”六爻自下往上，立足于各自爻位向外追求与之交感的对象。就主观动机而言，全都符合交感之世的总体要求，势所必然。

六爻以人体感应设喻，分别展示交感的不同情状与是非得失。初六感于“足趾”，吉凶未见。初六处于交感之始，所感尚浅，停留于脚拇指彼此勾搭接触的层次，没有进一步的动作。初六交感的对象为九四之阳，虽然心志向外追求，但缺乏相应的行动，心行而足止，志动而感未深，交感的过程刚刚起步，交感的目的也没完成。六二感于“腿肚”，安居则吉；九三感于“大腿”，泛随有吝；九四感于“心神”，守正致吉；九五感于“背脊”，未能广应，仅得“无悔”；上六感于“口头”，感应转微，吉凶难测。其中九四所感，最具“贞吉”美德，爻辞赞扬“朋从尔思”的境界，无非强调“感”止于“正”必吉，悦以能静为宜，恰似“窈窕淑女，君子好逑”之义。

钟启禄曾从男女青年的生理和心理角度，作了精辟分析：异性男女之间的感应，有形感、口感与心感的不同。咸卦从人的下体交感始，逐渐上升到上体。下体初六、六二、九三的交感在脚拇指、小腿肚和股部，从生理上说明男女交合的初步阶段，属于形感即肉体的接触。在咸卦中，这不是主要的，因为下艮是随上兑而动的。上卦九四“憧憧往来，朋从尔思”，是心感，由诚挚贞一的心灵感应，指挥全部感应的过程。九五曲折，感而难通，仍回到形感阶段。上六为口感阶段。口感包括接吻与言语相悦的感应，这是吉凶未卜的转化阶段。钟启禄总结：“《易经》所处理的问题，多属人际关系的。而咸卦，乃系人伦之卦，它的用意，则在指出少男少女感应相与的正当途径，指点如何去避凶就吉，过着快快乐乐的生活……少男求之专止，与少女说顺的对应。像这样的感应，不仅有双方心弦之共鸣，且以两人彼时存在的总体，交互投入。”

三十二

恒䷟

【卦辞】恒：亨，无咎，利贞，利有攸往。

【译文】恒卦象征恒久：亨通，没有咎害，宜于守持正固，利于有所前往。

【解读】《序卦》说："夫妇之道，不可以不久也，故受之以恒，恒者久也。"恒有两重：不易之恒与不已之恒。不易之恒，守持正道不可一刻动摇。其前提是守于正道，然后才是不动摇。不已之恒，施行正道必坚持不懈。恒的动是绝对的，不动是相对的，所以不懈施行正道的同时，还要进取不息，探索不止。

【彖辞】恒，久也。刚上而柔下，雷风相与，巽而动，刚柔皆应，恒。恒：亨，无咎，利贞，久于其道也。天地之道，恒久而不已也。利有攸往，终则有始也。日月得天而能久照，四时变化而能久成，圣人久于其道而天下化成。观其所恒，而天地万物之情可见矣！

【译文】恒，恒久。阳刚处上，阴柔处下，雷与风相助，巽顺然后动，阳刚阴柔皆相应，这些都是恒久可行的事状。恒久，亨通，无咎，利于守正，是说要永久坚持正道。天地运行的法则，恒久而不会停止。利于有所前往，事物发展周而复始。日月顺行自然规律才能长久照耀，四季交替变化才能长久地生成万物，圣人长久地恒守美德就能用教化来成就天下人。观察分析这些现象之所以能够恒久，对于天地万物所具有的不变中有变、变中有不变的情状就可以明白了！

【解读】陈梦雷指出："刚上柔下，一也；雷动风应，二也；由顺而动，事乃可久，三也；刚柔相应，乃理之常，四也。"恒卦之体，上卦是震，震象征雷，其性刚而动；下卦是巽，巽象征风，其性柔而顺，于物之隙，无所不入。卦象所示，刚雷动于上，而和风应于下，事物运动，顺遂物性而无所不入，所以事业辉煌而传之久远。从卦形看，上下卦之间，阴阳爻各自共鸣互应，刚柔相济，阴阳和谐，这是事物发展的常理。透过日月、四时、圣人守恒之例，可以深明恒卦大义。

【大象】 雷风，恒；君子以立不易方。

【译文】 雷震风行，象征恒久。君子因此确立恒久不变的思想。

【解读】 风雷交加之表象，二者常是相辅相成而不停活动的形象。雷震于天，风行于地。分别看来，变化不定，动而无恒；但合而观之，雷风相与，此感彼应，交相激荡，往来不穷，自有恒久之道。君子观此卦象，应从雷风相与的双向互动中，全面领悟恒久之道的底蕴，用于立身处世。在交相感应的基础上，审时度势，通权达变，正确处理各种复杂的关系。因此，恒久之道与变通之道辩证统一，原则性与灵活性应相结合。知常而不知变，知变而不知常，在实践中都会导致不利的后果。

【爻辞】 及 **【小象】**

初六：浚（jùn）恒，贞凶，无攸利。

象曰：浚恒之凶，始求深也。

【译文】

初六：深求恒久之道，固守此道必凶，无所利益。

象传：深求恒久之道的凶险，说明初六刚开始就求之过深。

【解读】 初六把恒久之道看作僵化凝固的教条，拘泥不知变通，刻意求深，谓之“浚恒”。从爻位看，初六与九四正应。按常理，初六求应九四，并未违反正道，有成功的可能。但理有固然，势无必至。如果条件不具备，时机不成熟，尽管阴阳相应理该如此，但可能事与愿违，导致“贞凶”，即贞而不变则凶。初六与九四，相交不深，中间横亘着九二、九三，形成阻力。加上九四震体而阳性，动而上行，对初六的追求开始尚未理会，没及时回应。初六面临这种形势，应克服阻力，创造条件，循序渐进，不可守常而不度势，胶柱鼓瑟，刻意求深。《汉书·贾谊传》载，汉初国势初定，故老重臣掌权，贾谊急于改革，向汉文帝上《治安策》，描绘当时形势，有“可为痛哭者一，可为流涕者二，可为长太息者六，若其它背理而伤道者，难遍以疏举。进言者皆曰天下已安已治矣，臣独以为未也”之言，慷慨激烈，抨击弊政，不仅抵忤权贵，而且矛头直指汉文帝。形势不利，贾谊操之过急，导致沉沦郡国，郁郁而卒。《汉书·京房传》载，汉元帝时，宦官石显擅乱国政，京房以易卦阴阳之筮进谏，劝上除石显，暗谕汉元帝是危亡之君，云：“齐桓公、秦二世亦尝……任竖刁、赵高，政治日乱，盗贼满山。”言始出而朝廷惊，求上信任而不审时度势，反被奸人下狱致死。贾谊、京房之谏，“浚恒”之举，诚斋所谓“虽正亦凶”之事。胡瑗阐释：“今此初六居下卦之初，为事之始，责其长久之道，永远之效，是犹为学之始，欲亟至于周孔；为治之始，欲化及于尧舜；为朋友之始，欲契合之深；为君臣之始，欲道之大行；是不能积久其事，而求常道之深。”初六

浚恒之诫，治政之外，可推广到治学诸事。

九二：悔亡。

象曰：九二悔亡，能久中也。

【译文】

九二：悔事消亡。

象传：九二悔事消亡，因其能恒久守中不偏。

【解读】从爻位上看，九二以阳居阴，所履不正，本应有悔，但九二以刚居中，能够恒久守持中道，合理调整自己的行为，又与六五正应，动静皆得中，结果悔恨消亡。由此看来，恒久之道的本质，关键在于恒久于中，中比正更为重要。

九三：不恒其德，或承之羞；贞吝。

象曰：不恒其德，无所容也。

【译文】

九三：不能恒守其美德，时或有人施加羞辱；要守持正固以防憾惜。

象传：不能恒守其美德，九三所往将无所容身。

【解读】因为九三处下卦巽体之上，虽位正而不中，又急于上求上六之欢，盲动躁进，急于从下卦巽体升入上卦震体，不能久安其所，显露其二三其德、不能守恒之道的迹象，所以时遭羞辱。从反面探索人生哲理，人贵有恒，二三其德最终下场凄惨。《三国志·魏书·吕布传》载，吕布武艺精通，"膂力过人，号为飞将"。他先投并州刺史丁原，为骑都尉，"大见亲待"。但董卓作乱时，诱布以利，"布斩原首诣卓，卓……甚爱信之，誓为父子"。后司徒王允密诛董卓，又厚接纳布，于是布"手刃刺卓"，进封温侯，与王允"共秉朝政"。李傕乱起，布败，投袁术，"术恶其反覆，拒而不受"，自蒙其羞辱。又奔投刘备，旋即逐备而据其城池。最后为曹操所擒，又低声下气，乞降求生。曹操犹豫，刘备劝说："明公不见布之事丁建阳及董太师乎！"于是杀布。吕布无视恒道，自取灭亡。

九四：田无禽。

象曰：久非其位，安得禽也？

【译文】

九四：田猎，没有获取禽兽。

象传：九四久居不适当的环境，怎能猎取禽兽？

【解读】从爻象爻位看，九四居大臣辅君之地，责任重大，但阳处阴位失正，又处上卦之初，虽下应初六，但过刚失中，不中不正，怎能久持恒德？孔颖达说："田者，田猎也，以譬有事也；无禽者，田猎不获，以喻有事无功也。"一般说来，恒久猎于山必得兽，恒久钓于水必得鱼。若不得其位，犹缘木求鱼，断无所得。人之所为，得其道，且持之以恒，就能成功，不得其道，则虽久何益？九四不能守正持中，与九三相似，其人以私利为鹄的反复无常，岂能保其禄位而永远不败？战国时苏秦先西入关说秦连横之术，不合；而去东与六国高论合纵之理，取六国相位，联兵攻秦。或连横或合纵，二三其心，最后遇刺身亡。

六五：恒其德，贞；妇人吉，夫子凶。

象曰：妇人贞吉，从一而终也；夫子制义，从妇凶也。

【译文】

六五：恒守柔美品德，应当守持正固；妇人可获吉祥，男子必有凶险。

象传：妇人守持正固可获吉祥，要终身跟从一个丈夫；男子因事制宜，一味盲从妇人则有凶险。

【解读】因为六五柔顺谦恭得中，与九二相应，恒久于中，值得赞赏，合恒久之道，但不可僵化不变。处事柔顺，妇人恒守则吉祥，男子执着则凶险。蕴涵恒德因人因事而异，需裁制事理，合时而动。苏轼释："恒以阴从阳为正，六五下即二，则妇人之正也；九二上从五，则夫子之病也。"古时男尊女卑，于妇人而言，虽居尊位，以柔顺美德恭谦待下，用心专贞而夫唱妇随，合于常礼恒道，此所以"妇人吉"。于男子而言，若居尊位而乏其阳刚之德，行不健则力不致，不能固保江山，此所以"夫子凶"。春秋时鲁哀公，性柔弱而德暗，患于大夫势力强大而不能制，后被三桓所逐，奔邹逃越之不暇，最后客死于山氏。处君位而不听孔子之言，如妇人之屈顺于人，致使国乱身死。

上六：振恒，凶。

象曰：振恒在上，大无功也。

【译文】

上六：振动不安于恒久之道，有凶险。

象传：高居上位，却振动不安于恒久之道，上六处事会完全无功。

【解读】从爻象爻位看，上六处卦之极，又是上卦震之终。震为雷，性刚而动，所以有"振恒"之象。物极必反，上六恒道处在转变的关键时刻，上六不安其位而一味震动躁进，必不能守恒道。王弼曰："夫静为躁君，安为动主。故安者上之所处也，静者可久之道也。处卦之上，居动之极，以此为恒，无施而得也。"杨万里援史入易，"恒之世，当处静之时，为在上之臣，谓宜镇以安静之治可也。今乃挟阴邪之资，居震动之极，必欲振而摇之者，志于要功而已。圣人探其志而折之曰：大无功也。"《晋书·桓温传》载：桓温在东晋王朝中，职兼文武，权倾朝野，威震国主，"以雄武专朝，窥觎非望"。他曾中夜抚枕起叹："既不能流芳后世，不足复遗臭万载邪！"勃勃野心于此可见。为邀功固权，他在东晋国家未振、形势仄蹙之际，于太和四年（公元369年），不顾众议，率兵北伐，与慕容暐军战，先胜后败。枋头战役中，敌骑八千追击，"温军败绩，死者三万人"。上六之凶，国势日蹙。

总结：

恒，上震为雷，下巽为风，风雷相激，阴阳互应，以遇有合为常。《序卦》承咸卦而立恒卦。恒卦卦形与咸卦互为颠倒。咸卦从男女关系谈起，强调感情交流；恒卦以夫妇为象，强调夫妇之道贵在恒久。咸卦艮下兑上，少男在少女之下，象征男女交感。恒卦巽下震上，已是长男长女，长男在长女之上。已经越过恋爱时期，夫妇同心而成家。《序卦》强调“夫妇之道，不可以不久也，故受之以恒，恒者久也”，从家庭美德方面强调必须守恒。但恒卦不单单论及婚姻，“君子以立不易方”，教导人们立身处世不应改变自己的正道。恒卦总体是吉卦，从正面肯定恒久之道的意义，阐发事物恒久之理。

卦辞以“亨通，无所咎害，利于守正，利有所往”，极力赞美恒道可行。但本卦无一爻全吉。吴澄：“恒者，夫妇居室之常也。内卦巽女为妇，外卦震男为夫。故爻辞内三爻言妇道，外三爻言夫道。”爻辞从反面立论，分别以夫妇之道为喻象，从不同的侧面指出不能持恒的各种情况及后果，所以各爻兆辞均不吉利，从反面警醒世人，强调恒道的重要。因此卦爻辞是从不同的角度辩证而全面地阐述人贵有恒。其初六急于深求“恒”道，欲速不达，诫之以守正防凶；九二失位，因能恒守刚中，遂得消“悔”；九三守德不恒，或致“羞”“吝”；九四久居不当之位，徒劳无益；六五恒守柔德，于妇人有吉，男子则凶；上六好动不能守恒，面临凶险。所以除了九二“悔亡”为非吉非凶之爻外，其余五爻，非凶则吝。可见在事物矛盾运动的变化中，致恒不易，必须审时度势，适应变革，守正防凶。

恒卦的夫妻和谐之道，对于现代家庭异常重要。

一，恒。

夫妻之道，前提在于守恒。如果没下定决心，就不要草率步入婚姻。既然步入婚姻，就不能朝秦暮楚。要风雨同舟，相濡以沫。

二，变。

夫妻之道，内核在于变。夫妻角色不变，但作为个体要与时俱变，因为在人生路上，会经历各种变数。而婚姻能否持久，很大程度上，是两人之间的博弈，势均力敌者方能走到最后。势均力敌不仅体现在身家、背景，更体现在两人的才华、性格、价值观及兴趣喜好上。

三，应。

夫妻和谐之道，在于应。既然有变，则需应变。应变是一种能力，也是一种艺术。

广而言之，不管是夫妻之道，还是职业规划，都应守恒，否则很难有所成就。致恒之道，日月按照天地之道顺行，就能永久照耀天下。四季依循时序的变化运转，就能永久生成万物。圣人恒守美德，就能教化成就天下人的事业及个人的发展。但这一切并不排斥因时适变之无常，恒道必然要遵循事物发展变化的客观规律。无常之变，乃致恒的必经之路，合于生活的辩证法。

三十三

遁䷠

【卦辞】遁（dùn）：亨，小利贞。

【译文】遁卦象征退避：亨通，柔小者利于守持正固。

【解读】“贞”可训“贞正”或“占卜”。《周易》中交叠使用，应灵活斟定。训“贞”为正，遁卦象征退隐避让，其道亨通，柔小者利于守正顺时。训“贞”为卜，遁卦象征退避，占卜得此卦者，顺时而行其道通，但诫只能获小利而不可大有作为。二说虽不同，但强调该退之时则避，应天顺时其道亨通，道理相通。实际上，遁卦所象征的退避是事物发展的一个特殊阶段。若以为事物发展向上向前为吉，向下向后退避为凶，并没全面理解《易》理。适时而遁，以退为进，成大事者应懂韬光养晦。

【彖辞】遁，亨，遁而亨也。刚当位而应，与时行也。小利贞，浸而长也。遁之时义大矣哉。

【译文】遁，退避，亨通。先隐退而后有亨通。九五阳刚居正当位而应六二阴柔，这是顺应时势而施行退避之道。柔小者利于守持正固，阴柔浸润而逐渐盛长。遁卦的适时隐遁的意义太大啦！

【解读】在小人势长之时，君子必须毅然退避，才能保身全道，以致亨通，所以要顺随时势行退避之术。西汉刘歆事王莽而不能遁，致诛莽不成，自杀身亡。尚秉和说“与时行”，谓遁宜合时，识时务者为俊杰。

【大象】天下有山，遁。君子以远小人，不恶而严。

【译文】高天之下立着高山，象征着退避。君子效此当远避小人，不予憎恶而有威严。

【解读】从卦形、卦象分析，遁下艮上乾。乾象征天，喻象君子，艮象征山，喻况小人。艮三爻中有二阴，以喻小人浸长。山以其高而进逼于天，然天空高远，有退避之象，凛然不可亵渎。所以“天下有山”象征“遁”。君子观象，得知应怎么避开小人。孔子说过：“人而不仁，疾之已甚，乱也。”《论语注疏》：“人若本性不仁，则当以礼孙接，不可深疾之。若疾恶太甚，亦使为乱也。”不可与小人亲近，以礼待之，让他自觉等级差距，但不能任厌恶之心露于外，否则，小人会害你。小人得势时，君子主动退避而不去针锋相对。小人虽然得意，一时却也奈何不了正人君子。

【爻辞】及**【小象】**

初六：遁尾，厉，勿用有攸往。

象曰：遁尾之厉，不往何灾也？

【译文】

初六：退避不及而落在末尾，处境危险，不要有所前往。

象传：退避不及而落在末尾，处境危险，此时不前往，又能有什么灾祸？

【解读】初六阴柔寡断，该退未退，丧失了最佳遁退的时机，只能哪儿都不去，晦藏守正，没有灾患。《续资治通鉴》载，南宋宁宗庆元二年（公元1197年）十二月，朝廷中韩侂胄擅政，台谏希风，专长事排击，乞斩熹以绝伪学，朝廷削秘阁修撰朱熹官。此为小人得势而君子行遁之时。史载：“熹家居，自以蒙累朝知遇之恩，且尚带从臣职名，义不容默，乃草封事数万言，陈奸邪蔽主之祸，因以明丞相赵汝愚之冤。子弟诸生更进迭谏，以为必且贾祸，熹不听。蔡元定请以蓍决之，遇遁之同人，熹默然，取稿焚之，遂六奏，力辞职名。”从遁卦之同人，遁之初六变为同人之初九。遁之初六爻辞有“遁尾，厉，勿用有攸往”之诫，警示若继续上书则为“有攸往”，必遭韩侂胄之流的镇压而历劫难。而同人初九爻辞云：“同人于门，无咎。”家居讲学与门生和同，必无咎害。朱熹幡然醒悟，行遁之道，辞职家居讲学，一则避祸小人，二则播扬道学。

六二：执之用黄牛之革，莫之胜说。

象曰：执用黄牛，固志也。

【译文】

六二：用黄牛皮做的绳索捆缚它，不能挣脱。

象传：用黄牛皮做的绳索捆缚，六二有固守辅时不退的意志。

【解读】《周易集解》引侯果话：“（六二）‘上应贵主，志在辅时，不随物遁，独守中直，坚如革束，执此之志，莫之胜说。殷之父师，当此爻矣。”殷之父师即为箕子，历代以遁之六二喻箕子，他曾说过：“我不愿行遁。”殷商衰败之时，他不肯隐退，一再努力挽危图存，前去劝谏纣王，反被囚禁，直到武王灭商后才得以释放。据《史记·宋微子世家》：“其后箕子朝周，过故殷虚……欲哭则不可……乃作《麦秀》之诗以歌咏之。其诗曰：‘麦秀渐渐兮，禾黍油油。彼狡僮兮，不与我好兮！’所谓狡童者，纣也。”箕子明知国难当头，仍因父师职责所在，无法行遁而心有所系，犹如被黄牛皮绳所系执而难以自脱。

九三：系遁，有疾厉；畜臣妾，吉。

象曰：系遁之厉，有疾惫也。畜臣妾吉，不可大事也。

【译文】

九三：心怀系念、不能退避，将有危险；畜养臣仆侍妾，将有吉利。

象传：心怀系念、不能退避而有危厉，九三将遭疾患而陷入困境。畜养臣仆侍妾，将获吉祥，不可施行治国大事。

【解读】九三处下卦之上，无应而亲比六二。当遁之时，心系六二，故未能遁退，处境危厉。《晋书·陆机传》载："时中国多难，顾荣、戴若思等咸劝机还吴。机负其才望，而志匡世难，故不从。"陆机本该及时遁去，却恋禄位而致"系遁"之厉，不久即因兵败致谗，被成都王司马颖所诛。九三"畜臣妾吉"，选择畜养臣仆侍妾来对付小人，实际是转移敌人注意力，在凶险中潜伏，待机再起。如东晋谢安长期隐居东山，畜养声伎以自娱，形势一变，即出山执政，淝水之战致大功业，成一代名相。"畜臣妾"之"吉"，不仅眼前可以远祸，更利于将来立功。

九四：好遁，君子吉，小人否。

象曰：君子好遁，小人否也。

【译文】

九四：心怀恋情而身已退避，君子可获吉利，小人不得吉利。

象传：君子心怀恋情而又及时退去，小人不能办到。

【解读】九四已脱出内卦艮止的牵制，而升于外卦之乾初，秉阳刚之德性，又有知几之明智。九四与初六正应，虽有所恋，当遁之时，毅然割舍，退避而去。故称好遁以吉。小人则否，留恋名利，目光短浅，难以忍痛割爱。杨万里曰："遁而诚为好遁，隐而伪为素隐……素隐者如乡原德之贼。隐而伪不若不隐而诚也。九四以乾之初，当遁之世，知遁之早，味遁之腴，宜其好遁之笃也。故圣人许其为君子，赞其为吉；又叹其非小人之所能为也。"秦末商山四皓见几而退，长期隐居，直至汉一统天下，才复出辅助太子。"小人否"也常见史传，如东晋孙绰以《遂初赋》名动一时，俨然淡泊名利的隐逸之士。然终其一生，热衷功名利禄。故《世说新语·品藻》刘孝标注讥"绰婴纶世务""绰虽有文才，而诞纵多秽行，时人鄙之"。孙绰向桓温求富贵，不得志，桓温要人转告孙绰云："致意兴公（绰字），何不寻君《遂初赋》，知人家国事邪！"言行不一，为世人所鄙。小人口虽称遁，其心非诚，其行矫伪，终致素隐之讥。

九五：嘉遁，贞吉。

象曰：嘉遁贞吉，以正志也。

【译文】

九五：美好又及时的退避，守持正固可获吉祥。

象传：美好又及时的退避，守持正固可获吉祥，九五能端正退避的心志。

【解读】九五已处上乾，远离下艮二阴逼迫，中正居尊位。六二柔顺得正，九五正应六二，处境优越，故小人不能妨害其遁。杨万里云："九五以天德宅君位，而当遁之世，其将焉遁？……圣人天也，天不能违时，况圣乎？故尧舜遁天历，伊周遁天经，孔孟遁天意，是六遁者，遁之至，嘉志之至正者欤！"尧舜禅让，是功成身退的"嘉遁"。九五深谋远虑，内心中正不存杂念，即时退避，大得吉利。

上九：肥遁，无不利。

象曰：肥遁无不利，无所疑也。

【译文】

上九：高飞远遁，无所不利。

象传：高飞远遁，无所不利，心中无所疑虑。

【解读】《周易集解》引侯果曰："最处外极，无应于内，心无疑恋，超世高举，果行育德，安时无闷，遁之肥也……颍滨巢、许当此爻矣。"遁而能飞，最好不过。李士鉁曰："如鸟高飞远去，不罹网罟之害……天空任鸟飞，此象似之。"上九居乾健之极，下无应、上无阻，以孑然一身"飞遁"天外，独得"逍遥"之利。春秋时范蠡，帮助越王勾践兴国灭吴后，深明"飞鸟尽，良弓藏；狡兔死，走狗烹"之理，见几而作，远走高飞。

总结：

遁上乾下艮，天下有山之象。天之高远，包容高山于怀中，却永远在高山之上，与之保持绝对距离。君子观此象，当思如何亲君子远小人。

人有君子之志，持君子之行，自觉远小人。君子远小人，非与小人势不两立、弃之不顾之义也。孔子言："唯女子与小人为难养也！"慨叹小人难养，而非不养，暗指养小人是君子义务。"无君子不养小人"，即君子不能弃小人于不顾，而要引导小人走上正道。

君子贞正生命，小人追逐外欲。有道之世，必是君子道长，小人道消，君子引领社会。反之，无道之世，必是君子道消，小人道长，君子退隐全身。但维系社会的中坚力量，仍是退隐君子，而非得势小人。一旦举天下尽是小人，社会必然崩溃，改朝换代多在此时。所以潜龙勿用，君子退隐而求其志，亦是另一种入世担当。但遁的退避，不是无原则的消极逃世，而是小人当道，君子知命识务，自退修身求其志。否则要么同流合污，失君子之志，要么不为小人所容，反受陷害。故初爻言"遁尾厉"。如事不能遂，无法退隐，只能

引而不发，以求自保，以俟来日振兴复盛。《乾·文言》称君子龙德，时不利时，“遁世无闷”。《大过·象》云：“大过，君子以独立不惧，遁世无闷。”卦辞先说“遁，亨”，是说遁而求亨；而“柔小”者利在守正，则强调此时应当抑止阻碍力的增长，辅助“刚大”者顺利行遁。欧阳修说：“遁者，见之先也”。程颐说：“君子退藏以伸其道”。大旨都言处遁贵在“见几”，行遁在于“伸道”。以人事而言，犹如君子在衰坏之世，“身退而道亨”。卦中六爻，下三爻因各种环境条件所限，或不及遁，或不愿遁，或不能遁，以贞定自守、不图“大事”为宜；上三爻阳刚在外，均能识时遁退，以不恋私好、毅然远去为妙。下三爻为艮，艮主于止，所以“不往”“固志”“系遁”；上三爻为乾，乾主施行，所以“好遁”“嘉遁”“肥遁”。

遁卦对士大夫的隐逸精神有很大启发，如中国二十四史都有《逸民传》《隐逸传》。子曰：“君子固穷，小人穷斯滥矣。”君子无论身处何境，与小人差别在其心志不乱，贞正自守，知所取舍。以生命为本，无患于得失，不为苟得而失其义。《后汉书·逸民传序》：“或隐居以求其志，或回避以全其道，或静己以镇其躁，或去危以图其安，或垢俗以动其概，或疵物以激其清。然观其甘心畎亩之中，憔悴江海之上，岂必亲鱼鸟乐林草哉，亦云性分所至而已。”一旦时不我与，避祸远害，俟时而动，以图来日潜龙飞天之亨通。李白诗云：“但用东山谢安石，为君谈笑静胡沙。”以隐居东山的谢安自况，隐遁中，一个挽危图存的大计正在酝酿。所以遁是在残酷的斗争中保存实力的明哲之举，以退为进、以柔克刚。

毕竟没有人能永远高歌猛进，太阳也有落山休息的时刻。暂时撤退并不意味失败，无法东山再起卷土重来才叫失败。

三十四

大壮䷡

【卦辞】大壮：利贞。

【译文】大壮卦象征大而强盛：利于守持正固。

【解读】大壮象征事物强盛壮大，占筮得此卦，大为有利。阳刚君子正常升进而获利，从而达到大壮境界。反之，程颐曰："大壮而不得其正，强猛之为耳，非君子之道壮盛也。"这样就会小人猖獗，君子不胜，故作者以贞正戒其骄溢。从卦形分析全卦阴阳矛盾变化，表明君子做事要循正理，行正道，才能获真正的大壮。不正则恃强凌弱，事情会走到事物的反面。

【彖传】大壮，大者壮也。刚以动，故壮。大壮利贞，大者正也。正大，而天地之情可见矣。

【译文】大为强盛，阳刚者强盛。气质刚健而又奋进，所以强壮。大为强盛，宜于守持正固，说明刚大者必须端正不阿。保持正直刚大，就可看出天地万物的常情了！

【解读】从卦性看，下乾刚健，上震雷动。《周易集解》引汉荀爽云："阳从下升，阳气大动，故壮也。"阳刚自下而上，势不可挡。

【大象】雷在天上，大壮。君子以非礼弗履。

【译文】震雷响彻天上，象征大为强盛。君子效此不践行非礼之事。

【解读】君子欲保持强盛之势，须循礼而动。

【爻辞】及**【小象】**

初九：壮于趾，征凶；有孚。

象曰：壮于趾，其孚穷也。

【译文】

初九：脚趾强盛，往前进发必有凶险；应当以诚信自守。

象传：脚趾强盛，初九应当以诚信自守而善处穷困。

【解读】初九阳位得正，一般属吉爻，但在大壮中不然。读《易》会心，必须灵活分析。大壮阳刚盛大，而《易》理重变，盛极必衰是自然规律，故卦辞以“利贞”戒其盛骄之溢。因此，根据大壮卦的特殊情况，反而以阳处阴、保持谦和精神为美。宋代易祓说：“《易》之诸卦，阴阳贵乎得位。惟大壮之卦，阳刚或过，则以阳居阴位者为吉。盖以虑其阳刚之过于壮者也，故二爻与四爻皆言贞吉。”初九阳气初生，力不厚而德未积，恃盛生骄，盲目行动，但上行与九四无应，欲速而不达，故遇“征凶”之险。当初隋炀帝杨广即位，承父功业，何等辉煌。可惜后来劳民伤财，不持正道，结果身败名裂，身死为天下笑。《汉书·贾谊传》载，汉初贾谊上疏文帝，急切要求兴利除弊，疏中有“可为痛哭者一，可为流涕者二，可为长太息者六，若其它背理而伤道者，难遍以疏举”之语，揭露黑暗用心良苦，抨击腐败不遗余力。从客观条件看，当时贾谊年少官微，急于求成上无应援，极似大壮初九“壮于趾”，虽勇于闯却动辄得咎，因权贵排陷，很快被逐朝廷。初九“征凶”之兆，实诫人慎始于行，发展壮大之始，需甘居穷困，诚信自守，不可贸然行动。

九二：贞吉。

象曰：九二贞吉，以中也。

【译文】

九二：守持正固可获吉祥。

象传：九二守持正固可获吉祥，由于阳刚居守中道。

【解读】九二得中守谦，壮大者强盛之时不用壮，而以谦柔中德为尚，可获吉祥。杨万里称“九二居大臣之位，为众阳之宗”，如周公之辅成王，虽上有君主支持，仍兢兢业业，履中守正，慎始善终，名垂青史。

九三：小人用壮，君子用罔；贞厉。羝（dī）羊触藩，羸其角。

象曰：小人用壮，君子用罔也。

【译文】

九三：小人以盛壮骄人，君子用无为处世；守持正固以防危险。若像公羊强抵藩篱，羊角则会被绳索缠住。

象传：小人用壮（骄人），君子用无（处世）。

【解读】从爻象看，九三、九四、六五互卦为兑，兑有羊象，故爻以公羊抵藩为喻。陈梦雷释：“此恃壮轻进而取困者也。”从爻位分析，九三处下乾最高，阳刚至极，位又过中，急于升至上卦，但瞻此失彼，进退维谷，故有“贞厉”之诫。如汉武帝时，将军灌夫上附魏其侯窦婴，和丞相田蚡相互倾轧，在势力不敌的情况下，使酒骂座，恃壮轻进，终致杀身之祸。小人妄用强盛，君子虽强不用。

九四：贞吉，悔亡；藩决不羸，壮于大舆之輹（fù）。

象曰：藩决不羸，尚往也。

【译文】

九四：守持正固可获吉祥，悔事消亡。藩篱（被公羊触）裂，（羊角）不再受绳索拘缚，又似大车的轮輹强盛适用。

象传：藩篱（被公羊）触裂，挣脱绳索，九四利于往上而去。

【解读】九四仍在上互兑卦中，所以仍用公羊作譬。从爻位看，四处上震之始，震卦性动，适合前行。九四阳处阴位不当，但非常强盛。刚爻得柔位相济，谦慎以进，上承六五之君，阴阳相谐。所以能克服困难，触藩以开拓进取。九四大臣位，如三国蜀汉丞相诸葛亮，冲破阻力，斥退宦官小人黄皓之流，犹公羊决藩以行。诸葛把握时机，忠心辅君，六出祁山以伐魏。虽功败垂成，但无悔无恨，名传千古。

六五：丧羊于易，无悔。

象曰：丧羊于易，位不当也。

【译文】

六五：在田畔丧失了羊，无所悔恨。

象传：在田畔丧失了羊，六五居位不当。

【解读】六五直接面对底下四阳爻的上升气势，又在互兑（九三、九四、六五）中，兑为“羊”，所以是“丧羊于易”的处境。用羊喻象大壮，在田畔遗失了羊，表示强壮已渐渐衰退，此时不该再积极向前。从爻位看，六五阴居阳位失正，面临阳爻而首当其冲，故有“丧羊”之灾。但阴柔居中，下应九二，阴阳和谐而得其强应，故虽有失而后复得，故称“无悔”。这是不吉之吉，以柔中保其大壮。由此可见，国之得丧，事之成败，不可只看一时一地，而应视其长远。

上六：羝羊触藩，不能退，不能遂，无攸利；艰则吉。

象曰：不能退，不能遂，不详也。艰则吉，咎不长也。

【译文】

上六：公羊抵藩篱（角被挂住），既不能退，也不能进，无所利益；艰贞自守才能获得吉利。

象传：既不能退又不能进，上六此举不够周详审慎。艰贞自守可获吉利，上六所受咎害不会长久。

【解读】从爻位看，上六处于震动之极，求进心切，故恃强盲动。但上六柔爻阴位，体质柔弱。所以朱熹说本爻：“然犹幸其不刚，故能艰以处，则尚可以得吉也。”因为已临转化之际，整卦四阳之壮已过，所以上面二阴承之以柔自守，不进不退而无所利。

总结：

大壮卦四阳在下，二阴在上，阳长而阴消。阳为大，阴为小，阳刚的势力壮大。同时，下乾为刚，上震为动，既刚健而又行动。所以命名大壮。这种壮大利于贞正，以守正为本，只有守持正道，才能保持发展势头。从发展势头看，四阳盛强，二阴微灭，大者胜则小者衰，刚者动则柔者退，强者长则弱者消。但是，这种发展必须适度，遵循自然节律，合乎事物正理，否则就会陷入危机，走向反面。因而大而必正，所谓正就是恰如其分、正当合理。大壮象征大为强盛，是事物发展的美好阶段，此时如何保有强盛，至为关键。

大壮的总体形势是有利的，卦辞以“贞吉”二字，揭示了守正处壮、必获吉祥的道理。卦中诸爻，通过具体分析，让人们更切实领会用壮之道：大壮之时不可恃强用壮，要谦退持中。初九当位为“凶”，九三当位为“厉”，上六当位为“无攸利”，反而九二不当位为“吉”，九四不当位为“吉，悔亡”，六五不当位为“无悔”。换言之，二四两刚以谦柔获吉，初三两阳若妄动必凶；五上两阴，刚壮已过，更宜柔和自守。故强壮之时不怕不壮，而怕逞壮。妄用强壮，虽壮而离正，则成了强盗与暴君。

因此为守持正道，大壮卦不能扬刚抑阴，而要刚而守谦，慎用强壮，更不可恃强凌弱，所以刚如能得柔之济，柔如能得刚之济，刚柔相济，则是解决强盛之时守正的一条重要途径。《周易》多扶阳抑阴，而乾与大壮则诫人用阳太过，推“用罔”之义，正是“知进退存亡而不失其正”的旨意。将这个自然规律运用于社会人事，君子道长，小人道消，如何保持这种良好的发展势头，在行为的选择上不犯错误，守持正道，值得每个人认真探讨。

经历了衰退，必然会逐渐壮大起来。人一旦壮大就容易自负，容易莽撞行事。所以，卦辞中强调“利贞”，虽然强大，但仍要坚持正道。而且壮大之后还应保持中庸，行为不能过分。此外，壮大还应量力而为，不能恃强好胜，应当有所节制。若时机又转入衰退时，更应当及时觉悟，应对艰难时刻。在进退维谷中，不要患得患失，先求自保，再寻出路。在好的形势下少犯错误，做出正确的决策。

三十五

晋䷢

【卦辞】晋：康侯用锡马蕃庶，昼日三接。

【译文】晋卦象征晋升上进：尊贵公侯蒙君王赏赐很多的车马，一日之内荣获三次接见。

【解读】虽未言及“亨”“利贞”，但康侯深受天子恩宠，晋升之义皆已昌明。

【彖辞】晋，进也。明出地上，顺而丽乎大明，柔进而上行，是以康侯用锡马蕃庶，昼日三接也。

【译文】晋，前进生长。光明出现地上，巽顺之臣上附于大明之君，以柔顺之道，积极进取，从而升进。所以康侯（尊贵公侯）蒙君王赏赐很多的车马，一日之内荣获三次接见。

【解读】从卦象看，上离象征日或火，下坤象征大地或众人，卦象显示光明出现在地平线上，指引人类不断前进。《周易集解》引崔憬曰：“浑天之义，日从地出而升于天，故曰明出地上。坤，臣道也；日，君德也。臣以功进，君以恩接，是以顺而丽乎大明。虽一卦名晋，而五爻为主，故言柔进而上行也。”孔颖达说：“六五以柔而进，上行贵位，顺而著明，臣之美道也。”表明晋卦虽象征升进，却崇尚柔顺。

【大象】明出地上，晋。君子以自昭明德。

【译文】光明出现在地面上，象征进长。君子观此，自我昭示光明的美德。

【解读】《礼记·大学》论“古之欲明明德于天下者”之事，其结语为“自天子以至于庶人，壹是皆以修身为本”。可见，古人强调的“明明德”，不分天子庶人，均当力行。而晋卦之义主于“臣道”，所谓“自昭明德”，偏重人臣在晋长过程中的自我修养。

【爻辞】及【小象】

初六：晋如摧如，贞吉。罔孚，裕无咎。

象曰：晋如摧如，独行正也。裕无咎，未受命也。

【译文】

初六：前进受阻，守持正固可获吉祥。不能见信于人，宽容处之，方能无咎。

象传：前进受阻，初六当独自践行正道。宽裕处之，方能无咎，初六目前尚未受到爵命。

【解读】初六以柔顺之质升进，上有二三两阴阻碍，升进之初遭遇挫折。但初六得进不喜，受挫不馁，守持正固，宽以待时。王安石《上蒋侍郎书》云："某尝读《易》，见晋之初六曰：'晋如摧如，贞吉。罔孚，裕，无咎。'此谓离明在上，已往应之。然处卦之初，道未章著，上虽明照而未之信，故摧如不进，宽裕以待时也……时未可而进谓之躁，躁则事不审而上必疑……由乎在下者动之不以时，干之不以道，不得中行而然也。"宋仁宗时，朝廷大臣几次推荐王安石在京任要职，他却推辞，甘愿历任地方官，宽裕缓进，累积丰富的政治经验，拓展深厚的社会知识。

六二：晋如愁如，贞吉。受兹介福，于其王母。

象曰：受兹介福，以中正也。

【译文】

六二：前进忧愁，守持正固则可获吉祥。将要接受宏大的福泽，从尊贵的王母（祖母）那里。

象传：将要接受宏大的福泽，由于六二施行中正之道。

【解读】六二以柔居中得正，表示升进之途虽遇坎坷，但守持正固可化险为夷。

从爻位爻象看，六二阴处阴位得正，又居下坤中位。因六二上无应援，故前进之际时常忧愁。但下坤地德厚载，六二本身既中且正，故仍可受福而得吉。晏子说："尽力守职不怠，奉官从上不敢惰，畏上故不苟，忌罪故不辟。"一步一个脚印，几年一个台阶，慢慢晋升。

六三：众允，悔亡。

象曰：众允之，志上行也。

【译文】

六三：获得众人信任，悔事消亡。

象传：获得众人信任，六三的志向是向上行进（以应上九）。

【解读】六三失正失中，本当有悔。但六三因与上九相应，且与初六、六二同类，得到支持，所以悔事全部消亡。杨万里说："六三以阴居阳，下不为六二之大臣，上不为九四之近臣，盖身退而德进，位卑而望高者欤！故其志上进以顺丽乎大明之君，志发乎此，众信乎彼，而其志得行矣，宜其悔吝之亡也……下二阴皆顺上，故曰众允。"这里杨氏以战国时郭隗入燕而群贤至为例。当时郭隗既非贤明大臣，又非亲昵近臣，燕昭王厚待他，由此得群贤信任，都奔赴燕国，燕国广聚人才而兴盛。晋升之成败，虽在天时地利，也在人的主观努力，比如升进之时要取信于众才能成功。

九四：晋如鼫（shí）鼠，贞厉。

象曰：鼫鼠贞厉，位不当也。

【译文】

九四：进长之时像身无专技的鼫鼠，守持正固以防危险。

象传：像身无专技的鼫鼠，守持正固以防危险，说明九四居位不正当。

【解读】从爻位看，九四已升进于上离之下，但不知足。位不中正，却下压三阴，上欺谦和之君六五且企图超越，以便攀附上九，求据高位。同时，九四与六二、六三互卦为艮，艮有鼠象，故四取鼫鼠为喻。鼫鼠是专吃谷物的硕大田鼠，如《诗·魏风·硕鼠》篇。程颐云："晋如鼫鼠，贪于非据，而存畏忌之心，贞固守此，其危可知。言贞厉者，开有改之道也。"东晋初大将军王敦觊觎大位，兵陷建康而逼宫，欲行篡逆，旋即身败名裂而遗臭万年。继之者大司马桓温，权臣当道，争九锡而谋帝位，终致千古骂名。皆为升进没有守正，沽名钓誉，欺世盗名。

六五：悔亡，失得勿恤；往吉，无不利。

象曰：失得勿恤，往有庆也。

【译文】

六五：悔事消亡，不必计较得失；前往可获吉祥，无所不利。

象传：不必计较得失，前往则有福庆。

【解读】六五之爻，以阴处阳失正，下与六二无应，本该有悔。但因其位处上离之中，又是整卦中位，柔主夹在九四、上九盛刚之间，宜其纡尊屈贵，谦和待下，故下附顺而同心同德，因获众人拥护，群策群力而致"悔亡"。汉文帝刘恒本高祖庶子，各种因缘际会，在诸臣共诛吕党之后得幸登上帝座。刘恒上无在朝权臣可依，下乏诸侯私邑可赖，势单力孤。即位为天子后，日夜诚惶诚恐，凡事兢兢业业，唯恐有失，犹如晋之六五柔主。但汉文帝勇往直前，牢牢把握住晋进机遇。为免激起绛、灌诸重臣贵族的强力反弹，刘恒未接受贾谊的建议，但以柔制刚，与民休息，恢复生产，开创了文景之治美好时代。汉文帝升进路上没有患得患失，相反进退自如，韬晦有术，时机一到，勇往直前。

上九：晋其角，维用伐邑，厉吉，无咎；贞吝。

象曰：维用伐邑，道未光也。

【译文】

上九：进长至极，仿佛高居兽角的尖端，宜于讨伐邑国以建功，变危厉为吉祥，不致灾咎；要守持正固以防憾惜。

象传：宜于讨伐邑国以建功，上九的晋升之道未能光大。

【解读】从爻位爻象看，上九处上离之上，居全卦晋极。晋极必反，犹如“明出地上”，盛极则衰。上九晋长至“角”，靠“伐邑”免咎，可见光明之德正临式微：既不能像六五行无为之道，不忧得失，又不能像六三获众人信任，顺利上行。王弼说“明将夷焉”，是本爻旨意。

总结：

晋之卦象“明出地上”，象征政治清明的治世，君子应当“自昭明德”，使自己内在的明德昭明显示出来。晋卦象征晋升，解释事物晋长的途径。晋卦辞以“康侯”受赐为起点，彖传进一步指出“顺而丽乎大明，柔进而上行”，以柔顺二字，点明晋长升进的要旨。

卦中四阴爻为处晋有道之象：初虽受挫折，宽裕待进；二虽有愁绪，守正获福；三见信于众“悔亡”；五不忧得失有吉。皆因柔顺而使晋升畅通，尤以六五居尊，与卦辞“康侯”的喻象相应。如汉高祖开国，军事任用韩信，智谋倾听张良，而民政后勤依赖萧何，因此而从柔到刚，愈战愈强，终于消灭了强大的西楚霸王，建立统一的汉王朝。如《象》所释：“明出地上，晋。君子以自昭明德。”在上位者必须不断加强自我修养，严格要求，去蔽教知，自治自省以内养其德，然后出以公忠体国之心，普照天下。两阳爻为处晋不当之象，九四失正不中，晋必有危；上九晋极刚亢，难免致吝。皆因为失柔顺而使晋升窒碍。晋升之道，最难在上九，为什么？从卦象爻象看，上九应六三，三在下坤中，坤为土，有邑象，而上离为甲胄兵戈而有征伐之象。程颐云：“伐四方者，治外也；伐其居邑者，治内也。言伐邑谓内自治也。人之自治，刚极则守道愈固，进极则迁善愈速。如上九者，以之自治，则虽伤于厉而吉且无咎也。严厉非安和之道，而于自治则有功也。”此爻之邑，指诸侯私邑，因其力而善加引导，则将化厉为吉而致无咎。反之，上九若恃一己阳刚，好大喜功而四面出击，刚进之极，不用于自治其内而矜伐其外，色厉内荏，惨败已注定。

晋卦强调的重点是德，即以柔顺之道趋赴光明。一，以柔顺而行；二，向光明而行。当然，晋卦极力肯定的“柔”，又必以光明道德为重要前提，即下者要附着于“明”求进，上者更须向“明”施治。电影《好兵帅克》中帅克憨态可掬，令人发笑，他那句“报告将军，我做梦都想当将军”，还有将军的勉励“不想当将军的士兵不是好兵”，已成了全人类的名言。因此，柔顺是求晋的手段，光明是获晋的方向，两者结合是晋卦大义所在。

三十六

明夷䷣

【卦辞】明夷：利艰贞。

【译文】明夷卦象征光明熄灭：宜于艰难中守持贞正之德。

【解读】《序卦》云："晋者，进也。进必有所伤，故受之以明夷。夷者，伤也。"明夷，上坤为地，下离象日。日落于地，黑暗将光明隐去。"明夷"是前进受阻、光明殒伤之义。陈梦雷称："上一爻为暗君，下五爻皆为所伤。"警示昏君在上，世道黑暗，君子当韬光养晦以自保。

【彖辞】明入地中，明夷。内文明而外柔顺，以蒙大难，文王以之。利艰贞，晦其明也，内难而能正其志，箕子以之。

【译文】光明隐入地中，象征光明陨伤。内卦（离）文明而外卦（坤）柔顺，以此蒙受大难，文王以此渡过危难。利于在艰难中守正，暗藏其明智，内有险难而能正其志向情操，箕子以此晦明守正。

【解读】君子处在政治黑暗的时代，唯一正确之路是知艰难而不失贞正，绝不可随世倾邪，依人步趋。这里举文王之事解释卦名"明夷"，又举箕子之事解释卦辞"利艰贞"，两件事与卦旨都很切合，表示特殊环境中不得已而用晦的道理。文王在纣王暴虐的时代，由于内文明而外柔顺，故能蒙大难而免于祸患。箕子处在纣王时，能够佯狂披发以晦其明，又能自守其志，为囚奴而不改其正。

【大象】明入地中，明夷。君子以莅众，用晦而明。

【译文】光明隐入地中，象征光明陨伤。君子效此当慎于治理民众，自我晦藏明智而更显道德光明。

【解读】本卦命名明夷的象征主旨，在于天下昏暗，君子晦明不用，艰贞守志。认识到临民治众，应用晦而明。君子形势不利时，行韬晦之计，不是苟延残喘的活命哲学，而是暂时退却以保存实力，以待东山再起。

【爻辞】及【小象】

初九：明夷于飞，垂其翼[1]；君子于行，三日不食。有攸往，主人有言。

象曰：君子于行，义不食也。

【译文】

初九：君子遭难出走，如鸟飞去，力倦神疲，如鸟垂其（左）翼，在行程中，竟三日不食。亦曾往投人家，而主人有谴责之言，故忍饥而不食。

象传：君子急于远走离去，不吃饭也是义所当然。

【解读】从爻位看，初九阳居阳位得正，与六四正应，应是吉爻。但因明夷卦处于光明陨伤、不利进长的困难境地，初九当然也无法摆脱这一困扰。所以上进之路为九三所阻而呼应失援，只能仓皇出行以避害。不过，初九以阳处明夷之初，距离明夷受伤害还远，但君子有见几之明，不待难作而及早遁避。所谓“于飞”，迅速且尽量隐蔽不被察觉；所谓“垂其翼”，敛翼而下行。“君子于行”，一旦决定丢弃禄位，便急速离开。宁可“三日不食”也不停步，即使主人有非议也不顾。《世说新语·赏誉》载，西晋八王之乱将起之际，陈留人董养，升太学而兴叹，曰：“奈何公卿处议，文饰礼典以至此乎？天人之理既灭，大乱斯起。”顾谓谢鲲、阮孚曰：“《易》称知几其神乎，君等可深藏矣！”乃与妻荷担入蜀，莫知其所终。

六二：明夷，夷于左股，用拯马壮，吉。

象曰：六二之吉，顺以则也。

【译文】

六二：君子遭难退隐，伤了左腿，用强壮的马来拯救，可获吉祥。

象传：六二有吉祥，柔顺而又守法则。

【解读】《左传·襄公十年》范宣子曰：“天子所右，寡君亦右之；所左，亦左之。”孔疏：“人有左右，右便而左不便，故以所助者为右，不助者为左。”古人以伤右为重，伤左为轻。六二称“夷于左股”，说明其伤不在上体，离心口要害之地尚远，伤在左腿，尚可勉力行动而避害趋吉。杨万里释：“所以吉也，非吉之吉也，凶之吉也。既伤股矣，非凶乎？伤而获拯，非凶之吉乎？”以周文王之事殷纣王为例。纣王无道，囚文王于羑里，此于文王为伤股之凶。但文王之臣散宜生等贿献纣王以美女名马，文王得脱难中，转危为安，此由凶趋吉之象。故爻喻以伤左股、拯马壮也。表示六二虽伤于小人，但若能外柔内刚，可获吉。

九三：明夷于南狩，得其大首，不可疾贞。

象曰：南狩之志，乃大得也。

---

[1] 帛书《周易》中有“左”字，为“垂其左翼”。由六二爻“夷于左股”、六四爻“入于左腹”考之，当以帛书《周易》为是。

【译文】

九三：君子遭难退隐，在南方狩猎（征战），猎获元凶首恶。处事不可操之过急，应当守持正固。

象传：在南方巡守而施行征伐之志，在于大有所得。

【解读】从爻位爻象看，九三居下离之上，离有兵戈之象，故有“南狩”征伐之事。又九三以阳居阳得正，与上六正应，本该致吉。但因位过其中，居下离之上，明极而近上坤暗，受暗主迫害，明集于内而未能光发于外，故爻辞未称吉。不过九三与六二内相承应，帮六二脱难。非常世道，九三性急不中，虽志向宏大，但必须谨慎施行，以便自强自救。有人称，周武王在盟津与诸侯会合，最后革命成功。以地理位置而言，商纣王在河南，周武王从陕西过来，也符合“南狩”之说。

六四：入于左腹，获明夷之心，于出门庭。

象曰：入于左腹，获心意也。

【译文】

六四：进入左（左卑右尊，此指黑暗）腹之地，深刻了解光明陨伤时的内中情状，于是毅然跨出门庭远去。

象传：进入左腹，而获其黑暗真实的内情。

【解读】从爻位看，六四已升至上坤暗体之下。六四近臣之位，以阴处阴柔顺得正，暂时不被上六暗主见疑，上面又隔六五，暗主还来不及施害。六四已了解到黑暗内幕，知形势不可逆转，当机立断，舍弃名利权势，毅然离去。如纣王同母兄长微子启，纣王父母想立微子启为太子，但有大臣据法力争，认为生微子启时母亲为妾，生纣王时母亲为妻，有妻的儿子在，就不能立妾的儿子为太子。后来纣成为商王。《史记·宋微子世家》载：殷商末年，纣暴虐，其庶兄微子谏之不听，他以天子宗室而知其用心。在纣杀比干之后，携祭器诣周，以便避纣远害。微子逃离暗主，如六四之“出门庭”而不顾。后周武王“复其位如故”，获祭祀于春秋宋国。

六五：箕子之明夷，利贞。

象曰：箕子之贞，明不可息也。

【译文】六五：如殷太师箕子处于光明陨伤之时，其所作为，利于坚守正道。

象传：箕子的守正，因为光明之德不可熄灭。

【解读】从爻位看，六五阴居阳位，柔顺处中，下与六二无应，上有上九所迫，位重而权轻，力弱而近害，最近上六而处艰危之地，动辄得咎，故爻有“利贞”之诫。程颐说：“五为君位，乃常也。然易之取义，变动随时，上六处坤之上，而明夷之极，阴暗伤明之极者也。五切近之，圣人因以五为切近至暗之人以见处之之义，故不专以君位言。上六阴暗伤明之极，故以为明夷之主。五切近伤明之主，若显其明，则见伤害必矣。故当如箕子之自晦藏，则可以免于难……

（箕子）故佯狂为奴以免于害，虽晦藏其明，而内守其正，所谓内难而能正其志，所以谓之仁与明也。若箕子可谓贞矣！以五阴柔，故为之戒云'利贞'，谓宜如箕子之贞固也。"深陷黑暗，身遭灾患，要灵活保全自己，保全自己即保全中正之道。

上六：不明，晦；初登于天，后入于地。

象曰：初登于天，照四国也。后入于地，失则也。

【译文】

上六：天空晦暗不明，起初日升天上，后坠入地下。

象传：起初登临天上，足以照耀四方诸国。最终坠入地中，上六违背正确的原则而无光。

【解读】据载，商纣非常聪明，很有才能，敏捷善辩且力大无比。初登天子之位也曾居高而明，照及四方，但终因伤民，致众叛亲离而自取败丧，君道如日坠落黑暗深渊。清朱骏声云："晋时在上丽天，故照四国。今反在下，故失则。坤为众国，入于地，谓昼变为夜，喻纣之昏暗，为乱世也。"明夷的问题出在上位者。上位者居高位，本该"照四国"，让四方诸侯国可以走上光明大道，但现在上位者自身失去法则，倒行逆施，反成了最大的黑暗之源。古人处此情况，其痛苦可想而知。

总结：

程颐说："晋者明盛之卦，明君在上，群贤并进之时也。明夷昏暗之卦，暗君在上，明者见伤之时也。"就社会人事而言，晋卦象征政治清明的治世，明夷卦象以"明入地中"为喻，象征政治黑暗的乱世，此时以正固为宜。文王有文明之德，既有文化修养，又有明辨之智，却柔顺侍奉商纣王。文王被纣王囚于羑里，狱中推演《周易》，终于渡过危难。箕子是纣王的叔父，也被纣王囚禁。箕子一面披发佯狂，同时守正不移。这两人在明夷之世选择了"利艰贞"的处世之道，做出明智合理的选择，为后世树立了榜样。"用晦而明"，并非随波逐流，丧失自我，而是身处逆境退而自保的变通选择。只有"用晦"才能保全明德不受伤害，将来更好地承担维护正道的责任。所谓"利艰贞"强调在艰难中维护正道，在"自晦"中期待转衰为盛、重见光明。苏轼说："夫君子有责于斯世，力能救则救之，六二之'用拯'是也；力能正则正之，九三之'南狩'是也；既不能救，又不能正，则君子不敢辞其辱以私便其身，六五之'箕子'是也。君子居明夷之世，有责必有以塞之，无责必有以全其身而不失其正。初九、六四无责于斯世，故近者则'入腹''获心''于出门庭'，而远者则'行不及食'也。"积极救治如二、三、五诸爻，既有汤武式的烈毅行动，又有箕子式的忍辱守持之分。处明夷的方式或有不同，立足于艰贞守正的卦旨却统一不变。六五爻辞最为恳切，时世虽暗而道不可没，立身纯正则危不足忧。自古以来，治乱相循。人所遭逢的时运，只能承受而不能自由选择。但作为行为主体，人却可以根据不同时运，选择合理的出入进退之道。如果幸逢治世，应积极外向，晋升仕途，实现自我；相反，如不幸遭逢乱世，君子则应“用晦而明”，收敛自守，不露锋芒。就君子内在的明德而言，包含道德意识与理性精神两方面，本来一以贯之，完整统一，但由于有治世与乱世的不同，为了审时度势，通权达变，在外在方式上有不同的选择。如果说“自昭明德”是在顺境中实现自我的行为方式，“用晦而明”则是在逆境中实现自我的最佳选择。

三十七

家人䷤

【卦辞】家人：利女贞。

【译文】家人卦象征家庭：适宜女子守持正固。

【解读】先治家，方可治天下。古人认为，一家之内，家庭主妇正则家正，女子是家庭教育的主导因素。

【彖辞】家人，女正位乎内，男正位乎外。男女正，天地之大义也。家人有严君焉，父母之谓也。父父、子子，兄兄、弟弟，夫夫、妇妇，而家道正。正家而天下定矣。

【译文】一家之中，女子的正位是主持家内事务，男人的正位是主持家外事务。男女的位置正当，符合天地阴阳的大道理。一家人要有尊严之主，父母就是。父要像父，子要像子，兄要像兄，弟要像弟，夫要像夫，妻要像妻（各自明白自己的位置和责任），如此家道就端正了。家道端正了，天下就能安定。

【解读】下离六二，以阴处阴而居中得正；九五以阳处阳而居中得正。因六二、九五均以中正之德，上下阴阳呼应，故有男女正位乎内外之说。家庭是社会的细胞，社会风气的好坏，根子在家庭教育。父母作为一家之主，要先修身，然后齐家、治国、平天下。

【大象】风自火出，家人。君子以言有物，而行有恒。

【译文】风从火出，象征家庭。君子由此领悟：说话要有根据，行动要有常法，有始有终。

【解读】从家人卦象看，下离为日为火，上巽为木为风，火由木生，风助火势。反过来火复生风，风火相长。作者以此作譬家庭人伦生生不息。要正人必先正己，于治家之道亦然。《周易折中》引俞琰之言曰："齐家之道自修身始，此风自火出所以为《家人》之象也。君子知风之自，于是齐家以修身为本，而修身以言行为先。言必有物而无妄，行必有恒而不改。物谓事实，言而诚实则有物，不诚实则无物也。恒谓常度，行而常久则有恒，不常久则无恒也。”表明齐家之道应修身持正，以为一家之表率。家道是否端正，修身是关键，而修身以言行为先。

【爻辞】及**【小象】**

初九：闲有家，悔亡。

象曰：闲有家，志未变也。

【译文】

初九：在家庭初建时就严格管理好自己的家庭，悔恨消失。

象传：在家庭初建时就严格管理好自己的家庭，在思想尚未产生变化时预先防范。

【解读】初九处家人卦开始，意为刚成立家庭。治家要在家庭建立之初就树立好规范，务必防微杜渐，防患于未然。南北朝颜之推云：“教妇初来，教儿婴孩。”古时新妇初嫁，必须接受公婆及丈夫的礼法教诲，此所谓“闲有家”。程颐云：“初，家道之始也。闲谓防闲法度也。治其有家之始，能以法度为之防闲，则不至于悔矣。治家者治乎众人也，苟不闲之以法度，则人情流放，必至于有悔，失长幼之序，乱男女之别，伤恩义，害伦理，无所不至。能以法度闲之于始，则无是矣，故悔亡也。九刚明之才，能闲其家者也。不云无悔者，群居必有悔，以能闲故亡耳。”在妇人新嫁时，子女年幼之时，遵循严格的家规，就能消除远虑。一日之正，终身之正，将没悔恨。

六二：无攸遂，在中馈，贞吉。

象曰：六二之吉，顺以巽也。

【译文】

六二：不自作主张，妇人主管家中饮食，守持正固可获吉祥。

象传：六二所以吉祥，因为顺从而谦逊。

【解读】从爻位爻象看，六二处下离中，柔顺中正。又离性为明，具自知之明。上应九五阳刚，宛如妇人顺夫，以礼法自持，专心专意地操持家中饮食事宜。《诗·小雅·斯干》：“无非无仪，唯酒食是议。”郑笺：“妇人无所专于家事。有非，非妇人也；有善，亦非妇人也。妇人之事，惟议酒食尔。”刘向《列女传》云：“（孟母）曰：《易》曰，‘在中馈，无攸遂’……以言妇人无擅制之义，而有三从之道也。”以依顺“三从”为妇德，实是束缚、压迫女性的思想。时至今日，早被批判和舍弃。

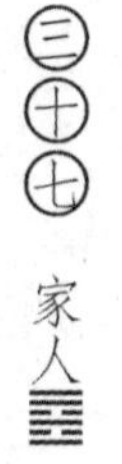

九三：家人嗃（hè）嗃，悔厉，吉。妇子嘻嘻，终吝。

象曰：家人嗃嗃，未失也。妇子嘻嘻，失家节也。

【译文】

九三：家人经常受到嗃嗃训斥，尽管处于悔恨危险，但转化为吉；妇人孩子整天嬉笑作乐，最终会有憾惜。

象传：家人经常受到嗃嗃训斥，未失治家礼节。妇女孩子整天嘻嘻哈哈，则丧失了治家礼节。

【解读】九三以阳居阳得正，阳刚能够治家。但九三过中，上又无应，又三与二、四互卦为坎，坎有水险之象，所以是个治家过于严厉的家长。王弼注曰：“（九三）以阳处阳，刚严者也。处下体之极，为一家之长者也。行与其慢，宁过乎恭；家与其渎，宁过乎严。是以家人虽嗃嗃悔厉，犹得其道。妇子嘻嘻，乃失其节也。”但九三居下离之上，为明之极，明则察远而虑深，以阳刚之严正，上下承比六二、六四而得阴阳和谐之合，故虽暂有悔厉，而终致吉祥。《三国志·魏书·刘表传》云：“初，表及妻爱少子琮，欲以为后，而蔡瑁、张允为之支党，乃出长子琦为江夏太守，众遂奉琮为嗣。”琮无能，举荆州之地以降曹，终受制于人。“终吝”之戒，史多明鉴。相较过宽和过严带来的不同结局，强调治家宜严不宜宽。

六四：富家，大吉。

象曰：富家大吉，顺在位也。

【译文】

六四：使家庭富裕，大为吉利。

象传：使家庭富裕，大为吉祥，因为六四柔顺居守正位。

【解读】六四爻位，已升至上巽体下，据《说卦》：“（巽）为近利市三倍。”可见六四精于持家，在物物交往中获利三倍，故曰“富家”。另外，六四以阴居柔得正，又在巽体，性顺。且下应初九，上乘九五，大得阳刚之富实，所以六四可以致富其家。

九五：王假（gé）① 有家，勿恤，吉。

象曰：王假有家，交相爱也。

【译文】

九五：君王用美德感格他的家人，无须忧虑，必获吉祥。

象传：君王用美德感格他的家人，说明一家人和睦亲爱。

【解读】“假”与“格”古时通用，“假”上古音为母鱼部，“格”上古为母铎部，两字声同，而韵部为阴阳对转，所以互通假。格即感通（感格）、感动。如《尚书·说命下》：“佑我烈祖，格于皇天。”“王假有家”之“假”，可训为感格之至。意为君王秉其阳刚中正之美德，感动臣民，以天下为家。其“勿恤”之

① 假，至。帛书《周易》作“叚”。“假”“叚”古通用。

吉，来自君王内心的诚爱，和广大臣民的感动和拥护。家人卦六二、九五，上下相孚，内外相爱，其象与“王假有家，交相爱也”吻合。九五刚健中正，应六二之柔顺中正，能修身齐家，勿用忧恤，吉可想而知。

上九：有孚威如，终吉。

象曰：威如之吉，反身之谓也。

【译文】

上九：有诚信而又威严，最终吉祥。

象传：治家威严而获吉祥，是说上九反身修己的缘故。

【解读】上九以阳处家人终极，努力修身，心存诚信，严格要求自己。陈梦雷说：“阳爻实，有孚之象。以刚居上，有威如之象。有孚则至诚恻怛，可联一家之心而不至于离。威如则整齐严肃，可振一家之事而不至于渎。故长久得吉也。”《三国志·蜀书·诸葛亮传》曰：“（臣）成都有桑八百株，薄田十五顷，子弟衣食，自有余饶。至于臣在外任，无别调度，随身衣食，悉仰于官，不别治生，以长尺寸。若臣死之日，不使内有余帛，外有赢财，以负陛下。”死后果如其言。诸葛治家，清廉自律，威孚交至，家道以兴，而家人终吉。

总结：

家人即家庭。家人六爻，古人或有以上九为父，初九为子，九三、九五为夫，其中五为兄而三为弟，六二、六四为妇，以配兄弟，而一家长幼尊卑之序略备。先儒又以内卦明女子之事，外卦述男人之事，男女定位，内外有别，而刚柔始分。胡朴安《周易古史观》分析：“家人卦初爻，言家长能防闲其家也。二爻言妇主中馈之事也。三爻言处家不可失家节也。四爻言各事其事而家富也。五爻言家富而交相爱也。上爻言家长当以身作则也。”观其会通，而不必拘泥。家人卦中有些内容，今天可另解，比如“女正位乎内，男正位乎外”的男尊女卑的旧道德，和强调“父父、子子、兄兄、弟弟、夫夫、妇妇”的旧伦理。但时至今日，仍有值得借鉴的地方，如防患于未然，身教重于言传，修身齐家治国平天下等思想。在家庭关系中，夫妇关系是根本。六二与九五，女居中得正于内，男居中得正于外，有夫妇各得其正之象。而这关乎现代婚姻与家庭的稳定安宁，大到国家和社会的稳定团结和繁荣发展。

在发挥礼序家规、乡规民约的教化作用方面，清康乾年间的张英、张廷玉家族可视为范本。张氏家族不仅在官阶品级上达到了桐城历史巅峰，更重要的是在修身之道和为官之德上留名青史。张英虽官居高位，但生活俭朴，“誓不着缎，不食人参”，不饮酒，不观剧，好与茗茶、山水为乐。张英《聪训斋语》有言：“予昔在龙眠，苦于无客为伴，日则步屟于空潭碧

涧、长松茂竹之侧，夕则掩关读苏、陆诗，以二鼓为度，烧烛焚香，煮茶延两君子于坐，与之相对，如见其容貌须眉然。”张英好茶，“终日不离瓯碗”，但“为宜节约耳”，多饮家乡茶。张英的桐城老家与吴氏为邻，吴家越界占地，于是引起两家纷争。张英家人便修书一封送给在京城的张英，请示定夺。张英题诗一首寄归，云：“一纸书来只为墙，让他三尺又何妨？长城万里今犹在，不见当年秦始皇。”言恳意切，情操高古。家人接书，遂退让三尺。吴氏闻之，深感其义，亦退让三尺。于是桐城就有了这条六尺巷，有了这一传诵至今的六尺巷佳话。

张英次子张廷玉的为官往事，也倍受同僚和后辈称道。张廷玉历三朝元老，去世后配享太庙，谥文和。李鸿章曾有言论及张廷玉，颇具代表性：“桐城张文和公，以硕学巨材历事三朝，为国宗臣，而中更世宗皇帝御政一十三年，辅相德业，冠绝百僚，至于配食大烝，颁诸遗诏。盖千古明良遭际所未尝有。论者谓汉之萧张，唐之房杜，得君抑云专矣，视公犹其末焉。”至于廉政之道，张廷玉在其《澄怀园语》中说：“为官第一要廉，养廉之道莫如能忍……人能拼命强忍，不受非分之财，则于为官之道，思过半矣。”雍正十一年（公元1733年），张廷玉之子张若霭参加殿试，雍正皇帝阅至第五卷时，觉得该卷字画端楷，文意绝佳，便拔至一甲三名（探花），在场的大臣皆称评定公允。待拆卷时，方知是廷玉之子张若霭。张廷玉得知后，以张氏子弟恩隆过盛为由不受，向雍正皇帝两次坚辞，请求将探花之誉“让于天下寒士”。但雍正皇帝明确宣布，他所选拔非常公允，并非知道是大臣之子而有意甄拔。然而张廷玉仍再三恳求，雍正深感其义，遂降为二甲第一名。张廷玉请让探花和其父六尺巷让墙故事一样为世人所感佩。

张廷玉不仅如此要求自己，教子同样以廉严著称。长子张若霭，少年早慧，书画素养极高，深得乾隆喜爱，经常出入内府帮乾隆鉴定字画。后为内阁学士，工书善画。一次，张廷玉看到僚属家的一幅名画挂在张若霭的书斋中，知为僚属投其所好赠予。寻常不动声色的张廷玉忍不住黑下脸来，责骂张若霭：“我无介溪之才，汝乃有东楼之好矣！”介溪乃明代权相严嵩的号，东楼即严嵩之子严世蕃的号。严世蕃为侍郎，依仗其父为相，招权纳贿，终被处死。张廷玉以此类比，使张若霭深为震撼，赶紧将此画归还原主，从此不敢越雷池半步而违家训了。

父母是一家之主，负有引导职责，要防患于未然。治家不能过宽，既要有亲情和谐、相亲相爱的天伦之乐，也要讲规矩、威严，不可溺宠而放任自流，同时主家者还要以身作则，诚信自律。眼下的中国家庭教育更要警钟长鸣。

三十八

睽䷥

【卦辞】睽：小事吉。

【译文】睽卦象征背离分散：小心行事，吉利。

【解读】“睽”本指二目相背。二人相向不相视，因心存芥蒂，故释为睽违、背悖。睽卦警示在解决对立的棘手矛盾时，需小心翼翼，谨慎行事。睽卦对个人的事尚可称吉，为“小事吉”；就社会整体而言，须存异求同，不能让睽卦成为主流观念。楚汉战争中，汉军主力与楚军交锋，屡败屡战，而汉军大将如韩信、彭越和英布，又各率师别出，形成了将在外、君令有所不受的睽违之局，并以封王相逼，使得刘邦极为被动。但刘邦听从张良计谋，挂王拜印，毫不吝惜，存其异而求大同，和衷共济，以成其济睽之道。韩信、彭越、英布终于同意即时出兵击楚，因而战局陡变，反败为胜，围楚军数重于垓下。最终霸王别姬，乌江自刎，刘邦立汉，在历史上书写了新章。若当初面对各部睽违而束手无策，刘邦则死无葬身之地，历史另有篇章。

【彖辞】睽，火动而上，泽动而下。二女同居，其志不同行。说而丽乎明，柔进而上行，得中而应乎刚，是以小事吉。天地睽而其事同也，男女睽而其志通也，万物睽而其事类也。睽之时用大矣哉！

【译文】睽违背离的情况，火向上燃烧，水向下流动。两女子住在一起，志向不同，走不到一起。喜悦而附之文明，柔顺地前进向上，处事适中而又与阳刚相应，所以行事小心谨慎是吉祥的。天地虽有差异，但养育万物的事理相同；男女性别不同，而交感求和的心志相通；万物各有差异，而秉受天地阴阳气质的情状却类似。在乖异睽违之时，如能因时而用，作用很了不起啊！

【解读】家人与睽卦互为综卦。从卦形变化，已可窥二卦间的关系，睽卦来自于家人卦内的阴阳矛盾运动。元代胡一桂云：“嘻嘻失节，必至荡检逾闲，而家道穷矣，穷则家人乖离。”从卦性卦德看，下兑性和，上离性明。六五阴柔居中，成卦之主，正应九二。六五以柔顺之道小心处睽，下得九二刚中大臣得力相助，故《彖》称“说而丽乎明，柔进而上行，得中而应乎刚”，说明卦辞的“小事吉”。“二女同居，其志不同行”，马其昶有言：“《诗》云：‘女子有行，远父母兄弟，女各有家’。故不同行。”“二女”指离为中女，兑为少女，两者有如姊妹，将来会嫁给不同的丈夫。古代女子以家庭为生活重心，自及笄之后，就以出嫁为主要目标。睽违的现象客观存在，也必不可少。天地以共同育载化生万物为己任，男女阴阳和合诞生人类文明，从不同方面共同呈现了大自然的蓬勃生机。故《彖》有“睽之时用大矣哉”的感叹。

【大象】上火下泽，睽。君子以同而异。

【译文】上为火，下为泽，象征睽违乖离。君子因此求大同存小异。

【解读】睽下兑上离。离象征火，火性炎上；兑象征泽，泽水润下。阴阳之气，上自上而下自下，二者乖背而不相和合，所以为睽。君子观察泽与火都有益于人，但水火相背离，润下炎上个性不同，因此领悟应求大同存小异。

【爻辞】及**【小象】**

初九：悔亡。丧马勿逐，自复，见恶人，无咎。

象曰：见恶人，以辟咎也。

【译文】

初九：悔事消亡。丧失的马不必追寻，自己会返回，见到恶人（低调），没有咎害。

象传：见到恶人（低调），为避免咎灾。

【解读】初九与九四失应，处在低位，所以见到对立的恶人要低调，以避免激化矛盾的祸患。春秋时阳货以家臣干预鲁国政柄，孔子很不满意，不愿与之交往。阳货堪称恶人。但《论语·阳货》载：“阳货欲见孔子，孔子不见，归孔子豚。孔子时其亡也，而往拜之。遇诸涂。”当时孔子如果痛斥阳货以激怒他，则自己处境危险。孔子因而巧加周旋，但又坚持自己的正义立场，于阳货权势膨胀之时并未出仕，终无咎害。表明处睽之时镇定待时很重要。

九二：遇主于巷，无咎。

象曰：遇主于巷，未失道也。

【译文】

九二：在小巷中遇见主人，没有咎害。

象传：在巷道中遇见主人，并没违反处睽之道。

【解读】据《春秋》知，凡礼仪齐备的会见叫作“会”，凡礼仪简省的会见叫作“遇”。九二以阳居阴失正，六五以阴居阳失正。虽九二正应六五，但二者相见只能称为“遇”。九二与六五君臣相遇为阴阳正应，为什么不言“吉”而只曰“无咎”？杨万里认为两者具有“三不幸”导致：“当睽之时，一也；主弱，二也；诸爻皆睽而寡助，三也。其（周）平王、晋文侯之事乎，此所谓小事吉也。不然，（殷）高宗得一傅说，（唐）武宗得一德裕，无咎而已乎！”诚然如是，化刚为柔，小心济睽，终无咎害。

六三：见舆曳，其牛掣；其人天且劓。无初有终。

象曰：见舆曳，位不当也。无初有终，遇刚也。

【译文】

六三：看见车子被拖拽，（牛的双角竖起）驾车的牛受牵制不进，赶车人狼狈得好像受到髡刑和劓刑的罪犯。起初不利，但有好的结果。

象传：看见车被拖拽，六三位不正当。起初不利但有好的结果，六三阴柔遇合阳刚。

【解读】六三爻位爻象同时寓有凶与吉。从凶的方面说，六三以阴处阳有失中正，居下兑之极而软弱乏力，又六三、九四、六五上互为坎，坎性险陷，《说卦》：“其于舆也为多眚”。坎上下俱阴，软弱无力；而中有一阳，其刚不足重载；故车行有灾。六三乘凌九二，上比九四，前后二阳非其所应，故二在后曳其轮，四居前掣其牛。六三想强力前进，但终究不敌九二、九四的蛮横阻挡。有“无初”之凶，狼狈万分，甚至身受酷刑，也是自然。但从吉的方面看，六三居下兑之极，具和悦柔顺之性，小心从事，以免麻烦；又六三与九二、九四下互为离，离有目象，其性为明，思虑前途，早有谋略。六三只要坚持正道，终究会正应上九。一旦阴阳和合，猜疑尽消，转危为安，获终吉。

九四：睽孤遇元夫，交孚，厉，无咎。

象曰：交孚无咎，志行也。

【译文】

九四：乖异孤独之际，遇到善人初九，交之以诚信，虽有危险，却免遭咎害。

象传：诚信相交，没有咎害，九四志向在践行济睽。

【解读】元夫指初九。从爻位爻象看，九四以阳居阴失正，前后承比二阴，又各有所主而无应，故有“睽孤”之象。又四与三、五互卦为坎，坎性险陷，故四有“厉”疾之象。但换角度看，初九与九四都孤独无应，在危境中相逢。九四以阳居阴，秉阳刚之德而行其谦柔，与初九真诚协作并有同德，其间也曾出现危险，但终无咎害，并能合力济睽而终致“无咎”。譬如，三国时孙权、刘备合作，共御曹操。

六五：悔亡。厥宗噬肤，往何咎？

象曰：厥宗噬肤，往有庆也。

【译文】

六五：悔恨消亡。与其宗亲期待遇合，这像咬啮柔嫩的鲜肉一样容易，前往有何灾害？

象传：与其宗亲期待遇合，这像咬啮柔嫩的鲜肉一样容易，前往有福庆。

【解读】从爻位爻象看，五与四、三互卦为坎，坎性险陷，故六五前途藏有凶险，易生悔事。李光地释："案睽之时，小事吉者，径情直行则难合，委曲巽入则易通也。如食物然，啮其体骨则难，而啮其肤则易。九二遇我乎巷，是厥宗之来噬肤也，我往合之，睽者不睽矣。此其所以悔亡也，何咎之有?"六五阴柔而当睽离尊位，柔而失位，原该有悔。然居中位，又下获九二刚直宗亲强佐之应，阴阳和合可排险难，故"悔亡"。程颐援史入《易》云："以周成之幼稚，而兴盛王之治，以刘禅之昏弱，而有中兴之势，盖由任圣贤之辅，而姬公孔明所以入之者深也。"周公旦、诸葛亮即九二之往合主，以中道相交，合乎济睽之道。

上九：睽孤，见豕负涂，载鬼一车。先张之弧，后说之弧；匪寇，婚媾；往遇雨则吉。

象曰：遇雨之吉，群疑亡也。

【译文】

上九：乖异孤独之时，见猪满身泥土，又见一辆大车满载鬼怪在奔驰。先张弓欲射，后又放下弓矢。原来并非盗寇，而是婚配的对象。前往遇到雨则吉利。

象传：遇到雨就吉利，上九众多猜疑都已消失。

【解读】上九处睽卦上极，必返于合。从爻位爻象言，上九阳居阴位失正，正应六三柔弱乏力。上九急于济睽，故求六三和合之心迫切。但六三受前后二阳牵制举步维艰，无法急应上九。上九爱之切而生疑，如杨万里说："然惟天下之至明，为能生天下之至疑；非天下之至明，亦不能释天下之至疑。"上九居上离之极，有至明之象，至明生至疑，所以产生了变态心理，见猪见鬼的幻象，即为苦恋未得的结局。但六三以诚相交，克服困难，执着上应，终于冲破障碍而成全婚姻。上疑冰释，自然化睽为合，终致吉祥。

总结：

睽，火泽，下兑上离。《序卦》说："家道穷必乖，故受之以睽。"家人卦走到尽头，出现的是乖离，人生的聚散离合乃是事理之常，亲如家人也不例外。睽卦主旨在此。睽卦火苗往上，水流注下，两相乖违背离。君子感悟到解决睽违问题，合睽之理是谋求事物的大同，并保存不可同的小异。

睽卦阐述自然界和社会重要的对立统一规律。事物的相互背离是表面现象，而实质相通相合。世间没有绝对的统一，离与合在一定的条件下互相转换。若以体用来说，则前述卦辞所论天地、男女、万物，为"体异而用同"，强调乖离是为了合作。而君子在此所领悟的，则是"体同而用异"，肯定合作而尊重差异。睽隔乖离，在自然界与人间世都有因时而用的必要性。天地不分隔，如何天覆地载？男女若同性，如何繁衍子孙？如果人们不顾事物的根本，好同而恶异，追求无个性的共性，必然引起乖违，造成天下睽而不合、动乱冲突的恶果。反之，如果尊重个性与差异，懂得合睽之道，在事物彼此差异之间寻求一种平衡的结合点，使之相反相成，并存于一体，这就是和，达到了和而不同的理想境界。

睽卦六爻，通过具体生动的事例，立足于经验感受，阐发了“君子以同而异”的合睽之道，旨在解释如何化分为合、存异求同的道理。主要原则是卦辞中所指的“小事吉”，小心行事，可获吉祥。至于在各种情况下该如何小心行事，却很有讲究。有趣的是，睽下三爻的睽分状态，到相应上三爻中都化分为合了。初爻“丧马勿逐”，至四爻“遇元夫”，合了。二爻委曲求遇，至五爻“厥宗噬肤”，合了。三爻“舆曳”“牛掣”，至上爻“遇雨则吉”，合了。范仲淹《易义》借释睽旨而发挥其改革主张，云：“睽，火炎泽润，其性不同，炎从上，润从下，其道违而不接，物情睽异之时也……然则天地万物之理从何而亨乎？故睽之时义不可久也，必变而通之，合睽以成其化。天地睽也，而阴阳合焉；昼夜睽也，而日月交焉；男女睽也，而礼义成焉；上下睽也，而君臣会焉；万物睽也，而情类聚焉。夫未合之时，体乖志疑，动虞蹇难，求援而济者也。故其爻皆以有援免。至于上九，睽极而通，则说弧遇雨，群疑亡也。”北宋中晚期，国家积贫积弱，内外交困，上下乖违，天下离心，处此睽违逆境，如若不思变革，则无出路。故志士仁人力成济睽之道以求其合。仁宗朝，范仲淹推行庆历新政，以改革求团结，如能“君臣会焉”，上下同心，何睽而不可济？国家要兴旺发达，就必须举国团结，而要团结，就必须消除“群疑”，处睽之时求同存异以济睽。

启示：在现实生活中，人际关系处理是很微妙的，不必急于求成。恶人激之，愈激愈睽，先要静心等待事态的发展变化。不仅要异中求同，和衷共济，还要同中求异，保持自己的主见。《论语》的“和而不同，周而不比”，《中庸》的“和而不流”，都是一样的道理：既和睦团结，又不要处处随人俯仰、人云亦云。同时，既然大同之中必有小异，我们在服从多数的同时，也应尊重少数。

三十九

蹇䷦

【卦辞】蹇：利西南，不利东北。利见大人，贞吉。

【译文】蹇卦象征艰难险阻：利于走向西南，不利走向东北。利于出现大人，守持正固可获吉祥。

【解读】从卦爻结构看，上坎为险，艰难险阻横亘在前，这象征蹇卦总体形势。下艮为止，面临艰难险阻，“见险而能止”是理性的明智态度。所谓止，并非意志消沉，畏惧退缩，无所作为，而是指停下来“反身修德”，从主观和客观两方面进行冷静的反思，审慎的估量，谋求应对方法。只有通过反思估量，才能避免轻举妄动，做出正确决策，当行则行，当止则止。

【彖辞】蹇，难也，险在前也。见险而能止，知矣哉！蹇，利西南，往得中也。不利东北，其道穷也。利见大人，往有功也。当位贞吉，以正邦也。蹇之时用大矣哉！

【译文】蹇，行走困难，危险就在前面。见到危险而能停止冒险，明智呵！艰难之时，利于走向西南，前往可得中道。不利走向东北，前往则穷途末路。宜于出现大人，前往必建功立业。居位正当且守持正固可获吉利，可以正定邦国。蹇卦处蹇难之时济困的功用太大啦！

【解读】西南为坤方，坤为顺，前往必顺，又因外卦九五居中，故前往得中。东北为艮方，艮为山、为止，往东北为山所止难行，故前往必道穷而不能脱困。再看爻位，九五位居君位，刚而得中。作为一卦之主，掌控全局，以大中至正之道拯济蹇难，是一个“大人”的形象。紧密团结在“大人”的周围，必能拨乱反正，建立功业，所以说“利见大人，往有功也”。其他爻，除初六外，皆能阴居阴位，阳居阳位，各履其正。特别是六二、九五，既中且正，相互应和，为正邦治国准备了有利条件，所以说“当位贞吉，以正邦也”。

【大象】山上有水，蹇。君子以反身修德。

【译文】高山上有积水，象征行走艰难。君子因此而反省自身，修养道德。

【解读】水在山下，奔流到海，无所阻碍。水在山上，则有千岩万壑的阻拦，有蹇难之象。君子观此象，明白短期不能克服困境，便提醒自己反身修德，增长才能以越险。这种蹇难，固然由多种客观原因造成，但从谋求应对方法的角度看，应当“反身修德”，努力提高自身的品德修养和决策水平。反求诸己，从客观回到主观，反过来追问自己对客观环境的认识是否正确，选择是否恰当，从主观上找原因，去克服蹇难。

【爻辞】及**【小象】**

初六：往蹇，来誉。

象曰：往蹇来誉，宜待也。

【译文】

初六：前行遇险，归来却获荣誉。

象传：前行遇险，归来却获荣誉，适宜等待时机。

【解读】从爻位爻象看，初六以阴居阳，上与六四无应，位处下卦艮卦之初，举足欲前势必陷于上体坎险之中，故爻诫其“往蹇”。初六势弱力柔，见险而止，识时退处，其智谋识见超俗脱凡，故爻有“来誉”之称。

六二：王臣蹇蹇，匪躬之故。

象曰：王臣蹇蹇，终无尤也。

【译文】

六二：王的臣子历尽重重艰险，不是为了自身私事。

象传：王的臣子历尽重重艰险，最终无忧。

【解读】六二以柔居阴，本不具备济蹇出险的能力。但为报答正应的九五君王，忠心耿耿，奔赴蹇难，所以无论成败皆无过错。《离骚》云：“余固知謇謇之为患兮，忍而不能舍也！”屈原爱国忠心，彪炳千古。再如明相张居正大力推行变革，延续了明朝国祚数十年。虽然身死之后，受尽神宗及奸邪之人的报复，被斥为权奸。但其謇謇谔谔，垂誉青史，后人自有定论。

九三：往蹇，来反。

象曰：往蹇来反，内喜之也。

【译文】

九三：往遇险难，（不如）返回来。

象传：往遇险难而返回来，内部阴柔者对此十分欣喜。

【解读】九三虽刚，位居下体艮，往前一步即险难，所以不能贸然涉险。返回原处，居守本位才为适宜，故曰“来反”。来知德说：“来反者，来反而比于二也……六二忠贞之臣，但其才柔不能济蹇，蹇而又蹇，思刚明之人以协助之，乃

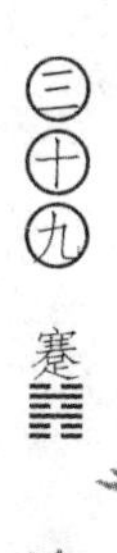

其本心，所以喜其反也。”下体艮中其他二阴爻乐于亲附，故“喜”。所谓“来反”，并非倒退，而是面临蹇难，首先站稳脚跟，详加观察，积聚力量，待时而动，以便伺机越险。

六四：往蹇，来连。

象曰：往蹇来连，当位实也。

【译文】

六四：往前走遇险难，归来与九三等爻相联合。

象传：往前走遇险难，归来与九三等爻相联合。六四当位上下皆为阳实。

【解读】六四爻位，已升至上坎之初，再前一步，立刻溺于坎陷“大蹇”之中，愈陷愈深，难以自拔。但若退回原位，与初六无应，又面临着乘凌九三阳刚，可说是处蹇之时，进退失据，举步维艰。而且六四之难，并非自惹麻烦，而由其特定时位决定，个人无法左右。处蹇难之时，六四该如何应对呢？应联合其他力量，共渡难关。赤壁之战前，曹军数十万南平荆州，刘备抗曹，兵只数千，如若前往决战，必致灭顶。所以诸葛亮劝刘退避，以免陷于蹇难之中，并且过江联合东吴，孙刘联兵，最终取得火烧赤壁的胜利。

九五：大蹇，朋来。

象曰：大蹇朋来，以中节也。

【译文】

六五：大难中朋友来助。

象传：大难中朋友来助，得中道而有节操。

【解读】程颐曰：“五居君位而在蹇难之中，是天下之大蹇也。当蹇而又在险中，亦为大蹇。”据爻位爻象看，五居君位，为蹇之主，处上体坎陷之中，故集“大蹇”于己身。朱熹云：“凡人臣之蹇，只是一事，至大蹇须人主当之。”朱熹是说，因为九五之君，象征国家，故其处蹇之时，所有险难尽集其身。其蹇非一而大，故谓之“大蹇”。九五与六二正应，二虽力弱，难济大蹇，但九三以刚健之阳“来反”于六二，六四又“来连”于九三，通过六二“王臣”，联合了众多阳刚之臣济五之大蹇。九五履中得正，济蹇得到广泛支援，所以称“朋来”。

上六：往蹇，来硕，吉。利见大人。

象曰：往蹇来硕，志在内也。利见大人，以从贵也。

【译文】

上六：往前行走遇险难，归来可建大功，吉祥。利于出现大人。

象传：往前行走遇险难，归来可建大功，上六的志向在于联合内卦的九三共同济蹇。利于出现大人，说明上六应当归顺尊贵的九五大人。

【解读】上六已在全卦之极，不可能再向前了。据《易》理，该是蹇极运转的矛盾转化之时。于是回归，上六以阴居阴，与阳刚九三相应，且求助于九五。有九三、九五相助，济蹇大功告成。《周易折中》引《朱子语类》云：“诸爻皆不言吉，盖未离乎蹇中也。至上六‘往蹇，来硕，吉’，却是蹇极有可济之理。”诚如所论。蹇上下卦体反转则为解卦，象征险难消解。

总结：

蹇卦上坎为险，下艮为止。一方面，艰难险阻横亘在前，蹇卦总体形势无可逃脱。另一方面，面对艰难险阻，“见险而能止”，清醒理性。当人们处蹇难之世，既不可张皇失措、急躁冒进，也不可悲观消极、不图进取。必须审慎冷静，对现实处境予以科学的理性分析。以忧患之心，思忧患之故，以谋求切实可行的对策。温室里培育不出参天大树，不经历风雨难以见彩虹。艰难困苦不一定是坏事，有时是人生不可或缺的宝贵财富。

蹇卦自初至五，皆无法出蹇以济，而上六则因其所处的特殊时位而致吉。不过卦画时位也明示上六阴柔乏力而难独济其蹇，而必须借助明智的清醒指挥，与强有力的支持，故爻称“利见大人”。大人指九五位居君位，以大中至正之道拯济蹇难。这说明，上六建功立业之“吉”，非个人之功，而是上下大众同心济蹇的结果。同样，在时代风雨的济蹇越险中，领袖的正确领导与指明方向，非常必要。以企业为例，现代企业特别是濒临破产的企业，常能逢凶化吉、起死回生，必与“大人”把握时机而果敢决断有关。没有正确的领导，只消极坐待矛盾转化，常把自己推入万劫不复的灾难深渊中。所谓时不我待，稍纵即逝。一旦丧失时机，上六何来出蹇之吉？除初六外，其他各爻，爻皆当位，“当位贞吉，以正邦也”，为正邦治国提供了有利的前提。

蹇卦上坎象征水，象征智慧，下艮象征仁爱仁慈。艮有止、定、静之德，定能生慧。《大学》云：“知止而后有定，定而后能静，静而后能安，安而后能虑，虑而后能得。”艮又有躬身、自省和反察自我之德性。

蹇之智慧在于，当发生险难、遭遇困境时，一定要思考反省，寻找错误。认真选择，慎重规划。且要痛定思痛，改变错误的思想观念、价值观，选择正确的方向和道路。尤应注意，第一，济蹇是一个长期而艰苦的过程，欲速则不达。第二，在济蹇斗争中，无论怎样艰难困苦，危险万分，都不能丧失勇气，坚持就是胜利。第三，在逆境中，要善于分析敌我强弱情势，知己知彼，一切从实际出发来制订合理的计划。同时，主动寻求善缘，寻求指导和引路。开阔眼界，开启智慧，坚守正道则最终会吉祥。

四十

解䷧

【卦辞】 解：利西南。无所往，其来复吉。有攸往，夙吉。

【译文】 解卦象征险难消解：利于走向西南。没有险难就无须前往，回归原处可获吉祥。出现险难就要有所行动，越早处理越有利。

【解读】 解卦继蹇卦发展而来，象征蹇难消解。《序卦》说："蹇者难也。物不可以终难，故受之以解。"从卦爻结构看，下坎为险，上震为动。坎的喻象是雨，震的喻象是雷。雷雨已作，阴阳已和，象征矛盾已解除。震动于坎险外，如果遇险不动，则无由解难。动在险中，亦未能免咎。解卦取象于动乎险外，正是意味着险难的形势得到缓解。国家刚刚解难之时，应该休养生息。无事宜静不宜动，有事宜速不宜迟。

【彖辞】 解，险以动，动而免乎险，解。解，利西南，往得众也。其来复吉，乃得中也。有攸往，夙吉，往有功也。天地解而雷雨作。雷雨作而百果草木皆甲坼。解之时大矣哉。

【译文】 解脱，置身险境而去行动，因行动而免去危险，这就是消解险难。险难消解，利于走向西南，这样做将会获得民众拥护。回归原处可获吉祥，这样就能合宜适中。出现险难就要有所行动，速去处理可获吉祥，说明前往解难可以建功。天地阴阳交感，而雷雨大作。雷雨大作，而百果草木都绽开外壳，开始萌芽。险难消解之时的作用太大啦！

【解读】 从卦体卦象看，上震为雷，其性震动；下坎为水为雨，其性险陷。《象传》云："雷雨作，解。君子以赦过宥罪。"就卦象言，上雷下雨，雷雨交作，以消解天地万物之屯难。屯是下震上坎，而屯之下震升至上体，上坎降至下体，则为解。雷雨大作，为万物复苏创造条件。有难而止是蹇，有难而能出则是解。彖之"险以动"，险指下坎，动指上震，越险而动，出于外而免于危厄，也即消解蹇难。“利西南”而“往得众”，如结合周初形势，指周民族兼并西南戎狄地区以后，形势和平，获得民众拥护，故积聚了强大实力，具备伐殷去暴的条件。其深层含义：指在消解险难之时，让民众休养生息，施行安国养民的政策，将会获得民众支持。“其来复吉”，孔颖达云：“无难可解，退守静默，得理之中。”意指九二以刚居柔，因刚柔并用而适中。既要行柔顺，又要行刚直。“往有功”者，则指敏锐地观察社会的动向，其难方生，就应迅速排险救危。如此果决，则能建功立业。“雷雨作”而难解，则是消解屯难，将雨未雨的屯蹇顿时化作惊蛰雷雨。屯上坎雨云已化为解卦下坎雨水，万物复苏，苍生得济，于是花草树木萌芽绽蕾，天地间欣欣向荣。所以《象》对解卦的伟大功效赞叹不已。

【大象】雷雨作，解。君子以赦过宥罪。

【译文】雷雨交作，象征纾解。君子效此赦免过失，宽宥罪犯。

【解读】雷行于上，雨降于下，以消解天地万物之屯难。草木发芽，大地生机勃勃。君子因此明白减轻刑法，多施恩泽。因为蹇难消解之后，在和平的环境中，有条件也有必要对犯罪的人们进行改过教育，这样促进社会和谐稳定，社会才能蓬勃发展。

【爻辞】及**【小象】**

初六：无咎。

象曰：刚柔之际，义无咎也。

【译文】

初六：没有灾害。

象传：初六与九四，阳刚与阴柔交接，按道理说没有灾害。

【解读】胡炳文《周易本义通释》说：“恒九二‘悔亡’，大壮九二‘贞吉’，解初六‘无咎’，三爻之占只二字，其言甚简，象在爻中，不复言也。”《伊川易传》云：“患难既解，安宁无事，唯自处得宜，则为无咎矣。方解之初，宜安静以休息之。爻之辞寡，所以示意。”初六爻辞没有取象，吉凶尽在爻位爻象中。悲观地看，初六居下坎之初，阴居阳位非正。此时虽处解卦之始，但其解难之力尚弱，故仅称“无咎”而难致大吉。乐观地看，初六处解之初，以阴应阳，以柔济刚，阴阳和鸣而刚柔得宜，何咎之有？

九二：田获三狐，得黄矢；贞吉。

象曰：九二贞吉，得中道也。

【译文】

九二：田猎时捕获三只狐狸，（因为）获得（刚劲中直的）黄色箭头；守持正固可获吉祥。

象传：九二守持正固可获吉祥，因其得于居中之道。

【解读】 从爻位爻象看，九二以阳居柔处中，上应六五，阴阳和谐而刚柔相济。王臣刚健中正，其力足以解蹇济困，因而获得君主的信任。如能勤勉国事，持守正义，必致吉祥。据《说卦》知，九二与六三、九四互卦为离，离有兵戈之象，故以“获三狐”“得黄矢”为喻象。初六力弱守静待时。九二阳刚中正，借上应六五之机，积极为国家除掉一些卑劣小人的隐伏之患，主动解难以建功业。中唐元和年间，河北三镇割据河北，淮西叛镇跋扈河南，朝廷不安，国家震荡。宪宗虽有心统一天下，期望平叛，但因群臣反对而犹豫不决。此时宰相裴度等力排众议，上应宪宗，坚决主张出兵淮西以去其心腹之患。淮西讨平，河北三镇慑服，次第归顺朝廷。裴度主张统一而率兵出征，义正词严，光明正大，如爻称“得黄矢”。而荡平淮西及河北三镇复归，如“获三狐”。国家一度出现中兴局面，可谓“贞吉”。

六三：负且乘，致寇至，贞吝。

象曰：负且乘，亦可丑也。自我致戎，又谁咎也。

【译文】

六三：背负货物又乘车，招致盗寇来打劫，需守持正固，以防憾惜。

象传：背负货物又乘车，行为太丑陋了。自己无德招致兵戎之难，又该怪咎谁？

【解读】 六三阴柔失正，乘凌九二阳刚之上，攀附于九四，乃小人本性。《系辞传上》：“负也者，小人之事也；乘也者，君子之器也。”小人占用车子，导致贼寇以此为由找上门。《周易折中》云：“盖上亵其名器，则是上慢，如慢藏之诲盗；下肆其贪窃，则是下暴，如冶容之诲淫。夫是以贼民兴而国家受其害，难又将何时而解乎？”人君轻慢，不举贤授能，而宠任奸佞，使小人窃据高位而肆暴于下，因其“负且乘”而致寇。居上位不顾国家朝廷之名器，应负重要罪责。故六三隐患之害会祸及国家与民族，不可不戒惧。汉献帝末年，宦官擅政，外戚专权，军阀割据。为灭宦官，大将军何进借诏召西凉军阀董卓率兵进京，假以名位。结果是董卓至而天下大乱，加速了汉朝灭亡。何进引贼兵以解难，结果反而是难上加难，也自致灭顶之灾。此可谓“致寇至”。

九四：解而拇，朋至斯孚。

象曰：解而拇，未当位也。

【译文】

九四：像解开被缚的拇指一样摆脱小人，朋友至此才会诚信相应。

象传：像解开被缚的拇指一样摆脱小人，九四不当位。

【解读】 从爻位爻象看，九四已从下体坎陷中脱出，升至上体震初。震性动，下与初六正应，上比六五有助，应有所行动来排除险难。但九四不中不正，又与六三、六五互卦为坎，表示有处坎陷之难，易被小人纠附。所以九四利用阳刚本性，驱逐小人纠缠。去除了小人，志同道合的朋友应声而至。君子与小人，道不同不相为谋。小人不去，君子不至。故古往今来，亲贤远佞之声不绝于耳。朋友交往，也有益友、损友之辨。

六五：君子维有解，吉。有孚于小人。

象曰：君子有解，小人退也。

【译文】

六五：君子被捆缚又获解脱，吉利。诚信感化小人。

象传：君子解脱险难，小人畏避退缩。

【解读】王弼注："居尊履中而应乎刚，可以有解而获吉矣。以君子之道解难释险，小人虽间，犹知服之而无怨矣，故曰'有孚于小人'也。"六五乃一卦之主，厉行解难，小人被感化。朋友皆至，又感化小人，故六五得道多助。《周易折中》释曰："盖'朋至斯孚'者，君子信之也；'有孚于小人'者，小人亦信之也。君子信，故乐于为善；小人信，故化而不为恶。往往国家有举错，而小人未革心者，未信之也。信则枉者直，而不仁者远矣。"诚信感化小人，可见榜样力量的无穷。

上六：公用射隼于高墉之上，获之，无不利。

象曰：公用射隼，以解悖也。

【译文】

上六：王公射击盘踞于城墙之上的鹰隼，射获它，无所不利。

象传：王公射击鹰隼，上六解除悖逆者造成的险难。

【解读】上六下对六三，六三阴邪居下体上爻，如同恶隼盘踞于高墉。《系辞传下》引孔子言释之："隼者，禽也；弓矢者，器也；射之者，人也。君子藏器于身，待时而动，何不利之有？动而不括，是以出而有获，语成器而动者也。"孔颖达发挥曰："言射隼之人既持弓矢，待隼可射之，动而射之，则不括结而有碍也；犹若君子藏善道于身，待可动之时而兴动，亦不滞碍而括结也。"《东坡易传》亦云："夫欲毙所争而解交斗，惟不涉其党者能之，故高墉之隼，惟上六为能射而获也。"上六释义引人深思，蒋凡归为两点。第一，六三小人如恶隼之跻登高墉，方可射击。如果六三藏而不露，则应关弓待发，时不至不动，时至则发，发则必中，此解难成功之法。第二，六三位处下体，但却能跻升高位，窃据要津，又说明了隐患的发展。需警惕旧患才解，新患又来。

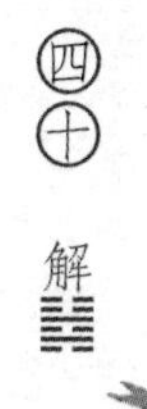

总结：

黑云压城城欲摧，一阵电闪雷鸣之后，狂风大作，树木乱摇，大雨倾盆，瞬间水流成河。这是一种高度紧张得到瞬时释放的畅快感觉。雷雨来得快去得快，停歇之后，天色明亮起来，空气像被清洗过一样湿润清新，人们感到

心旷神怡，格外舒畅。这种情境比喻人生陷入蹇难状态，解卦帮助人们从蹇难中解救出来，脱离苦海。

蹇难解除之初，需要和平安宁、休养生息的环境。卦中二阳刚健有力，是解难重臣，由他们协助君主推行解道。卦中四阴，初、五、上三爻皆为解悖君子，唯六三是“负且乘”而“致寇至”的小人。初六以柔处刚，上应九四，刚柔相宜。虽力弱不足以排解大难，起初待时静守，无咎。六五以柔德居中为君，并获二、四鼎力相助，上下交孚，天下归心，故能排除万难。上六则因处震终解极而建功，如《象》云：“公用射隼，以解悖也。”唯六三媚上乱下，钻营投机而窃据高位。故君子需提防旧难才解，新难又起。维护安平环境要从两方面入手：第一，无难之时以“来复”安居为吉；第二，有难之时则以速去解决为吉。和平时期最可怕的是一小撮坏人隐藏起来，窃据高位，制造内部隐患。因此，君子必须清除小人，消除旧害，规避新患。险难能否解除，使总体形势朝着大治的方向顺利发展，避免逆转而为乱世，其关键在于决策是否合理，行为是否合理，特别是宏观战略能否适应环境的变化，处理好有为-无为的关系。在解缓之世的初始阶段，应当实行无为的战略，而不可有为。西南为坤卦所在的方位，象征险难已解，平坦的大地，可以休养生息，恢复元气。此时应秉承坤之厚德载物的精神，宽厚平易，以柔道治天下。因为经历了长期的动乱进入解缓之世，如从崇山峻岭来到广阔平原，人们迫切需要安定，休养生息必大得民心。

社会具有内在的自我调节功能，所以动乱与稳定、冲突与和谐是一个往返来复的过程。当动乱冲突的因素得到缓解，稳定和谐的秩序正在恢复，切不可急躁冒进，去干扰破坏这种自我调节的功能。老子曾说：“我无为而民自化，我好静而民自正，我无事而民自富。”这种无为的战略合乎事物之所宜，是为“得中”。

解卦强调柔道致治，应坚持中庸正直的原则，任用得当，名实相符，凡事不可敷衍。除恶务尽，不惜采取严厉手段。小人势消，君子势长，才能得到正义力量的信任与支持，使困难消除于无形。汉乘秦之弊，适时休养生息，为汉朝的强盛奠定了基础。但另一方面，虽然总体形势朝着好的方向发展，动乱冲突的因素仍然存在。加上纪纲未立，法度未明，不可苟且偷安，而要力求修复治道，取得实效，早日得吉。如汉文景时，一面继续休养生息，一面采取削藩等政策，以强化朝廷的集权。这种无为与有为灵活运用“夙吉”的处解之道，源于对自然规律的深刻认识。就阴阳二气而言，有时也会否结不通，睽乖背离。只有当阴阳和合，交相感应，才能雷雨普降，大地百花齐放，万物欣欣向荣。

于个人而言，要解除大难，需诚信待人以获得众人支持，且坚守中正。个人大难解除，却不能认为从此万事大吉，因为新挑战又在面前。同时，启示人们，要像暴雨给万物带来生机一样，君子也应赦免和饶恕那些犯错之人，使他们也得以解脱和获得新生。

四十一

损䷨

【卦辞】 损：有孚，元吉，无咎，可贞，利有攸往。曷之用？二簋可用享。

【译文】 损卦象征减损：有诚信，至为吉祥，必无咎害，可以守持正固，宜有所往。用什么祭祀鬼神？二簋食品就可奉献祭祀。

【解读】 陈梦雷依《伊川易传》发挥说："损卦下兑上艮，取损下益上之义。其说有四：山体高，泽体深，下深而上益高，一也；泽在山下，其气上通，润及草木，二也；下为兑说，三爻皆上应，说以奉上，三也；损下乾刚而益柔，益上坤柔而成刚，四也。损上益下谓之益，损下益上谓之损。譬损墙上之土以培基，则安益也；取墙基之土以增其高，必危损矣！散君惠以结民心，益也；剥民以奉其上，损矣。"损之道唯在心诚，不必损之过甚，而务以丰物益上。根据卦变的规律，损卦由泰卦变来，减损下乾的第三爻，增加上坤的第三爻，损下益上，便得到损卦。

【彖辞】 损，损下益上，其道上行。损而有孚，元吉，无咎，可贞，利有攸往。曷之用？二簋可用享。二簋应有时，损刚益柔有时，损益盈虚，与时偕行。

【译文】 减损，减损下阳而增益到上，阳道上行。虽然受损而有诚信，至为吉祥，必无咎灾，可以守持正固，宜有所往。用什么祭祀？只需二簋的祭品就可奉献祭祀。二簋祭品应合其时，减下阳刚而增上阴柔也应当应合其时，或损或益，或盈或虚，要因时机而变通。

【解读】 减损百姓的利益以供给王族，呈现自下而上的运行方式。要这么做必须"双方都有所收获，大吉大利，没有什么灾祸，称心"。这种用两簋粗食祭享神灵的做法，一定要在适当时机进行，减损阳刚以补给阴柔也要在恰当时机进行。所以说，损益盈虚，都应顺应天时。

【大象】 山下有泽，损。君子以惩忿窒欲。

【译文】 山下有深泽，象征减损。君子因此抑止忿恨，窒塞邪欲。

【解读】 宋代朱震《汉上易传》：“山下有泽，则山日以削，泽日以壅。”泽水侵蚀山根会使土石削落而日益减损，而山壅塞于泽内又会使泽水缩小而日益减损。

【爻辞】 及 **【小象】**

初九：已事遄（chuán）往，无咎；酌损之。

象曰：已事遄往，尚合志也。

【译文】

初九：完成自我修养之事就迅速前往辅助尊者，不会有咎害；但要酌情减省自己。

象传：完成自我修养之事就迅速前往辅助尊者，与上六四心志相合。

【解读】 “已事”，事已的倒装。从爻位爻象看，初九处损初始，所损未多，阳刚健壮之气正盛。初九以刚居阳，六四以柔居阴，二者正应。六四居近臣之位，但阴柔力弱，在上急待下面增益援助。初九适居下兑之初，兑性悦，故欣然往上增益六四尊者。其时上下相应，阴阳和谐。所以初九损己益上，符合损道。

九二：利贞，征凶，弗损，益之。

象曰：九二利贞，中以为志也。

【译文】

九二：宜于守持正固，急于前进则有凶险，不要损减自己，就能增益对方。

象传：九二利于守正，守持中道以为自己志向。

【解读】 “损”，即损有余以补不足。二为阳居柔中之地，刚柔适宜，无多剩余；五以柔居全卦之中，职守君位，刚柔适中，无须待人增益。上无须益而妄上益君，则有屈己谀人、剥下媚上之嫌，君子不愿为。东晋淝水之战非常吻合此处“弗损，益之”的深意。前秦苻坚率百万大军，直逼江南。当时，东晋驻节荆襄的桓冲急于派兵增援朝廷。但宰相谢安分析敌我形势，婉谢桓冲好意，指示荆襄部队不可盲动援京，以形成中下游战线的掎角之势。荆襄与京城建康遥相呼应，最终淝水一战，晋军主力大获全胜。

六三：三人行则损一人，一人行则得其友。

象曰：一人行，三则疑也。

【译文】

六三：三人出行（因不能同心）则一人离去，一人独行则可得到朋友。

象传：一人独行可找到朋友，三人同行则互相猜疑。

【解读】 三人指三、四、五爻。前“一人”指上九，后“一人”指六三。陈梦雷说：“一人行而得一人为友，三则疑其所与，理当损去其余也。然细绎此爻取象，不过谓有余在所当损，损而得当，则为得友耳。夫子《系辞》以男女言

之。盖阴阳对待，不容或过，犹男女有偶，不容或参。故道有宜损者耳。非谓取友者，有取于二而不容有三也。若以辞害意，则不可通矣。”借男女双方携手才圆满的情事，很好地表达了“损有余，补不足”的卦旨：三为多，为有余；一为少，为不足。

六四：损其疾，使[①]遄有喜，无咎。

象曰：损其疾，亦可喜也。

【译文】

六四：自我减损错误，能使他人速来相助，必有喜庆，没有咎害。

象传：自我减损错误，也是大喜事。

【解读】程颐说：“四以阴柔……损不善以从善也。”六四以阴居阴，要减损柔弱，乐于改过从善，才能获得初九的援助。春秋时郑国因国小力弱，夹在晋、楚、齐诸大国之间而每每见侮，且疲于应付。子产执政，毅然改革，招致国人激烈反对，聚在乡校讥诋时政。据《左传·襄公三十一年》载，有人建议子产毁乡校以弭谤，子产答道：“何为？夫人朝夕退而游焉，以议执政之善否。其所善者，吾则行之；其所恶者，吾则改之：是吾师也。若之何毁之？我闻忠善以损怨，不闻作威以防怨。岂不遽止？然犹防川，大决所犯，伤人必多，吾不克救也。不如小决使道，不如吾闻而药之也。”子产把时人批评意见当作良药，对症下药，从而获益。子产改革使郑国渐强，周旋于大国间而稍有舒解。

六五：或益之十朋之龟，弗克违，元吉。

象曰：六五元吉，自上祐也。

【译文】

六五：有人进献价值十朋的宝龟，不可辞谢，至为吉祥。

象传：六五至为吉祥，来自上天保佑。

【解读】六五柔居阳位而得中，因此刚柔适中。自损而不自益，颇得天下人的好感，有人诚心送来价值十朋之龟。当此之时，六五不能拒绝别人善意的帮助，如此便获得吉祥。

上九：弗损益之，无咎，贞吉，利有攸往。得臣无家。

象曰：弗损益之，大得志也。

【译文】

上九：不要损减自己，就能增益对方，无咎害。守持正固可获吉祥，宜于有所前往。得到臣民拥戴，不限于一家。

象传：不要损减自己，就能增益对方，则上九大得施惠天下的心志。

【解读】上九以阳刚居损卦之终，损下益上势必转化为损上益下。上九受益

---

① 使，帛书《周易》作“事”，此与初爻“已事遄往”对应，故以帛书《周易》为是。

于下已多，无须自损便能施惠其下。

总结：

得与失，永远纠缠着人们，也是我们认识人生的一把钥匙。在生活中，人们常因得到而欣喜，因失去而悲伤。但“得”与“失”其实是人生的一种常态，或应以辩证的眼光来解读。所谓“塞翁失马，焉知非福”。有时貌似失去了，其实却正得到；有时表面得到，实却在失去。树木舍得落叶，方能迎来新春。人生亦然，能舍才能得。该如何把握舍—得的尺度呢？身处不同立场、不同人生阶段的人们，又该舍弃哪些，人生才能最终获益？

损卦是谈减损自己的卦。包括：① 如何在不得已时适当减损自己部分利益而去追求更大的利益；② 如何不用损己就能利人。

损卦重在喻示“损下益上”。卦辞指出，“减损”之道应以“诚信”为本，才会“元吉，无咎，可贞，利有攸往”。并且只要心存诚信，微薄如二簋粗茶淡饭，也足以奉献。六爻分上下体抒发“损益”之义：下三爻在下自损，与上三爻居上受益两两相对。初九“酌损”己刚“遄往”应四，与六四“有喜”相对；九二不自滥损，“守正”益上，与六五受益“十朋之龟”为对；六三当以“专一”之诚益上，与上九“得臣无家”为对。下卦有“酌损”“弗损”及“三人行则损一人”之诫，可见旨在“损所当损”。上卦四、五爻以阴居上，虚己谦下而受益，并见“损中有益”。至于上九居卦之巅，因所受之益，反广益于下，阐释了损、益互相转化的哲理。“自损”者损极必获益，“受益”者益极当益人。诚如杨万里说：“此所谓损不善以益其善也。观兑之说，君子得之以惩其忿；观艮之止，君子得之以窒其欲。人之一性如山之静，如泽之清。其忿也，或触之；其欲也，或诱之，岂其性哉！深戒其触之之端，逆闭其诱之之隙，损之又损，则忿欲销而一性复矣！”损益之间必须孚诚守正，损益之际必须适合其时，保持平衡。如此，才符合“损”道。

启示：要理性平和地看待损，才能做出无咎元吉的决定。第一，按常理损己益人应该提倡。损不是单方面的损，而是利人、利己的损。所以应损则损，决不吝惜。比如积聚了一定力量，闻知他人有求，便倾力前往相助，实为助人表率。第二，深谙损下益上之道，高妙尽在“弗损益之”中。倘若不损己而能益人，岂不更好？这当然是损卦的最高境界，实现了损卦所追求的目标。因此，损益的原则，应根据实际情况灵活把握和运用。第三，“君子以惩忿窒欲”，应克制一己贪欲，摒弃低级趣味，培养高尚品德。与朋友相互帮助，就会有收获。简言之，只要有诚意，用其心法以修德处世及理性地“处损”，就可因损得益，获得宝贵的处世经验，而受益无穷！

四十二

益䷩

【卦辞】 益：利有攸往，利涉大川。

【译文】 益卦象征增益：利于有所前往，利于涉越大河。

【解读】《序卦》云："损而不已必益，故受之以益。"按照卦变规律，益卦由否卦变来。损上体乾之九四，增益下体坤之初六，变为六四与初九。益卦，下震上巽，下震象雷，其性动。上巽象风，其性顺。风雷激荡，威势相生，故用以比喻增益。又震为东方，东风为长养之风，故用寓意增益。君子抓住时机，利于有所作为。

【彖辞】 益，损上益下，民说无疆，自上下下，其道大光。利有攸往，中正有庆；利涉大川，木道乃行。益动而巽，日进无疆；天施地生，其益无方。凡益之道，与时偕行。

【译文】 增益，减损于上增益至下，民众喜悦无穷，统治者自上而下施利于在下的百姓，其王道必定大为光明。有利于有所前往，是因为尊者居中得正，天下必有喜庆；利于涉越大河，是因为有木舟渡水征途通畅。增益之时下者震动上者巽顺，功业就能日益发展不可限量。上天施降利惠，大地受益化生，增益的作用无所不在。总观增益的道理，都是配合时机酌情进行的。

【解读】 上体的阳爻增益到下体的初位，象征天施阳气于地。下体的阴爻往上居于四位，象征地化生万物而上长。如此阴阳互动，天施地生，显示增益之道在大自然中作用无所不在。增益有时，故王弼注曰："益之为用，施未足也；满而益之，害之道也。故'凡益之道，与时偕行'也。"

【大象】 风雷，益。君子以见善则迁，有过则改。

【译文】 风雷相助，象征增益。君子因此看见善行就倾心前往，有过失就迅速改正。

【解读】《周易折中》云："雷者，动阳气者也，故人心奋发而勇于善者如之；风者，散阴气者也，故人心荡涤以消其恶者如之。"《象传》改变视角，从社会伦理角度看问题，引导人们观益卦象，能迁善改过，以此交相增益己德，重在强调修身之道。

【爻辞】及【小象】

初九：利用为大作，元吉，无咎。

象曰：元吉无咎，下不厚事也。

【译文】

初九：宜于大有作为，至为吉祥，必无灾咎。

象传：至为吉祥，必无灾咎。初九处位低下，本来不能胜任大事（但此时获助益则可以大有所为）。

【解读】《周易折中》认为全卦损四益初，初九受益最多，当为成卦之主。初位"自上下下，其道大光"，有处下获益之象。要义说："必大为益人之事，然后可以自受其益。非然，则受大益者乃所以为大损矣。"从爻位爻象看，初九处下震之始，阳气初生而位正。又上应六四，阴阳相和，震初始动，所以利于大有作为以获增益。处在该益则益之时，随时就势增益，必无咎害而致其元吉。读此卦，可与《老子》善处下思想相参比。

六二：或益之十朋之龟，弗克违，永贞吉。王用享于帝，吉。

象曰：或益之，自外来也。

【译文】

六二：有人奉送了价值十朋的宝龟，无法辞谢，永久守持正固则吉祥。王得此宝龟享祭上帝，吉祥。

象传：有人奉送价值十朋之龟，是从外部而来。

【解读】孟子曾对弟子公孙丑说："夫苟好善，则四海之内皆将轻千里而来告之以善。"同道相应，为善者人应之以善。程颐云："六二处中正而体柔顺，有虚中之象。人处中正之道，虚其中以求益，而能顺从天下，谁不愿告而益之？"六二中正，虚怀若谷，好善不已，则受人增益，不求而至。受此天奉，自不能虚与委蛇，假言推辞，而应永葆中正，则无不吉。

六三：益之用凶事，无咎。有孚中行，告公用圭。

象曰：益用凶事，固有之也。

【译文】

六三：在荒年赈济百姓，必无咎害。要心存诚信，执中慎行，像执玉圭告于王公一样的虔敬。

象传：在荒年赈济百姓，六三应做的分内事。

【解读】益之六三，阴居阳位，过中失正。若爻变为阳，则下互之卦为坎，

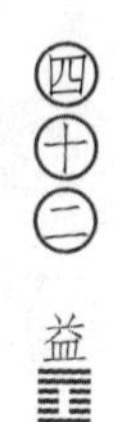

坎象水，性险陷，故爻诫以“凶事”。但六三与上九正应，能获上救益；又六三与二、四互卦为坤，坤象为众，其性顺，有获众助之象，故爻称“无咎”。六三不当位而受益至多，不可因益忘忧，纵欲妄为，而应当守信持中，时时像执圭告公一样诚敬不苟。为政者当思救死扶伤，“凡民有丧，匍匐救之”，便能共济难关。

六四：中行，告公，从；利用为依[1]迁国。

象曰：告公从，以益志也。

【译文】

六四：持中慎行，致意王公，必能得到他的认同支持。利于依附君上迁都益民。

象传：致意王公，必能得到他的认同支持，因为六四有增益天下的心志。

【解读】 六四近臣之位，阴处阴位得正，居上巽之始，受下震之动，其性驯顺，承靠九五而有益下之志。按约卦旧例，益卦䷩九五、上九合为一阳，中间二、三、四合为一阴，再加上初九一阳，则约卦成离☲。离象火，性为明，光明照耀而洞明事理，故其作为，自然合乎中道。六四虽主益下，但不在君位。虽有益民之志，但迁都大事，还是要依附君上。

九五：有孚惠心，勿问元吉，有孚惠我德。

象曰：有孚惠心，勿问之矣。惠我德，大得志也。

【译文】

九五：怀抱真诚信实地施惠天下的心愿，毫无疑问是至为吉祥的。天下人也必将真诚信实地感惠报答我的恩德。

象传：怀抱真诚信实地施惠天下的心愿，无须多问。天下人也必将真诚信实地感惠报答我的恩德，其损上益下的志向大行。

【解读】 九五以阳刚中正之德尊居君位，下应九二。犹如心怀诚信惠下，系念损己益物，故不待问必有元吉。朱熹云：“上有信以惠于下，则下亦有信以惠于上矣，不问而元吉可知。”吕祖谦也说：“人君但诚心惠民，不须问民之感，如此然后元吉，民皆交孚而惠君之德也。苟惠民而先问民之感与不感，是计功利，非诚心惠民者也，安能使民之乐应乎？”这是从仁心的境界和角度来审视统治者惠民之举。

上九：莫益之，或击之；立心勿恒，凶。

象曰：莫益之，偏辞也。或击之，自外来也。

【译文】

上九：得不到增益，反受到人攻击。居心不能恒安其位，有凶险。

[1] 依，帛书《周易》作“家”，或以帛本为是。

象传：得不到增益，上九单方面发出求益之辞。有人攻击，自外部而来的凶险。

【解读】上九处益卦上体，本该像六四、九五那样坚持益下。但他立心无恒，自求增益反受损。从爻位爻象看，上九虽下应六三，但六三处下体而求益者，没有能力增益他人。上九以阳刚亢盛居益极顶，变损上益下的方针为损人利己之心。躁动强人益己无度，毫无惠民之心。无益于下，则民众态度大变，不仅不应上九诉求，反而敌视排挤。杨万里云："以善益己，己益而人不损；以利益己，人损而己不益。上九居益之极，位益之亢，而刚以上人，此非以善益己也，利而已。利之所在，可均而不可偏。上九不均之以益人，而偏之以益己，偏之以益己而争之者至矣！故人皆莫肯益之，岂惟莫肯益之，有击而夺之者矣。惟其立心之偏利，而不知均利之当理，此其所以凶自外来也。中不偏，外敢来乎？鹿台、郿坞是已。"鹿台，指殷纣王兵败自焚于聚宝之鹿台。郿坞，指汉末诸侯联兵攻打军阀董卓于藏宝之郿坞。说明在上者诛敛百姓，敲求无已，最终自取灭亡。置之于死地的是外来之敌，究其本质是其偏利益己之心。

总结：

益卦旨意在于"减损于上，增益于下"，即损乾之刚以益坤之柔，但却表现为一种"自上下下"的其道下行的发展趋势。由于这种发展趋势扬弃了否卦的天地不交的否结状态，重新恢复了宇宙固有的"天施地生"的生机活力，从而"其益无方"，使得损益过程中的各个方面普遍受益，故称之为益道。

就益卦成卦的根据而言，关键在于初九与六四是由否卦的初六与九四两爻互换而来。就六爻大义分析：下三爻主"受益"，上三爻主"自损"。初九阳刚处卑位而获益，利在"大有作为"。六二柔中得正被赐十朋之龟，当长守中正美德，以"永贞"为吉。六三不当位而受益至甚，须不辞劳苦，努力救凶平险，则"无咎"。这三爻居下获益，当有所施为，不可贪图安逸。六四柔正而居上卦之始，利于依附尊者行"益下"之道。九五刚中而居尊位，真诚施惠"天下"遂获"元吉"。这两爻体现损己利人的意旨，并表明施惠于人，终也获人之益。否卦的九四本为乾体之阳，下而施于坤阴，变为益卦的初九。这是"天施"之象，象征天施阳气于地。否卦初六本为坤体之阴，上交于乾变为益卦的六四。这是"地生"之象，象征地气上升而化生万物。因而"自上下下，其道大光"，造就了阴阳刚柔、双向互动、协调并济的大好局面。不仅在下柔者受益，在上刚者同样受益。再从卦体结构看，下震为动，上巽为木。木之动犹如舟行水上，所以说"利涉大川，木道乃行"。又巽为顺，顺从正理而行动，必然每日有增益，所以说"益动而巽，日进无疆"。

益卦"凡益之道，与时偕行"，适应一定的时间、地点、条件，当损则

损，当益则益。在宇宙自然领域，正由于不断地进行“与时偕行”的自我调节，所以阴阳刚柔两大势力始终保持动态的平衡，从而变化日新，生生不已。就社会人事领域而言，应当效法自然，变通趋时，发挥主观能动性。正确处理各方面的相互依存关系，进行自觉的调节，使趋向稳定平衡。“损上益下，民说无疆”，是说处理君民关系应以民为本。因为“民惟邦本，本固邦宁”，只有关怀民生疾苦，使民众得到现实的利益而喜悦欢欣，政权才能巩固。荀子早有“水则载舟，水则覆舟”的名言。“利有攸往，中正有庆”，处理君臣关系必须遵循中正的行为准则和价值标准。如果君主中正严格要求自己，与臣下协力同心，其所推行的政策就会获得吉庆。历史证明，能取信于民者，民必信之；不能取信于民者，民必弃之。这是千古不变的道理。

就个人而言，益卦重点叙述修身，“君子以见善则迁，有过则改”。人生要不断迁善改过，增加好的是益，减去不好的也是益。分辨善恶好坏，是良知本能，人皆可以。道理越简单，做起来就越难，这是人生最大的问题。损卦的惩忿窒欲和益卦的迁善改过，正是完整的修身之道，世人当勉力为之。

四十三

夬䷪

【卦辞】 夬（guài）：扬于王庭，孚号有厉。告自邑，不利即戎，利有攸往。

【译文】 夬卦象征果决：在朝廷上宣扬小人的罪恶，竭诚疾呼昭告小人的罪恶，但要警惕危险。颁告自己封邑内的人，不宜于立即动武，这样有利于继续前往。

【解读】 夬卦一阴在上，象征奸佞之人盘踞君王身边；五阳在下，象征进步力量。处置邪恶小人，应发布文告，昭告城邑诸民，暴露真相，以杜绝邪恶，而不利于动辄兴师征伐，武力制裁。因此，诸阳对决一阴，要抓住时机，做好充分准备。君子光明正大，但小人诡计多端，所以要提防小人作祟。

【彖辞】 夬，决也，刚决柔也。健而说，决而和。扬于王庭，柔乘五刚也。孚号有厉，其危乃光也。告自邑，不利即戎，所尚乃穷也。利有攸往，刚长乃终也。

【译文】 夬，决断。阳刚君子果断制裁阴柔。刚健而令人悦服，决去而又和谐。在朝廷上宣扬小人的罪恶，一阴柔乘凌五阳刚。竭诚疾呼将有危险，才能把潜藏的危险暴露出来。颁告封邑内的人，不宜于立即动武，说明若滥用武力将使处夬之道困穷。做好准备后，利于有所前往，说明阳刚盛长最终必能制胜阴柔。

【解读】 要号召所有人果敢地与小人决断，但务必要讲究策略，做好万全准备才能行动。贸然行事常会招致危险，甚或小人未除而自陷坎险。

【大象】 泽上于天，夬。君子以施禄及下，居德则忌。

【译文】 泽水化气升腾于天，象征决断。君子因此广施福禄于下民，若是积德吝施则必为君子所忌。

【解读】 泽中的水气升上天，遇冷必然决降成雨，滋润万物。比拟社会人事，以恩泽润天下，譬喻在上君子“施禄及下”。在上君子，德禄兼备，犹如天上雨云，一旦条件成熟，必广施福禄惠及万民。反之，“居德则忌”。“居”与“施”义相反，囤积居奇而不施不决，应避免。

【爻辞】 及 **【小象】**

初九：壮于前趾，往不胜，为咎。

象曰：不胜而往，咎也。

【译文】

初九：强盛在足趾前端，冒进前往不能取胜，反而有灾咎。

象传：不能取胜而执意前往，必有灾咎。

【解读】 初九阳壮处于四阳之下，有足趾之象。不待与上面四阳共断，决然在四阳之先讨伐上九，其躁动冒进可知。东晋穆帝永和末，北方石虎死，朝廷以殷浩为中军将军，假节，都督扬、豫、徐、兖、青五州军事，率师北伐。这次行军征伐，虽为正义之师讨伐不仁，但殷浩不待条件成熟，准备尚未充分，又不与驻节荆州的征西将军桓温联合，孤军冒险北上，无援而进，终为姚襄所败。损师折将，全因冒进贪功所致。合于爻辞以“壮于前趾”取象，说明初九果决有余，审慎不足。

九二：惕号，莫夜有戎，勿恤。

象曰：有戎勿恤，得中道也。

【译文】

九二：戒惕大呼，黑夜有敌情，但不必忧愁。

象传：有兵戎来犯勿忧虑，说明九二得居中慎行之道。

【解读】 从爻位爻象看，九二阳处阴位不正。若二爻阳变为阴，则下乾化离。离有兵戈之象，所以爻辞有夜敌来袭。九二有备无患，自己时刻警惕，并大声呼号，使众人戒备。奸佞小人夜来突袭，也有惊无险。康熙年间，大学士明珠深结朋党，引余柱国、汤斌等为同类，擅乱国政，为理学家李光地所疾。据《清史稿·德格勒传》：“圣祖时，召见讲论经史。尝扈从巡行，大学士明珠柄政务，结纳士大夫，将馈金为治装。德格勒以装具固辞不受。会久旱，上命德格勒筮，遇夬，问其占，曰：‘泽上于天，将降矣！而卦义五阳决一阴，小人居鼎铉，故天屯膏，决去之即雨。’上愕然，曰：‘安有是?’德格勒遂以明珠对。”这是光地荐德格勒为翰林侍讲学士，借给皇帝讲学之机，批判明珠。

九三：壮于頄（kuí），有凶。君子夬夬独行，遇雨若濡，有愠，无咎。

象曰：君子夬夬，终无咎也。

【译文】

九三：强盛在脸部颧骨上（面部气盛），怒形于色必有凶险。君子应当刚毅果断独自前行（与小人周旋、待时决除），遇雨而被淋湿，甚至受人嫌疑被人愠怒，但终究能制裁小人而不遭咎害。

象传：君子刚强果断，最终无咎。

【解读】 九三以刚居刚，处乾体之上，性格刚亢外露，疾恶如仇。九三又不巧与上六对应，若愤怒写在脸上，急于除之，会招灾祸。若表情舒缓，又令人怀疑，以为九三与上六沆瀣一气。幸好九三胸有夬夬之志，结果没灾祸。来知德云："九三当夬之时，以刚居刚，又与上六为正应。圣人恐其不能决而和也，故为占者设其戒曰：决去小人，若壮见于面目，则事未成而几先露，反噬之凶不免矣。惟其决小人之心，夬而又夬，而面目则不夬夬而与之相合，如遇雨有所湿濡，虽迹有可疑，不免为君子所愠，然从容以观其变，委曲以成其谋，终必能决小人也。占者能如是，可以免凶而无咎矣。"所论甚是，如《晋书·温峤传》载："峤有栋梁之任，帝亲而倚之，甚为王敦所忌，因请为左司马。敦阻兵不朝，多行陵纵，峤谏……敦不纳。峤知其终不悟，于是谬为设敬，综其府事，干说密谋，以附其欲……（以计谋任丹杨尹而摆脱王敦控制）峤得还都，乃具奏敦之逆谋，请先为之备。"温曾任大将军王敦的幕僚，王敦将反叛朝廷、兵伐京师之时，温峤虽有讨叛之心，并不显露而"谬为设敬"。以当时情境，他若将除恶之心显露于色，必遭凶险。同僚郭璞不同意王敦叛逆，以《易》筮进谏，即遭王敦杀害。前车之鉴，记忆犹新。最终温峤能平定王敦叛乱而建立赫赫功勋，全在于讲究策略。

九四：臀无肤，其行次且。牵羊悔亡，闻言不信。

象曰：其行次且，位不当也。闻言不信，聪不明也。

【译文】

九四：臀部无皮，行动趑趄困难。牵羊而行则悔事消亡，无奈听者不信。

象传：行动趑趄，九四居位不当。听闻此言不相信，说明九四耳朵听到了心里却不明白。

【解读】 九四处夬之时，阳刚欲进，但居阴柔之位，其性畏缩。欲居不安，欲进不能，进退维谷，故以"其行次且"应前"臀无肤"之譬。《晋书·刘牢之传》载，淝水之战中，刘牢之为谢玄前锋，战功赫赫。后争名夺利，拥兵自重，三叛其主：先叛王恭；二叛司马元显，而降于桓玄；玄夺其兵权，复叛。其参军刘袭说得明白："事不可者莫大于反，而将军往年反王兖州，近日反司马郎君，今复欲反桓公。一人而三反，岂得立也？"佐吏散亡殆尽，刘牢之终于自杀。刘牢之为一己私利所惑，处事不行公心中道，从顺从逆，反顺反逆，故无决断，其行趑趄，自致身死名裂。

九五：苋陆夬夬，中行无咎。

象曰：中行无咎，中未光也。

【译文】

九五：像斩除柔脆的苋陆草一样刚毅果断地清除小人，居中行正则必无咎害。

象传：居中行正没有咎害，说明九五中正之道尚未光大。

【解读】 有人认为苋、陆是两种草：苋指马齿苋，陆指草陆，又名商陆（《本草纲目》）。两者都喜阴。有人认为苋陆是一种草，又名商陆，根蔓多，虽铲除，旁根易复生。总之，九五处兑体，刚健不足，和悦有余。爻辞取象野草比拟除灭小人，若不深挖根蔓，则旁根复生。唯有斩草除根，才能无咎。因为小人昵于人主，人主昵于近习，常常忽视。以为易制，不忍严格管制，因此败事甚多。如唐肃宗宠信宦官头目李辅国，辅国原是家奴，后来却号称"尚父"，权倾人主，恶贯满盈，虽终为代宗遣盗击杀，但宦官势力并未根除，以致形成中晚唐宦官擅政误国的痼疾。

上六：无号，终有凶。

象曰：无号之凶，终不可长也。

【译文】

上九：不必痛苦号咷，凶险终究难逃。

象传：不必痛苦号咷，凶险注定难逃，说明上六高居在上的情势终究不能长久。

【解读】 朱熹云："阴柔小人，居穷极之时，党类已尽，无所号呼，终必有凶也。"上六阴处全卦之上，以阴邪凌越下五阳之刚，象征小人得意一时。虽下与九三阴阳有应，但九三"君子夬夬"力拒和应；近比九五，但九五以夬夬中行斥抑，所以小人最终陷于孤立无援的绝境。又上六处夬之极，邪恶势力最终面临灭顶。此时上六自知小命难保，所以号咷痛苦。换言之，阴邪已决除，阳健刚正之道获得新生的希望。

总结：

品读夬卦，令人沉思。陈梦雷曰："全卦于君子去小人之道，言之最为委曲详尽。参之前史，君子小人消长之际，乃知圣人因理数之自然，立言以垂训万世者，至深切也。"夬卦着重阐述君子决小人之道，夬卦以五君子决一小人，看似易如反掌，殊不知上六小人位于宗庙之位，掌握着政教话语权，且与九五亲邻，倚仗君权，下应九三，故上六象征危害社稷的大奸雄。如此看来，众君子欲去此小人，不但不易，反有危险。

中国古代史上一直上演着君子决战小人的情景，所谓"庆父不死，鲁难未已"，赵高"指鹿为马"，梁冀"跋扈"，董卓"进京"，来俊臣"罗织"，李林甫"口蜜腹剑"，秦桧"莫须有"，刘瑾"成就"王阳明，严嵩"书法"甲天下，魏忠贤"生祠"遍地，"和珅跌倒，嘉庆吃饱"，等等。贪邪犹如恶草，生于地表的茎叶容易铲除，但是地里根蔓则非常顽强，如苋陆之旁根复生。除恶反奸，必须"扬于王庭"，增加社会透明度，让民众知道真相。除奸果决之心，出于公心中行，才能"利有攸往"。

夬卦六爻，初九在下离上六最远，象征下位的君子，一腔热血，急于冒进，“往不胜，为咎”。九二守中，故时刻保持警惕。九三爻处刚位，故怒形于色“壮于頄”，因上六小人应与，故和光同尘。九四近君之臣，为清君侧，不知小人情势而贸然决战，只落得“臀无肤，其行次且”。九五天子既中且正，却与上六亲邻难隔私情，如苋陆之根，随断随生，故《象》曰“中未光也”。上六日蚀之时，蒙蔽群阳，王纲解体，生灵涂炭，阴极生阳，“无号之凶，终不可长”。

《序卦》说：“益而不已必决，故受之以夬，夬者，决也。”因为受益不止，积累了财富，就会产生蹿上高位的小人，或在高位的君子在诱惑面前变成了小人，因此代表社会正能量的君子群体必须通过正义的力量与小人对决。时至今日，反腐倡廉，仍是一项长期艰巨的任务，因为未来的“君子小人消长之道”还将按照夬卦的规律反复再现。但社会要文明进步，必须痛下决心，长期作战，而不是一个口号、几场教育就能彻底根除的。

在社会实践中，有所谓人生三不斗：不与君子斗名，不与小人斗利，不与天地斗巧。跟小人对决不能按部就班、循规蹈矩，也不能刀枪对拼，因为小人没有底线，无感情、无道德、无规则，一般人都不是小人的对手。所以与小人对决要靠智慧，要讲究策略和方法，这也是学习本卦的启迪。

四十四

姤䷫

【卦辞】姤（gòu）：女壮，勿用取女。

【译文】姤卦象征遇合：女子过分强壮，不宜娶这样的女子为妻。

【解读】《序卦》说："决必有所遇，故受之以姤；姤者，遇也。"韩康伯说："以正决邪，必有喜遇。"郑玄说："姤，遇也。一阴承五阳，一女当五男，苟相遇耳，非礼之正，故谓之姤。女壮如是，壮健似淫，故不可娶。妇人以婉娩为其德也。"一阴承五阳，一女当五男。假如相遇，非礼之正。这是中国古代男权思想，可置之不论。姤卦以具体的男女婚媾之事，来比喻人生遇合。卦辞的重点在于表明不合适的相遇不足称美，所以诫之以"勿用取女"。

【彖辞】姤，遇也。柔遇刚也。勿用取女，不可与长也。天地相遇，品物咸章也。刚遇中正，天下大行也。姤之时义大矣哉！

【译文】姤，相遇。阴柔遇到阳刚就能结合。不宜娶这样的女子为妻，不可与行为不正的女子长久相处。天地阴阳相互遇合，万物都繁荣生长。阳刚遇到居中守正的柔者，人伦教化就大行于天下。姤卦遇合之时的意义太大啦！

【解读】彖辞阐述一反一正。先释"勿取"，再发挥阴阳相遇的正面意义，正反相比较。"不可与长"，王肃曰："女不可取，以其不正，不可与长久也。"李光地曰："'女壮'之义，非以一阴始生于下为壮，亦非以一阴独当五阳为壮。盖卦以阴为主，阴而为主，即是壮也。"总之，姤卦反对不符正道的遇合。后言"姤之时义大矣哉"，因为天地阴阳的正当遇合是万物生长昌盛、显明昭彰的重要因素，这也是古代尤其重视婚姻大义及夫妇伦理的原因所在。

【大象】天下有风，姤；后以施命诰四方。

【译文】天下吹拂着和风（无物不遇），象征遇合。君王效此发布政令，传告天下四方。

【解读】姤上乾下巽，天地相遇。李光地说“风即天气之吹嘘，而下交于地者也”，所以姤卦象征天地相遇而风气流行，万物皆因此彰显。古诗词“春风又绿江南岸”“夜来南风起，小麦覆陇黄”“北风卷地白草折”，都有此意。风行天下，经触万物，挠激之鸣，成其遇合之事。又全卦五阳爻高高在上，一阴爻始生于下，阴与阳合，所以说，“姤，遇也。柔遇刚也”。足见大象专从正面引申上下遇合之道，极力称赞“后以施命诰四方”。

【爻辞】及**【小象】**

初六：系于金柅（ní）①，贞吉。有攸往，见凶，羸豕孚蹢躅（zhí zhú）。

象曰：系于金柅，柔道牵也。

【译文】

初六：紧紧系在刚坚的刹车器上不妄进，守持正固则可吉祥。若急于前往，会出现凶险。像羸弱的母猪一样轻浮躁动，不能安静。

象传：紧紧系在刚坚的刹车器上，初六必须守持柔顺之道，接受阴柔之道牵引。

【解读】全卦“一女当五男”，卦辞以初六为“女壮”。爻辞依据爻位卑微，以初六为“羸豕”。可见卦爻辞的拟象角度不同。爻辞爻象从非正求合的反面来立论，初六阴居阳位失正非中，又处下巽之初，《说卦》称巽有躁动之象，故初六之风始动，急求与阳匹配，且就近上承九二，而非上求九四阴阳正应，故爻辞有牝猪轻浮之讥。雌求雄不以其道，必见凶险。如安禄山当初求遇于唐玄宗，玄宗并无警惕，没有“系于金柅”，而是君臣调笑，非正无道。所以发生安史之乱，并非偶然，其乱兆已萌于君臣苟合之际。

九二：包有鱼，无咎。不利宾。

象曰：包有鱼，义不及宾也。

【译文】

九二：厨房里有鱼，没有灾咎，但不宜于招待宾客。

象传：厨房有鱼，从九二与初六不相应的意义上来看，不宜于招待宾客。

【解读】初六本与九四正应，可现在竟充当九二庖厨中的佳肴，遇合不正。所以九二擅人之物，以为己惠，义所不为，所以不能招待宾客。

九三：臀无肤，其行次且；厉，无大咎。

象曰：其行次且，行未牵也。

【译文】

九三：臀部无皮，行动困难；有危厉，但没有大的咎害。

① 系，帛书《周易》作“击”，有牵引之义。“柅”又作“檷”“抳”“尼”，帛书《周易》作“梯”。“柅”字古人多解，有说“织绩之器”者，有说车闸者，有说碍止之意者等。

象传：其行动趑趄，但九三行动未曾被初六牵制。

【解读】程颐云：“（九三）若知其不正，而怀危惧，不敢妄动，则可以无大咎也。非义求遇，固已有咎矣；知危而止，则不至于大也。”的确，九三过刚不中，上无应，下无遇。本应安分守己，但九三却求遇初六，导致进退失据。幸亏九三居位得正，最终无大祸。

九四：包无鱼，起凶。

象曰：无鱼之凶，远民也。

【译文】

九四：厨房里无鱼，惹起凶事。

象传：厨房无鱼而凶险，远离下民失去民心。

【解读】初六体巽为鱼，代表民众，九二比之，九四不中不正不得应，失去控制初六的能力。而初六早已亲比九二，不与九四正应。九四失去民心，故起事必有凶险，即爻辞“无鱼”之应。

九五：以杞包瓜，含章，有陨自天。

象曰：九五含章，中正也。有陨自天，志不舍命也。

【译文】

九五：杞树以其高大枝叶遮蔽下面的甜瓜，内心含藏章美，将有理想的遇合从天而降。

象传：九五内心含藏章美，因其中正。将有理想的遇合从天而降，九五心志不违背天命。

【解读】顾炎武《日知录》：“刘昭《五行志》曰：‘“瓜者外延，离本而实，女子外属之象。”一阴在下，如瓜之始生，势必延蔓而及于上，五以阳刚居尊，如树杞然，使之无所缘而上，故曰“以杞包瓜”。’”据此，顾炎武认为九五“阳刚居尊，如树杞然”，由于杞树（明君）的围护，阴柔的瓜藤（小人）不再往外蔓延。九五居中守正，人君以中正之德充实内心，说明他志在合于天理，必然不愿与不正者苟遇，因而屈己谦下，等待理想的遇合从天而降。

上九：姤其角，吝；无咎。

象曰：姤其角，上穷吝也。

【译文】

上九：遇见空荡的角落，心有憾惜，但不遭灾咎。

象传：遇见空荡的角落，上九其道穷尽而导致相遇无人的憾惜。

【解读】李光地云：“此爻亦与夬初反对，皆与阴绝远者也，不与阴遇，不能制阴，故可吝；然非其事任也，故无咎。此如避世之士，不能救时，而亦身不与乱者也。”诚然，上九居姤之终，处穷高之极，既无失鱼之凶，也无从天而降的喜悦。上九因所遇无人而与世无争，从而免遭阴邪之伤，虽吝无咎。但程颐有另解："至刚而在最上者，角也。九以刚居上，故以角为象。人之相遇，由降屈以相从，和顺以相接，故能合也。上九高亢而刚极，人谁与之？以此求遇，固可吝也。已则如是，人之远之，非他人之罪也。由己致之，故无所归咎。"言之成理。

总结：

姤卦象征遇合，遇合之道，非常重要，又极其复杂。

姤卦强调遇合要合礼守正，卦辞先以男女之遇为喻，从反面说明这一点。六爻从不同角度阐述卦义，初六作为阴爻必须专一系于正应的九四，守贞则吉，另有所求则凶，但遇合不正的现象不能完全归于女方。其他五阳爻即设计不同的处"遇"情况，逐一剖析。九二刚中，能严守正道，不擅有阴物，获无咎。九三过刚不中，始存求遇于初六的非分之想，厉，但能知危能改，终无大咎。九四不中不正，失去民心，"起凶"。上九与其遇合非正，宁可不遇免咎。只有九五至诚中正，内含美德，屈已求贤，必有理想的遇合从天而降。阴阳相激，有分必有合，而分合必以其时。从五阳共同求合于初六一阴来看，阴阳遇合，君臣际会，友朋挚交，都要掌握一定时机。而遇合之时机如电光石火，稍纵即逝，必须及时把握。而且，凡称遇合，必有正反二义。黄寿祺说："《史记·佞幸列传序》云：'谚曰："力田不如逢年，善仕不如遇合"，固无虚言，非独女以色媚，而仕宦亦有之。'此史迁用以鞭笞巧言令色以求遇者流，与姤卦主张相遇之道，当合礼守正之卦旨，略可相通。"的确，姤卦阐明事物相遇之道，强调遇合要合理守正，不正之遇合不足称美。

以婚姻而论，忌有违伦理的男女遇合。

以经商而论，忌违背诚信的恶性竞争。宜效仿天地相遇、刚柔相济的正当遇合，以尊道贵德之风经商。从而实现"人人为我，我为人人"，促进事业全方位、良循环、可持续地发展。

以交友而论，君子以义合，相遇以中正之道，故其遇合，终生不渝，如柳宗元托孤于韩愈。而小人以利合，"平居里巷相慕悦，酒食游戏相征逐……一旦临小利害，仅如毛发比，反眼若不相识，落陷阱不一引手救，反挤之，又下石焉"（韩愈《柳子厚墓志铭》）。

所以，姤之道，是善、是真、是美，是恶、是假、是丑，全在于是否尊道贵德的遇合。

四十五

萃䷬

【卦辞】 萃：亨，王假有庙；利见大人，亨，利贞；用大牲吉，利有攸往。

【译文】 萃卦象征会聚：亨通，此时君王用美德感格神灵以保有庙祭；利于出现大人，前景亨通而利于守持正固；用大牲祭祀可获吉祥，利于有所前往。

【解读】《序卦》云："物相遇而后聚，故受之以萃；萃者，聚也。"《周易集解》引崔憬注曰："天地相遇，品物咸章，故言物相遇而后聚。"孔颖达云："能招民聚物，使物归而聚己，故名为'萃'也。"诸说表明，在除去邪恶，与正义力量相遇之日，小人道消，则君子道长。君子会聚一堂，形成促进安定团结、繁荣昌盛的力量。故当萃聚之时，前进必然亨通。卦辞选取君王庙祭，大人有往等象，意在"聚神""聚人"，使"萃"之时亨通昌达。"王假有庙"，神人之聚。"利见大人"，上下之聚。"用大牲吉"，广言群祀。

【彖辞】 萃，聚也。顺以说，刚中而应，故聚也。王假有庙，致孝享也。利见大人，亨，聚以正也。有大牲吉，利有攸往，顺天命也。观其所聚，而天地万物之情可见矣。

【译文】 萃，会聚。在下者顺从而在上者喜悦，阳刚居中而与阴柔相应，所以能会聚众庶。君王用美德感格神灵以保有庙祭，要表现出对祖先的忠孝与享祭的至诚之心。利于出现大人，前景亨通，说明会聚之时要有大人的领导才能遵循正道。用大牲祭祀可获吉祥，利于有所前往，因为这样做是顺乎自然规律的。观察他的聚会（用正道来聚会），天地万物聚会之情状就可见到了。

【解读】 彖辞意有三。一，君王在庙祭之时要对祖先表现出"孝"与"享"的至诚之心。在思想上要表现出最大的孝心，在物质上要拿出最丰厚的祭品，非如此不能感格神灵。二，聚合之时要团结在"大人"九五的周围，且遵循正道。正名分，君君臣臣。如此则上喜悦而下顺从，国家必定繁荣昌盛。三，要依据客观条件，顺乎自然规律办事。

【大象】泽上于地，萃。君子以除戎器，戒不虞。

【译文】泽水居地上，象征会聚。君子因此修治兵器，戒备意外之患。

【解读】水聚于地上，聚合盈满高出地面，随时都有冲决堤坝的危险。君子观此得知，物聚人胜极可能发生争执变乱，所以加强武备，以防不测。

【爻辞】及**【小象】**

初六：有孚不终，乃乱乃萃。若号，一握为笑。勿恤，往无咎。

象曰：乃乱乃萃，其志乱也。

【译文】

初六：心中诚信而不能保持至终，必致行动紊乱并与人妄相聚会。如果专心呼号求助，就能与阳刚友朋一握手间重见欢笑。不需忧虑，往前必无咎害。

象传：行动紊乱并与人妄聚，初六的心志迷乱。

【解读】初六与九四正应，本该与九四会聚。但初六对九四的诚信不能保持至终，对九五存有妄想，想与之妄聚，以致行动失控，产生紊乱。《周易折中》引钱志立云："萃初与四应，曰'有孚不终'者，有二阳焉，不终于四也。及此时而号以求萃，可以破涕为笑，同人'先号咷而后笑'者是也。"所称"笑"为初六因求上面正应而如愿，破涕为笑。

六二：引吉，无咎。孚乃利用禴（yuè）①。

象曰：引吉无咎，中未变也。

【译文】

六二：受人牵引相聚可获吉祥，没有咎害。只要心存诚信，即使微薄的禴祭也利于献享神灵。

象传：受人牵引相聚可获吉祥，而没有咎害，说明六二居中守正的心志未曾改变。

【解读】六二不主动求聚，当九五招引而去觐见时也没有献厚礼，只有满心诚意而已。唐初魏徵廷谏太宗，有时令太宗极其难堪。但他心知魏徵忠诚，乐意纳谏，说："贞观之后，尽心于我，献纳忠谠，安国利民，犯颜正谏，匡朕之违者，唯魏徵而已。古之名臣，何以加也！"太宗心胸阔大，正所谓"引吉"。

六三：萃如嗟如，无攸利。往无咎，小吝。

象曰：往无咎，上巽也。

【译文】

六三：聚集无人以致嗟叹，无所利益。前往无咎，稍有憾惜。

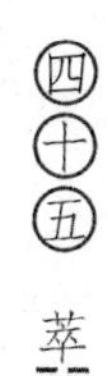

---

① 帛书《周易》作"濯"，又本作"躍"。"濯""躍""禴"古皆通。殷代的春祭与周代夏祭都称"禴"。

象传：前往无咎，说明六三能够向上顺从于阳刚。

【解读】本爻辞的解释，向来众说纷纭，莫衷一是。程、朱以为三处位非正不中，求萃于人而无与应者，只能求于上六。如朱熹云："唯往从于上，可以无咎。"但一般以为，三阴居阳位失正过中，上与六同阴相斥而无应，又皆处上下卦转化的极位，其"无攸往"、其"小吝"是必然的。所以不认可程、朱"往从上六"可以"无咎"的解释。俞琰曰："萃之时，利见大人。三与五非应非比，而不得其萃，未免有嗟叹之声，则无攸利矣。既曰'无攸利'，又曰'往无咎'，三与四比，则其往也，舍四可乎？三之从四，四亦巽而受之，故无咎。第无正应，而近比于四，所聚非正，有此小疵也。"蒋凡认为，六三与九四、九五，互卦为巽，巽如风而易入。所以，六三虽处困境难聚之时，但一心前往，上比九四、九五，以"利见大人"。虽困难重重，但在巽体中，如风之入，为四、五所接受，因为四、五同在巽体之中。表示六三无应，求与九四亲比，萃聚九五，遗憾不算大。另《周易译注》引马其昶的话："六爻唯三、上无应，又俱值穷位，一嗟一咨，求萃不得也，故'无攸利'。然天命不可不顺，四、五为萃之主，合诸侯而发禁命事；三若比四以萃五，虽位不当'小吝'，然当萃时，不能自外于会同之盟，故三与初皆曰'往无咎'。"黄寿祺从诸爻关系及其利害变化的角度着手，也能言之成理。

九四：大吉，无咎。

象曰：大吉无咎，位不当也。

【译文】

九四：大为吉祥，绝无咎害。

象传：大为吉祥，绝无咎害，九四居位尚不妥当。

【解读】九四失正，不居尊位，身为近君之臣，却有初六正应，又有六三亲比，有专权越位、欺君夺民之嫌，本该有咎。杨万里云："圣人戒之曰：九四必也柔顺谦退如未居其位之时，有不敢当其位之意，则大吉而无咎矣，四幸而居阴柔之位故也。不然，非凶于而国，则害于而家也。"但九四率群民归顺于九五，鞠躬尽瘁，死而后已，所以大吉。

九五：萃有位，无咎，匪孚，元永贞，悔亡。

象曰：萃有位，志未光也。

【译文】

九五：会聚时而高居其位，没有咎害。虽不能广信于众，但有德之君应当长久不渝地守持正固，则没有悔恨事。

象传：会聚时而高居其位，九五会聚天下的心志尚未光大。

【解读】萃有位，但不够，还必须"元永贞"，功德彰显，才能四海信服。"匪孚"是居尊位者以德自衡，有慊于内、心有不安的自责。从爻位爻象看，九五以阳刚方正之道，居全卦中正之位，上下阴阳正应，是萃卦之主，把阴阳诸爻荟萃身边。九五居上卦之中，上卦为兑，兑性悦，则人皆自觉自愿而欢天喜地会聚一堂。又九五与九四、六三互卦为巽，巽如风而无所不入，故如君子之风吹过而小人之草必偃一样。据《史记·五帝本纪》，上古尧舜之时，鄙处南方的少数民族三苗不服，没有自愿前来朝贡会聚，于是舜“行厚德，远佞人，则蛮夷率服”。

上六：赍（jī）咨涕洟，无咎。

象曰：赍咨涕洟，未安上也。

【译文】

上六：嗟叹哭泣，没有咎害。

象传：嗟叹哭泣，说明上六未能安居于极上之地。

【解读】从爻位爻象看，上六阴居全卦极位，处矛盾转化境地而不自安。下与六三无应，且以阴柔而凌越九五之尊，以此求萃，谁肯与之相聚？犹如小人之处高位，岂不危哉！上六处境非常不好，但无咎，原因多种。一，上六嗟叹哭泣，心不安宁，说明他能知危惧祸，行事谨慎，不为邪恶所害。二，上六哭泣不止，说明他求聚的心志执着，所以最终还是能会聚。恰如《周易折中》引黄淳耀云：“上乃孤孽之臣子也，萃极将散，而不得所萃，乃不得于君亲者。‘赍咨涕洟’四字，乃极言怨艾求萃之情，故终得萃而无咎。”因为当萃之时，九五以中正之道而修德来人，此时上六如能及时悔过思尤，痛改前非，则九五将持“匪孚”之戒而予接纳，如此则上六可保无咎。

总结：

萃卦由姤卦发展而来，义为聚合。下坤为顺，上兑为悦，顺而悦。水往低处流，百川聚合终入海，聚合是一种自然现象，也是一种社会现象。没有人能孤独地在社会中立足，人以群居，从生产协作到合作共赢，无处不是聚合的力量。学会与人相处，在群体中立足，始终是人生的一大课题。

郑玄曰：“萃，聚也。坤为顺。兑为悦。臣下以顺道承事其君，悦德居上待之。上下相应，有事而和通，故曰‘萃，亨’也。”萃卦六爻围绕聚合一一展开，具体情况各有不同。初六阴爻阻隔，难以应四，“有孚不终”的妄聚受到了指责，故曰“乃乱乃萃”“其志乱也”。爻辞警告求应专一，孚诚聚合。“若号”生阳变卦“一握为笑”，聚则以先为优，故告之“勿恤，往无咎”。六二柔中守正，心志“未变”。然自身柔顺，陷于群阴，需九五牵引聚合而获吉。体坤简约，故前往祭祀“孚乃利用禴”。其周而不比，是“聚以正”的典范。六三、上六皆无正应，故二者嗟叹。六三克服无应的困难，上聚于九四，与九四亲比相承而“往无咎”。然所聚非正，故有“小吝”，但精神可

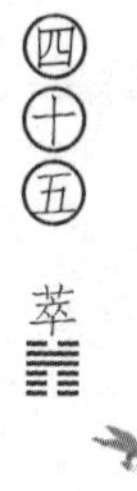

嘉。九四不当位，应初比三，以臣子身份聚合在下之民，聚功卓著。但应始终归顺九五之君，建立功业，得“大吉”方可“无咎”。九五虽是君位，但要加强个人修养，“元永贞”，才能“悔亡”。九五得中正君位，然只能引力合二，故“匪孚”而“志未光”。上六处萃聚之时，无应而逆比，先聚为优而位次最终，无应无比，故“赍咨涕洟”。但外能知危惧祸，内秉求聚之志，终可无咎。臣民在君王的感召下，心悦诚服，相聚以正，形成良好的政治局面，诸事亨通。

“萃有位”，水往低处流，是因为地理位置使然。水之聚，是因为地势坤；民之聚，是因为有仁政；人之聚，是因为相互谦让的态度。与人交往中，应低调而不自卑，能言而不诡辩，高尚而不狂傲。孤傲而自负的人往往没几个朋友。时刻摆正自己的位置，站稳人生的根基，如此才能广积人脉，成就一番事业。

同时，聚合分君子之聚和小人之聚，不可不慎。君子聚以义，小人聚于利，与人交往要符合一定的道德规范和社会准则。

四十六

升䷭

【卦辞】 升：元亨，用见大人，勿恤，南征吉。

【译文】 升卦象征上升：至为亨通，宜见有权势的人，不要忧虑，往南方进发会吉祥。

【解读】 卦辞中“用”字，马王堆帛书《周易》作“利”，《经典释文》亦云：“本或作‘利见’。”《周易》常用“利见大人”。“大人”指九二，因为当“升”之时，宜于出现九二“大人”。就爻位看，二虽未居尊位，但已具备刚中之德，故称“大人”，与乾卦九二称“利见大人”相似。《南轩易说》云：“天下之物，散之则小；合而聚之，则积小以成其高大，故聚而上者升也。”因此，“升”不仅有攀高上升之意，且兼有积聚而成大之意。

【彖辞】 柔以时升，巽而顺，刚中而应，是以大亨。用见大人，勿恤，有庆也。南征吉，志行也。

【译文】 以柔顺之道适时上升，和巽而柔顺，阳刚居中而能上应于尊者，所以大为吉祥。宜于出现大人，不需忧虑，说明此时上升必有福庆。向着南方进发可获吉祥，说明上升的心志如愿畅行。

【解读】 升之下巽，其卦德为入；上坤，其卦德为顺。“柔以时升”，处升之时，上坤与下巽均为阴柔之卦，配合默契以求升进，其升适合时宜。“巽而顺”，指下巽德性和逊，上坤德性谦顺，阴柔逊顺而应合阳刚尊者，以求提携升进。明白上升之道要入乎事理，顺乎客观条件。“刚中而应”，阳刚九二居中与六五相应，其升阴阳和谐。这三句，分析全卦顺其本性而适时升进的必然性，故致“大亨”之福吉。“用见大人，勿恤”，指升进之时，应以大人君子为榜样，不忧否塞，必有福庆。“南征吉，志行也”，升进的方向，必须面向正义与光明。

【大象】 地中生木，升。君子以顺德，积小以高大。

【译文】地中生长树木，象征上升。君子效此慎修其德，积累微小而上升至高大。

【解读】程颐说："万物之进，皆以顺道也。'善不积不足以成名'，学业之充实，道德之崇高，皆由积累而至。"朱熹说："（木）一日不长，便将枯瘁……学者之于学，不可一日少懈。"都表述君子观察树木成长，思考学识、进德修身的道理。杨万里对此很有感触，曰："有位之升，有德之升，升位则足以行道，升德则足以进道。"又曰："升之道必由大人，故升于位由王公，升于德由圣贤。"又曰："升位而见大人，故无附丽小人之失；升德而见大人，则日入于君子之途。南征，前进也。此程子之言得之矣。然舜，大人也，能升禹、稷；纣，亦大人也，能升飞廉；孔子，大人也，能升颜子；荀子，亦大人也，能升李斯。四者之升，必有所分矣，君子之求升者谨之。"所举史例，圣人盛德，令人深思。"升"既包含学习君子的光明升进，也包括模拟小人的钻营升进。两者性质迥然有异，前途必然不同。

【爻辞】及**【小象】**

初六：允升，大吉。

象曰：允升大吉，上合志也。

【译文】

初六：宜于登高上升，大为吉祥。

象传：宜于登高上升，初六上承顺合二阳的心志同升。

【解读】从爻象看，初六处下巽之初，上与四无应，升进之力柔弱，本不为吉，为什么小象还说"上合志"？这要从卦的格局考察，小环境虽不佳，但大环境相当有利。下巽是风，本身柔顺，无孔不入，适应性强；上坤是大地，表明客观环境柔顺、包容。初六处下巽最下，阴柔乏力，上附二、三。九二刚中，上有正应。初附以升，再上又是坤顺之地，正是宜于上升的良机。初六弱势并无大碍，她能得到基层领导九二的认可和提拔，而九三与九二意见一致。所以小象说，得到上司认可而提升，正因为初六的表现符合上层的意志和要求。所谓事物处当升之时，其上二阳，强而有力，足以升进。阴求阳上升之心恳切，允获提携，故谓大吉。所以年轻人初入职场，与上司建立良性互动关系相当重要。《周易折中》引王申子曰："初以柔居下，即木之升言之，乃木之根，故信其升之必达，而获大吉也。"树根深植土壤，获得养分，向上升长乃是必然。

九二：孚乃利用禴，无咎。

象曰：九二之孚，有喜也。

【译文】

九二：只要心存诚信，即使禴祭微薄，也利于荐享神灵，不致咎害。

象传：九二的诚信美德，将带来喜庆。

【解读】程颐云："二阳刚而在下，五阴柔而居上……五虽阴柔，然居尊位；

二虽刚阳，事上者也。当内存至诚，不假文饰于外，诚积于中，则自不事外饰，故曰‘利用禴’，谓尚诚敬也。自古刚强之臣事柔弱之君，未有不为矫饰者也。禴祭之简，质者也。云‘孚’，乃谓既孚乃宜，不用文饰，专以其诚感通于上也。如是则得‘无咎’。以刚强之臣，而事柔弱之君。又当升之时，非诚意相交，其能免于咎乎？”孚，会意字，意为诚信。母亲用手抓（抱）住幼子力保安全，护子之心至诚至真。此处至诚之孚，不仅指九二，也指在上者的至诚之心。从爻象看，九二阳刚在下中实为孚，进不求宠，志在大业。用心如此，六五阴柔在上虚中诚待。上下虚实以孚诚相交，故保无咎。人无信不立，诚信乃品行的基石，衡量个人品质的试金石。任何时候都不应放弃诚信，丢掉诚信就失去人格。

九三：升虚邑。

象曰：升虚邑，无所疑也。

【译文】

九三：上升顺畅，如入空虚的城邑。

象传：上升顺畅，如入空虚的城邑，无所疑虑。

【解读】九三爻辞少，空白大，令人想象的空间和解释的余地更多。苏轼说：“九三以阳用阳，其升也果矣；六四以阴居阴，其避之也审矣……不言吉者，以至强克至弱，其为祸福未可知也，存乎其人而已。”以柔升进，谦逊之人易被上司接受，故可喜而吉；但若以刚升进，则咄咄逼人，易遭妒忌。这里一无凶，二无吉，三不说无咎，必须未雨绸缪，谨慎防范，才能避险。

六四：王用亨于岐山①，吉，无咎。

象曰：王用亨于岐山，顺事也。

【译文】

六四：大王在岐山祭祀神灵，吉祥，绝无咎害。

象传：大王在岐山祭祀神灵，说明六四顺应事务之情势以行事。

【解读】“王”，旧注多专指文王，顾颉刚《周易卦爻辞中的故事》一文据史考察，此“王”只能指周王。所论甚是。从爻位爻象看，六四从下卦升至上坤之初。虽下与初六无应，但以阴居阴得正，又近六五尊体，四五同处上坤。坤者性顺，各顺其自然上升，吉。又六四与九三、六五上互为震，震动而升进，自然之性。六四与九二、九三下互为兑，兑有喜悦之象。因此，六四近君之位，好在柔顺得正。下顺民之进，上顺君之升，将自己的忠诚呈现给六五。但为什么有“无咎”之诫呢？程颐解释：“四柔顺之才，上顺君之升，下顺下之进，已则止其所焉，以阴居柔……四之才固自善矣，复有‘无咎’之辞，何也？曰：四之才虽

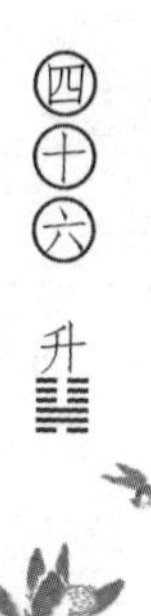

① “王用亨于岐山”，易家对“王”的喻象各执一词，或云“文王岐山之会”，或云“殷王帝乙与西伯王季”，或云“殷纣王”。但关于六四应当柔顺事上的主旨一致。

善，而其位当戒也。居近君之位，在升之时，不可复升，升则凶，咎可知。故云……然处大臣之位，不得无事，于升当上升其君之道，下升天下之贤，己则止其分焉。分虽当止，而德则当升也，道则当亨也。尽斯道者，其唯文王乎！”吉变成无咎，成为一个不好不坏的中性结果，为什么？六四虽当位，但与初六无应。两者不协调，得不到初六支持，多少冲淡了吉的局面。伴君如伴虎，故对六四近臣，发出无咎之诫！

六五：贞吉，升阶。

象曰：贞吉升阶，大得志也。

【译文】

六五：守持正固可获吉祥，好比登阶而上尊位。

象传：守持正固可获吉祥，好比登阶而上尊位，说明六五将大遂上升的心志。

【解读】六五以阴居阳失正，本质柔弱，这是初登王位的国君常遇的问题。六五坚持正道，正应九二。好在得到九二辅助，刚柔相济，“升阶”功成。上升不单指王道霸业，其他如德业、学问、艺术等上升发展规律都是相通的。

上六：冥升，利于不息之贞。

象曰：冥升在上，消不富也。

【译文】

上六：昏昧无知地一味追求上升，宜于永不停息地依守正道（才能化险为夷）。

象传：昏昧无知地一味追求上升，高居极位，应尽力自我消损，使之不满盈。

【解读】冥升有两种可能，善始善终和不得善终，控制欲望膨胀才会有利。结果视情况而定，所以此爻吉凶不着一字，表明吉凶都有可能。从爻位爻象看，上六处上坤之上，升卦极点。虽下与九三相应，但凌越六五之尊，盲目追求高升。升卦上六已是物极必反的当口，应好自为之。若欲壑难填而继续攀爬，其昏冥之升必定走向消亡。此爻警示意味浓厚，应适可而止，切不可贪恋名誉、地位、金钱等身外之物。

总结：

《序卦》说：“聚而上者谓之升，故受之以升。”聚集之后往上发展，就是升进，于是有了升卦。升卦象征由下往上的升进，由小到大的生长。这种升进和生长的趋势不可阻挡，至为亨通，称为“元亨”。升卦阐明事物顺势上升、积小成大的道理，显示事物发展升进的意义。

首先是“柔以时升”，升卦上下二体皆为阴柔。初六以柔居下，逐次上升。经过阶段性的积累，升为六五，以柔居尊位，此二爻为升卦的成卦之主。总体表现为阴柔势力与时俱升，所谓“柔以时升”。其次是“巽而顺”，就卦德而言。下巽为顺，上坤也是顺。顺应自然，循序渐进，上升之势畅通无阻。

第三是“刚中而应”，宇宙存在机制便是刚柔并济，协调互补，所以“柔以时升”必要“刚”的应援。六五顺利升至尊位，得力于九二。综之，升卦“元亨”，理有固然，势所必至。

社会人事上，初入职场都有上进心，期望晋升之阶。这种晋升必须得到领导的提拔赏识，即用于大人。程颐说：“凡升之道，必由大人。升于位，则由王公。升于道，则由圣贤。用巽顺刚中之道以见大人，必遂其升。”卦辞称扬“上升”之时至为亨通，强调宜于出现具备刚中美德的“大人”，则可顺畅地上升，并可趋赴光明，获得吉祥。卦中六爻反映升华飞跃、顺势求升。

初六处升之始，柔顺在下，上承二阳，阴阳合志，宜于升华飞跃，“允升”大为吉祥。九二禀刚中之德上应六五，心存诚信，必升华飞跃而没有过错。九三阳刚得正，应于上六，将升华飞跃到上卦之坤，坤阴为虚，如入无人之邑。六四柔顺得正，上顺尊者而下敬贤者，必将获升得吉。六五柔居尊位，居中下应九二。谦虚待下，虚怀若谷，其升如登阶梯。唯有上六昏昧犹升，其势将消，显示矛盾转化先兆，诫以守正不妄为。这些原则既合理，又正当。《易》卦重变，变则通，通则久。人生中，升与降是一对矛盾，守持正固方得正道。

启示：树木从小到大逐渐生长，暗示升也是慢慢地升，而非一步登天。君子要学习大地的柔顺宽容，顺应客观规律，日积月累，积小胜为大胜，最终成就大业。行事时要以诚信为基础。此外，上升应以前人为鉴，避免走弯路。积极有所作为，勇往直前，但上升的方向和方法必须正确，要任用贤能，必然得到他人的支持。同时，事物由量变到质变的升华飞跃需把握一个度。度是事物变化发展中的临界点，更是人生从低向高升华的转折点。所以应有目标，不能盲目冒进，以免误入歧途。

四十七

困䷮

【卦辞】困：亨，贞，大人吉，无咎。有言不信。

【译文】困卦象征困穷：努力拯济必定亨通，坚守正道，大人可获吉祥，没有灾咎。虽有言说而人皆不信。

【解读】从卦体卦象看，困卦下坎象征水，上兑象征泽。如泽上有水，万物受其滋润而生长繁茂。反之，泽中无水，万物皆受其困。王弼注："处困而言不见信之时也；非行言之时，而欲用言以免，必穷者也。"处困之时，有所言必难取信于人。故此时当多修己德，少说为佳。

【彖辞】困，刚揜也。险以说，困而不失其所，亨，其唯君子乎！贞大人吉，以刚中也。有言不信，尚口乃穷也。

【译文】困穷，阳刚被掩蔽不能伸展。虽处危险之中而保持乐观喜悦的心态，身处穷困而不失其道，所以能亨通。这只有君子才能做到吧！坚守正道，大人可获吉祥，因为君子具备刚正中和之德。虽有言语，但人不信，因为一味崇尚空口无凭，必遭穷困。

【解读】孔颖达曰："此就二体以释卦名，兑阴卦为柔，坎阳卦为刚，坎在兑下，是'刚见掩于柔也'。刚应升进，今被柔掩，施之于人，其犹君子为小人所蔽以为困穷矣。"卦之主，九二与九五阳刚居中，被阴邪之爻掩盖而难以发展。九二被初六、六三包围而陷坎险中，九五被上六欺凌。从自然之困推及人事，处困境可洞见人品，能检验人的气节。所谓"时穷节乃见，一一垂丹青"。处险而致悦，困而得亨，只有君子能如此。

【大象】泽无水，困。君子以致命遂志。

【译文】泽中无水，象征困穷。君子由此领悟处困之时，宁可舍弃生命也要坚持实现崇高的志向。

【解读】朱熹曰："水下漏，则泽上枯，故曰泽无水。"若泽中无水，会累及水草鱼类陷入死枯困境。"泽无水"作为喻象，象征人生遭遇困穷。郑玄曰："坎为月，互体离，离为日。兑为暗昧，日所入也。今上掩日月之明，犹君子处乱代，为小人所不容，故谓之'困'也。"兑为西，日落方位，故暗昧。因此困卦有"上掩日月之明"之象，象征君子被小人所困。但君子处于困境，要做最坏的打算。孔颖达曰："君子之人，守道而死，虽遭困厄之世，期于致命丧身，必当遂其高志，不屈挠而移改也。"君子的志是人生正道，展现于仁义中。杀身成仁，舍生取义。幸而此身存，其名固在；不幸而此身死，其名不朽。身存者如张良、苏武。身死者，如比干、文天祥、陆秀夫、张世杰。

【爻辞】及**【小象】**

初六：臀困于株木，入于幽谷，三岁不觌（dí）。

象曰：入于幽谷，幽不明也。

【译文】

初六：困坐在树干上，在幽暗的山谷中，三年不能与人见面。

象传：进入幽暗峡谷，初六苟且藏身于幽暗不明的处所。

【解读】从爻象看，初六处下卦之初，坎为水，性险陷。人初出道，即入困境。初六以卑弱之身而阴处阳位，虽上应九四，但九四本身过中失正，难以救助。因此不能解困，而只能坐待枯株之下。张清子曰："人之体行则趾为下，坐则臀为下。初六困而不行，此坐困之象也。"按程颐说法，株木指九四之不能庇覆初六，云："株木之下，不能荫覆于物……四近君之位，在他卦不为无助，以居困而不能庇物，故为株木，臀所以居也。臀困于株木，谓无所庇而不得安其居。"初六不安其居而受困，《诗经》有"出于幽谷，迁于乔木"语。初六不能自迁于乔木，只能困在株木之下，退入幽谷待时而济。当人生遇到困境，身陷其中，一时难以自拔，只有受制于此，顺从而为，保全性命才有机会突破困局。

九二：困于酒食，朱绂（fú）方来，利用享祀。征凶，无咎。

象曰：困于酒食，中有庆也。

【译文】

九二：酒食贫乏困穷，荣禄即将到来。此时利于主持宗庙祭祀的大礼。若有所进取则有凶险，但终无咎害。

象传：酒食匮乏，守中道而有福庆。

【解读】从爻位爻象看，九二以阳居阴失正，处下坎之中，受初、三两阴包围而困穷。但另一方面，九二阳刚得中，上应九五相召，道同志合，故爻辞有"朱绂方来，利用享祀"之事。九二当困之时，刚中自守，安贫乐道，以刚健之力而求脱困境。虽酒食匮乏，虔诚祭祀，通于神明。得道多助，最终荣禄临身，担任主持祭祀大礼的要职。"'困酒食'者，卧南阳也；'朱绂方来'者，刘备三

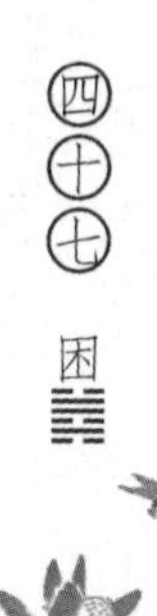

顾也；‘利用享祀’者，应刘备之聘也；‘征凶’者，死而后已也；‘无咎’者，君臣之义无咎也。”九二为宰臣之位具刚中之德，来知德以诸葛亮为喻，符合史实。蜀汉坚守西南一隅，较之曹魏中原，力量悬殊。二者相争，蜀汉之困可知。但为复兴汉业，诸葛亮明知不可为而为之，六出祁山，北伐中原。国力消耗大半，最后身殂军中，其“征凶”之运，意料之中。但诸葛公忠体国，鞠躬尽瘁，君臣之义感天动地，永垂千秋，又何咎之有？

六三：困于石，据于蒺藜。入于其宫，不见其妻，凶。

象曰：据于蒺藜，乘刚也。入于其宫，不见其妻，不祥也。

【译文】

六三：困在巨石之下，据于蒺藜之上。进入自家厅中而看不到妻子，凶。

象传：蒺藜据于其上，六三阴柔乘凌九二阳刚。进入自家厅中而看不到妻子，这是不祥之兆。

【解读】从爻位爻象看，六三居下坎之上，是极险之位。六三与初六，曾狂妄陷九二于坎中，欲以阴消阳。但阴阳消息循环，小人岂能永远得意？六三处险陷极位，又反被上下两爻阳刚所掩蔽，可知其困急。六三以阴践阳位，不中又失正，力柔而性狂，如跛之行盲之视，非困而何？六三处下体而急于升进上体，因势之困而求合于四。但九四与初六正应，不为六三阴邪小人甜言蜜语所动，如坚石不可入。《系辞下传》：“非所困而困焉，名必辱；非所据而据焉，身必危。既辱且危，死期将至，妻其可得见耶？”九四阳刚好比巨石，九二好比蒺藜，六三前后进退失据。

九四：来徐徐，困于金车，吝，有终。

象曰：来徐徐，志在下也，虽不当位，有与也。

【译文】

九四：缓缓迟疑而来，被一辆金车所困阻，不免憾惜，却终究有好的结果。

象传：缓缓迟疑而来，九四的心志在于应合初六。虽不当位，谨慎而行却能称心如愿。

【解读】自下而上曰往，自上而下曰来。金车，旧指九二，因下坎有舆车之象，九二阳刚健劲，故以坚固金车为喻。从爻位爻象看，九四已脱出下体坎陷而升至上体兑卦之始，以阳居阴而位失其正，又有过中之嫌。因此虽与初六正应，但力弱不能救济初六脱离险境。九四与六三、九二互卦为离，离有兵戈甲胄之象。动兵阻拦，前进道路艰险易见，故爻辞称“吝”。不过，九四与初六终是阴阳正应，九四居上兑之始，兑卦德性喜悦。坚持正义，阴阳相应终难阻隔，吝消有喜。

九五：劓刖（yuè），困于赤绂。乃徐有说，利用祭祀。

象曰：劓刖，志未得也。乃徐有说，以中直也。利用祭祀，受福也。

【译文】

九五：施用割鼻断足之刑惩罚众人，以至困穷在尊位。但可以渐渐摆脱困穷，宜于举行祭祀。

象传：施用割鼻断足之刑惩罚众人，说明九五济困的志愿未得实现。可以渐渐摆脱困穷，因有中正之德。适合于祭祀，这样就能承受神灵施降的福庆。

【解读】从爻位爻象看，九五居中得正，本为吉爻。但困处特殊时地，上六乘凌其上，为阴邪掩盖。下与九二不能正应，且被六三阻隔。如君王高高在上，脱离民众，加之治国刚猛，一时不为民众理解。故爻辞称“困于赤绂”。因九五德性中正，且居上体兑中，兑性喜悦，故爻辞称“乃徐有说”。摆脱困境，共济天下，喜不自胜。

上六：困于葛藟（lěi），于臲卼（niè wù），曰动悔有悔，征吉。

象曰：困于葛藟，未当也。动悔有悔，吉行也。

【译文】

上六：困于草莽，惶惑不安，思谋行动动辄有悔，而能及时悔悟，行动起来必获吉祥。

象传：被草莽所困，其位未当，行动动辄有悔，而能及时悔悟，行动起来必获吉祥。

【解读】上六乘凌九四、九五，与六三不应。上六动辄有悔，但能及时觉悟。重新制定方案，认真谨慎施行，则可转危为安，获得吉祥。

总结：

困卦喻示处“困穷”之道。只有君子身当困境、其道亨通，称扬守持正固的“大人”可获吉祥。《说苑·杂言》载：“孔子曰：‘……吾闻人君不困不成王，列士不困不成行。昔者汤困于吕，文王困于羑里，秦穆公困于殽，齐桓困于长勺，勾践困于会稽，晋文困于骊氏。夫困之为道，从寒之及暖，暖之及寒也，唯贤者独知而难言之也。《易》曰：‘困亨贞，大人吉，无咎。有言不信。’圣人所与人难言信也。”表明此时君子凡有言语，均难见信于人。因此务须洁身自守，修美己德。

卦中六爻分别表示处“困”情状，其中三阴爻柔暗懦弱，罹困至深：初六坐困不能自拔，六三困非其所，据非其地，两者难免凶危；唯上六当困极将通之时，能及早悔悟则可解困获吉。三阳爻虽亦在“困”中，但均以阳刚气质而能守正脱困：二、五禀刚中美德，或于贫困艰难之时舍身遂志而获无咎，或以孚诚中正之志转危为安渐脱困境；九四前路受困阻，因谦谨缓行也能得遂己愿。可见处“困”之道阴阳有异，因人而别。困卦三阳爻喻君子。李光地曰：“小人以身穷为困，君子以道穷为困。卦之三阳，所谓君子也。所

困者，非身之穷，乃道之穷也，故二五则‘绂’服荣于躬，四则‘金车’宠于行。然而道之不通，则其荣宠也，适以为困而已矣。”《论语·卫灵公》云：“君子谋道不谋食……君子忧道不忧贫。”

“刚掩”揭示出“困穷”的根本原因是阳刚被掩蔽不能伸展，亦即君子被小人欺凌。“困于酒食”当指士大夫的政治主张得不到天子的理解与支持，如苏东坡谪黄州只能以酒食处穷困，自我娱乐悠游养生。故九四“困于金车”，九五“困于赤绂”，皆指君子的理想不能实现，处在富贵之位而心不安宁。九二因守中而得“利用享祀”祭祖之职。九四不以坐“金车”为荣耀，与下应而“志在下”，“来徐徐”潜心为民众造福。九五不以穿“赤绂”为尊贵，中正而得“利用祭祀”祭天之职。九二“方来”，九四“徐徐”，九五“徐有说”，皆君子处困自守，渐习而得亨之道。所以，“险以说，困而不失其所，亨，其唯君子乎”！

失败乃成功之母，佛家亦有“逆境菩萨”一说。民国元老、书法家于右任饱经沧桑，却一生淡泊，荣辱自安。耄耋之年，耳不聋，眼不花，思维敏捷，身板硬朗。常有友人问他高寿的养生之道，他手指墙上高悬的那幅字画，笑而不言。那是一幅写意的莲花图，旁边对联写着：不思八九，常想一二。横批：如意。这是那句古话：人生不如意事常八九。消极悲观的人，就容易被这不如意的“八九”击倒；积极达观的人，却能以一当十，紧抓如意的“一二”，活得有滋有味，有声有色，纵有挫折，也无怨无悔。苹果公司创建者史蒂夫·乔布斯说，当年他被赶出自己所创建的苹果电脑公司的痛苦经验，是一生中对他最有助益的一件事！他日后之所以能东山再起，并且登上新高峰，都与那些失困经历有很大的关系。的确，有奋发向上的思想，一个人才能奋起、征服，并能有所成就。如果不能奋起，他就永远只能衰弱而愁苦。

四十八

井䷯

【卦辞】井：改邑不改井，无丧无得。往来井井。汔（qì）至，亦未繘（jú）[1] 井，羸其瓶，凶。

【译文】井卦象征水井：村邑可搬迁，井不可迁徙。每日汲引不见枯竭，泉流注入也不满盈。人们来来往往不断地使用水井。汲水时，眼看着水瓶就要升出井口，而使水瓶毁坏损漏，（功败垂成）必有凶险。

【解读】井处地下，但汲水上升，养人养物而功德无量。卦辞以井喻人，先言井的各种德性功用，再言汲水之道，说明水将出井，若倾覆水瓶，无所获反有凶。人们有感于此，进一步将井人格化，比喻君子的自我修养，人的德行不能善始善终，必将导致凶咎。

【彖辞】巽乎水而上水，井。井养而不穷也。改邑不改井，乃以刚中也。汔至亦未繘井，未有功也。羸其瓶，是以凶也。

【译文】顺沿水的渗透性，往地下开孔引水使上，便是水井。水井养人的功德无穷。村邑可搬迁，井不可迁徙，就像君子恒守阳刚居中的美德。汲水时，眼看着水瓶就要升出井口，说明此时未曾实现井水养人的功用。而使水瓶倾覆毁破，那就必致凶险。

【解读】借助瓶罐类工具入水而将水提上来，供人们使用，随时随地，无穷无尽，这就是井德。但瓶罐到井口边上却毁坏了，水洒了，那么井之德未能惠施于人。李光地推之人事，云："然井能泽物，而汲之者器；政能养民，而行之者人。无器则水之功不能上行，无人则王者之泽不能下究。"好比君子修身养性没有圆满，对于行善施乐的事业弊害极大。

---

① 繘是"矞"的借字，训为穿。

【大象】 木上有水，井。君子以劳民劝相。

【译文】 木上有水，下巽上坎，象征水井。君子因此（效法“井养”之德）努力为庶民操劳，劝勉百姓互助。

【解读】 杨万里承继程颐井桶之说：“水下有木，汲器之入也；木上有水，汲器之出也。汲器入而水德行，汲器出而水功著，此井之象也。”朱熹另著新解，曰：“如草木之生，津润皆上行，露水直至树末，此即‘木上有水’之义，虽至小之物亦然。如石菖蒲，每晨叶尾皆潮水珠，虽藏之密室亦然，非露水也。”当学生再问：“井字之义与‘木上有水’何预？”朱熹答：“木上有水，便如井中之水，水本在井底，却能汲上来供人食用，故取象如此。”（《朱文公易说》）但都强调：君子效法井养不穷之德，做到修养己身，行善乐视，广益于人，惠物无穷。

【爻辞】 及 **【小象】**

初六：井泥不食，旧井无禽。①

象曰：井泥不食，下也；旧井无禽，时舍也。

【译文】

初六；井中只有泥，已不能取水食用，这旧井连飞鸟也不来。

象传：井有泥而不能食用，初六居井最下。这旧井连飞鸟也不来，说明初六此时已为人禽共弃了。

【解读】 初六柔爻居井卦之初，地位卑下，产生的井泥纯属无用之物，喻作人或事物力量偏弱。初六与六四不应，不能彼此配合。杨万里称：“居下流者归众恶，安旧习者绝新功。初六在一井之底，居于下者也，宜其泥之不澄也。处幽阴之极，安于旧者也。宜其泉之不新也。井之可饮可食，洁清故也。今也泥而不洁，旧而不清，众禽且无一食之者，而况人乎？人之弃而不食，时之舍而不用，将谁尤乎？”本来源源不断向人们提供清水的井，失去了使用价值，不单人不能饮用，就连飞鸟家禽都不再靠近。井德之中一旦渗入污垢，必被人舍弃。最初人们离不开，现下人们厌恶。由此获得启悟，杨又说：“养人者必自养，用世者必可用。”因初六自身不洁，人所共弃，而悟到事物自身的锻炼与改造，成败关键主要是内在素质。故沽名钓誉者乏养人之德，其久暴露，必为时人共弃不齿。

九二：井谷射鲋（fù），瓮敝漏。②

象曰：井谷射鲋，无与也。

---

① 古时井旁种树，树长木果，禽来食之。井废树死，飞鸟不至。另有说鸟类有用废井做巢的习惯。此爻乃指旧井没有鸟巢，故飞鸟不至。二说似后说为胜。

② 鲋，小鱼。瓮，古代汲水的罐子。帛书《周易》此爻与今本稍有不同，但大意一致，“井渎射付，唯敝句”，“敝句”即“敝笱”，曲竹捕鱼之器。

【译文】

九二：井中容水的穴窍，只被作为养活小鱼之用，此时瓶瓮敝败破陋无法汲水。

象传：井中容水的穴窍，只被作为养活小鱼之用，说明九二没有应援。

【解读】从爻位爻象看，九二以阳刚之质而处下巽中位，虽失正却具刚中之德，故已从初六“井泥”中脱而升至“井谷”之地，井底的穴窍已有井水汩汩流出，说明不是无用旧井了。但水不多，仅够“射鲋”，仅能养活小鱼而已。九二与九五不能正应，没有强大的援助汲引。又九二与九三、六四互卦为兑，兑“为毁折”，故又有“瓮敝漏”之象。此时汲水器破漏，无法汲水以养人济物。井穴出水在己，但以器汲水则在人。内在的本事与外在的工具相互配合，济物之用方能显现。故《象》叹云：“井谷射鲋，无与也。”指九二缺乏上级的汲引援用，即使有理想有抱负，也只能兀自长叹。

九三：井渫不食，为我心恻。可用汲，王明，并受其福。

象曰：井渫不食，行恻也。求王明，受福也。

【译文】

九三：水井淘去污泥，修治好，却没人食用，让我感到凄恻。可用此井汲水，王道圣明，人人受其福泽。

象传：水井淘去污泥，修治好，却没人食用，让我感到凄恻。祈求大王英明，以共受福禄。

【解读】九三处下体之上，以阳居阳得正。正应上六，本为吉爻。井泉已渫，清洁可食。但上六阴柔，应援乏力。九三必须求助于九五，而五应二，不专于三。九三处下巽之上，巽性“其究为躁卦”。九三求九五，过分急躁，九五一时不明其德性而犹豫“不食”。九三心中酸恻。九三上互六四、九五为离，离象为日，其性为明，有王明之象。而王非其正应，故爻辞称“王明”，必须等待君王明察。杨万里说：“此作《易》者所以为井叹也，非为井叹也，为有才德之君子不见用于上者叹也……井一用一邑受其福，君子一用天下受其福。有美井无善汲，则如无井；有君子无明王，则如无贤。”物尽其用，人尽其才，是圣贤的期望，也是百姓的期望。但世有伯乐，然后有千里马。期待君王开明、清明、英明，指望带给百姓福祉，可惜啊，古往今来，多少贤才满腹经纶，却无声息掩没草莱，井养之功无望有成。《周易译注》说：“九三爻辞以充满希冀的情调，展示出井水已清、应当及时汲用的心境，其意是期盼‘尊者’能够‘思贤若渴’‘举贤授能’。司马迁为屈原作传，有感于楚君弃逐贤臣终至国败身亡的史实，借此爻辞发论云：‘怀王以不知忠臣之分，故内惑于郑袖，外欺于张仪，疏屈平而信上官大夫、令尹子兰。兵挫地削，亡其六郡，身客死于秦，为天下笑：此不知人之祸也。《易》曰：“井渫不食，为我心恻。可用汲，王明，并受其福。”王之不明，岂足福哉！’”

六四：井甃（zhòu）[1]，无咎。

象曰：井甃无咎，修井也。

【译文】

六四：井修治好，无咎害。

象传：井修治好，无灾害，说明六四只可修井而不可急于施养于人。

【解读】六四阴柔才弱，且下无所应，所以不可急于成就大业。陈梦雷分析精到："初六不正在下，故为泥；六四正而在上，故为甃。甃所以御泥达泉，闲邪存诚之功。故曰修井。三之渫，修于内以致洁；四之甃，修于外以御污。内外交修，济物及人之本也。又四为大臣近臣，修井以储九五之寒泉，能尽臣下之职，可因君以成井养之功矣。"受孔子"井为德之地"的理念启发，对于个人品德修养而言，修井的过程也是修德的过程。换言之，达到井六四之后，内外兼修，条件具备，井养之功已隐隐可见。树立正确三观，努力积蓄和发挥正能量，不以善小而不为，不以恶小而为之，这样才能像井水一样对社会有益。

九五：井洌，寒泉食。

象曰：寒泉之食，中正也。

【译文】

九五：井水清洌，寒凉的井水可以食用。

象传：寒凉井水被食用，九五具有中正之德。

【解读】九五是成卦之主，居君王尊位，意义有二。一，实指，因为清洁维护之后井水变得澈净，寒泉宜饮。二，虚指，品德高尚之人坚守中正之道，维护公平正义，给社会提供福祉。九五肩负为民谋福的神圣使命，不仅要有治国安邦、经天纬地之才，更要有心怀天下、泽被苍生的博大胸怀和崇高品德。犹如经过内外修浚的井泉，洁净清澈，尽善尽美，已具养人之功，可以普济万物。只有这样，百姓才能像饮用寒泉一样享受国泰民安、恬静和谐的幸福生活。

上六：井收，勿幕。有孚，元吉。

象曰：元吉在上，大成也。

【译文】

上六：水井已修好，不必覆盖井口。此时心怀诚信，至为吉祥。

象传：上六大吉在上位，大功已告成。

【解读】《易》中坎水多下流而汇聚，陷人于溺，言之险陷。井卦迥异，井水上汲而食，天然"有孚"，冬温夏凉。六之巅位多为矛盾转化之地，井之上六，却因井卦之德，施惠众人，无始无终。上六居于井卦之巅，表示井水汲出井口之上，大功告成之时，其利无穷，厥功至伟，爻辞称"元吉"。君子德政成果丰硕，

---

[1] 甃，帛书《周易》作"椒"，意为修治，又以为以砖瓦垒井壁。

天下太平，社会和谐，百姓安居乐业。此外，告诫人们，井为人提供饮水，不要加盖而舍不得给别人用。进而劝导君子不要吝惜一己品德和才华，要多为天下人服务。秉持诚信，将获民众拥护，必定吉祥。

总结：

井卦旨意可概括为“修身”与“养人”。

其中三阴指井体之事，三阳指泉水之事。初六为井底，位最低下又上无正应，如积滞的井泥，穴不出泉反有污染，所以“不食”。九二在下卦之中，下比初六。爻曰“射鲋”，有鱼可射，已见泉眼。只够养活小鱼，汲水养人距离尚远，故爻称“敝瓮漏”。九三之泉，经渫治已洁净可汲，但处下卦，位过其中。井台未修，不为人知，故爻称“不食”令人“心恻”，而“求王明”。六四为井壁，外修井体以御泥达泉，井体之功渐成。上比君王，修德如以瓦砌筑井壁，故爻称“无咎”。九五则具阳刚中正之德，如寒冽之泉可以汲食而普济天下。九五井水合中正之德，故“井冽，寒泉食”。上六至于井口，内外之功已具，水井功成，“井收，勿幕”，水已汲出井口而食人，邑人可受福泽矣，故爻称“元吉”。

陈梦雷曰：“以六爻之序言之，初泥而二谷，井之地，在下未见于用者也。三渫而四甃，在人位，则人事尽可以待用矣。五冽而上收，则得乎天，功用及物，井道大成矣。”《象》“君子以劳民劝相”，朱熹曰：“劳民者，以君养民；劝相者，使民相养，皆取井养之义。”总之，阳爻之泉，喻人内修其德；阴爻之井，喻人外治其用。修身与养人，缺一不可。必须齐头并进，方能显其无量功德。

孔颖达说过“养物不穷，莫过乎井”，道出水井“养人”的种种美德，譬如“君子”应当修美自身，惠物无穷。同时儒家赞扬水井定居不移、不盈不竭、不断奉献的特性，描绘出守恒不渝、大公无私的“君子”形象。东汉李尤《井铭》曰：“井之所尚，寒泉冽清。法律取象，不概自平。多汲不损。少汲不盈。执宪若斯，何有邪倾。”此铭将寒泉视为清廉公允的象征，称颂井水不损、不盈之品质，寄托作者对政治清明的殷切期望。井汲之而不涸为“无丧”；注之而不盈为“无得”。物有得丧必然不可久，井无得丧，所以久而不改。一般人的德行有得有丧，政治法律制度也有得有丧，所以不可长久不变。因此，杨万里说：“井一修则旧井为新井，德一修则旧学有新功。大哉，井之有功于斯人乎！大哉，修之有功于斯井乎！”这里将井予以人格化。又说：“治国欲新，为学欲新，进德欲新。”井卦又告诫汲水者，当水将出井口，若倾覆毁坏水瓶将有凶险，这又生动地暗示修德惠人者要善始善终，不

可功败垂成。

井卦讨论价值观：人生为己还是为人？儒家推崇天下为公的价值观，其实这也是中华民族的普遍价值观。强调人要有奉献精神，而且持之以恒，善始善终。也是儒家对理想君王的道德寄托：修德养民，有常不变，始终无改，养物无穷。

四十九

革䷰

【卦辞】革：己日[1]乃孚。元亨利贞，悔亡。

【译文】革卦象征变革：在亟须转变的"己日"推行变革并能取信于众，前景就至为亨通，利于守持正固，悔恨必将消亡。

【解读】《序卦》云："井道不可不革，故受之以革。"《周易集解》称引晋韩康伯注："井久则浊秽，宜革易其故也。"即水井年久失修，泥土淤积，井水秽浊不可食，需要进行适当的变革。卦辞取"己日"为象，说明面临必须转变之际，果断推行变革，并能心怀孚信，天下也将响应。变革成功的重要前提：一是适当其时，把握转机，故卦辞取"己日"象征转变之机；二是取信于人，推行正道，故卦辞又强调乃孚、利贞。

【彖辞】革，水火相息，二女同居，其志不相得曰革。己日乃孚，革而信之。文明以说，大亨以正。革而当，其悔乃亡。天地革而四时成；汤武革命，顺乎天而应乎人。革之时大矣哉！

【译文】变革，水火相灭而不同相容，譬如二女住在一起，其心志不同终将有变，这就是变革。在亟须转变的"己日"推行变革并能取信于众，这样在变革过程中就会得到天下的理解与信任。变革时必以文明美德愉悦人心，遵守正道则诸事亨通。变革得当，后悔消亡。天地之气变化而四时形成，商汤、武王变革桀、纣的天命，上顺天时，下应人心。变革的现实意义太大啦！

【解读】从革之卦象看，上兑为泽，泽中有水。下离为火，水居于火之上而企图使火熄灭，火居于水之下而企图把水烧干，这是"水火相息"之象。离为中

---

① 己日：古代以"十干"纪日，"己"正当前五数与后五数之中而交转相变之时，故有"转变"的象征寓意。

女，兑为少女，二女同居一室，志向各异，如同水火不容。这是“二女同居，其志不相得”之象。在这种情况下，矛盾激化，协调并济的平衡彻底破坏，为了重新把两者的依存关系导向正轨，必须进行变革。变革的前途：一是“革而当”，取得成功；一是“革不当”，遭到失败。因此如何避免失败而争取成功，是变革的首要问题。变革自古以来需要天时地利人和的协同才能成功。

【大象】泽中有火，革，君子以治历明时。

【译文】水泽中有烈火，象征变革。君子因此修治历法来辨明四季的交替与变更。

【解读】从卦象看，革下离象征火，火性炎上；上兑象征泽，泽水下注。所谓“泽中有火”，指兑泽之水在上，而离明之火在下，水火交战，象征变革的形势已经到来。春夏秋冬的时序变迁，令君子深谙四时代谢的规律，“治历明时”，研究天文历法知识，认真领会“天地革而四时成”的道理，推天道以明人事，使得社会的变革有所遵循，不致产生失误，违反客观规律。

【爻辞】及**【小象】**

初九：巩用黄牛之革。

象曰：巩用黄牛，不可以有为也。

【译文】

初九：用黄牛皮革牢固地捆缚。

象传：用黄牛皮革牢固地捆缚，说明初九不可妄行变革。

【解读】初九处革卦之始，其性阳刚躁急。阳处阳位得正，但上与九四无应，前进乏助而内无实力，又处下离之初，离象为火为电，急于前进变革而又不顾条件是否成熟，易使变革夭折。客观上：论时，初九居革卦之初，直面强大的保守势力，形势还不明朗，时机尚不成熟；论位，初九卑居最下，不是居于可变革的位置。主观上：论才，初九阳刚之才且又处于下体离之中，躁急有余，沉稳不足。总之，变革之初不可轻举妄动，应暂时维持现状，耐心等待。

六二：己日乃革之，征吉，无咎。

象曰：己日革之，行有嘉也。

【译文】

六二：在己日这一交相转变之日，进行变革，行动起来必有吉祥，没有咎灾。

象传：在己日这一交相转变之日，果断地进行变革，行动必有嘉赏。

【解读】六二阴居阴位得正，正应九五之君。九五发动变革，六二前往赞助，志同道合，吉而无咎。又处下离之中，离象为日，离中之象，如日中天，正是变革条件逐渐完备的标志。王安石推行熙宁变法，心怀诚信正大光明，上有神宗支持。但熙宁变法深入推行，遇到种种矛盾与困难。王安石读《易》颇有心得，但于革之九二“己日乃革”没有参透，未能审时度势，所以改革举步维艰。因此，选择适当时机——己日，勇敢推行变革，必然功德圆满，绝无咎害。

九三：征凶，贞厉[1]。革言三就，有孚。

象曰：革言三就，又何之矣。

【译文】

九三：急于求进必有凶情，坚持正道以防危险。有关变革的言论（议案）必须要经过多次研究和审慎的考虑，才能得到人们的理解和信任。

象传：有关变革的言论（议案）经过了多次研究和审慎的考虑，变革势在必行，还要往哪里去呢？

【解读】九三处革下卦之上，且三以阳居阳，刚亢躁行，故诫以“征凶，贞厉”。但从爻位爻象看，九三阳处阳位得正，又与上六正应，本该吉爻。来知德云：“革言者，革之议论也。正应兑为口言之象也。……就者，成也。三就者，商度其革之利害可否至再至三，而革之议论定也。离居三，三就之象也……当革之时，不容不革，故必详审其利害可否至于三就，则人信而相孚，可以革矣！”九三与上六有应，上六位处上兑之口，对变革措施民众纷纷议论。历经研究和斟酌，也能取信于民，故称“革言三就”。九三已升至下离之上，离有明象，喻示小有成就。但九三阳刚不中，自谓慎明而躁动急进，民众对变革计划尚有犹疑，会生阻力。九三不患不刚，患其太刚；不患不明，患其自以为明。九三也非凶爻，如善处理，获民众信任，则可致变革之吉。变革已是箭在弦上，只待稳步推行改革。

九四：悔亡。有孚，改命，吉。

象曰：改命之吉，信志也。

【译文】

九四：悔事消亡。心有诚信，革除旧命，吉祥。

象传：改天命有吉祥，说明九四畅行变革之志。

【解读】从爻位爻象看，九四已从下卦升至上体之初，为从小有所成到大有所成的微妙转化阶段。九四与初九不同，初九处于下卦之下，革道未成，不可以有为。九四则处上卦之下，是推行变革的大好时机。之所以如此，是因为九四以过中之阳处阴位失正，又与初九无应，存在矛盾，宜其有悔。而九四又处于离火兑水二体交接处，表明矛盾已不可调和，变革的要求十分强烈。宋朱鉴《朱文公易说》引朱熹师生问答之言：“问：革下三爻有谨重难改之意，上三爻则革而善，盖事有新故，革者变故而为新也。下三爻则故事也。未变之时，必当谨审于其

---

[1] 贞厉，《周易译注》以为“守持正固防备危险”；《周易折中》称引龚焕之说：“九三以过刚之才，躁动以往则凶；处当革之时，贞固自守则厉。惟于改革之言，详审三就，则既无躁动之凶，又无固守之厉，得其时宜，所以可革也。”二说皆通。

先；上三爻则变而为新事矣，故渐渐好。先生云：然。又云：乾卦到九四爻，谓乾道乃革也，是到这处方变了。”的确，从全卦看，下体三爻不轻言革，必三议三就致其孚而始言革，四则脱离下体而升至上卦，处水火之际，乃革道大行之时，故进一步而深一层，言其有孚而始言“改命”。且当革之时，九四能以阳刚之质而行谦柔之道，具乾乾之德而自强不息，能够顺应民意，举措得宜。完全具备了主客观条件，既准确把握了时机，政策又得到人民的信服，所以变革成功，悔恨消亡。九四近君大臣之位，如伊尹之辅商汤放夏桀，吕尚之助周王而诛殷纣，此乃顺天应人，有孚革命。

九五：大人虎变，未占有孚。

象曰：大人虎变，其文炳也。

【译文】

九五：（革命时）大人像老虎一样威猛，毫无疑问必能昭示其精诚信实的美德。

象传：（革命时）大人像老虎一样威猛，其美德文采如虎纹彪炳。

【解读】从爻位爻象看，九五阳刚中正，居尊位，为革卦之主。九五下互三、四为乾，乾有大人之象。按《易》例，龙虎又为大人之象，故以“大人虎变”为喻象。大人以其阳刚之才，中正之德，公忠体国，以民为心。当其推行变革时，既显其德，又见其威，天下无不信从，所谓“未占有孚”。宋郑汝谐曰：“革之道，久而后信。五与上，其革之成乎！五阳刚而中正，居尊而说体，尽革之美，是以未占而有孚也。凡革之初，虽圣智者难之。盖事功未见其成，而人情难与虑始，信之者寡矣。五，革之成也，其文晓然见于天下，道德之威望而可信。舜之法度彰礼乐著，周公制礼乐以文太平。”所谓大德圣人，自然是修身改命取得巨大成就，进入很高境界的结果，所以用“大人虎变”来比喻其脱胎换骨、焕然一新的巨变，非常确切。进一步强调这种惊人变化，完全取决于信德的深厚，而非占卜、期望偶然或侥幸的因素。

上六：君子豹变①，小人革面，征凶。居贞吉。

象曰：君子豹变，其文蔚也；小人革面，顺以从君也。

【译文】

上六：（革命时）君子像豹子般迅疾，小人也改变了昔日面貌。此时若继续激进不已必有凶险，居而不动，可获吉祥。

象传：（革命时）君子像豹子般迅疾，说明上六的美德因大人的辉映蔚然成

---

① 豹变，《周易集解》称引陆绩曰：“兑之阳爻称虎，阴爻称豹。豹，虎类而小者也。君子小于大人，故曰豹变，其文蔚也。”清朱骏声《六十四卦经解》释：“豹似虎而小，面白毛赤，黄圆文，有黑如钱，及如艾叶，居山隐雾，泽其毛衣。言豹多称玄豹，以黑文多也。”

彩；小人改变了本来的面目，皆顺从君王的改革。

【解读】上六居于变革的终结阶段，革道已成。人际关系归于和谐，君子润色鸿业，如豹文之华美；小人被迫革除旧面目，改变之前消极观望态度，心悦诚服拥护变革。大功告成后，策略思想根本转变，强调安定团结，维护社会稳定，充分发挥和谐的社会系统固有的自我调节功能。如果不实行转变，仍沿袭变革时的做法，征而不已，必会产生负面扰乱，破坏社会安宁。因此，上六的行为有两种可能：一是征而不已，二是清静无为。就其后果而言，征而不已必致凶险，安居守正可获吉祥。至于上六作何选择，看上六是否具有“文明以说，大亨以正”的智慧了。

总结：

李光地称引龚焕之言：“初言巩用黄牛，未可有革者也；二言己日乃革，不可遽革者也；三言革言三就，谨审以为革者也。皆革道之未成也。四言有孚改命，则事革矣；五言大人虎变，则为圣人之神化矣；上言君子豹变，小人革面，则天下为之丕变，而革道大成矣！”六爻喻象均围绕卦辞大义申发其旨，展示事物变革初期到末期的发展过程：初九阳微位卑，时机不宜改革，须固守常制；六二柔中有应，其时当果断变革；九三变革小成，不可激进，宜慎抚人心；九四以刚处柔，变革显明，当力改旧命；九五阳刚中正，“虎变”创制而信德昭彰；上六助成革命，“豹变”立功要安守成果。

卦辞主旨集中强调变革取得成功的两大要素。

首先，要把握时机，犹如选择亟待转变的“己日”断然推行变革，必能顺畅。

“己日乃孚，革而信之”，“己日”指变革已经完成之日。民众常有旧的习惯，难以适应新的变革，所以在变革之初，不能立即得到他们的信任。在变革后，他们才能愉快接受。客观形势下，人民普遍要求变革，但这种要求时而强烈，时而微弱，随形势发展的不同阶段而有不同表现。因此，推行变革必须审时度势，因时制宜。就革卦的前四爻而言，初九革道未成，不可有为；六二形势好转，可征吉而无咎；九三急躁冒进，行为方式面临艰难的选择；九四“悔亡”“有孚”，改命而获吉，把变革事业推到一个新阶段。形势发展到九五阶段，政策措施“未占有孚”，使民众获得了利益，满足了心愿，变革的成功便理所固然，势所必至了。由于变革关系到民众的切身利益，所以能否得到民众的信任和支持，是决定变革成败的关键，也是判断变革是否成功的唯一标准。如果己日不孚，革而不信，变革完成仍得不到他们的信任理解，说明变革不得当，政策有错误。

其次，要存诚守正。推行变革必须遵循正道，以孚诚之心取信于人。

顺乎人心，取信于民，是一个极为重要的问题。“文明以说，大亨以正。革而当，其悔乃亡。”这是变革取得成功应当遵循的指导性原则。革离下兑上，离为文明，兑为愉悦，象征“文明以说”，涉及主客体两方面。推行变革的领导主体，应当对形势的发展洞若观火，能够适应民众的接受程度逐步推行变革。既不急躁盲动，也不坐失良机，符合“文明”的要求。作为民众客体，欣然接受，符合“愉悦”的要求。这种变革必然“大亨以正”，正当合理亨通，从而消除悔恨。由于天人相通，天道的运行与人事的变化遵循同样的规律，而且“民之所欲，天必从之”，人心即天心之所在，所以顺乎人心也是顺乎天心。就天道运行而言，阴阳推移，四时循环，通过不断的变革促使万物生长发育。人类社会同样如此，“顺乎天而应乎人”。由此看出，汤武革命，革卦的时义非常伟大，值得认真领会。

五十

鼎䷱

【卦辞】鼎：元吉①，亨。

【译文】鼎卦象征鼎器：至为吉祥，亨通顺利。

【解读】下巽上离，火风鼎卦。《序卦》："革物者莫若鼎，故受之以鼎。"《杂卦》："革，去故也；鼎，取新也"。革故鼎新，言旧王朝的没落，新王朝的诞生。所以，鼎在古代被视为立国的重器，是政权的象征。杨万里说："食者，生民之大本；鼎者，火化之元勋。革鸿荒而新万法，孰为革故取新之初乎？孰有大于革茹毛为火化之初乎？一初既立，而万法类从也。"鼎有烹物成新之用，又有权力法制之象，故君子掌持此器也意味着执行权力、自新新人，此时必获元吉而后亨通。

【彖辞】鼎，象也。以木巽火，亨饪也。圣人亨以享上帝，而大亨以养圣贤。巽而耳目聪明，柔进而上行，得中而应乎刚，是以元亨。

【译文】鼎器，是烹饪养人的实物物象。用木生火，用以烹饪。圣人烹饪特牲以祭享上帝，而大烹牛羊等以宴请圣贤。烹物养贤可使贤人逊顺辅助尊者，而尊者就能耳聪目明，此时尊者凭着谦柔美德前进并向上直行，高居中位又能下应阳刚贤者，所以至为亨通。

【解读】张载最早以鼎卦六爻组合释鼎象，"鼎，象也。足阴，腹阳，耳虚，铉刚。"朱熹说："鼎，烹饪之器，为卦下阴为足，二三四阳为腹，五阴为耳，上阳为铉，有鼎之象。"按卦象，鼎卦下巽木，上离火，是木上有火。离为大腹。互体下乾金，鼎为金器。上兑为口为食，开口于上，烹饪食物之象。因形态端庄稳重，用于祭祀神灵，作为传国之宝，在鼎上铸刻神圣的图案或法律条文等。引申后，进一步

---

① 朱熹《周易本义》、陈梦雷《周易浅述》都称卦辞"吉字，衍文"，可备一说。

象征国家政治、君主权威，所以改朝换代叫鼎革，建立新王朝叫定鼎。

【大象】木上有火，鼎。君子以正位凝命。

【译文】木柴上有火燃烧，鼎器烹煮之象。君子因此端正居位，严守使命。

【解读】用木柴烧火来煮食，象征鼎新。君子因观鼎象，效法鼎之居正安重，忠于职守并严肃地颁布法令。尚秉和说："鼎偏倚则势危，故贵正。不正则悚（sù）覆。鼎敛实于内，故贵凝。不凝则实漫矣。故君子取之，以正位凝命。"在古代，鼎为重要法器，其形端正，其体安重，不倾不倚，具有端正庄重之象，所以取为喻象。《周易折中》称引房乔之说："鼎者，神器，至大至重。正位凝命，法其重大不可迁移也。"《论语》载孔子有"席不正不坐"之言、有"非礼勿视"之语，说明古代儒家以"正位凝命"的君子自居。君子观察并领会鼎卦的象征意义，对于创建新秩序形成明确概念和总体构想。所谓"正位"，即明尊卑之序，把阴阳两大势力固定在各自所应处的地位上，当位得正，按照社会分层的名分来确立一种新等级秩序。所谓"凝命"，即成教命之严，用一套严整的伦理规范实行教化，抚民育德，从而形成一种精神的凝聚力，以巩固新建立的等级秩序。

【爻辞】及**【小象】**

初六：鼎颠趾，利出否。得妾以其子，无咎。

象曰：鼎颠趾，未悖也。利出否，以从贵也。

【译文】

初六：鼎器颠转脚跟，利于倾倒废物。宛如娶妾生子扶作正室，无咎灾。

象传：鼎器颠转脚跟，说明初六的行为未曾悖理。利于倾倒废物，说明初六应当上从尊贵者以期吐故纳新。

【解读】初六以阴处阳失正，有妾之象，又居鼎之最下，阴虚二断如足，其负担最重而又不胜其任，故有"鼎颠趾"之象。但上有九四阳刚正应，援助有力，所以逢凶化吉，犹如鼎足颠倒而利于倾倒废物，以便重新纳物烹饪，又如娶妾非正，但因生子而贵则扶正，故爻辞称"无咎"。这是因败立功，以贱致贵之占，关键要善于观察矛盾并促其由不利转化为利。初六处下巽始，巽有长女之象，长女为妾而非正室，原本可卑，但《易》卦重变，巽之错卦为震，震为长男，妾生长子以主鼎器，妾以子贵而得扶正之兆。看来有悖于尊卑之序，但正当合理并无咎害。又震为足，好动，鼎足动而不稳则覆，有"鼎颠趾"之象，看似不正常，但其实是创新，初六开拓新思路，摈弃旧观念。杨万里说："去恶不尽，良庖无洁清之鼎；去敝不尽，圣人无新美之治。是故不有倾泻，不可以尽去一鼎之恶；不有涤荡，不可以尽去一世之敝。鼎之初六，天下草昧阴闭之初，犹宿昔滓浊之鼎也。将欲去其故以取其新，可不倾泻涤荡使无一毫之不尽乎！故为鼎者，颠覆其趾以尽出其否恶；为治者，涤荡其旧以尽彻其晦冥。否恶尽而贵珍之膳来，晦冥彻而阳光之治起。汤之革夏，必代虐以宽；高祖之入关，必除秦之苛，布汉之宽也。初在下故为趾，六阴而虚故颠覆，巽为长女而初六居下故为妾。"这里对初六爻辞爻象分析足够精妙。

九二：鼎有实，我仇①有疾，不我能即，吉。

象曰：鼎有实，慎所之也。我仇有疾，终无尤也。

【译文】

九二：鼎中装有物品，我的配偶有病，暂不来加重我的负荷，吉利。

象传：鼎中有食物，说明九二要谨慎搬动。我的配偶有病，说明九二暂时未能获应于六五，最终无过尤。

【解读】九二阳居中位，阳刚为实，所以说"鼎有实"。王弼注说："有实之物，不可复加，益之则溢，反伤其实。"所以九二不需要六五帮忙，正好六五阴柔在尊位，自顾不暇，不能下应九二，结局吉利。杨万里说："大哉，九二之实德乎！壮哉，九二之不动乎！……一心不可动则万议息。故流言不能动周公，刺客不能动裴度，而周、唐遂安。慎所之者，言谨审而不动也。我一有所之，彼斯乘之矣。惟慎所之，故吉，而终无悔尤。""仇"为仇人或匹配，此指六五。遁变为鼎时，六二与九五换位，形成九二与六五的新局面。六五之"疾"在于以阴居阳，中而不正。对九二而言，六五与它隔两阳爻，不易接近。何况，九二还在下卦巽中，巽为不果，为多白眼，如此也使六五"不我能即"。九二由遁之九五变成，由上卦中位来到下卦中位，未离乎中，是"慎所之也"。六五虽有疾，但其位为九二所让，且有阴阳正应，所以"终无尤也"，结果"吉"。

九三：鼎耳革，其行塞，雉膏不食；方雨亏悔，终吉。

象曰：鼎耳革，失其义也。

【译文】

九三：鼎耳变形，插杠移动困难，美味的雉膏不能食用；天刚下雨点，阴云又散去，最终获得吉祥。

象传：鼎耳变形，说明九三的行为有失其道。

【解读】从爻位爻象看，九三阳刚居鼎腹，阳爻实，所以以鼎中食物为喻象。但九三与上九无应而失助，改求六五相援。六五正忙变革以正应九二，不理九三诉求。九三过于阳刚，导致六五鼎耳变形，使鼎失去烹饪功用，故称"鼎耳革，其行塞"，九三前进道路颇为艰难，面对鼎中雉膏美食只能望洋兴叹。说明九三

① 仇：匹对。1. 王弼注指上应之六五。2.《伊川易传》指下比于初六。3.《周易折中》泛称嫉贤妒能之群小，如云："此'疾'字是妒害之义，所谓入朝见疾是也。夫相妒害则相远而不相即矣。然小人之害人也，必托为亲爱以伺其隙，故必不恶而严，使之不我能即而后无隙之可乘也。此只据九二刚中能自守而取此象，不必定指一爻为我仇也。"4. 余敦康《周易现代解读》认为是九四。此取王注。

纵有才能，也没派上用场。

九四：鼎折足，覆公餗，其形渥，凶。

象曰：覆公餗，信如何也。

【译文】

九四：鼎足折断，王公美食倾倒出来，沾濡了鼎身四周，有凶险。

象传：鼎中王公美食倾泼出来，说明九四如何值得信任呢？

【解读】从爻位爻象看，鼎卦二、三、四爻位居鼎腹，而阳爻为实，故爻辞以“公餗”鼎实为喻，而四之阳实，适当其极，鼎中食极而盈，则有溢出倾覆之患。又阳刚九四居上体之下，其位近五，实臣居近君之位，责任已相当繁重。但是，九四阳处阴位而过中失正，上承六五，同时又与初六正应，而初六已发生颠趾，鼎脚朝天，所以九四折足覆餗。罪在九四没有自知之明，逞强去做力所不逮之事。且按《易》例，凡九四下应初六，皆有损无益，非吉象。

六五：鼎黄耳，金铉，利贞。

象曰：鼎黄耳，中以为实也。

【译文】

六五：鼎有黄色的鼎耳，刚坚的鼎杠，利于守持正固。

象传：鼎有黄色的鼎耳，说明六五居中而获刚实之益。

【解读】六五无刚实之德，但守持正道，借助九二，使自己成为鼎卦之主，得鼎之道。《宋史·杨安国传》称：“（安国）尝讲《易》至鼎卦，帝问：‘九四象如何？’安国对：‘九四上承至尊，下应初爻，任重非据，故折足覆餗。亦犹任得其人，则虽重可胜；非其人，必有颠覆之患。’帝称善。”宋神宗用吕惠卿为相，徽宗任蔡京为相，上下党同伐异，朝廷用非其人。新法之败，除王安石个人因素外，所任非贤也是原因之一。在政治共同体中，尽管君居尊位，臣处卑位，君为主导，臣为从属，作为权力结构的两端，但在履行权力时，必须遵循中道，实践刚柔相济、阴阳协调，才能产生实效，权力得以成功运作。六五行使君主权力符合这个要求，所以说“鼎黄耳，中以为实也”。

上九：鼎玉铉，大吉，无不利。

象曰：玉铉在上，刚柔节也。

【译文】

上九：鼎有玉制的鼎杠，大为吉祥，无所不利。

象传：鼎的玉制的鼎杠高居于上，刚柔相互节制。

【解读】从爻位爻象看，举鼎在铉，铉必贯耳才可举移，所以上九有铉之象。上九玉铉扛起的不是鼎的一部分，而是整个鼎，为鼎功获得大成之象。在其他卦，上位一般是矛盾激化而转变的极端，并非吉爻。但鼎以取出食物育贤为功成，上爻正是取食之象，上九大吉。上九处于鼎卦的终结阶段，业已创建新秩序，呈现一派太平鼎盛的景象。这种新秩序，其特点是刚柔相济，阴阳协调，上九的行为完全符合新秩序的要求，所以举措得宜，大吉。因为上九以阳居阴，体刚履柔，得夫刚柔之节，有温润玉铉之象，足以担当重任。这就如同质刚而德柔的玉铉居于鼎上，能够把整个鼎器托举起来。

总结：

鼎卦继革卦后，变革不单为推翻旧秩序，更要创建新秩序，即“革故鼎新”。鼎卦总体形势吉利亨通。从卦爻结构看，下巽为顺，上离为明，象征着居尊的君主具备“巽而耳目聪明”的美德，既柔顺谦逊、礼贤下士，又聪明睿智、知人善任。鼎卦以物取象，就像一座烹饪食物的大鼎。初六阴爻像鼎足，九二、九三、九四中间三根阳爻像鼎腹，六五阴爻像鼎耳，上九阳爻像横贯鼎耳的铉。鼎卦下巽为木，“以木巽火”，把木柴放进火中燃烧；上离为火，烹饪食物，为烹饪之象。烹饪的作用在于养人，圣王取其象征意义，用于祭祀上帝，供养圣贤，所以说“圣人亨以享上帝，而大亨以养圣贤”。

鼎卦立义，借烹物化生为熟，譬喻调剂成新。其中侧重体现行使权力、“经济天下”“自新新人”的意义。马振彪《周易学说》指出：“革之大者，无过于迁九鼎之重器，以新一世之耳目；而鼎之为用，又无过于能变革其旧者，咸与为新，而成调济之功。故鼎承革卦，以相为用。若器主烹饪以养，犹其小焉者也。《大象》括以‘正位凝命’四字，养德养身、治家治国之道，为有天下者所取法，皆不能出其范围。”从卦辞大义看，所称“君子”掌持鼎器至为吉祥，前景亨通，也是强调“去故取新”、法治昌明。观卦中六爻，各取鼎器的某一部位或配件为喻，无非说明在一定的环境条件下，任事执权的不同情状。诸爻吉美之占居多，如初六阴柔在下，颠倒鼎足、清除废物可获“无咎”；九二鼎中有实，谨慎不使充溢可致“吉祥”；九三鼎耳变异、鼎用受碍，若能调和阴阳亦终有吉；至于五、上两爻如金玉之“铉”，则佳美尤甚。六五“柔进而上行”，秉承美德，升至君位，遵循中道行使君主权力，与居下的九二刚中之臣正应，“得中而应乎刚”。君主委贤任能，信任臣下，臣下尽力辅助，志匡王室。创建新秩序时，这是最理想的政治结构，“二人同心，其利断金”，利于励精图治，大展宏图。全卦唯九四不称职权，“折足”“覆餗”，是寓诫最深刻的反面形象。

鼎所承载的价值，借鉴到人格精神层面，第一，便如圣人讲的“君子以正位凝命”。警诫人们要像大鼎一样，端正威严，严守使命。为官为政者，需恪尽职守，公生明，廉生威，勤于政。对普通人而言，需明确自己的责任和

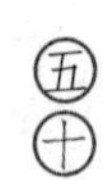

使命，要专注，坚守。第二，鼎足相对重于鼎耳，但失鼎足与失鼎耳的意义不同。改革创新必定有困难，但要看主要的目的与方向——民以食为天、神以祀为制，区别困难的大小，准确判断，进行决策。鼎卦启示世人：要有顶天立地的气概，要有忍辱负重的毅力，要有不死不休的恒心。唯其如此，稳稳当当，大道乃成。

五十一

震䷲

【卦辞】震：亨，震来虩（xì）虩，笑言哑哑；震惊百里，不丧匕鬯（chàng）。

【译文】震卦象征雷声震动：可致亨通。震雷骤来时万物惶恐畏惧，戒惧慎行的人却能谈笑自若。就像主持祭祀的祭主，在巨雷震响、震惊百里时，仍镇定从容，手里的祭器和祭酒都没有失落。

【解读】匕，勺匙之类餐具。鬯，祭祀时用的香酒。王弼注："匕，所以载鼎实；鬯，香酒。"二者都是古代宗庙祭祀用物，泛指宗庙祭祀。从卦体言，震初一阳为一卦之主，初四两爻分处上下卦之始，虽暂居下，但阳刚气清而上升，象征新生之气逐渐上行，而充溢生命活力。所以，震体卦画呈现兆瑞，其因恐惊而保持敬慎导致的幸福。所以在雷震惊惧之后，有"不丧匕鬯"的福吉之象。上下两体都是八经卦中的震，卦形都是一阳生于二阴之下，阳欲动而上进，与阴相激，有震动之象。处变不惊，从容镇定，唯有君子。

【彖辞】震，亨。震来虩虩，恐致福也。笑言哑哑，后有则也。震惊百里，惊远而惧迩也。不丧匕鬯，出可以守宗庙社稷，以为祭主也。

【译文】雷声震动，可致亨通。雷雨骤来万物惶恐畏惧，因为恐惧谨慎而致福祥。戒惧慎行的人却能够谈笑自如，说明戒惧慎行能防患于未然而不失常态。巨雷震响，雷惊百里，说明百里之内，远近皆惧。仍能镇定从容，手中祭器和祭酒都没掉落，出来可以守卫宗庙社稷，成为祭祀大典的主祭人。

【解读】人遇危难之事，必定反躬修己，势必谨守法则，审慎而为，最后致福而欢笑。"震来虩虩，恐致福也"，震为雷，虩虩是听到雷声而感到恐惧的样子，这种恐惧并非坏事，可使人知晓应警惕谨慎，反躬自省，周密策划，以理性务实的态度妥善地处理事变，由恐惧而导致幸福。"笑言哑哑，后有则也"，此即克服恐惧心理后达到的大无畏的境界，谈笑自若，处变不惊，举措得宜。由此看来，恐惧和无畏这两种心理相互依存，相互转化。所谓无畏的实质，是对恐惧的克服和扬弃。只有经过恐惧的磨炼，激发人的意志，考验人的承受和应变能力，才能达到真正的无畏境界。因此，当长子主持宗庙社稷的祭礼，突然听到震惊百里的雷声，仍然沉着，心怀诚敬，行礼如仪，这就表现出一种临危镇定、“不丧匕鬯”的心理素质，可担当家国重任了。

【大象】洊（jiàn）雷，震。君子以恐惧修省。

【译文】接连轰响着巨雷，象征震动。君子因此畏雷之威，弥自修身，省察己过。

【解读】君子观此卦象，对于突发事变，恐惧存于心，修省见于事。经历恐惧修省，可建功立业，恐惧修省前后相承。由于事变接连不断，所以君子首先必须保持一种临事而惧的态度。这种恐惧之心不是张皇失措，六神无主，而是极端重视，严肃对待，以忧患之心思忧患之故。通过理性分析，找出事变的主客观原因，进一步探索处理事变的措施。如果事变因主观原因引起，不要文过饰非，而要反躬自省，改正错误。这种修省的工夫落到实处，就可转祸为福，移惧为喜，笑言哑哑，而见乎功业。

【爻辞】及**【小象】**

初九：震来虩虩，后笑言哑哑，吉。

象曰：震来虩虩，恐致福也。笑言哑哑，后有则也。

【译文】

初九：雷电骤来令人惶恐，过后能慎行保福，谈笑自如，吉祥。

象传：震雷袭来令人惊恐，说明初九因恐惧自省而致福祥。然后能慎行保福，谈笑自如，说明初九惊惧之后行为就能遵循法则。

【解读】初九爻辞与《彖传》相同，不是重复，而是强调。把卦辞的思想放到初爻来讲，强调平时就该戒慎自惧，省察己过。《周易折中》引胡炳文曰：“初九在内卦之内，震之主也，故辞与卦同……盖震之用在下，而重震之初又最下者，所以为震之主者也。”范仲淹《易义》云：“震雷相从而兴，威动万物，内外皆震，君子心身戒惧之时也。万物震，其道通焉；君子震，其德崇焉。君子之惧于心也，思虑必慎其始，则百志弗违于道；惧于身也，进退不履于违，则百行弗罹于祸。故初九震来而致福，慎于始也。”初九处于震动之始，为成卦之主，临事而惧始必惧，然后才能好谋成事，获得吉祥。生于忧患，死于安乐，应具有普遍意义。

六二：震来，厉，亿丧贝。跻于九陵，勿逐，七日得。

象曰：震来厉，乘刚也。

【译文】

六二：惊雷骤来，有危险，丧失大量财帛。应当登上九陵高山，不再去追逐已丧失的钱财，过七天自会失而复得。

象传：震雷骤来有危险，六二阴柔乘凌阳刚。

【解读】震卦六爻，二阳四阴，初、四二阳为震之源，二、三、五、六诸阴则受震之爻。初为成震之卦主，其震之发，猛烈骤发，声威赫赫，谁能抵挡？六二上无应于五而乏助，又最近于初而凌其刚劲，故有"亿丧贝"之危厉。二若阴化为阳而与三、四互为离，离有蚌贝之象，故爻辞以"丧贝"为喻。又二、三、四正互之卦为艮，艮有山象，故爻称"跻于九陵"。但六二处下震之中，阴居位正，以其阴柔谦退中正之德，宜其能够坚持中正自守，无视财货之丧，知几而远避震害，此善处震之大方者，所以能逢凶化吉，"勿逐"而"七日得"也。如开始时情势危厉，人们应当已弃不问、堕甑不顾；最后，刚险已过，一切柳暗花明，去珠复还。得之与失，与险之与易，实相反而相成。因为六二以阴居阴，居中得正，本应大吉大利，但六二乘凌初九，前途危险。后醒悟自己的过错，以退为进，将会失而复得。

六三：震苏苏[①]，震行无眚。

象曰：震苏苏，位不当也。

【译文】

六三：惊雷令人惶惶不安，由于雷动而令人惊惧前行，不遭祸患。

象传：震雷之时惶惶不安，六三居位不当。

【解读】从爻位爻象看，六三阴居阳位失正不中，貌若自失，故震雷惊响呈"震苏苏"，原因是其内质阴柔不正。又六三与九四、六五互卦为坎，坎性险陷而有"多眚"之象，前行必生灾难。但六三若能阴化为阳变正，则上互卦由坎变兑，兑性喜悦，则三因变正而致悦，故爻称"震行无眚"。《周易折中》引杨启新语云："震而不行，徒震耳；行者，改图也，此恐惧所以修省也。"观之得悟，人因自身缺陷而致病眚，但若自觉改过就新，可逢凶化吉。刘邦先入关中，起初贪恋秦宫室帷帐子女之美，意欲占有。若刘邦真如此作为，则失天下心，以之抗楚，如以卵击石，必陷坎险。但他最终听从张良、萧何诸贤计策，居关中公布"约法三章"而孚民心。强弱不敌，因"震行"而入汉中以避项羽，所作所为日趋于正，故灾难自消，为汉兴奠定了根基。

九四：震遂泥。

① 苏苏，其义旧注有歧解：1. 程颐、朱熹谓"苏苏，神气缓散自失之状"，人的精神一失，则虽活而实处半死之态；2. 虞翻、来知德谓"死而复生称苏"；3. 郑玄、王弼谓为"不安"之貌。三解于义皆通。

象曰：震遂泥，未光也。

【译文】

九四：雷声震动，惊慌失措中坠入泥中。

象传：雷声震动，惊慌失措中坠入泥中，预示九四阳刚之德不能发扬光大。

【解读】震卦二阳分居上下卦之初，初九在二阴之下，动得震之本象，为震卦之主而见震之用，所以致吉。九四虽亦在五六两阴之下，但其位已由下卦升至上卦，下有二三两阴夹击，一阳陷四阴之中，则处处成坎。坎有泥水之象，震行陷坎，如坠泥泞，非常凶险。但九四"遂泥"之凶，由其本质决定，阳处阴位而失正过中，其凶象尽露。九四不正过中，失震之道，向前行进不妥，向后自守也难。《汉书·五行志》载春秋事：鲁庄公十七年冬，"是时，庄公将取齐之淫女，其象先见，天戒若曰，勿取齐女，淫而迷国，庄不寤，遂取之。夫人既入，淫于二叔（庆父和叔牙），终皆诛死，几亡社稷……京房《易传》曰：'废正作淫，大不明，国多麋。'又曰：'震遂泥，厥咎国多麋。'"《汉书》李奇注曰："从三至五，有坎象。坎为水，四为泥在水中，故曰'震遂泥'。泥者，泥溺于水，不能自拔，道未光也。或以为溺于淫女，故其妖多麋。麋，迷也。"

六五：震往来，厉，亿无丧，有事。

象曰：震往来，厉，危行也。其事在中，大无丧也。

【译文】

六五：雷动之时不论上下往来，都有危险。能够慎守中道就万无一失，可以长保祭祀盛事。

象传：雷动之时不论上下往来，都有危险，说明六五应当心存恐惧，谨慎前行。行动上处理任何事情都能慎守中道，这样就可以做到万无一失。

【解读】往来，指当震动之时，忙于上下往来。《周易集解》引虞翻曰："往谓乘阳，来谓应阴，失位乘刚，故往来厉也。"六五以阴居阳失位，且处震之时，下不得六二正应，又乘九四之刚，上则遇阴得敌，往来都有危险。来知德说："天命未去，人心未离，国势未至瓦解也。有事者，犹可补偏救弊以有为也……占者不失其中，则虽危无丧矣。"如唐玄宗虽居九五之尊，内则穷奢极欲、沉湎美色，外则穷兵黩武、战事频兴。风雷震荡之际，上下往来，行非其正，致安史之乱，凶厉立见。但叛乱起后，能罪己守中，惩前毖后，而着眼于平叛之事，人心未离而国家不亡，故与其子肃宗终平大乱，保住李唐江山社稷。

上六：震索索，视矍矍，征凶。震不于其躬，于其邻，无咎。婚媾有言。

象曰：震索索，中未得也。虽凶无咎，畏邻戒也。

【译文】

上六：惊雷震动令人不安，闪电使人不敢正视。如果行动就有凶险。雷电不会击在他身上，而落在邻人身上，他没有灾难。但在婚姻方面有闲言。

象传：惊雷震动令人不安，说明上六未获中道。虽有凶险而终无灾，说明上六见到邻居遭祸而有所恐惧，有所戒备。

【解读】从爻位爻象看，上六以阴柔之质而升至震之极，下无应而乏助力，则不胜其任。当震极之际，下临五爻之动，如遭遇突然事变，张皇失措，中心无主。上六处震极，性刚决而行躁动，故不顾危凶而贸然前进，必有凶险。上六爻变为阳，则上卦由震化离。离为明，有目视之象，故以“视矍矍”为喻。又离一阴居中为中女，震处上卦一阳居下为长男，男女相遇，故以婚媾为喻。又六三、九四、六五互卦为坎，而上六居震极，来知德说：“凡震遇坎水者，皆言婚媾。”验之诸卦，果真如此。杨万里言：“然圣人一则以惊，一则以安：曰征凶，言往则凶，惊之之辞也；曰无咎，不往则无咎，安之之辞也……然圣人虽安之，而终再以三警之，曰：汝虽无咎，而邻之苏苏，亦不可不畏不戒也。天下之祸，莫大乎于其邻，而于其身次焉，何也？身者必防，邻者必玩也。虞受晋宝以灭虢，不知乃所以自灭；楚听秦赂以伐齐，不知乃所以自伐，玩故也……吴亡而晋国吊，其知所谓虽无咎，而畏邻戒者。”但震动之灾尚未波及自身，而是降临邻居身上，并无咎害，只是“婚媾有言”，听到亲戚的一些责难。如果汲取邻居的教训，知所警戒，也能“虽凶无咎”，杨万里论述颇为中肯，令人深思。

总结：

《序卦》说：“主器者莫若长子，故受之以震。震者，动也。”震卦取象“雷动”威盛，揭示“震惧”可致“亨通”的道理。鼎是祭器，象征国家政权。定鼎之后，建立了新政权，由长子代表国家主持宗庙社稷的祭祀，行使权力，故受之以震。卦辞设拟两层譬喻，相互见旨：先言雷动奋起万物畏惧，于是慎行获福笑语声声；再言君主教令震惊百里，遂致万方警惧，社稷长保。卦中六爻分别喻示处“震”的不同情状：初九阳刚在下，知惧致福，六二因危守中、失“贝”复得，六三惶惶不安，慎行免祸，六五柔中“危行”，善保尊位，这四爻均见“惕惧修德”之功，故多吉无害；唯九四陷于阴中，惧而不能振奋，难以自拔；上六惧极有凶，但若因人之惧预先预备，亦将“无咎”。

作为国家政权的代表，身居高位，掌控全局，行使权力，常会遇到一些突变，如同震惊百里的雷声，令人恐惧。所以需要沉着镇定的心理素质和坚强的承受能力，在突变面前，头脑冷静，应对有方，指挥若定。是否具备这种心理素质和承受能力，对于一个领导者来说，至关重要，这是震卦所讨论的主题。春秋时期，各诸侯国为争夺土地和人口互相攻伐，战事不休。晋楚两国为争夺中原的霸权，更经常兵戎相见。晋本是北方强国，但晋厉公时国力开始下降，晋厉公信任奸佞，残害大臣，导致国内经常发生贵族叛乱事件。

公元前573年，晋大夫栾书、中行偃发动政变，杀死晋厉公，并从国外接回公子姬周，拥为国君，即晋悼公。晋悼公举贤任能，革旧布新，使晋国重新走上富强之路。当时，晋国北方散居着很多游牧部落，统称戎狄。戎狄人擅长骑马，往来如风，经常扰袭晋国的边境。公元前569年，无终国嘉父派使者孟乐求见大夫魏绛，希望他能引荐使臣给悼公，以缓和两国关系，最终结束战争。魏绛答应并面见晋悼公。但悼公自恃晋国强大，对魏绛说："戎狄非我族类，其心必异，况且贪得无厌，只能靠武力解决。"魏绛劝说："现在中原常受楚国欺凌，被迫屈服，他们盼望晋国援救。如果我们对戎狄用兵，万一中原有事，哪有军力对付楚国呢？"晋悼公觉得有理，采纳了魏绛的建议，实现和戎。魏绛对晋国内乱有深刻认识，晋悼公善纳谏言，君明臣贤，皆能居安思危。这非常符合震卦的思想。此后，晋国基本无后顾之忧，一心发展。

作为凡人，人生最大的敌人常在于：① 不知恐惧，欲望无边。② 过于惊恐，缩手缩脚。震卦告诫人们：① 居安思危，心生恐惧才能避害趋利。孔子讲，凡事应当临事而惧，要"畏天命，畏大人，畏圣人之言"。对于宗教信仰、法律法规、道德原则都心存敬畏，这样才有利于生存。反之，那些无法无天，肆无忌惮之人距离毁灭最近。所谓"上帝让谁死亡，就先让他疯狂"。② 过度惊惧是前进的绊脚石，甚至令人陷入更大的危险。本卦象征主旨建立在"震惧"的基点上，体味恐惧，修身醒德，然后谨慎前行，开拓"亨通"境界，个中寓含着处危而后安的辩证哲理。

五十二

艮䷳

【卦辞】艮：艮其背，不获其身，行其庭，不见其人。无咎。

【译文】艮卦象征适时而止：抑止于脊背，不让身体朝向应当抑制住的邪欲。犹如在庭院中行走两两相背，感觉不到有人的存在。没有咎害。

【解读】《序卦》说："物不可以终动，止之，故受之以艮。艮者，止也。"艮卦由震卦发展而来，震为动，艮为止，艮卦由两个经卦艮叠合而成。事物发展中，动极而静，静极复动，一动一静，互为其根。就人事而言，应根据客观事物所处的不同状态，采取适当对策，"时止则止，时行则行。动静不失其时，其道光明"。

【彖辞】艮，止也。时止则止，时行则行。动静不失其时，其道光明。艮其止，止其所也。上下敌应，不相与也。是以不获其身，行其庭，不见其人，无咎也。

【译文】艮，抑止。当抑止就抑止，当前行就前行。动静行止恰当适时，行止之道就灿明。停止的是应该停止的行为，说明停止得适得其所。上下六爻相互敌对，不相交往亲与，所以就像不让身体面向当被抑止的私欲，譬如行走在庭院里也两两相背，互不见对方被抑止的邪恶，这样抑止就不致咎害。

【解读】程颐曰："人之所以不能安其止者，动于欲也。欲牵于前而求其止，不可得也。故艮之道当'艮其背'。所见者在前，而背乃背之，是所不见也。止于所不见，则无欲以乱其心，而止乃安。'不获其身'，不见其身也，谓忘我也，无我则止矣。不能无我，无可止之道。'行其庭，不见其人'，庭除之间，至近也；在背，则虽至近不见。谓不交于物也。外物不接，内欲不萌，如是而止，乃得止之道，于止为'无咎'也。"从卦爻结构看，艮卦象征事物处于静止状态。纯卦艮一阳爻居于二阴爻之上，一阳升至上面，蠢蠢欲动，但二阴止住它，使其不再运动，各爻皆止于其所，所以说“艮其止，止其所也”。其次，上下二体各爻敌应，初六与六四、六二与六五、九三与上九，刚对刚或柔对柔，不能相应。因而各自孤立，彼此隔绝，所以说“上下敌应，不相与也”。这种情形以人的身体为喻：有前身，有后背，前身与后背彼此隔绝，停止于后背，始终不能看见前身，所以说“艮其背，不获其身”。行走在庭院中，由于倒行，两两相背，见不到别人，所以说“行其庭，不见其人”。既然这是客观事物的存在状态，就应像“艮其背”那样，做到“时止则止”，才能免于咎害。所谓“知止而后有定，定而后能静，静而后能安，安而后能虑，虑而后能得”，如知有所止，客观上适应环境变化，主观上坚持道义，止得其所，顺理而合义，没有咎害。

【大象】兼山，艮。君子以思不出其位。

【译文】两山相重，象征抑止。君子因此思虑问题要抑止在不超越他所处的位置。

【解读】两山对峙，都不移就，没有任何往来，各自互不相涉。君子观此卦象，谨守本分，安于所止，所思所虑不超越自己的本位。《中庸》指出：“君子素其位而行，不愿乎其外。素富贵，行乎富贵；素贫贱，行乎贫贱；素夷狄，行乎夷狄；素患难，行乎患难；君子无入而不自得焉。”这就是艮止之时发扬独立挺拔的主体精神的处艮之道。

【爻辞】及**【小象】**

初六：艮其趾，无咎，利永贞。

象曰：艮其趾，未失正也。

【译文】

初六：脚趾止而不动，必无咎灾，利于永久守持正固。

象传：脚趾止而不动，初六未曾违失正道。

【解读】从爻位爻象看，艮有足象。初六处下艮之初，全卦最下。以人的身体为喻，则取脚趾。脚主于行走。因而当艮止之时，脚趾一动，马上觉知其妄动而加抑制。初六在艮止之时，当静则静，停止前进。因初六能防患于萌芽之中，没有违失正道，当止则止，不失其正。持之以恒，不可半途而废，所以说利永贞。

六二：艮其腓，不拯其随，其心不快。

象曰：不拯其随，未退听也。

【译文】

六二：小腿肚子止而不动，无法上行拯救（本应随从，但又）过刚不中之九三，心里不痛快。

象传：无法上行拯救（本应随从，但又）过刚不中之九三，又无法退而听从六二的意见。

【解读】六二柔中得正，爻位很好，正是“时行则行”之时，却止而不能动。

二之位，在人身部位为腓，即小腿肚。与股腿之动相比，小腿肚只能随动，没有主动选择的自由。因其爻位比邻九三，九三为阳，六二为阴，九三为腰，六二为小腿，阳倡则阴必和，腰动则腿必随。因而九三主导，六二从属。六二以柔处艮下卦之中，外卦无应，本须上承九三之阳。当九三违反艮止之道而妄动，六二无力上行拯救，好比"其腓"被止，故曰"不拯其随"；当行不得行，承阳之志难遂，故曰"其心不快"。但是，究其原因，不在主观，而在客观。六二之所以"不拯其随"，关键在于九三刚猛傲慢、刚愎自用。由此可知，真正做到时止则止，止得其所，并非易事。如果仅有主观愿望而无客观条件，也常事与愿违。如殷商末年，比干因忠谏而被暴君纣王所杀，此拯而不随。又如春秋时孔孟谏君，其道不行，不听则去，此"不拯其随"又一例。

九三：艮其限，列其夤（yín），厉熏心。

象曰：艮其限，危熏心也。

【译文】

九三：腰止而不能动，脊肉被撕裂。危险如同烈火烧灼其心。

象传：腰止而不能动，可知九三的危险如同烈火一样熏灼其心。

【解读】陈梦雷曰："九三上下卦之间，有限之象，人身荣卫上下流通，则身舒而心泰。九三以刚限于上下二柔之间，止而不动，如腰脊中强，上下荣卫隔绝，百骸不属，危惧惊心，故有'艮其限，列其夤'而危厉薰心之象。"九三在艮止时，强力控制腰部，使其停止运动。做法粗暴造成严重后果，使脊椎断裂而伤及全身，因而危厉如同烈火一样熏灼其心。实际这是有违正道的妄动。艮止之道，关键在于止得其所，止于至善。腰部是人体的中间部位，作为连接上身与下身的枢纽，屈伸俯仰，当静则静，当动则动，时行则行，时止则止，这才是正当合理的处艮之道。如果强力控制，使其处于绝对停止的状态，导致危厉的后果就是必然的了。九三已升至下艮之极，离上体只一步之遥，处艮止之时而急于升进，施止不得其所而咎由自取，其内质不中且刚愎，应负一定的责任。

六四：艮其身，无咎。

象曰：艮其身，止诸躬也。

【译文】

六四：抑止上身不使妄动，必无咎害。

象传：抑止上身不使妄动，说明六四自我抑止，安守本位。

【解读】从爻位爻象看，四已从下体升至上体之始。《周易折中》引胡瑗曰："人之体，统而言之，则谓之一身；分而言之，则腰足而上谓之身。"所以比之人体，相当于腰以上的脊背，六四是抑止上身不使运动。在全卦中，六四处近君臣位，职责重大，但上不遇阳刚之君，下乏初阳正应。在处艮止之时，只能洁身自好，不能止物，徒自保其躬而难有作为。所以程颐批评："在上位而仅能善其身，

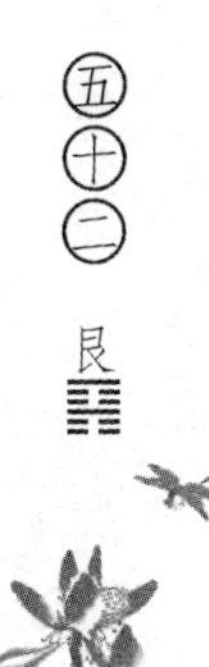

无取之甚也。”六四之止是止于自身，在施行抑止之道时，能够自我约束，自我控制，做到了知有所止，时止则止。在时不利我之际，六四能自止于正，韬光养晦，没有大错。

六五：艮其辅，言有序，悔亡。

象曰：艮其辅，以中正也。

【译文】

六五：管住嘴不使妄语，说话井然有序，悔恨消亡。

象传：管住嘴不使妄语，说明六五能居中正之道。

【解读】 辅，指口舌所在的面颊或指上牙床。因五在上卦之中，与人体口牙位置相当，故以为喻象。六五“艮其辅”，止于面颊，也即管住口舌，止得其所。《系辞》云：“言行，君子之枢机，枢机之发，荣辱之主也；言行，君子之所以动天地也，可不慎乎？”六五至尊君位，掌握发号施令的大权，可一言兴邦，也可一言丧邦，对家国天下具有决定性的影响。言语之事，当言则言，谨防祸从口出。由于六五以柔履中，秉承了中正之德，懂得止于至善的道理。所以言语谨慎，合规中矩，井然有序，这就使得悔恨消亡。杨万里以史为例：“故（汤）高宗三年不言，一言而四海咸仰；（齐）威王三年不鸣，一鸣而齐国震惊。”故爻于“艮其辅”后，紧接着就有“言有序”之言。人若轻发妄言而漫无其序，则悔恨随之；反之，言而有序，则发必当理，悔恨自然消亡。

上九：敦艮，吉。

象曰：敦艮之吉，以厚终也。

【译文】

上九：敦厚笃实的德行能够抑止邪欲，吉祥。

象传：敦厚笃实的德行能够抑止邪欲而有吉祥，说明上九能够将敦厚笃实的品德保持至终。

【解读】 在艮中，三、六两爻是抑止阴邪的主力，但因九三处上下卦之交，难止其位，有裂夤熏心的危厉；而上九升至上体，居全卦极位，为成卦之主。王弼注云：“居止之极，极止者也。敦重在上，不陷非妄，宜其吉也。”上九居于艮之终，有如泰山乔岳之巅，高大厚重，刚健笃实，称之为“敦艮”。这种“敦艮之吉”，能善始善终，达到止于至善的最高境界。以人事喻，则疾风知劲草，乱世见忠臣。其高风亮节，如泰山之巅，其厚重之止，不可动摇。

总结：

艮卦以重艮为“兼山”之象，纯艮一阳而居二阴之上，阳动于极则知其所止，阴性则静而安其下位，上止下静，故为艮。观艮全卦，二阳止阴，而四阴则被艮止。朱熹云：“一阳止于二阴之上，阳自下升，极上而止也。其象为山，取坤地而隆其上之状，亦止于极而不进之意也。”坤三变正而化阳，则是艮。坤象为地，地上有阳，则隆而为山，山巅之极，无可上升之地。人攀行至此，自然止步。

艮六爻中，因时位升降而吉凶不同。九三有裂腰熏心之厉，是因位处上下体间，三之上互为震，当艮止时，而具震动，反其道而行之，是虽欲止人又不能自止。又三之下互为坎，三为坎实，明显自溺于坎陷中，其凶厉可知。上九则因其居止极而自止其所，为全卦表率，以一卦之主致吉。四阴爻中，被动艮止于下，其止并非自觉，故爻无吉象。最佳也仅“悔亡”“无咎”或“利永贞”，皆寓有劝诫之惧。艮为止，止为静，重点从静态的角度阐明艮止之理，展示的是人体的背面形象。实际上，就是强调抑止私欲之后，大公无私，心中无物，没有任何外来的干扰。如陆九渊说：“艮其背，不获其身，无我；行其庭，不见其人，无物。”杨万里举例：“君子观贞之象，于是得忘我之学；观悔之象，于是得忘物之学。忘我则中不出，忘物则外不入。中不出、外不入，止之至也。毋意、毋必、毋固、毋我、勿视、勿听、勿言、勿动，‘艮其背不获其身’也。堂马数仞，食前方丈，侍妾数百，得志而弗为，‘行其庭不见其人’也。”古人以为，耳目口鼻，是有知有欲的器官，而背之后则什么也没有，无视无欲。“时止则止，时行则行。动静不失其时”，当动则动，当静则静，做到“动静不失其时”，既顺乎实理，也合乎道义，“止于至善”。北宋庆历新政后，范仲淹和富弼为推行新政，四处走访。有一次，在筛选各路官员时，范仲淹审查一份官员名单，发现其中有一些贪赃枉法的官员，就把这些人一并删掉，予以革职。富弼看了说：“您这大笔一挥，可让这一家老小都要哭啊。”范仲淹说：“宁可让一家官员哭，也绝不能让一路百姓哭。”富弼听后默然，没有争执。

艮卦所阐述发挥，是关于“止”的学问。老子说“知止不殆”，自古以来“止学”是高深的玄学。有人以为人生只需勇猛精进，一往无前就足够，其实这是对事物规律和人生态度的误会。事物总是动静相生，难易相成，动静不失其时宜，时止则止，时行则行。“止学”作为一种学问，隋代王通曾深入研究，说：“大智知止，小智惟谋。”足见，行止皆合于道，则艮之卦义，不仅是重视个人自我修养的提高，也是用以改造自然、改造社会的一种自觉的行为规范。

五十三

渐䷴

【卦辞】 渐：女归，吉，利贞。

【译文】 渐卦象征循序渐进：女子出嫁按照礼仪逐步进行，吉祥，利于守持正固。

【解读】 天、地、人三才，人处天地之中而得以交流。而人事之中，男女之道为万事之先，人类种族的生存繁衍，社会风俗的文明进步，都与男女婚姻密切相关。古代婚礼尤受重视，如《礼记·昏义》云："昏礼者，将合二姓之好，上以事宗庙，而下以继后世也。故君子重之。"礼仪繁多，过程漫长，据《仪礼·士昏礼》规定，有纳采、问名、纳吉、纳征、请期、亲迎六礼。古时女子以夫为家，故出嫁称"归"。女子出嫁礼仪，依序渐进，可获吉祥。《周易折中》引胡瑗云："天下万事，莫不有渐。然于女子，尤须有渐。何则？女子处于闺门之内，必须男子之家问名、纳采、请期，以至于亲迎，其礼必备，然后乃成其礼，而正夫妇之道。"婚姻尤其强调女子持守贞正之道，女子出嫁必守贞持正，等待男人以礼来求，这才符合婚姻正道，否则为私奔，如《诗经·行露》所言。《周易折中》引郭雍说："进之渐者，无若女之归。女归不以渐则奔也。渐则为归，速则为奔。故女归以渐为吉。"推而广之，如臣之进于君，人之进于事，学者之进于学，君子之进于德，都必循序渐进，企图一蹴而就，只会导致失败。

【彖辞】 渐之进也，女归吉也。进得位，往有功也；进以正，可以正邦也。其位，刚得中也；止而巽，动不穷也。

【译文】 渐渐向前行进，如同少女循礼出嫁，吉利。渐进获得正位，说明前往可立功业。渐进又能遵循正道，可以正定邦国。渐行而居于尊位，这是由于具有阳刚中和的美德。只要守静而和顺，行动起来就不会陷入穷困。

【解读】 渐下艮上巽：下艮为山止，止则凝滞不躁；上巽为风，巽则欲动不急。正是渐进之象。从二至五爻，其居位皆正，犹如女子出嫁，循礼渐行，各项礼仪依序展开。坚持礼制，在古代是明为典型、正邦兴国的大事。又六二进至九五，其位既中且正，皆为美爻。但九五为渐卦之主，因为古代社会以男子为中心，男子乃一家之严主。故卦辞“刚得中”及“往有功”等，主要就九五阐述卦义。而“止而巽”，就上下卦体之间的关系解述卦德。下艮性止，上巽和顺，顺逊而知其所止，其行为必然谨慎，依礼而行，其进唯渐。故程颐曰：“内艮止外巽顺，止为安静之象，巽为和顺之义。人之进也，若以欲心之动，则躁而不得其渐，故有困穷。在渐之义，内止静而外巽顺，故其进动不有困穷也。”以婚姻设喻，推及修心养性，及兴邦治国，意义重大。

【大象】山上有木，渐。君子以居贤德善俗①。

【译文】山上有木，渐渐长高大，象征渐进。君子因此居积贤德，改善风俗。

【解读】十年树木，百年树人。程颐云：“山上有木，其高有因渐之义也，君子观渐之象，以居贤善之德，化美于风俗。人之进于贤德，必有其渐习而后能安，非可陵节而遽至也。在己且然，教化之于人，不以渐其能入乎？移风易俗，非一朝一夕所能成，故善俗必以渐也。”确然。升卦讲地中生木，始生之木；渐卦讲山上有木，高大之木。大凡木之始生，枝条骤长，旦异而夕不同。等到树木高大，从不盈一握到数人合抱，从捩手之高到直上云霄，必踰年积岁，这就是升与渐的不同。马振彪曰：“渐之义，以居德善俗为训，德以渐而成，俗以渐而化，皆非欲速者所能奏效……众山学山，不至于山，一成不变，不以渐也；众水学海，而至于海，盈科后进，实以渐也。故事以躁进而偾，功以循序而成，此渐卦之要义也。”这就把渐卦精神，从自然界的生长发展，推衍到社会人事的文明进步。君子观此卦象，推天道以明人事。提高个人修养或是改善社会风俗，都需有步骤分阶段进行，不可揠苗助长，急于求成。

【爻辞】及**【小象】**

初六：鸿渐于干。小子厉，有言，无咎。

象曰：小子之厉，义无咎也。

【译文】

初六：鸿雁渐渐飞近河岸。童稚小子遭遇危厉，蒙受言语指责，但（渐进不躁）免遭灾咎。

象传：小子所遭逢的危险，从初六渐进不躁的意义看是不致受到咎害的。

【解读】从爻象爻位看，初六处下艮之初，渐之始，阴居阳位失正，上无其应，阴柔以进而力弱难行，所以取象鸿渐于干。徘徊水涯而不安其所，乃危厉之

① 居贤德善俗：朱熹认为“贤”字衍，或“善”下有脱字。案石经本、岳本、闽监毛本同，《释文》王肃本“善俗”当作“善风俗”。渐卦下艮上巽，艮为山在下，巽为木在上，故“山上有木”。

地。立足不稳，步履蹒跚，未能振翅高飞。但又是循序渐进的必经阶段，不可跨越省略。孔颖达云："始进未得显位，易致陵辱，则是危于'小子'，而被毁于谤言，故曰'小子厉，有言'，小人之言，未伤君子之义，故曰'无咎'也。"初六才质阴柔，地位卑下，如同初出茅庐的小子处于危厉之地，免不了要受到一些闲人讥讽。但初六不为所动，审时度势，仍坚持循序渐进，决不用刚急进，不违礼仪，把这种危厉当成磨炼自己成才的必经阶段，自然无咎。

六二：鸿渐于磐，饮食衎（kàn）衎，吉。

象曰：饮食衎衎，不素饱也。

【译文】

六二：鸿雁渐渐飞行，栖息在磐石上，安享饮食而喜乐，吉祥。

象传：安享饮食和乐欢畅，（说明六二尽心臣道，）而不是白白吃饭。

【解读】从爻位爻象看，六二阴居阴位得正，又处下艮之中，安居磐石之上，上与九五之君正应，能尽臣道而获上援助，故爻辞有"饮食衎衎"之言，生活的富裕也随之而来。但六二并非无功受禄，尸位素餐，而是以中正之道辅佐君主，尽心协力，对于稳定政局，正邦治国，发挥了关键性作用，立下了汗马功劳。所以六二靠自己的升进之功而获得荣禄。

九三：鸿渐于陆，夫征不复，妇孕不育[①]，凶。利御寇。

象曰：夫征不复，离群丑也。妇孕不育，失其道也。利用御寇，顺相保也。

【译文】

九三：鸿雁渐渐飞到高高的平地上，丈夫远去出征而不返回，他的妻子失贞怀孕却不能生育，有凶险。不过却有利于防御强寇。

象传：夫君远征一去不还，说明九三远离自己的同类。妻子失贞得孕却不能生育，说明九三的行为失去了夫妇相亲之道。有利于防御强寇，说明九三应当自守以正，从而使夫妻和顺相保。

【解读】从爻位关系看，九三居艮体之上，本应以刚止柔，与在下之初六、六二结为一体，循序渐进，但其刚亢躁进，远离同类独自上进而落单的行为，有违渐之正道。此外，九三与上九都是刚爻，不能正应，所以九三盲动求合于六四，也不问六四美丑贞节。由于六四凌驾于九三之上，以柔乘刚，此类亲比是邪配，若露水苟合，必凶无疑，即令怀孕也不能生育合法的子女。虽如此，李光地云："上下不交，必有谗邪间于其间。所谓寇也。惟能谨慎自守，使寇无所乘，则可以救其过刚之失而利。"九三毕竟以阳居阳得正，如果善于运用"止而巽"

---

① 蒋凡先生认为"不育"二字可有三解：一是因失贞正而无颜生育；二是指分娩时无人照顾以致难产；三是指生下孩子后因其私生而无法抚养教育。其所解释虽具体有异，但前途凶险则如出一辙。

的道理来调整自己的行为，艮止于内，巽顺于外，不再急于上进，安于所处，也可以做到上下相保，利于防御敌寇的侵袭。

六四：鸿渐于木，或得其桷（jué），无咎。

象曰：或得其桷，顺以巽也。

【译文】

六四：鸿雁渐渐飞行，栖息在树上，或能获得横平的枝柯得以歇息，没有灾咎。

象传：或能获得横平的枝柯得以歇息，说明六四温顺而又和巽。

【解读】六四本质阴柔，介于二阳之间，下乘九三之刚，上承九五之阳，处境危厉不安，但六四以阴居阴，当位得正，而且由下体之艮渐进于上体之巽，能够以“顺以巽”美德安处，妥善处理与二阳的关系。特别作为近君大臣，谦逊顺承，竭力辅佐，不乏应援之助。如同鸿雁“或得其桷”，于高木之上觅得横柯平枝以暂止歇。且六四上互九三、九五为离，离象为火、为日，有文明之象，四居离中，而充实其光辉，能谦逊待人，渐进不躁，相安无事，所以无咎。

九五：鸿渐于陵，妇三岁不孕。终莫之胜，吉。

象曰：终莫之胜，吉，得所愿也。

【译文】

九五：鸿雁渐渐飞行，停息在丘陵，妻子三年不曾怀孕；外物终究不能侵阻取胜，（夫妇终将会和合，）吉祥。

象传：外物终究不能侵阻取胜，（夫妇终将会和合，）吉祥，说明九五得遂迎合六二的愿望。

【解读】九五已升至上卦之中，超越下艮之山，所以有“鸿渐于陵”之象。九五中正居尊位，与中和六二正应。按常理，事业应大有所成。但是渐之九五处渐进之时，因存有内外矛盾，发展不能一帆风顺。爻辞以“鸿渐于陵，妇三岁不孕”为喻象，九五与六二有夫妻和合的妇孕之言。从爻位关系看，在九五与六二之间，遇到六四、九三从中作梗，形成了阻力。虽如此，九三并非九五的竞争对手，六四也非六二的对手，这两爻的阻力最终能够克服。就夫妇关系而言，只要情投意合，忠贞不贰，暂时分离并不影响最终的团聚。就君臣关系而言，刚中之君与柔中之臣协调并济，基于各自内在的需求，合乎理势的必然，任何势力都不能阻挡，所以说“终莫之胜，吉，得所愿也”。

上九：鸿渐于陆，其羽可用为仪，吉。

象曰：其羽可用为仪，吉，不可乱也。

【译文】

上九：鸿雁渐渐飞行，栖息在高山上，它的羽毛可用于装饰，吉祥。

象传：它的羽毛可用于装饰，吉利，说明渐进一定要循序，不可扰乱。

【解读】 上九失位，但居于谦恭之处，以阳居阴，因其循序渐进，达到最理想的境界，获得超然于进退之外的贤良操守，堪为世人效法。上六处最高位，渐进之序达到极限。渐下艮为山，上巽为木，循序由山木而腾空，乃自然理数，因为遵循了循序渐进的规律。事物的发展都积渐而成，不可能一步登天。

总结：

渐卦阐明事物发展循序渐进的道理。卦辞以女子出嫁为象，指出礼备而渐行，已见全卦大旨。卦辞卦象取“女归”之象设喻，因为古代女子婚嫁，不仅涉及个人归属及家庭幸福，而且是否依礼而行、循序渐进，影响社会风俗。

古人强调欲平治天下，首先要修身齐家。“女归吉”三字，包含丰富的社会内容，同时也反映了当时的统治思想。“女归”循礼，他事亦然。渐之爻辞爻象，多取鸿雁为喻。“女归”与“鸿渐”有什么必然联系？

据考察，古代大夫执贽用雁，婚礼亦用雁。根据鸿雁的生活习性，古人赋予鸿雁特别的人文属性。婚姻的缔结过程，与鸿雁的飞翔方式有共同之处：二者都体现了渐进这一人类社会和自然界的共同行为模式。因此，人们在婚礼中，便以执雁来说明婚姻过程的渐进性、庄重性。《仪礼·士昏礼》云：“下达纳采，用雁。”男子娶妻，要向女方行六礼。第一是“纳采，用雁”。为什么拿雁作礼品？《仪礼》郑玄注云：“礼用雁为挚者，取其顺阴阳往来。”贾公彦进一步疏解：“顺阴阳往来者，雁，木落南翔，冰泮北徂。夫为阳，妇为阴，今用雁者，亦取妇人从夫之义。”

《白虎通·嫁娶》：“贽用雁者，取其随时而南北，不失其节，明不夺女子之时也；又是随阳之鸟，妻从夫之义也；又取飞成行，止成列也，明嫁娶之礼，长幼有序，不相逾越也。又昏礼贽不用死雉，故用雁也。”古人以雁为礼，一取雁是候鸟，“孟春之月鸿雁北，孟秋之月鸿雁来”，来往有时，从不失信。喻男女婚前互守信约，婚后夫妻坚贞不渝。二取雁是随阳之鸟，喻妇人出嫁从夫。三取雁行有序，飞时成行，止时成列，井然不紊，喻嫁娶之礼，长幼有序，不相逾越。古人认为寒属阴，暑为阳，所以说鸿雁是“随阳之鸟”，喻之于人，则妇从夫。在古人眼中，鸿雁成了一个以情感物、能够沟通主客体的艺术符号。

六爻以鸿雁飞行设喻，更为生动。沿初爻至上爻，鸿飞所过，为水涯、磐石、小山陆、山木、山陵、大山陆，由低渐高，由近渐远，秩然有序。各爻立义，均主于守正渐行，因此多吉、无咎之占。其中九三虽过刚有凶，但勉其慎行渐道，化害为利。上六虽下无其应，但阴居阴位得正，向下亲比九五之君，说明渐进之功已成，故爻称吉。陈梦雷云：“上九无位。然渐进至此已极其高，犹贤达君子高蹈远去，而其进退去就，可为当世仪表，非无用者也。故有其羽可用为仪之象。占者如是则吉矣。”刘邦建立汉朝后，认为秦二世而亡的重要原因是缺乏拱卫，因此便大肆分封同姓子弟为王。这些诸侯王各有封国，占有大量土地，可自行任免官员和征税。刘邦没料到这些为郡国对抗中央政权埋下了隐患。汉文帝时淮南王和北济王谋逆，贾谊上书未得到合理可靠的执行。汉景帝时，大臣晁错建议削藩，引起七国之乱，晁错被诛杀。到汉武帝时，诸侯王骄奢淫逸，对中央政府阳奉阴违。武帝接受大臣主父偃的策略，允许诸侯王将自己的封国分割为几部分，分封给诸子，渐渐用推恩令逐渐消除势力膨胀的“封国”。数代以后，封地越来越小，最终无力对抗中央政府。不但受到受封者的支持，还解决了帝国内部的隐患，反映了武帝和主父偃君臣深谙渐卦的旨意。

时下，国内外有关中国崛起的评论不绝于耳，以致不少国人产生错觉，误以为中国崛起已是事实，并为此而忘乎所以。事实上，中国不仅在国内经济与政治发展方面正面临巨大挑战，而且防范与遏阻中国发展壮大的国际压力并未减少，加之中国尚未完全统一，故所谓“中国已经崛起”实为一种有害的误导。其实，用复兴而非崛起来描述中国的发展态势要更加贴切，因为它更符合历史与现实情况。中国的复兴是一个漫长的历史进程，对此，作为“群经之首”的《周易》可资借鉴。渐卦对于事物的发展进程与不同阶段进行了形象而深刻的阐述，并提出了相应的对策，其思想精髓实可为21世纪的中国复兴所用。

此外，渐卦还向人们传递哲理：凡事都有发生、成长、发展、收尾、完成渐进的过程，求学、生产、创业、婚姻都如此，要尊重事物发展规律，循序渐进，不能急于求成，不能投机取巧。一个人若想成功，必先要养成这样的自觉意识。

五十四

归妹䷵

【卦辞】 归妹：征凶，无攸利。

【译文】 归妹卦象征嫁出少女：（要是行为不当，）往前进发必有凶险，无所利益。

【解读】 归妹卦由兑下震上组成，兑为少女，震为长男，兑为悦，震为动，象征少女"说以动"。喜悦主动地追求长男，急于出嫁，这有违女子贞正之道。而且年龄差距太大，也不相配。咸卦是少男与少女相配，恒卦是长男与长女相配，都很正常，归妹卦以少女与长男相配，不太正常。从爻位配置看，中间四爻皆不当位，六五凌驾于九四之上，六三凌驾于九二之上，都是以柔乘刚。卦中二至五爻均失位，三既不中正又以阴乘阳，故诫之以"征凶，无攸利"。归妹卦主要着眼于人们的行为层面进行衡量，不合标准，违反了中正之道，特别是违反了正的原则。

【彖辞】 归妹，天地之大义也。天地不交，而万物不兴。归妹，人之终始也。说以动，所以归妹也。征凶，位不当也。无攸利，柔乘刚也。

【译文】 嫁出少女，天地阴阳的宏大意义。天地阴阳如不相交，万物就不能繁殖兴旺。嫁出少女，人类就能终而复始地生生不息。欣悦而兴动，正可以嫁出少女。（要是行为不当，）往前进发必有凶险，说明居位不当。无所利益，说明阴柔乘凌阳刚之上。

【解读】 归妹下兑上震，男女交合之象。男女在家庭内外，各有正当之位，合乎阴阳之分的秩序原则。男女交合须符合"天地之大义"礼仪，这种"天地之大义"既是人们的婚姻关系所必须遵循的准则，也是衡量婚姻行为是否正当合理的标准。朱熹曾说："归妹未有不好，只是说以动带累它。"（见朱鉴《朱文公易说》）换言之，少女情窦初开，如果能以礼自防，出嫁静守家中以主"中馈"，则具贞正美德而"未有不好"，因为合乎礼仪的归妹，是"人之终始也"。若任凭初开情窦泛滥，盲目追求情爱，会把少女拖入泥坑而致险厄。女子“说以动”，不经过男子迎娶而盲目主动从男，不合乎礼仪，影响家庭和社会。同时，归妹卦作为一个具体事例，并非局限于古代婚姻，阐明中正之道必须遵循而不能违反。

【大象】 泽上有雷，归妹。君子以永终知敝。

【译文】 大泽上响有震雷，象征少女出嫁。君子因此长久至终地保持夫妇之道，并悟知不可淫佚而敝坏此道。

【解读】 从卦象看，归妹下兑为泽，上震为雷。大泽之水，随天上雷声震动。程颐：“阳动于上，阴说而从，女从男之象也。”又说：“永终，谓生息嗣续永久其传也；知敝，谓知物有敝坏而为相继之道也。女归则有生息，故有永终之义；又夫妇之道当常永有终，必知其有敝坏之理而戒慎之。敝坏谓离隙。归妹说以动者也，异乎恒之巽（顺）而动，渐之止而巽也。少女之说，情之感动，动则失正，非夫妇正而可常之道，久必敝坏，知其必敝，则当思永其终也。天下之反目者，皆不能永终者也，不独夫妇之道，天下之事莫不有终有敝，莫不有可继可久之道。观归妹则当思永终之戒。”首先，泽上有雷，泽中的水随着震动，象征少女“说以动”，受喜悦之情的驱动急于出嫁，与长男结为夫妇。君子观此卦象，悟出了阴阳和合的男女永久之道。并进一步警诫说，千万不可因一时寻欢而敝坏夫妻正道。所以这种没经过理性的审慎选择，而且不合正道的婚姻关系，能否长久保持，值得认真考虑。夫妇之道应当长久，但男女淫佚苟合之行不能长久。警示君子要有戒心，应思夫妇之道永久而防乱弊。一旦成为夫妇，就当白头到老，使子嗣永续不息。君子观此卦象，从中体会“永终知敝”的哲学道理。做任何事情，都要考虑慎始而谋终。如果开始处理不当，会导致结果失败。将男女之事，更推之天下之事，使卦义内容更为丰富而深刻。

【爻辞】 及 **【小象】**

初九：归妹以娣，跛能履，征吉。

象曰：归妹以娣，以恒也；跛能履吉，相承也。

【译文】

初九：嫁出少女作为侧室，如同足跛而努力行走，往前进发可获吉祥。

象传：嫁出少女作为侧室，说明初九并未失婚嫁之常道。跛脚而能行路，吉利，说明初九要相承助其正室。

【解读】 从爻位看，初为下位，九为阳德。当归妹之时，初九居于此位，象征具有贤贞之德。但是与九四不能正应，象征只能以娣的身份出嫁而不能位居正室。虽然如此，初九随姊出嫁，安于偏房之位，并且以贤贞之德顺以相承，这种行为合乎正道，因而可避凶险而获吉。孔颖达解释：“妹而继姊为娣，虽非正配，不失常道，譬犹跛人之足然，虽不正，不废能履，故曰‘跛能履’也。”所以初九又有“征吉”之兆。《礼记·昏义》云：“昏礼者，将合二姓之好，上以事宗

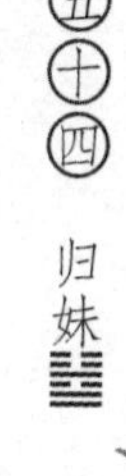

庙，而下以继后世也。”因此，古人婚姻有两大功能：一是广孕嗣，一是事宗庙。古时婚姻男女极不平等，男人实行媵妾制度，可以夜夜新郎，而女子包括嫡妻和媵妾，都必须忠于丈夫，从一而终。爻辞“跛能履”“眇能视”向来被释为：“娣嫁出后做偏房，侧室不为正配，犹如跛之人尚能行走，偏盲之人尚能看见。”蒋凡对“跛能履”“眇能视”有独到见解，认为是喻指媵妾的婚姻功能不全。“上以事宗庙”的荣耀是嫡妻的事，媵妾则与之无缘，而只具有承欢君子及生男育女的责任。换言之，满足男人欲望而广孕嗣，是唯一的任务。虽不能事宗庙，但照样可生男育女传宗接代。蒋解很有新意，也合乎《易》变之理。

九二：眇能视，利幽人之贞。

象曰：利幽人之贞，未变常也。

【译文】

九二：偏盲勉强能看，宜于幽静安恬的人守持正固。

象传：宜于幽静安恬的人守持正固，说明九二未改变严守节操的常道。

【解读】九二阳刚得中，居德贤良，上应六五阴柔不正。宛如眼睛偏盲，勉强能看，但有辅佐之用。初、二皆为阳爻，如程颐称：“刚阳在妇人为贤贞之德而处卑顺，娣之贤正者也。”九二刚中，在时不我利之位，只能幽静贞正以自严操守。故朱熹曰：“女贤而配不良，不能大成内助之功，故为‘眇能视’之象，而其占则利幽人之贞也。幽人亦抱道守正而不偶者也。”从爻位关系来参照比较，初九与九四无应而当位履正，正而不中，九二与六五有应而以阳居阴，处不当位，中而不正。用“天地之大义”的中正之道来衡量，两爻有所偏失，不够完整。但是，初九以正道安于其位，顺以相承；九二以中道自我调整，守其“幽人之贞”。这种行为也能补偏救弊，“跛能履”“眇能视”，获得良好效果。

六三：归妹以须，反归以娣。

象曰：归妹以须，未当也。

【译文】

六三：少女嫁出后，期盼转为正室，应当反归待时，还是先嫁做侧室。

象传：少女嫁出后期待转为正室，其行为不当。

【解读】六三居位，失正又过中，下乘九二阳刚，上无其应，处下兑之极。在上下卦之间，下体之兑有毁折之象。种种迹象显示，六三处境大为不妙。但六三偏偏缺乏自知之明，作为下兑之主，以其少女之傲，情悦而动极，主动追求男人，善为容悦以争嫡宠。无论本身处境或行为方式，都违反了正道，结果事与愿违，因其行为不当，失礼非正。此时，如果六三能调整心态，不作非分之想，立足现实，重新合理定位，如同少女不以正室而以娣妾的身份出嫁那样，仍可有所作为，找到前进的方向。

九四：归妹愆期，迟归有时。

象曰：愆期之志，有待而行也。

【译文】

九四：少女出嫁延期，迟迟未嫁静待时机。

象传：少女出嫁延期的志向，在于静待时机而出嫁。

【解读】九四已从下卦脱出而处上震之初，震性为动，是本该积极准备以迎接婚期的兆象。《周易折中》引胡瑗曰："以刚阳之质，居阴柔之位，不为躁进，故待其礼之全备，俟其年之长大，然后归于君子，斯得其时也。迟，待也。"九四不正无应，宛如少女推迟未嫁。这种推迟出于少女自愿，目的是等待合适的机遇。由于九四才德兼备，高自期许，不愿降格以求，轻易从人。只要时机成熟，这种等待终究会成功的。所以不是无人愿娶，而是静待良人。

六五：帝乙归妹，其君之袂，不如其娣之袂良。月几望，吉。

象曰：帝乙归妹，不如其娣之袂良也。其位在中，以贵行也。

【译文】

六五：帝乙嫁女给周文王，作为诸侯的嫡妻正室的衣饰，不如侧室的衣饰华丽。(其品德）犹如月亮接近圆满而不过盈，吉祥。

象传：帝乙嫁女给周文王，正室的衣饰不如侧室的好看。说明六五居位尊贵又守中不偏，却能施行谦俭之道。

【解读】从爻位爻象看，六五居上震中爻，震有足象，其性为动，正是归妹举行婚姻大礼之时。五以阴柔居全卦中位，是归妹卦之主，有王女之象，下与九二阴阳正应，有王女下嫁之象，故以"帝乙归妹"为喻。六五下嫁诸侯为女君，其众多陪嫁之媵妾，以色侍人，故借华服炫其美色，与嫡妻争宠。六五贵为帝女，却以柔中美德，高贵气质，屈尊纡贵，谦降从礼，以明男女婚姻大礼，贵不骄人，不失其贤德女子的柔巽之道。

上六：女承筐，无实；士刲羊，无血。无攸利。

象曰：上六无实，承虚筐也。

【译文】

上六：少女捧筐，内中无物；男子刺羊，不见出血。都不顺利。

象传：上六并无实物，手捧的空空篮筐。

【解读】郑玄据《仪礼·士昏礼》以为"妇入三月而后祭行"，"宗庙之礼，主妇奉筐米"。主祭的"妇"指正室嫡妻，而媵妾则因其位贱而不可奉宗庙，这意味着侄娣媵妾并不被视为家族的正式成员，没有资格参加家族的重要活动。金景芳说："筐、血，都是讲的祭祀的事。可是这个筐没有实，里面没有盛东西，是空筐。羊没有血。这都说明不能进行祭祀……奉祭祀只能由嫡、即夫人做，侄娣不能奉祭祀。"再从爻位爻象看，上六居卦之终，穷极而无所适，下与六三无应，处于事物矛盾转化、穷极将变的临界点。由六五归妹之吉，而向婚变"无攸利"的方向转化。

总结：

归妹以“嫁出少女”主一卦之义，所嫁少女，有身份高贵的帝王之女，也有身份低贱的侄娣媵妾。卦爻之象从多方面反映了殷周之际古人的婚姻家庭观念。史载古人婚配之时多取以为占。

归妹卦说明男婚女嫁是人类存续的根本因素。《礼记》曰：“天地合，而后万物兴焉；夫昏礼，万世之始也。”但卦辞却说“归妹：征凶，无攸利”，其理何在？作者其实是为待嫁少女设置诫词，强调女子出嫁必须严守正道，以柔顺为本，成为贤内助，反之为凶。六爻依次阐释：初安分卑居“侧室”，二嫁夫不良“守贞”，四“愆期”待时而嫁，五“贵女”谦逊下嫁，此四爻虽地位不同，但均合妇德，故无凶有吉，其中六五最为纯吉。至于三、上两爻，或有非分之想，或处穷高之所，故一“未当”、一“无攸利”。程颐分析：“卦有男女配合之义者四：咸、恒、渐、归妹也。咸，男女之相感也，男下女，二气感应，止而说，男女之情相感之象。恒，常也，男上女下，巽顺而动，阴阳皆相应，是男女居室夫妇唱随之常道。渐，女归之得其正也，男下女而各得正，位止静而巽顺，其进有渐，男女配合得其道也。归妹，女之嫁归也，男上女下，女从男也，而有说少之义，以说而动，动以说，则不得其正矣。”同叙男女之事，而四卦之中，前三卦皆“吉”或“无咎”而“利有攸往”，唯独归妹呈“征凶，无攸利”之险象。原因在于《周易》作者站在统治阶级的立场，站在男人的立场，特别要求女方具有贞正操守，依礼而行则吉。前三卦，女人皆有“利贞”之德。如咸卦的少男追求少女，两情相感，真诚相应，男女愉悦，乐而不淫，止于礼义，而非忘乎所以。而归妹恰恰少女在下动情而主动追求在上的长男，不合正道。在今人看来，不管男求女，或女求男，只要爱情真挚，男女双方谁主动都一样。但在古人眼里，男求女可通行，女求男则为淫奔，如见朱熹《诗集传》。女人追求生活归宿没错，但情动不合乎礼义贞正的要求，忘乎所以，则违背了当时伦理规范，所以一定会受非议。

归妹卦辞“归妹：征凶，无攸利”，具体分析爻辞爻象，除六五爻“帝乙归妹”致吉外，余五爻皆以媵妾为喻。就其内在逻辑而言，初、二、三、四、上诸爻，反映了上古迎娶媵妾现象，作为女人，人性真情必然受到沉重的压迫，如卦所示，尽是凶象。今天我们读归妹卦，忍不住替那些女子感到悲哀并心生怜悯。

五十五

丰䷶

【卦辞】 丰：亨，王假之。勿忧，宜日中。

【译文】 丰卦象征丰盈硕大：亨通，有德君王可以达到丰盈硕大的境界。不必忧虑，宜于像太阳位居中天一样保持充盈的光辉。

【解读】 丰卦下离上震，天下盛大。谨以保丰，如履薄冰。君王从事政治管理，应当崇尚大局，如同太阳正居中天，以其盛大丰满的光芒普照天下。只有达到了这种境界，才能无须忧虑。

【彖辞】 丰，大也。明以动，故丰。王假之，尚大也。勿忧，宜日中，宜照天下也。日中则昃，月盈则食，天地盈虚，与时消息，而况于人乎？况于鬼神乎？

【译文】 丰，盛大。离明在下震动而上行，象征太阳升至高空，所以可得丰。有德君王可以达到丰盈硕大的境界，说明王者崇尚宏大的美德。不必忧虑，宜于像太阳正居中天一样保持充盈的光辉，说明宜于让盛德之光遍照天下。太阳正居中天必将西斜，月亮圆满盈盛必将亏蚀；天地大自然有盈满亏虚，都伴随一定的时候更替着消亡与生息，又何况人呢？何况鬼神呢？

【解读】 卦辞说“亨，王假之”，已表明有德者获丰可亨，又说“勿忧，宜日中”，则诫以保丰之道。吴汝伦《易说》：“言王履此‘丰亨’之运……有易衰之忧，惟宜以至明处之也。”丰是理想境界，事物发展的最佳状态，未达极点之前，应以忧患之心奋力追求。如果接近极点，成就了盛大丰满的政治局面，更当居安思危，持盈保泰，防止向反面转化，这就是“明以动，故丰”的深刻哲学含义。由于人们的社会地位以及素质教养各不相同，理性的光辉常遭蒙蔽，暗而不明，因此为成就盛大丰满的政治局面，必须发扬理性的光辉，或者去蔽而自明，或者虚心接受他人的帮助，虽暗而求明，这就是丰卦所讨论的主题。

【大象】雷电皆至，丰。君子以折狱致刑。

【译文】雷电交加而至，象征盛大。君子因此效法雷的威动和电的光明来决断狱讼，动用刑罚。

【解读】从卦象看，下离为电，上震为雷，所以有“雷电皆至，丰。君子以折狱致刑”。孔颖达认为，雷响则天威震动，电闪则天光明耀。雷电俱至，威明备足之象，此所以为“丰”也。君子观此卦象，悟出：效法离电可以明察断案，效法震雷可以威严执法。在社会人事中，“折狱致刑”是重大之事，仿效雷震电闪之威明，公平合理审判裁决，化解社会矛盾，致君民上下和洽，从而成就国家治政丰大的盛世之况。

【爻辞】及【小象】

初九：遇其配主。虽旬无咎，往有尚。①

象曰：虽旬无咎，过旬灾也。

【译文】

初九：遇合地位匹配的人而与之共事，尽管两者阳德均等也不致咎害，前往必受尊尚。

象传：尽管两者阳德均等也不致咎害，说明初九和九四要是阳德不均必致竞争而有灾患。

【解读】从爻位爻象看，初九居丰之始，下离之初，丰之大道远未实现，爻辞中不见丰大之称，这是时势使然。初九阳居阳位而得正，处下离之初，离象为日为火，其性光明，故初九实具阳刚之明德，心胸磊落而端方自正。其上与九四相应，同具阳刚之性，按惯例，阴阳失和，乃不吉有凶之兆，为什么爻称“遇其配主”而无咎害呢？王弼注：“处丰之初，其配在四，以阳适阳，以明之动，能相光大者也。”陈梦雷云：“凡卦爻取刚柔相应，此则取明动相资。盖全卦以五为‘丰’之主，五方柔暗，欲得刚明之臣以自辅。初远于五而与四应。四，初之配也，故有遇其配主之象。旬，均也。初、四皆阳，均敌非应之正；然同有阳刚之德，明动相资，故虽旬而无咎，同德共事，往以辅五，必有功矣。故曰‘往有尚’。”杨万里援史入《易》阐释其义，云：“然幸未久而灾至者何也？时虽明盛，而六五柔暗之君也。初九在下之远臣，与九四在上之迩臣，安能以己之昭昭，启君之昏昏乎？故四老能从子房以安惠帝，而不能振惠帝之柔；刘更生、张猛、周堪能从望之以傅元帝，而不能开元帝之暗。诸君子岂不遇明盛之世哉？然明未久

---

① “配主”与“旬”，旧注多解。旬，王弼注：“均也。”《管子·侈靡》“旬身行”，其注亦云：“旬，均也。”今转录黄寿祺、张善文《周易译注》称引二说以备参考：1. 郑玄、虞翻训“旬”为十日。《折中》引胡瑗曰：“旬者，十日也，谓数之盈满也。言初与四其德相符，虽居盈满盛大之时，可以无咎。”2. 尚秉和认为“配主”指六二，初与二阴阳相配，则“往有尚”；并谓“二五为卦主”，故二称“配主”、五称“夷主”。（《尚氏学》）尚，程颐《易传》谓“嘉尚也”。

而昧生，盛未久而衰至，大则灾于而国，小则灾于而身。故汉再衰而望之死，惟子房、四老幸免者，子房退而四老去也！故曰‘虽旬无咎，过旬灾也’。”将初九爻义阐释得形象生动。

六二：丰其蔀（bù），日中见斗。往得疑疾。有孚发若，吉。

象曰：有孚发若，信以发志也。

【译文】

六二：丰大掩盖光明的障蔽，犹如中午出现星斗。前进会被猜疑。自我发挥诚信（去猜疑），吉利。

象传：自我发挥诚信，诚信可以感发丰大的志向。

【解读】从爻位爻象看，六二既中且正，是下离之主，至明之爻。六二上应六五，六五处上震之中，是为动主，阴柔居中而非正，其力柔阴暗而难以行动。六二之明难救六五之行，明动不能相资成事。犹如丰大其障蔽以掩光明，又如日当中天却出现昏夜星斗。以此往见六五，君主昏暗，积暗成疑，必有被疑之患。中唐德宗朝宰相陆贽尽忠极谏，一心为国，但德宗猜忌刻薄，以强明自任，所以终贬忠臣，而陆贽死于忠州贬所。爻称“往得疑疾”，与唐德宗之猜忌，何其相似。程颐云：“夫君子之事上也，不得其心，则尽其至诚以感发其志意而已。苟诚意能动，则虽昏蒙可开也，虽柔弱可辅也，虽不正可正也。”六二改变方法，不急于上应，而秉其中正内质，若感化成功，则乌云散去。最终致吉，道理在此。诸葛亮与刘后主，后主虽然昏蒙柔弱且时有不正之行，但诸葛仍守其赤诚，忠心报国，鞠躬尽瘁，死而后已。因而诸葛亮在世之时，蜀国以治。这一史实证明本爻称吉。

九三：丰其沛，日中见沬；折其右肱，无咎。①

象曰：丰其沛，不可大事也；折其右肱，终不可用也。

【译文】

九三：丰大掩遮光明的幡幔，犹如太阳正当中天却出现了小星。似折断右臂一样无法正常做事，没有咎害。

象传：丰大幡幔以遮掩光明，九三不可当大事。似折断右臂一样无法正常做事，九三才能最终不可施展。

【解读】从爻位爻象看，九三阳居阳位得正，又处下离之终，离为日为火，离终之爻则有极明之象，本为吉爻。但因处丰之时，丰卦之道，必上下相须、明动相资而致其成。九三正应上六，本该致吉，丰卦不能。因上六处上卦震极，震极则动止。上六在震体中无法行动，所以不能与九三相应。下虽明而上不动，丧其明功，暂不见用。“日中见沬”，昏暗之极。取“折其右肱”为喻象，因为常人

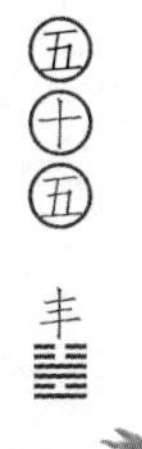

① 沛，通“旆”，幡幔也。沬，通“昧”。《伊川易传》云：“沬，星之微小无名数者。”

惯于使用右手，右臂折断，则不能作为。

九四：丰其蔀，日中见斗；遇其夷主，吉。

象曰：丰其蔀，位不当也。日中见斗，幽不明也。遇其夷主，吉行也。

【译文】

九四：丰大掩挡光明的障蔽，犹如太阳正当中天却出现星斗。但能遇合阳德相平衡的领导者，吉利。

象传：丰大掩挡光明的障蔽，九四其位不正当。宛如中午看见星斗，幽暗不明。遇合阳德相平衡的领导者，九四可获吉祥宜于前行。

【解读】从爻位爻象看，九四阳居阴位，过中不正，并非吉爻。又三四五互卦为兑，兑有毁折之象，象征事业受挫，故爻称“丰其蔀，日中见斗”。乌云蔽日，天地昏暗，而九四处震体之始，为震动之主，又非动不可。此时前进行动，当然会呈现凶险之象。但如前述，处丰之时，明以动也，明动相资以成其丰大之业。九四上承六五虽为暗弱之主，但其下应初九，同具均等的阳刚之德，合力共辅六五弱主。以初之离明，济四之震动，积极携手共济，可有作为。杨万里分析：“九四居近君之地，处动卦之初，有阳刚之德，此亦君子之刚而有为者也。其如上六之小人，掩六五之暗主，而不可以有为乎？六二之大臣，且不能发其蔽而启其明也，而况九四乎？然犹幸其下有初九之贤来主于我，而我为之主，吾道其庶几可行乎！故吉。”诚然如此，作为动之主的九四正好求明为主，初九是其夷主。明动相济，可获吉祥。

六五：来章，有庆誉，吉。

象曰：六五之吉，有庆也。

【译文】

六五：重现光明，人们欢庆赞美，吉利。

象传：六五的吉祥，有福庆。

【解读】据爻位爻象，六五以阴虚居阳尊之位，处中非正，质本暗弱，非能成就丰盛大事，此六五之弊；六五以柔处刚，屈己待贤，态度谦虚，而不刚愎自用、独裁自尊，利于团结臣民，此六五之利。六五处上震体中，震象雷动，虽柔而实刚。六五居君位具雷动之声势，下有光明贤臣，故六五虽昧于一时而终能够复趋于光明，这是因为丰卦特点是明动相资以成其丰大的缘故。杨万里说：“（六五）舍己之刚，用人之刚，即己之刚；舍己之明，用人之明，即己之明也。其小犹为齐威王，而况不为威王者乎？然则其致丰大明盛之治，非幸也。夫以群贤辅一柔暗之君，犹足以致丰大之庆誉；况得刚明果断聪明勇智之君而事之，其所就岂小哉！”举贤授能，君臣一心，是六五致其丰吉的关键。卦义所重，在明以照天下；六五虽非明体，然下应六二为文明之主，而五有柔中之德，能资其章明以自助，则卦义所谓“勿忧，宜日中”者，实与此爻义合。

上六：丰其屋，蔀其家，窥其户，阒（qù）其无人，三岁不觌，凶。

象曰：丰其屋，天际翔也；窥其户，阒其无人，自藏也。

【译文】

上六：丰大房屋，阴影遮蔽居室，自门户里窥视，静悄悄空无人迹，三年什么也没有见到。必有凶险。

象传：丰大房屋，上六居处穷高，宛如飞翔在天际。自门户里窥视，静悄悄空无一人，说明上六自闭深藏。

【解读】 从爻位爻象看，上六处上震之终，是为动极，应动而止；又居全卦之终，是丰卦盈满而达极限的矛盾转化阶段。上六虽正应九三，但丰卦所论为明动相须，而非阴阳之应。九三已“折其右肱”，又志在致君泽民，无暇于上六。王充《论衡·艺增》说：“《易》曰‘丰其屋，蔀其家，窥其户，阒其无人’也，非其无人也，无贤人也。”上六之孤立可见。来知德云：“上六以柔暗之质，居明动丰亨之极，承平既久，奢侈日盛，故有‘丰其屋’之象。然势极则反者，理数也。故离之明极必反其暗，有草塞其家而暗之象；震之动极必反其静，有‘阒其无人，三年不觌’之象，占者得此凶可知矣。”《左传·宣公六年》载：“郑公子曼满，与王子伯廖语，欲为卿。伯廖告人曰：‘无德而贪，其在《周易》丰䷶之离䷝，弗过之矣。’间一岁，郑人杀之。”这则史例与丰卦上六之变相互诠释无德贪人自高自大，必致凶险。颜师古注：“言无道德而大其屋，不过三岁，必灭亡也。”时至今日，贪官之老虎或苍蝇纷纷落马，无不暗合本爻。

总结：

丰卦虽取名“丰美硕大”，却深诫“求丰不易，保丰更难”。

卦中六爻，分别表明处丰得失善否的情状：初九微阳处下，慎行求丰“有尚”；六二阴处阴位，有蔽光明，须发挥“柔中”信德则可致丰获吉；九三居下离之终，过丰有损光明，宜与阳刚在下的初九相遇相辅则吉祥；九四阳居阴位，过中不正，但携手“夷主”初九，共辅六五，可获吉祥；六五阴居尊位，内含刚美，又能招致六二以丰大光明盛德，最得“庆誉”并获吉祥；上六高居卦终，丰极柔暗，深藏自绝于人以致有凶。综观六爻大旨，凡处上下卦之极者，并为过丰损德之象，故三、上两爻虽阴阳有应，或不免“折肱”，或终致凶险。凡在下守中者，均为谨慎修己以求丰保丰之象，故初、二、四、五诸爻虽阴阳不应，却多吉祥，而六五之吉最为纯美。对于丰卦不同于他卦的特点，《周易折中》引熊良辅之言云：“丰六爻以不应为善：初、四皆阳，初曰‘遇其配主’，四曰‘遇其夷主’；二、五皆阴，二曰‘有孚发若，吉’，五曰‘来章，有庆誉，吉’；三与上为正应，三不免于折肱，而上则甚凶。当丰大之时，以同德相辅为善，不取阴阳之应也。”概括论述六爻进

退特点，颇为简明。

《彖传》发挥卦义，提出了“日中则昃，月盈则食，天地盈虚，与时消息”的说法，颇富辩证思想因素，对后人很有启发。《宋史·蔡京传》载：“时承平既久，帑庾盈溢。京倡为丰亨豫大之说，视官爵财物如粪土，累朝所储扫地矣。帝尝大宴，出玉琖、玉卮示辅臣，曰：欲用此，恐人以为太华。’京曰：‘臣昔使契丹，见玉盘琖，皆石晋时物，持以夸臣，谓南朝无此。今用之上寿，于礼无嫌。’……京曰：‘事苟当于理，多言不足畏也。陛下当享天下之奉，区区玉器，何足计哉！’……京每为帝言，今泉币所积，赢五千万，和足以广乐，富足以备礼。于是铸九鼎，建明堂，修方泽，立道观，作《大晟乐》……贯俱听命，各视力所致，争以侈丽高广相夸尚，而延福宫、景龙江之役起，浸淫及于艮岳矣。”北宋旋即灭亡。南宋宁宗嘉定八年（公元1215年），真德秀上疏论政宣时致祸之由十条，首及蔡京丰亨豫大之说。从币财盈溢的“丰”大，迅速走到国破家亡，历史的惨痛教训不可谓不惊心动魄！

五十六

旅䷷

【卦辞】 旅：小亨，旅，贞吉。

【译文】 旅卦象征行旅：小有亨通，行旅能守持正固必获吉祥。

【解读】《序卦》曰：“丰者大也，穷大者必失其居，故受之以旅。”旅卦继丰卦发展而来，表示一个人离开故居，出外远行，因举目无亲，奔波劳碌，会遇到许多意想不到的艰难。因此如何保持旅途顺利亨通，安贞而获吉，是旅卦主题。其实旅卦更具深刻的哲学含义，隐喻人生。“人生天地间，忽如远行客”，人生就是一场旅行，匆匆往来。其间各种艰难纷至沓来，迫使人去应对处理，做到心有所安。羁旅之人，只能求小通以存其身。故人生之旅，务必谨慎小心。

【彖辞】 旅，小亨，柔得中乎外而顺乎刚，止而丽乎明，是以小亨，旅贞吉也。旅之时义大矣哉！

【译文】 行旅，小获亨通，谦柔之人在外居位适中，且顺从阳刚者，安静守正而依附光明，所以说小获亨通，行旅能守持正固，必获吉祥。行旅之时的意义太大啦！

【解读】 从卦爻结构看，六五以柔爻居外卦离体之中，顺从亲比九三、九四二刚。下艮为止，上离为明，既能恬静安止又能附丽光明，阐明羁旅之世所体现的中正之道。因为柔得中则不取辱，顺乎刚则不招祸，能安止则不妄动，能明智则识时宜。面对着旅途中的种种艰难挫折，如果能够按照这几个方面的要求调整自己行为，虽不能大亨，也可得“小亨”的相对满意结果。晋公子重耳流亡之时，曾在卫国向野人乞讨食物，行旅之艰可见一斑。后来暂避齐国，娶其女齐姜为妻，生活稍有所安定而不思进取。在齐姜与舅犯帮助下离开齐国后，重耳行事适中，谨慎自守，但始终不忘东山再起，最后重振晋国，位列春秋五霸。

【大象】山上有火，旅。君子以明慎用刑，而不留狱。

【译文】山上有火燃烧，象征行旅。君子因此使用刑罚明察而审慎，而且不滞留狱讼。

【解读】旅艮下离上，艮为山，离为火，火象征光明察照，山象征慎其所止，因而“山上有火”蕴含着“止而丽乎明”的行旅之义。行旅之义与刑狱之理就普遍性的原理而言，是相通的。君子观此卦象，在使用刑罚时，明察谨慎，不滞留狱讼。《周易折中》引张清子说：“明则无循情，慎则无滥罚，明慎既尽，断决随之，圣人取象于旅，正恐其留狱也。”清张英曰：“犴狴桎梏，淹滞拘留，或为无辜之株连，或为老弱之累系，动经岁时；宜仁人君子隐恻于此。然非至明至慎，亦不敢轻言决狱。能明慎而不留狱，斯可谓祥刑矣。”

【爻辞】及**【小象】**

初六：旅琐琐，斯其所取灾。

象曰：旅琐琐，志穷灾也。

【译文】

初六：旅途开始，行为猥琐卑贱，（说明初六处卦最下而失正，）行旅中心志穷困狭隘，招致灾患。

象传：旅途开始，行为猥琐卑贱，说明初六志向穷困，自取灾患。

【解读】从爻位爻象看，初六阴居阳位，失正不中，但它却不顾艮止之性，在无充分准备的情况下，立即出门旅行，急于攀求九四，以望高升。面临羁旅之世的艰难挫折，其志卑贱，其行猥琐，不能振作精神，自暴自弃。无所作为，只关心蝇营狗苟的细小之事，为人所鄙。四虽欲应，也因其树敌太多而无能为力，其灾患咎由自取。即令有人存心援助，也无能为力。如春秋时齐大夫庆封，与崔杼合力弑齐庄公，立景公，为相。后为齐景公所逐，奔吴，封于朱方。庆封奔吴，处旅之困，但他上不能如孔子之困陈而弦歌不绝，下不能如楚人钟离囚晋而不忘楚吟。在朱方，庆封仍经营琐细鄙事以致富，因其贪吝之心而自取灭族之灾。楚灵王伐吴，俘庆封，戮之于诸侯之前。庆封行为吻合初六行旅之义，不能自尊持正，故有志穷致灾之象。

六二：旅即次，怀其资，得童仆，贞。

象曰：得童仆，贞，终无尤也。

【译文】

六二：旅人住进旅馆，身上带有钱财，得到童仆（伺候），应当守持正固。

象传：得到童仆伺候，应当守持正固，六二将终无过失。

【解读】从爻位爻象看，六二以柔处阴，得中正。朱熹曰：“即次则安，怀资则裕，得其童仆之贞信，则无欺而有赖，旅之最吉者也。”下艮有门阙之象，旅舍必有门，六二中正而处艮止之中，此所以入门就居而有安息之象。常言道，穷路不穷厝。六二互九三、九四为巽，巽“为近利市三倍”，说明六二富怀其资，无后顾之忧。艮三索而得少男，有得童仆之象。旅途孤寂，如有忠实童仆随从服侍，保证旅途平安顺利，故为吉祥。《周易折中》引赵玉泉曰：“二处旅而有柔顺中正之德，则内不失己，而己无不安；外不失人，而人无不与。凡旅之所恃以不可无者，皆有以全之也。”所以，六二在旅中，虽不称吉而实具吉象。

九三：旅焚其次，丧其童仆，贞厉。

象曰：旅焚其次，亦以伤矣。以旅与下，其义丧也。

【译文】

九三：行旅中住宿的旅馆被焚烧，丧失奴仆的伺候，应当守持正固防备危险。

象传：行旅中被火焚烧客舍，九三也因此遭受损伤。行旅之人傲慢地对待童仆，就丧失了和顺之义。

【解读】从爻位爻象看，九三处下艮之上，不甘于艮止。三接近上体，上离有火象，盲动上行而致火灾，故爻称“旅焚其次”。九三阳刚而性躁，过中失正。九三在旅途中，对待下人，颐指气使，把相亲相辅的关系变成统治与服从的关系，丧失了和顺之义。所以出现下有离心外逃的童仆，上又招致君主的疑忌，前途极其凶险。上下离心，罪戾在于九三的非义之行、失正之心。其实，行旅之旅或人生之旅，皆仰靠柔顺中正，才能妥善处理各种关系，特别是人际关系。良好的人际交往，贵在和顺，相亲相辅，奉行中道。

九四：旅于处，得其资斧，我心不快。

象曰：旅于处，未得位也。得其资斧，心未快也。

【译文】

九四：行旅之时暂得栖居之处，获得利斧砍除居住之处的荆棘，但我心中不大畅快。

象传：行旅之时暂得栖居之处，说明九四未得正位。即便得到利斧来砍除居住之处的荆棘，心中还是不痛快。

【解读】九四阳刚居柔，处在上体之下，正应初六，刚柔相济，所以处境比九三好一些，但还不能成就大事。从爻位爻象看，九四已脱出下艮之止，而进到上离之下，以阳居阴，刚而能柔。李光地云：“案四居位非正，故不曰‘即次’，而曰‘于处’，在旅而处多惧之地，故虽得资与六二同，而未免加斧以自防卫，其未忘戒心可知，安得快然而安乐乎！”处旅之时，虽并非大路畅通，但总算觅得暂时栖身之所，可恢复体力继续旅行。从互卦看，九四与九三、六二下互为巽，又巽有木象。九四与九三、六五上互为兑，兑为金。而九四处上离之下，离有兵戈之象。巽木贯兑金而成兵戈，有利斧之象。故爻称“得其资斧”，可用以自卫防身。九四居近臣之位，有刚明之质，却羁旅异乡多惧之地，怀抱利器无以

施展，故“我心不快”。

六五：射雉，一矢亡[①]，终以誉命。

象曰：终以誉命，上逮也。

【译文】

六五：射取野鸡，费了一支箭，最终将获得荣誉而受爵命。

象传：最终将获得荣誉而受爵命，说明六五地位与声望很高。

【解读】六五是旅卦主爻，以柔居刚居中，身在离明上体，说明六五具有光明正大又中和的美德。但六五以柔居君位，与臣六二无正应，相互配合并不顺利，故“一矢亡”。六五下互九四、九三为兑，兑为口，性悦，有众口悦人而致誉之象；而六五应二，六二与九三、九四上互为巽，巽为命，所以六五又因臣民和应而获上天赐福以号令天下。观爻位爻象，六五始凶而终吉。来知德云：“如玄宗幸蜀，及肃宗即位于外，德宗幸奉天，皆天子为旅也，可谓雉飞矢亡矣。后得郭子仪诸臣，恢复故物，终得其誉，又得命令于天下，如建中之诏是也。”唐德宗建中之诏实由翰林学士陆贽起草，《资治通鉴》载：“陆贽言于上曰：‘今盗遍天下，舆驾播迁，陛下宜痛自引过以感人心。昔成汤以罪己勃兴，楚昭以善言复国。陛下诚能不吝改过，以言谢天下，使书诏无所避忌，臣虽愚陋，可以仰副圣情，庶令反侧之徒革心向化。’上然之，故奉天所下诏书，虽骄将悍卒闻之，无不感激挥涕。”

上九：鸟焚其巢，旅人先笑后号咷。丧牛于易[②]，凶。

象曰：以旅在上，其义焚也。丧牛于易，终莫之闻也。

【译文】

上九：高枝上鸟巢被焚烧，行旅之人先欣喜欢笑，后痛苦号咷。就像在荒远的田畔丧失了牛，有凶险。

象传：作为行旅人却高居上位，其理必致焚巢之灾。在荒远的田畔丧失了

---

① 《伊川易传》云：“离为雉，文明之物，射雉，谓取则于文明之道而必合，如射雉，一矢而亡之，发无不中，则终能致誉命也。”所谓“亡”，指矢中而雉亡，成为古代士人相见时的见面礼品。但朱熹、来知德等则不同意程颐，以为不必曲折附会，而应按字面释“亡”为亡失。朱熹说：“‘亡’字正如秦无亡矢遗镞之‘亡’，不是如伊川之说。《易》中凡言‘终吉’者，皆是初不甚好。”（见朱鉴《朱文公易说》）相比，朱子综观全《易》来作解释，比程子之说更合理，以之为准。

② 顾颉刚据史实考据而作新解。王国维《殷卜辞中所见先公先王考》，根据《山海经·大荒东经》“有易杀王亥，取仆牛”，结合郭璞《山海经注》引《真本竹书纪年》“殷王子亥宾于有易，而淫焉，有易之君緜臣杀而放之”，及《楚辞·天问》，勾画出殷先祖王亥旅居有易被杀的历史故事。顾颉刚则根据王国维的考据新成果，断言《易·大壮》六五爻辞“丧羊于易，无悔”，及《旅》上九“丧牛于易，凶”，所述是同一历史故事的前后过程。他说：“想来他（殷王亥）初到有易的时候曾经过着很安乐的日子，后来家破人亡，一齐失掉了，所以爻辞中有‘先笑后号咷’的话。如果爻辞的作者加上‘无悔’和‘凶’对于本项故事为有意义的，那么可以说，王亥在丧羊时尚无大损失，直到丧牛时才碰着危险。”（《周易卦爻辞中的故事》）王、顾的考据，颇给人以启迪。

牛，说明上九羁旅遭祸终将无人知晓。

【解读】上九以阳刚居高亢之位，爻辞以焚巢为喻象，说明行旅之人应以谦下柔和得中为佳，尊高自处，骄横不羁，势必自致灾祸。从爻位看，上九居全卦之极，处矛盾转化阶段，却不知进退之义，一味高攀，这与乾之上九“亢龙有悔”相似，虽曾获得“先笑”之乐，下场却极其可悲，故爻有“后号咷”之喻。从爻象看，上九处离之极，离象为火，又有雉象，雉为飞鸟，据《说卦》，离之象“其于木也为科上槁”，则有鸟巢之象。若鸟巢筑于枯木高枝之上，自以为寄旅之安，笑容满面。但枯木易受离火之灾，旅者不知高而招祸，盲目乐观而受其害，致“焚其巢”之大灾，所谓“后号咷”也。又离中爻从坤变易而来，坤象牛，故离有牝牛之象。《经典释文》称离为牝牛。爻辞以丧牛为喻，有其卦象根据。上古游牧民族逐水草而居，过着旅人生活，丧其牛，大牲畜尽皆亡失，资财丧失殆尽，所以爻辞称凶。处旅之道以柔顺谦下为本，既然因失去这种品德而导致凶险，属咎由自取，最终是不会有人去过问的。

总结：

旅下艮上离，艮山在下，离火在上。火在山上燃，其势不久留，故为旅象。“旅”，指离家外出，滞留他乡，如经商、逃难、周游列国等。古人安土重迁，把长期离家看成万难。针对这种难的情绪和事实，旅卦讲述在漂泊中寻求安居的原则。

一般上下卦六爻取阴阳应和为佳，旅卦则不尽然。范仲淹曰：“夫旅人之志，卑则自辱，高则见嫉，能执其中，可谓智矣。是故初琐琐而四不快者，以其处二体之下，卑以自辱者也；三焚次而上焚巢者，以其据二体之上，高而见嫉者也；二怀资而五誉命者，柔而不失其中者也。”陈梦雷曰：“六爻则旅之道以得中为善。卑则取辱，高则召祸。初卑，故有琐琐之灾；三居下之上，焚次丧仆；上居上之上，焚巢丧牛；皆高之过也。四虽无太高太卑之失而未得中，故心亦不快；唯二以得中而怀资得仆；五以得中而誉命，然五不当位，犹不免于矢亡。然则居旅之善，唯六二乎？”全卦六爻，有的过柔因卑而取辱，有的过刚因高而招祸，唯有六二与六五两爻的行为合乎这种形势的要求，小有亨通。应当结合具体情况具体分析，更切实体会处旅之道。初六与九四虽阴阳有应，但初琐琐而“取灾”，四则“我心不快”，均有遗憾。六二与六五同为阴爻，照理该同性相斥，但处旅之时，却因其谦柔居中而获吉，如二之“怀其资，得童仆，贞”，五之“终以誉命”。六五柔居尊位得中，刚柔相济，动静合一。而九三、上九则因其阳刚而居上下卦之极位，亢阳盲取而致灾，三有焚次丧仆之厉，上有号咷丧牛之凶。由此可见，凡柔顺中和者得吉，刚强高傲者则凶，这令人想起《道德经》中“天下之至柔，驰骋天下

之至坚”。

因古代交通不便，出门旅行，多非得已，前途颇多辛酸与风险，构成了人生道路上的一道道难关。李白说：“夫天地者，万物之逆旅；光阴者，百代之过客。”将人生、万物寄寓行旅为喻，我们当不能视生如寄，但取能慎处此人生之旅，则亦符合卦旨之意。只有坚守正道、谨慎而行才可能获得吉祥。

《易》无达占，特殊情境之中另有他解。君子观察山上有火之象，感悟到火在高山之上，明无不照，则处理案件时要明察秋毫，慎用刑罚，也即明而止是指明不可恃，所以戒以慎；观火行不居之象，感悟到必须能明慎而不留狱，审慎用刑，及时结案，避免冤枉，也避免逃脱，不能将案子长期拖置不判。所以朱熹总结：“慎刑如山，不留如火”。要把握好平衡，明察谨慎用刑而不稽留狱讼。

五十七

巽 ䷸

【卦辞】巽：小亨，利有攸往，利见大人。[①]

【译文】巽卦象征逊顺：小有亨通，利于有所前往，利于出现大人。

【解读】巽卦，上下都是风。风是巽的本象，一阵风吹过，一阵风随之而来，所以称“随风”。风在大地上吹拂，“巽者入也”，无孔不入，引申出第一层义理是“入”，象征进入。能入必顺，只有顺风才能进入，由此引申出第二层义理是“顺”，象征巽顺之德。《系辞传》指出：“巽，德之制也……巽以行权”，巽顺之德既是制约道德行为的规范，也是权衡道德行为是否合理的准绳。此外，风无处不到，随时变化。智者观象，不断调整自己，以顺应社会环境的变化，增强生存和竞争的能力。

【彖辞】重巽以申命。刚巽乎中正而志行，柔皆顺乎刚，是以小亨，利有攸往，利见大人。

【译文】上下巽顺宜于尊者颁发政令。阳刚尊者以其中正美德被众人顺从而其意志得以推行，阴柔者都逊顺于阳刚，所以卦辞说小有亨通，利于有所前往，利于出现大人。

【解读】巽卦《彖传》有些特别，不是逐句解释卦辞，而是先总论卦义，在总论的同时予以解释。巽卦由两个经卦巽重叠而成，谓之重巽。将巽顺之德施于政治，“重巽以申命”。“申命”，即反复申说号令。君主施政，发布号令，应当像风一样，鼓动万物，使之深入民心，赢得赞同响应。从卦爻结构看，“刚巽乎中

---

① 巽，帛书《周易》作“筭”。吴汝纶曰：“《尚书》‘女能庸命，巽联位’，《史记》易‘巽’为‘践’，是巽有‘践’义。”案下文“刚巽乎中正”，《象》之《巽》“君子以申命行事”，吴氏之说极是。

正而志行”“柔皆顺乎刚”，就是刚柔双向互动的沟通关系。“刚巽乎中正”指九五阳刚得正，以刚而能用巽，合乎中正君道，其号令顺应民众的需要，所以志向能行于天下。“柔皆顺乎刚”指初六与六四。初六居下巽两刚之下，六四居上巽两刚之下，皆以柔顺刚，顺从号令。因此巽卦总体上刚柔互动，上下皆顺，政通人和。之所以“小亨”而非大亨，主要是因为在实际的政治运作中，这种刚柔相互之间的巽顺难以恰如其分，合乎中道，常常或过或不及，必须审时度势，不断进行适当调整。比如在下之柔巽顺于在上之刚，如果过于巽顺，就会变成趋炎附势，谄媚逢迎，丧失独立的人格；在上之刚巽顺于在下之柔，如果过于巽顺，就会变成随波逐流，心无定主，丧失领导的功能。全卦六爻，其吉凶的后果各有不同，说明以巽顺妥善处理刚柔之间的关系，不是一件容易的事。

【大象】 随风，巽。君子以申命行事。

【译文】 两风相随，象征顺从。君子效法风行天下无所不顺之象，申复命令，施行政事。

【解读】“随风”，指两巽相叠而成六十四卦之巽，就像和风一阵又一阵，无所不入。风之所以能入，因为它沿顺一定的隙缝路径，遵循一定的客观规律。人们据此加以发挥而论政，故《象传》有“君子以申命行事”之说，因为人们习惯于把君子之德比喻为无所不入且能感化百姓的风。如《论语·颜渊》，季康子问为政，孔子云：“子欲善而民善矣。君子之德风，小人之德草。草上之风必偃。”于此可见，君子观巽卦象，体会到教化人民，就像和风阵阵，深入民心，君主借此以“申命行事”。“申命行事”并非粗暴武断，甚或专制独裁，这不合巽卦原则。谦顺服从，也必有一定的道德原则。此风必须是君子之风，坚持正义的立场，无论上下都应如此。唯其如此，风才能顺正以入而无所不化，如宋郭雍称：“君子之德，风也；有风之德，而下无不从，然后具重巽之义。”

【爻辞】 及 **【小象】**

初六：进退，利武人之贞。

象曰：进退，志疑也。利武人之贞，志治也。

【译文】

初六：进退不决，利于像勇武之人守持正固。

象传：进退不定，说明初六心志懦弱疑惑。利于像勇武之人守持正固，其心志在修治。

【解读】 初六以阴居巽之始，卑顺太过，以此欲上行以入，有求于人，会犹豫不决，患得患失，故爻辞称“进退”。杨万里曰：“（初六）阴柔一也，弱者用之为邪，强者用之为正；卑巽一也，怯者用之为谄，勇者用之为谦。故李愬之拜裴度，正而非邪，上下之大分也。韩信之师广武，谦而非谄，师资之大义也。以谦恭柔逊之德，而御其刚强武勇之气，此其贞而利。与易穷则变，变则通，顾用之何如耳。”因此初六面临两种选择：“志疑”或“志治”。若多疑善惧，不思振作，将陷入“志疑”的困境，而致凶险。反之，若以“武人之贞”刚毅自勉，矫治缺点，又以柔顺刚，则化险为夷获吉。

九二：巽在床下，用史巫纷若，吉，无咎。

象曰：纷若之吉，得中也。

【译文】

九二：顺从卑居在床下，若能效法祝史、巫觋以谦卑侍奉神祇，可以大获吉祥，必无咎害。

象传：像史巫频繁祈福而得到的吉祥，说明九二施行中道。

【解读】九二处巽下体，身业已卑顺，又加上以阳居阴，这就过于卑顺了，所以有屈伏于床下之象。这种卑顺有失于正道，不可取。但九二毕竟居中，尚不失中道。如果以这种卑顺向神祇祈福，而不是因恐惧屈从威势，则可获吉无咎过。九二的处境，同样面临两种选择，但初六的选择因其本身性格的犹豫不决而难以确定，九二却刚而得中，自觉地选择以中道来调整自己过于卑顺的行为，终于获吉，所以说“纷若之吉，得中也”。按巽顺之道，善则为谦虚恭逊，过则为奴颜谄媚。九二以刚居柔，上无正应，有过卑之嫌，故爻称“巽在床下”。古时尊者据床而坐，近似沙发。尊者坐于床上，卑者拜于床下，很正常。但九二以大臣之位却卑拜床下，行阴柔之道太过，犹如大臣不敢犯颜直谏，只一味媚上。虽当巽时，也卑顺太过，故爻有“巽在床下”之诫。《易》卦重中道，九二居下巽之中，故二虽失正而卑，但只要能自我振作，如史巫事神，一心虔诚，则能获得“纷若之吉”。九二与九三、六四互卦为兑，兑为口，为言说之象，犹如史巫事神时祝词，故爻以“用史巫纷若吉”为喻。史巫以虔诚感格神明，九二得中主动谦卑示诚，并且像史巫频繁祈福，不为谄而见其虔诚忠心，上达九五，所以无咎。

九三：频巽，吝。

象曰：频巽之吝，志穷也。

【译文】

九三：忧郁不乐地顺从，则有憾惜。

象传：忧郁不乐勉强顺从，则有憾惜，说明九三心志穷困。

【解读】王弼注云：“频，频蹙不乐，而穷不得已之谓。”可知“频”通“颦”，蹙也，蹙眉忧郁的样子。程、朱旧注皆训“频”为屡次，如朱熹：“（九三）过刚不中，居下之上，非能巽者也。勉为屡失，吝之道也。”又宋赵汝楳：“频者，既巽复巽，犹频复也。”这两种解释皆通。蒋凡据爻变推理，九三化阴与初六、九二组成坎卦，坎为险陷而有忧愁之象，九三所以临险而蹙眉致忧。此取前一说。从爻位爻象看，以阳处刚，不得其中，上无正应，又在巽之又巽的重巽二体之交，以刚亢之质而居巽顺之时，迫于形势，不得不表示顺从。但其顺从并

非心甘情愿，也非出于内心的自觉认识，所以易变卦，形势不利又反复无常，称之为“志穷”，必然自取其吝。巽顺之道，贵在至诚，至诚即表里如一，不自欺欺人。无论是以柔顺刚还是以刚顺柔，只有出于至诚，取信于对方，才能双向互动，沟通相互之间的关系。

六四：悔亡，田获三品。

象曰：田获三品，有功也。

【译文】

六四：后悔消失，田猎时获兽三品①。

象传：田猎获得三品之兽，六四奉行君命，必有功劳。

【解读】从爻位关系看，六四本当有悔，因为下乘九三，上承九五，介于二刚之间，而又居于近君大臣之位，这是多惧之地，各种各样复杂的关系是很难处理的。但是六四以柔处柔，作为上巽主爻，秉承巽顺之德，以柔顺刚，依尊履正，所以有功。程颐说：“四能巽于上下之阳，如田之获三品，谓遍及上下也。四之地本有悔，以处之至善，故悔亡而复有功。天下之事，苟善处则悔或可以为功也。”

九五：贞吉，悔亡，无不利。无初有终。先庚三日，后庚三日，吉。

象曰：九五之吉，位正中也。

【译文】

九五：守正则吉，悔事消亡，无所不利。申谕命令起初不甚顺利，但最终必能畅行。预先在象征变更的庚日前三天发布新令，而在庚日后三天实行新令，这样上下顺从必获吉祥。

象传：九五吉祥，因其位得正而守中。

【解读】无初有终，程颐云：“命令之出有所变更也：无初，始未善也；有终，更之始善也。”“先庚三日，后庚三日”之“庚”与蛊卦之“甲”、革卦之“己”，都是天干符号。十干戊、己为中，过中则变。庚为过中之数，表示变更，这里指更布新法。“先庚三日”，是说提早讨论准备变旧布新，慎重思变。“后庚三日”，是说公布变旧布新的命令后，再据具体形势新变予以调整，思终以考其成。九五是全卦的主爻，处至尊之位，掌握最高权力，承担着申命行事的重任。但在运作中，开始并不顺利，后来才得以畅行，经历了一个“无初有终”的过程。这是因为九五以刚健有为之质驾驭全局，开始对谦和巽顺之道缺乏切身的体会，急躁冒进而发号施令，臣民一时难以接受，所以有悔。后来九五秉中正之道

---

① 三品：有说“三品”指三种野兽，以狼、豕、雉为三品；有说以鸡、羊、雉为三品者；亦有以羊、牛、豕为三品者。另有解“三品”为“上杀”“中杀”“下杀”。古代天子诸侯打猎，猎取的野兽分三等：射中心脏的是“上杀”，晒干后作为祭品；射中腿的是“中杀”，可供宾客享用；射中腹的为“下杀”，供自己食用。以此表示尊神敬宾。据爻辞文意断之，“三品”似以后解为妥。

予以调整，以刚顺柔，“重巽以申命”，耐心说服，终于赢得臣民的赞同响应。杨万里云：“一贞立而百顺随。”关键是在上者必持贞正之德，方能令人巽顺信服。杨又说：“故盘庚迁都，先之以上篇之书，后之以中篇、下篇之书。成王化商民，先之以《召诰》《洛诰》，后之以《多士》《多方》，皆先庚后庚之义也。甲者事之始，庚者事之更。”国之变更，事关重大，必得慎之又慎。

上九：巽在床下，丧其资斧，贞凶。

象曰：巽在床下，上穷也。丧其资斧，正乎凶也。

【译文】

上九：顺从至极屈居在床下，犹如丧失了刚坚的利斧，守持正固以防凶险。

象传：顺从至极屈居在床下，说明上九居于极端穷困之位。犹如丧失了刚坚的利斧，上九应当守持阳刚之正，以防凶险。

【解读】上九以阳居阴，位非中正，下失其应，又升至上体之上，居全卦之极。在矛盾转化之时，却不知改变，仍一味奴颜卑顺，丧其武人阳刚之质。陈梦雷：“（巽）上九在互离之外，故有丧资斧之象，虽贞亦凶，况不贞乎？”上九心躁急于求利，外表卑顺而已，而非出于内心至诚，所以实是奸邪小人。上九之凶，如唐德宗时宰相卢杞，阿媚取容承顺德宗皇帝，以小人险恶之心陷害忠良，从危害国家，到自己最后贬死于澧州，其卑顺实害人的利斧，为保资财权势，置国家民族危亡而不顾，最终害人害己，逃脱不了历史的惩罚。卢杞之奸，违背贞正之道。杨万里比上九为奸邪之顺，云：“上九位极乎人臣，身极乎崇高，爱其所有之富贵权势，而患失之心生，故必极其巽顺阿谀以保其所有。不知顺愈过而身愈危也。故小则丧其资用，大则丧其权势，虽正亦凶，况不正乎？李斯忧蒙恬之代其相，则顺赵高废立之邪谋，惧失其爵禄而求容，则顺二世之欲而劝之以逸乐……故司马迁论之曰：‘持爵禄之重，阿顺苟合’，可谓洞见其肺肝矣。”历史的教训生动又深刻，引世人反思。

总结：

《序卦》：“旅而无所容，故受之以巽。巽者，入也。”巽之为卦，巽顺以入，其总体精神是外谦顺内刚正。旅人无处安顿，巽卦则表示可进某处，像风一样，可隐伏不见。《杂卦》：“兑见而巽伏也。”兑卦显现在外，巽卦隐伏于内。巽由遁䷠变来，即遁六二与九四换位，形成巽䷸。此一换位，是阴爻往上走，使九二出现。阴爻的上行活动使阴阳交流，由此而致的通达，称为“小亨”。九二出现，使二五两中位皆为阳爻，所以说“利见大人”。而此一活动则“利有攸往”。下巽上巽为风，风带来天上的消息，犹如反复宣布命令。“申”为反复，再三叮咛。九五与九二都是阳爻居中行正，使君子之志可以实现。初六与六四两个阴爻都能顺承阳爻，是为“柔皆顺乎刚”。君子得位

(九五)称为“大人”，所以说“利见大人”。尽管小有亨通，但主于有所行动，建功立业。对君主而言，是要敢于申命变革，对平民来说，是要善于以屈求伸。谦虚待人，则上下无所不容，其入人之心易而深。严正待己，则秉其阳刚中正之美德，化奸就义，正能胜邪，内心诚信纯正，所以不管是其顺人或顺于人，皆是公忠体国、为国家民族的利益考虑。《系辞传下》称“巽以行权”，权变之顺，为公而不是为了满足一己之私欲，因而不改其内在的中正之阳质。所以巽顺之道，实是内具阳性刚健之德，是谦顺，而非一味地奴颜卑顺。

全卦以二、五为吉。九二巽顺，以屈求伸，柔中有刚，内心诚信，因其得中而致吉；九五以中正之德申命行事，上下皆顺，逊顺得当。初四阴柔，是卦之所以为巽之爻。初居最下失位，过分卑顺柔弱，缺乏阳刚之气，故勉之以“利武人之贞”；六四虽得位，顺承九五阳刚，嘉之以“田获”之功，但居上巽之下，过中而乏阳刚之气，故虽升至上体而位正，但也仅致“悔亡”而不言吉。九三居下卦之上，以刚屈柔，过刚失中而致吝；上九则居全卦之上，穷极过中失正，宜其有凶。六爻爻辞表明逊顺并不是盲目卑顺，更不是卑躬屈膝，而要持守中正阳刚之德。另外，巽顺之义，并非只是下顺乎上，也有上顺乎下的精神存乎其中。

虽然作者并未强调突出，但其中包含的“民主”因素不容忽视。如九五爻辞“先庚三日，后庚三日，吉”，是在变革前后，与臣民共同商议，顺乎下情，以把变革化为广大臣民的自觉行动。有了这一民主精神因素，可以促进变革的迅速发展与不断深化。国家改革是如此，企业改革亦然，应引起人们的思考和重视。

五十八

兑 ䷹

【卦辞】 兑[1]：亨，利贞。

【译文】 兑卦象征和悦：亨通，利于守持正固。

【解读】 八卦之兑，从坎水变化而来，坎之初六化阳成兑，犹如坎水下流堵实，水流蓄积而成湖泽，故该卦象征泽。八卦之兑两相重叠，成为六十四卦之兑。泽中的水，可滋润万物，使万物喜悦，“喜悦”的义理是从本象之泽中引申而来。《序卦》说，人们彼此之间，相互容人为用，故其事业有成，皆大欢喜。因此在巽顺入人之后，必有兑。孔颖达说：“泽以润生万物，所以万物皆说；施于人事，犹人君以恩惠养民，民无不说也。惠施民说，所以为‘亨’；以说说物，恐陷谄邪，其利在于贞正，故曰‘兑：亨，利贞’。”

【彖辞】 兑，说也。刚中而柔外，说以利贞，是以顺乎天而应乎人。说以先民，民忘其劳。说以犯难，民忘其死。说之大，民劝矣哉！

【译文】 兑，喜悦。阳刚居中而阴柔在外，足以使人和悦相处并利于守持正道，因此真正的喜悦，上顺于天理之正，下应人心之公。君子大人欣悦于身先百姓不辞劳苦，百姓也必然能任劳忘苦；欣悦于趋赴危难不避艰险，百姓也必然能舍生忘死。欣悦的意义是那样宏大，可以使百姓自我勉励啊！

【解读】 从卦爻结构看，九二、九五阳刚居中，六三、上六阴柔处外，是一种外柔而内刚的优化组合，由此而生的喜悦是一种真正的喜悦，合乎正道。喜悦之道，关键在于正确处理主客内外的关系，使之双向互动，和谐融洽。如果只有内在的刚直而无外在的柔顺，心目中没有客体的地位，独断专行，把自己的意志强加于人，这种刚直就转化为粗暴，不会给人带来真正的喜悦。反之，如果只有

---

① 帛书《周易》作“夺”，“兑”“夺”音近通假。

外在的柔顺而无内在的刚直，心中无主，不辨是非，讨好逢迎，这种柔顺就转化为谄媚，也不会给人带来真正的喜悦。“说以利贞”，说真正的喜悦应“利”且“贞”，利是指双方共同感受到利益，称心如意，贞是指各自的行为守持正道，刚而不暴，柔而不邪。因而真正的喜悦应沟通了主客内外的关系，达到高度的和谐。这种和谐的理念上顺天理，下应人心。由和谐而自然产生的喜悦之情也成为人事运作所追求的理想境界。特别是在政治伦理中，掌握最高权力的君主应刚中以正己，柔外以悦民。刚中则无情欲偏倚之私，柔外则无暴戾粗浮之气。如果君主能够奉行“说以利贞”的原则，把权力当作服务满足人民愿望的工具，身先百姓，不辞劳苦，有事而与民趋之，人民就会像跟随大禹治水那样，劳而忘劳。遇到外敌侵犯，国家有难，人民就会像跟随商汤那样，东征西战，勇而忘死。从这个角度看，喜悦之情是一种精神力量，可激励劝勉人民同心同德克服各种困难，意义重大。

【大象】 丽泽，兑。君子以朋友讲习。

【译文】 两泽相依附，象征着喜悦。君子据此与朋友相聚而讲习学业。

【解读】 程颐曰：“丽泽，二泽相附丽也。两泽相丽，交相浸润，互有滋益之象。”上下两泽相叠，认为两泽相附丽，交相浸润滋益，进一步悟到了“君子以朋友讲习”的精神愉悦。《论语·学而》：“学而时习之，不亦说乎！有朋自远方来，不亦乐乎！”俞琰曰：“若独学无友，则孤陋而寡闻。故《论语》以‘学之不讲’为‘忧’，以‘学而时习’为‘悦’，以‘有朋自远方来’为‘乐’。”陈梦雷《周易浅述》云：“然天下之至可说者，亦莫如朋友讲习：讲者，资友讲之以究其理；习者，我自习之以践其事。习而不讲，则精义不出，昏而无得；讲而不习，则至理不入，殆而不安。朋友讲习之余，心与理洽，天下之说，莫过乎此！”都说朋友切磋之义。

【爻辞】 及 **【小象】**

初九：和兑，吉。

象曰：和兑之吉，行未疑也。

【译文】

初九：和颜悦色待人，吉祥。

象传：和颜悦色而带来的吉祥，说明初九行为端正而不为人所猜忌。

【解读】《周易折中》引蔡渊曰：“爻位皆刚，不比于柔，得说之正，和而不流者也。”初九以阳刚之质居兑之初，地位卑下，上无应援，不相亲比，人际交往受到很大的局限，但始终保持心态平和，既不谄媚逢迎，取悦于人，也不暴戾粗浮，妄求进取，由此而产生的喜悦谓之“和兑”。

九二：孚兑，吉。悔亡。

象曰：孚兑之吉，信志也。

【译文】

九二：心悦诚信待人，吉祥，悔事消亡。

象传：心悦诚信而带来的吉祥，说明心志诚信、笃实。

【解读】九二之吉，在于刚中，是既欣悦待人，又中心信实之象。《周易折中》引龚焕曰："己以孚信为说，人不得而妄说之，所以吉也。"九二阳居阴位失正，承比不中不正六三而悦，且与九五无应，处境不利，本当有悔，但刚而得中，孚信内充，虽承比小人，乃形势地位所致。处理主客内外的关系时，能自守不失，和而不同，所以虽履不当位，仍得吉而悔亡。王宗传《童溪易传》释："六三阴柔而不正，所谓非道以求说者也。而二比之，疑于有悔矣。然二居中自信，故虽与二同体，而未尝说之，此其悔所以亡也。"君子与小人相对而立，无小人则无所谓君子。生活中就是这样，不可能完全不与小人相处，关键在于是君子改造小人，还是小人同化了君子。周敦颐称莲花是"花之君子者也"，云："予独爱莲之出淤泥而不染，濯清涟而不妖，中通外直，不蔓不枝，香远益清，亭亭净植，可远观而不可亵玩焉。"九二刚中之德，受人爱悦，与莲花中通外直的高贵品格一脉相通。

六三：来兑，凶。

象曰：来兑之凶，位不当也。

【译文】

六三：前来谋求欣悦，有凶险。

象传：前来谋求欣悦而有凶险，说明六三居位不当。

【解读】六三以阴处阳，不中不正，且与上无应。居两兑之间，处四刚之际，左右逢迎，企图取悦于人，有柔外之态而无刚中之德。这种以谄媚逢迎的方式求来的喜悦，并非正道，而是邪佞，只会带来凶险，称为"来兑"。真正的喜悦应当是使人喜悦，自己也喜悦。这种"来兑"由于心术不正，缺乏诚信，只会受人鄙弃。于自身而言，丧失人格操守，见利忘义，看风行事，患得患失，也不能体会喜悦。《汉书·佞幸传》载，西汉末年元帝时代的宦官石显为中书令，以柔佞媚悦于帝，帝遂委以政。又与中书仆射牢梁、少府五鹿充宗等结党营私而致宠。民歌之曰："牢邪石邪，五鹿客邪！印何累累，绶若若邪！"此一佞得势而万佞集也。后来，朝廷事无巨细，"因显白决，贵幸倾朝……显为人巧慧习事，能探得人主微指，内深贼，持诡辩以中伤人，忤恨睚眦，辄被以危法"。后谗杀国之栋梁萧望之，贬周堪、刘向等，继又杀京房、贾捐之等，自是朝臣"重足一迹"，结舌而不敢言。后石显在成帝时虽免官忧死，但西汉王朝元气大伤，不久即有王莽之乱而亡国。所以悦自有道。

九四：商兑未宁，介疾有喜。

象曰：九四之喜，有庆也。

【译文】

九四：商度思量欣悦之事而心中不宁，若能绝除谄佞者的邪疾则有喜庆。

象传：九四之喜，有福庆。

【解读】九四上承中正九五之尊，下比六三之佞，而自身刚居柔位，刚能守正，柔则不坚，因此很纠结。是接受六三的谄媚求悦，还是上奉九五的刚中之尊，一时难以抉择。“未宁”指心绪不宁，尚在斟酌阶段。幸好九四质本阳刚，故能介然守正，疾恶柔邪。“介疾”指九四断然采取行动，拒绝六三干扰，克服困难的阶段。“有喜”指顺利克服困难，最终有喜。杨万里云：“兑、说一也，而所以说者二。有事君容说者，有以安社稷为说者。九四，近君之臣也，故于兑说之时，彷徨焉，踌躇焉，商榷而谨择焉，其心安得而自宁也，何也？惟容说之小人，有以妄说而病吾君之心也：君心勤政，彼病之以逸豫；君心忧乱，彼病之以燕乐；君心裕民，彼病之以聚敛；君心静治，彼病之以威武。六三之‘来兑’，即容说之小人也，非九四之刚正，介而隔之，使不得近于九五，其不为疾者鲜矣！六三者，君心膏肓也；九四者，膏肓之箴规也……九四之私喜，天下国家之大庆也。故魏徵用而封伦沮，李绛入而承璀去。”说的正是这个道理。

九五：孚于剥，有厉。

象曰：孚于剥，位正当也。

【译文】

九五：信任剥离阳刚的阴柔小人，有危厉。

象传：信任剥离阳刚的阴柔小人，可惜了九五中正之位啊。

【解读】九五阳刚中正，本应与九二同德，励精图治。但处兑之时，九五欢悦忘形，内怀诚信近比上六之阴，接受谄媚，并与相悦，故有厉。上六为兑悦之主，下无正应，虚悦九五，以妄说来消剥九五之阳，故爻称九五有“孚于剥”而致危厉之象。九五之君，狃于小人之悦，喜其巧言令色，宠信小人后果极其严重。这种行为既不合正道，也严重失职。陈梦雷说：“（九五）恃一己之刚明，值国家之宴安，以小人为不足畏而过信之，则蛊惑心志，紊乱是非，无所不至矣。”来知德举史实以为例，云：“以人事论，如明皇之李林甫，德宗之卢杞，皆以阴柔容悦剥乎阳者也。”唐朝安史之乱及建中之乱，李唐王朝由盛转衰，原因很多，但皇帝本宜任君子，反信小人，自然也难逃其责。

上六：引兑。

象曰：上六引兑，未光也。

【译文】

上六：引诱他人相与喜悦。

象传：上六引诱他人相与喜悦，说明上六的和悦之道未能光大。

【解读】《周易折中》引毛璞曰：“所以为兑者，三与上也，三为内卦，故曰来，上为外卦，故曰引。”上六居位，既是上兑之主。又是兑卦成卦之主。阴居兑极，穷不知变，只一味贪图享受；其下无应，只能用物欲横流来引诱他人上当。其所欢悦，取之不以其正，是小人无耻之极的表现。《周易折中》称引刘牧所说：“执德不固，见诱则从，故称引兑。”物以类聚，人以群分。上六与六三共诱他人堕落，可谓臭味相投。但六三来兑，已为九四所隔绝而不得接近九五，更无法联合上六。因此，上六改变战略，引诱四、五二阳，消剥其阳，附以阴邪之气。上六以谄媚的手段引诱别人与之和悦相处，但其自身阴柔居上，又乘阳，包含着损伤阳刚的祸心。如上文所说的石显，极尽其佞谄手段，讨汉元帝的欢心，又引诱御史大夫贡禹，通过在皇帝面前说禹好话讨其欢心，以便获得朝臣的支持来固其宠禄。西汉王朝以此国政日衰，直至灭亡。贡禹与汉元帝，犹如被诱上当的九四、九五，阳气削剥，气数将尽。个人悲剧勿议，也导致国家一时暗淡，非常符合上六爻义。

总结：

兑卦是唯一谈论喜悦的卦。虽然蒙卦中已申述“发蒙”和治理社会，除了利用“刑人”还必须“用说（悦）”这一观点，但专题讨论“用说”，只有兑卦。因为没有欢悦，人生就会暗淡而无意义。追寻欢悦，致之有道，得之以正，人类社会才能健康发展。兑悦之义，无论自然或人事，皆有以相洽者。

从全卦看，兑之欢悦，刚中柔外，充分阐述人与人之间应和悦相处、悦可至亨、悦可使民忘死建功立业的道理，是吉卦。这是从正面来阐述兑卦的总体精神。但同时强调和悦相处要以贞正为先决条件。六爻正是透过具体的时位揭示这个主旨的。卦中六爻，六三与上六以柔媚取悦于人，是被否定的对象；至于阳刚诸爻，则视其与三、上两阴爻的关系而见其吉凶。初九行为端正远于佞媚之阴而有和兑之吉。九二虽邻六三而心不系之，心怀诚信，一心上孚九五，“悔亡”亦吉。九四隔绝六三来兑之凶，商度抉择其悦，能以正道谋求，所以或“悔亡”或“有喜”。九五居尊位而悦信小人，因其近比上六，则诫之以“有厉”。

纵观全卦大旨：阳刚不牵于阴柔，秉持正德，决绝邪谄，才能成“欣悦”之至美；反之，偏离正德，曲为“欣悦”，则不论是取悦于人，还是因人而悦，均将导致凶咎。这是作者从反面来立诫。而从兑卦的正面意义来看，卦辞“利贞”之亨，启人思维。贞者正也，欢悦，人之所爱，但取之必合正道。欢悦之事，有物质方面的，有精神方面的，是立足于鲜明的道德准则之上。张耒《出山诗》曰：“青山如君子，悦我非姿媚”，似与此理有合。而《孟子·告子上》：“理义之悦我心，犹刍豢之悦我口”，则尤合乎本卦“欣悦”之义。

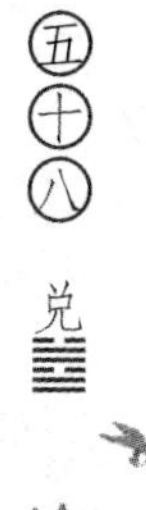

五十九

涣䷺

【卦辞】 涣[1]：亨，王假有庙，利涉大川，利贞。

【译文】 涣卦象征涣散：亨通。君王以美德感召神灵而保有庙祭，利于涉越大河，宜于守持正固。

【解读】 涣下坎上巽，坎为水在下，巽为风在上，故"风行水上"。风行水上，水波涣散，但水波散而不乱，秩然有序，文理绚烂，这正是形散而神聚。散而不乱，散而能聚，由涣而致亨。涣散之世，社会离心离德的倾向增长，如同一盘散沙，各行其是。但涣散中蕴含着凝聚的可能，采取有效措施，克服离心离德的倾向，就能把社会重新建构成为同心同德的和谐整体。这是涣卦的主题。

【彖辞】 涣，亨，刚来而不穷，柔得位乎外而上同。王假有庙，王乃在中也。利涉大川，乘木有功也。

【译文】 涣散，亨通，譬如阳刚者前来居阴柔之中而不穷困，阴柔者获得正位于外而上与阳刚之志协同（于是阴阳虽散而心神聚通）。君王以美德感召神灵而保有庙祭，说明君王聚合人心，居处正中。利于涉越大河巨流，说明乘着木舟协力涉险必能成功。

【解读】 涣下坎上巽，根据卦变理论，下坎本是坤，上巽本是乾。乾的初爻来居坤的中位，坤变坎，乾变巽。九二刚爻来居下卦，与初、三等阴爻和睦相处，交往不穷；而六四以阴居柔当位，且居于外卦上承九五、上九等阳爻，与之同心

---

① "涣"字之义：一，散，即离披解散。《杂卦》《序卦》《系辞》皆解为"离"，如《序卦》："说而后散之，故受之以《涣》，'涣'者，离也。"《本义》也释之为"散"。二，文，即文理焕然。朱骏声《六十四卦经解》曰："涣，流散也，又文貌，风行水上，而文成焉。《太玄》曰：'阴敛其质，阳散其文'，《京传》曰'水上见风，焕然而合'，此'涣'字之义也。"

同德。既然刚而得畅，柔而无违，虽说是涣散之世，只要刚柔齐心合力，可克服涣散而致亨通。为了克服涣散，首先必须凸显全社会的精神认同，发挥精神的凝聚力，借助于共同的信仰、价值观念及秩序理念，把全社会整合成为一个精神文化的共同体。因为涣散之世之所以离心离德，主要缺乏这种精神认同，而克服涣散使之同心同德，立足于精神层面进行整合，在古代对于掌控权力运作的君王来说，既是切实有效的途径，也是不可推卸的政治责任。

【大象】风行水上，涣。先王以享于帝，立庙。

【译文】风行水上，象征涣散。先王观此象乃祭享天帝，设立宗庙，以聚合人心。

【解读】程颐云："收合人心，无如宗庙；祭祀之报，出于其心。故'享帝''立庙'，人心之所归也。"祭享天帝、建立宗庙，借此获得神灵的佑护。享帝立庙，即奉行郊社之礼与宗庙之礼，实行以礼治国。礼由长期的历史发展积淀而成，作为核心层次的祭礼，蕴含着一种广义的文化秩序，涉及价值观念、政治制度、社会组织、道德规范等各个方面。奉行这种祭礼治理国家，把国家政治建立在文化认同的基础上，可克服离心离德的倾向，发挥凝聚整合的作用。历史证明，这种做法切实有效。简单说，就是文化认同，建立文化共同体。

【爻辞】及**【小象】**

初六：用拯马壮，吉。

象曰：初六之吉，顺也。

【译文】

初六：取用壮马拯救，可获吉祥。

象传：初六的吉祥，在于顺承九二。

【解读】初六以阴居涣之初，不正，上无应，阴柔力弱本不足以拯涣。但涣散之弊尚未堆积而易拯救，且初六上承九二刚中之德，阴阳合力，借助其壮健以救弊。虽处涣之时，却不致离散，故爻称"吉"。程颐云："六爻独初不云'涣'者，离散之势辨之宜早，方始而拯之，则不至于涣也，为教深矣。"从爻位爻象看，初处下坎之下，坎为川，性险陷，故爻有拯险之辞。又坎之象，"其于马也为美脊，为亟心"，骏美之马，心躁思动，健壮于行，故有借壮马之力以拯济险难之象，占者则吉。如汉初诸吕危汉，陈平交接太尉周勃，勃入军中左袒以安天下，因而重新平定诸吕而兴汉。陈平定计之早，加之有太尉周勃之助，恰如初六亲比九二，犹得壮马之助，济其阴柔弱质。以此拯涣，不致离散，故可获吉。

九二：涣奔其机①，悔亡。

象曰：涣奔其机，得愿也。

【译文】

九二：涣散之时奔就几案似的可供凭依处所，悔恨消亡。

象传：水流奔至台阶，得其（济涣之）心愿。

【解读】当涣散之世，奔向几案，找到凭借依靠，从而使悔恨消亡，象征九二的处境。九二虽本质阳刚，但以阳居阴不正，又身陷坎险，处境并不顺利，必然会有悔恨。要使悔恨消亡，仅凭一己之力，无济于事。必须找到一个阴柔的对象，风雨同舟，结成协调配合的关系，才能共度时艰。九二阳刚居中，得阴阳相合之愿，故能固其根本而聚时之所散。程颐："二与初虽非正应，而当涣离之时，两皆无与，以阴阳亲比相求，则相赖者也。"又曰："二目初为'机'，初谓二为'马'。"初之"吉"，二之"悔亡"，与其上下承比的刚柔相济、阴阳和应有关。其彼此相助，或为"马壮"，或为伏"几"，非仅利己，实也利人。

六三：涣其躬，无悔。

象曰：涣其躬，志在外也。

【译文】

六三：涣散自身附从阳刚尊者，无所悔恨。

象传：涣散自身附从阳刚尊者，说明六三志在于向外发展。

【解读】六三本质阴柔，不中不正，又居坎体之上，处境不利，本当有悔。但与上九刚柔相应，可得上九援助，其志在外，主动追求。这就摆脱了自身困境，免除了悔恨。李光地曰："易中六三应上九，少有吉义。唯当'涣'时，则有应于上者，忘身徇上之象也。"从爻变看，六三化阴为阳，则下坎化巽，巽象为风，三处坎险郁结之时，风徐吹而险难舒散。虽不能完全济天下之涣，但与上九相合，并得阴阳相聚，体现涣卦聚散相互依存的意义。朱骏声云："此范蠡泛舟五湖之象。"范蠡深知越王勾践之为人，故及时身退，散其危难，而免遭杀身之祸。他泛舟四海经商，成为商家之祖。可见政治上的"涣其躬"，正为其经商财货之汇聚创造新的条件。

六四：涣其群，元吉。涣有丘，匪夷所思。

象曰：涣其群元吉，光大也。

【译文】

六四：涣散朋党，至为吉祥；涣散小群聚成山丘似的大群，这不是平常人思虑所能达到的。

---

① 机，帛书《周易》作"阶"，台阶。一般认为"机"通"几"，几案。

象传：涣散朋党至为吉祥，说明六四的品德光明正大。

【解读】从爻位爻象看，六四已脱离坎险，入于巽顺之体，且柔履正位，下无私应，上与九五同志，居于辅佐君主掌控全局的大臣之位。所以能拯救涣散，为社会群体散其险难，建立大功。朱熹曰："盖当人心涣散之时，各相朋党，不能混一，惟六四能涣小人之私群，成天下之公道，此所以'元吉'也。"诚然，六四去其私心，涣散朋党，以聚合人心、匡济天下为己任，称誉光明正大，受之无愧。

九五：涣汗其大号[①]，涣王居。无咎。

象曰：王居无咎，正位也。

【译文】

九五：像发散身上汗水出而不返一样发布盛大的号令，又能疏散王者的居积以聚合天下人心，必无咎害。

象传：君王坐镇指挥，令出必行，没有咎害，说明九五正居君主尊位。

【解读】从爻位看，处涣之时，当机立断发布拯救号令的是阳刚中正、居于尊位的九五。《贞观政要·赦令》载，唐太宗谓侍臣曰："诏令格式，若不常定，则人心多惑，奸诈益生。《周易》称'涣汗其大号'，言发号施令，若汗出于体，一出而不复也。"一位有才华、有魄力、有方向的领导，下与三四亲比无间，阴阳和谐，上下相须拯救涣散，涤荡险厄，如同药到病除，汗发出体那样使涣散复归于凝聚，应该无咎。恰如杨万里所说："排大险难者，非大号则难不散。何谓大号？发号施令必大焉，先小者碎者虽多无补也。商民所大病者其政贪，散财发粟之令一出而四海服；秦民所大病者其政酷，约法三章之令一下而万民悦。大者举矣，何必多乎哉！"君王又主动涣散其王宫所储之财物，用之于民，济民于险难之中，故下民因受其恩泽沾溉，而忠诚拥护，君王据此而发布其盛大号令，四方之民热烈执行而义无反顾。

上九：涣其血去，逖出，无咎。[②]

象曰：涣其血，远害也。

【译文】

上九：涣散至极而四方聚合，于是离去忧恤脱出惕惧，无所咎害。

---

① 帛书《周易》作"涣其汗大号"，由九二爻"涣奔其机"、六三爻"涣其躬"、六四爻"涣其群"及上九爻"涣其血去"考之，当以帛书为是，应为"涣其汗大号"，当释为号令如汗出而不返。另外，高亨、刘大钧、吴新楚等以上下文为据提出此句存有倒文，即"汗"和"其"互倒，当为"涣其汗大号"。帛书《周易》作"涣其汗大号"力证证明今本有误。

② 本爻辞义，诸家说法不一。1.《集解》引虞翻注，训"血"为"血液"之"血"。2.《王注》释"血"为"伤"，"逖"为"远"。3. 有学者指出，血，通"恤"，意为"忧恤"；"逖"，通"惕"，即"惕惧"。帛书《周易》作"湯"，正取"惕"音，通假吻合。

象传：涣散至极而四方聚合，于是离去忧恤，说明上九远离灾害。

【解读】上九以阳居阴，下应六三，上下皆非正位，本该有咎。三以阴柔而处下坎，故求上九阳刚应援。上九所幸与在下之坎险距离甚远，故有“血去逖出”之象，能够“远害”而无咎，离忧出惕，为涣极而聚作准备，故爻称涣告成功而“无咎”。

总结：

涣下坎上巽，风行水上，水波荡漾涣散之象。同时，涣又象征着文理焕然，因为风行水上，水纹泛彩。全卦名虽为“涣”，实兼涣与聚二义，而要皆归之于中与正。从随波涣散之象来看，形态虽散，但却围绕圆心相聚，聚散相依，散而不乱，所以亨通。而所谓“涣散”，象征事物涣散之时，但并非立意于“散乱”，而是兼从对立的角度揭示散与聚互为依存的关系。如卦辞以聚涣立言，以“君王”祭庙喻聚合“神灵”之祐，“王假有庙”却作为全国全民的凝聚中心而存在；“利涉大川”，则团结一心、和衷共济以救涣之事，以涉越大河喻聚合人心济难，说明事物形态虽散而神质能聚必致亨通，并强调此时行事利于守正。

全卦六爻均处涣散之时，但阴阳刚柔相比、相应，已流露出聚的气象。初与二皆欲脱险以聚涣为义。虽然国家、民族乃至家庭个人，有萃必有涣，有兴必有衰，但是，国势虽衰而人心不可涣散，“聚涣”旗帜暗中不倒。初六阴柔在下，九二阳刚处中，时当“涣散”而两心系联，故前者如获“良马”拯救而致“吉”，后者似得“几案”凭依而“悔亡”。如北宋灭亡，而士夫慷慨，民心激烈，故有康王泥马渡江的故事以为“聚涣”之号召，建立了南宋朝廷以与金人相抗。此初六之“用拯马壮吉”及九二之“涣奔其机”而“悔亡”也。不过，虽然国家民心不可涣，但朋党私心影响团结的事，却不可不涣，君主贵族所聚敛的不义之财也不可不散。这些祸害如不涣散净尽，则国家民族乃至家庭个人，永远脱不出坎险之难。故脱险济涣之道，极其重要。六三散其自身附从尊者，“涣其躬”之难而“无悔”。六四为尽心辅君济涣之臣，上承九五，有散小群、聚大群的美质。君臣相得益彰，故其济涣，建“匪夷所思”之功而“元吉”。九五尊主，为济涣之君，有散居积、聚民心的盛德，获“无咎”。皆因持其中正之道而然。至于上九散极见聚，则因居涣极而能出涣，故远其害“血去逖出”而“无咎”。隐约之中，实已见涣极转化为萃聚的曙光，此一卦六爻运动发展之大义。可见，本卦所明处“涣”之道，立足于散而不乱、散而能聚的基础之上。

涣卦说明涣散与聚合之间相互依存，对立又统一。“涣其躬”是指无我；

"涣其群"是指无人。无我则得我，无人则得人。因此，处涣之时，必须注意以下几项。

1. 在事物有涣散的苗头时，要果断采用强力手段，来遏制事态的消极发展。

2. 当涣散已无力阻挡，必持有一些足以凝聚人心的东西。

3. 刚正是济涣之本，顺理为济涣之才，得至中至正之道才能解决涣散。一味靠权势却无功，因为人心的聚散与向背，源于：一，公平公正；二，利益共享。

六十

节䷻

【卦辞】节：亨。苦节不可，贞。

【译文】节卦象征节制：节制可致亨通。节制至极心苦，而应该守持正固。

【解读】节卦下兑上坎，象征节制和限止。凡事有节，自然前进道路亨通，但是不可实行“苦节”，过分节制，有伤事理，且不正常。否定“苦节”，是整个节卦的精神。

【彖辞】节，亨，刚柔分而刚得中。苦节不可贞，其道穷也。说以行险，当位以节，中正以通。天地节而四时成。节以制度，不伤财，不害民。

【译文】节制，亨通，由于阳刚阴柔分居上下，而阳刚得中。但不能过分节制，而应该守持正固，否则，节制之道陷入穷困。物情喜悦就会勇于赴险，处位正当就能自觉施以节制，居中守正，行事必定通达。天地阴阳之气互相节制，四时变化才得以形成。圣贤明主以典章制度为节制，就能不浪费财物和伤害民众。

【解读】从卦德卦性分析，节上坎下兑，阳上阴下，刚柔相分，犹男女有别。因有九二、九五刚中之主为之节制，适度而不过分，合乎中正，所以道路亨通。刚柔分而不乱，刚得中为制主。节贵乎中，处中就会亨通。太过节制，则失去节制之道。“苦节不可贞”，指“苦节”不可守以为常，提倡“甘节”精神。所谓“苦节”道穷，指上六穷极于上而不知变，不能适应矛盾转化，其道凶险致“道穷”。下兑性悦，上坎性险，人们因悦而行，又因见上坎险而自我节制。六四阴居阴位得正，九五阳刚中正为一卦之主，四、五二爻居位或中或正，成为全卦指挥中枢。以此调整节制，人们自然见险知止，悦守其正而不逾中道，终吉祥亨通。从四时气候之节，论及人类社会的制度之节，如孔颖达说：“天地以气序为节，使寒暑往来，各以其序，则四时功成之也；王者以制度为节，使用之有道，役之有时，则不伤财不害民也。”在人事方面，“节”有其道，有益于民，合乎中正而吉祥亨通。

【大象】泽上有水，节。君子以制数度，议德行。

【译文】沼泽上有水，象征节制。君子因此制定礼数法度为准则，详细考察道德行为从而任用得宜。

【解读】节下兑上坎，湖泽之上，有雨云化水，源源不断自天而降。然湖泽的容量有限，如果不修堤坝水闸加以节制，增强排泄功能，湖水将泛滥成灾。朱震云："泽之容水固有限量，虚则纳之，满则泄之，水以泽为节也。"君子观此卦象，推及人事。人的思想感情或行为，如果任其膨胀，也将泛滥，荼毒社会，所以应加以节制，制订礼法制度以节民，制订伦理道德以节身。无论是天道自然或人类社会，节道不可或缺。

【爻辞】及**【小象】**

初九：不出户庭，无咎。

象曰：不出户庭，知通塞也。

【译文】

初九：节制慎守，不出内院，必无灾祸。

象传：节制慎守不出户门庭院，表明初九深知路途畅通则行、阻塞则止的道理。

【解读】初九以阳居阳得正，上应六四。在建立制度过程中，本可以发挥才智，有所作为。但有九二相阻，上进之路受到阻碍，不能畅通。杨万里云："君子将有以节天下，必始于节一家，节一家必始于节一身。颜子之节，非求之外也，节性而已。不迁怒，喜怒节矣；不贰过，过愆节矣；一箪瓢，奉养节矣；不出户庭之间，而制数度、议德行、不伤财、不害民，节之道具矣；何咎之有？塞则行之户庭而准，通则行之四海而准，而况为邦乎？初九穷而在下，故不出户庭。"初九客观时机尚未成熟，故安于所处，闭门索居，谨言慎行，自我节制，静以待时，因而无咎。

九二：不出门庭，凶。

象曰：不出门庭凶，失时极也。

【译文】

九二：拘于节制，不出庭院，有凶险。

象传：拘于节制而不出大门庭院，有凶险，说明九二丧失了适中的时机。

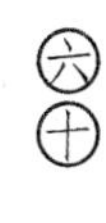

【解读】初九路途堵塞时，节制不出；九二路途通顺时，依然节制不出。前者"知几"，后者"失时"，故初九无咎，九二凶。九二自居臣位，以刚得中，与九五刚中之君同德，前遇六三之柔，进路通畅，没有阻塞，正是从事制度建设的大好时机，本应辅佐君主，自觉承担"制数度，议德行"的政治责任，但拘守小节，不知大节，采取不合时宜的行为，"不出门庭"。有可为之时，不出而为，这

便是凶之道，因为时不再来。最后必然被时代抛弃，带来凶险。

六三：不节若，则嗟若，无咎。

象曰：不节之嗟，又谁咎也。

【译文】

六三：不节制，必然会带来忧愁叹息，无人可怪咎。

象传：不节制而带来的叹息，又可以怨怪谁呢？

【解读】六三阴处阳位失正过中，质带阴邪之气，上无应与，又乘凌初二两阳，已呈凶象。自我放纵而不加节制，后果严重，六三嗟叹悲伤，又能怪谁？六三居位在下兑之极，兑性悦，“为口舌”，有悦极而胡说八道之象。而其上行又近上体之坎，坎之象“其于人也为加忧”。综观爻位爻象，六三兑悦之极，纵情肆欲而不知节制，又有自陷坎险之行，所以结果乐极生悲，嗟悔莫及。严重后果“自作孽，不可活”，又能怪咎谁呢？杨万里云：“郑伯有、晋石崇是已，至见逐于国人，追诵于白首而不悟也。三居泽之极，故溢而不节。”伯有，春秋时郑国大夫，其为人被子产称为“伯有侈而愎”。据《左传·襄公三十年》载：“郑伯有耆酒，为窟室而夜饮酒，击钟焉，朝至未已。”伯有后被攻而奔许，最终“死于羊肆”。晋朝石崇与王恺夸比豪富，酒宴之上滥杀无辜侍女，最后被仇敌孙秀报复，与潘岳同时遭刑戮。

六四：安节，亨。

象曰：安节之亨，承上道也。

【译文】

六四：安于节制，亨通。

象传：安于节制可获亨通，说明六四顺承九五中正之道。

【解读】六四居臣位，以阴处阴得正，上承九五。李光地云：“六四以柔正承五，故曰安节。‘安’与‘勉’对。盖凡其制节谨度皆循乎成法而安行，非勉强以为节者也。于象居坎之下，水之下流也。柔正为水流平地安澜之象。”六四与九五，君臣相得益彰，节道得施。因六四已从下兑升至上坎，坎象为水，兑象为泽，泽水上溢则为灾，泽水下流则有节。六四正应初九，正是泽水下流而有节之象。六四之行，正而有节，泰然处之而心安理得。

九五：甘节，吉，往有尚。

象曰：甘节之吉，居位中也。

【译文】

九五：适当节制而令人感觉甘美适中，获得吉祥，前往必有嘉赏。

象传：适当节制而令人感觉甘美适中，获得吉祥，说明九五居正位而得中。

【解读】九五成卦之主，秉其阳刚中正之德，掌握九五之尊大权，调整全卦。此所谓当位以节，中正以通，故爻称“甘节”“往有尚”。李光地云：“水之止者苦，积泽为卤是也；其流者甘，山下出泉是也。五为坎主，水之源也，在井为洌，取其不泥也，在节为甘，取其不苦也。”九五在坎水中，犹如活水源头，水行下流而泽斯万民，即受九五水流实惠。甘节是节制的最高境界。

上六：苦节，贞凶，悔亡。

象曰：苦节贞凶，其道穷也。

【译文】

上六：过分节制，令人苦涩不堪。应当守持正固防备凶险，悔恨就可消亡。

象传：节制过分，令人苦涩不堪，应当守持正固防备凶险，说明上六节道穷困。

【解读】上六居于节卦之极，节已过中失度，超出合理限度，人们已受到伤害，是“苦节”。比如，春秋时墨子要求自己刻苦而严格，他希望世人包括国君贵族，也要日夜劳作，直至“腓无跋，胫无毛，沐甚雨，栉疾风”。庄子《天下篇》批评：“今墨子独生不歌……以此教人，恐不爱人；以此自行，固不爱已……歌而非歌，哭而非哭，乐而非乐，而果类乎？……其行难为也，恐其不可以为圣人之道。反天下之心，天下不堪，墨子虽独能任，奈天下何？”天下之人，不堪其苦，并见反其道而行之，非凶而何？如果把这种制度强加于人，是人们所不能忍受的，必将带来灾难性后果。

总结：

节下兑，为少女，性欢悦；上坎，为中男，性下陷。《象传》说：“泽上有水，节。”说大泽之上有水，需筑堤防节制水流。水枯则储水，水满则泄之。从卦象上看，泽对水有节制作用，节是节制的象征。《象传》说：“君子以制数度，议德行。”君子应从中得到启示，用来制定礼仪制度、评论德行，节制人的行为。天地有节度才能常新，国家有节度才能安稳，个人有节度才能完美。然而，过分节制，天理不顺，人情不喜，难以实行，会走向反面。节操成为矫情，节约反成苦事。

节卦的基本含义是强调合乎规律的节制，有利于事物的正常发展。反之，则致凶咎。这一道理广见于自然界及人类社会的诸多物象，如动植物的繁衍，人类喜怒哀乐的情状，均与节制有关。综言之，节卦以位之中正而言其甘苦吉凶。

节卦除中外，严格要求位正。卦中六爻，吉凶两两相对。初与二比，同为“不出户庭”，初无咎而二为凶，为什么？因为初位正，二则虽中而失正。三与四比，四柔得正为“安节”，三则过中失正而“嗟若”。五与上比，五因中正而致其“甘节”之吉，是为尽善之美，而上则过中无应，不知穷极为节之苦而致凶。《周易折中》从卦象关系来分析全卦精神，云：“下卦为泽为止，

故初二皆曰‘不出’，三则泽之止而溢也。上卦为水为流，故四曰‘安’而五曰‘甘’，上则水之流而竭也。通塞甘苦，皆从泽水取义。”节者，节制自身之德行也，《象传》所谓“当位以节”，故节之六爻以得正者善，不正者不善。在节卦，正胜于中也。初四五当位，初“无咎”，四“亨”，五居中得正，故得“甘节之吉”。二三不当位，二虽中犹“凶”，三“不节”。六三不中不正，有不知节制之象，然六三为节之限（类似洪水位），体兑为嗟叹，故自悔而免咎害。上六穷极故凶，凶故悔，得正为贞，贞故悔亡。古代经济思想中“节用爱民”的观点，与节卦义理密切关联。欧阳修分析此卦说：“君子之所以节于已者，为其爱于物也。故其彖曰‘节以制度，不伤财，不害民’者是也。”深谙节之道。清军入关后，顺治帝多次下诏要求官员们作风简朴，不得讲排场浪费，以节用民力。当时，江西地方官员为了邀宠，曾在当地窑厂里花费大量精力烧制龙碗，送到京师后，顺治帝不但没有嘉奖江西的官吏，还将他们申饬了一顿。他说：“朕正欲节用民力，与民休息。烧造龙碗，自江西解京，动用人夫，苦累驿递，造此何益？以后永行停止。”（《清实录·顺治朝实录》）同时，也对其他以进贡、朝贺之名邀宠的行为予以痛斥，由此可见顺治帝节用民力的思想。

启示：节卦寓意是君子应当仿效修堤防水的道理，制定典章制度和礼仪法度来规范人们的行为准则。国家处于发展中，要有礼有节，既不冒进，也不保守。个人在处理任何事务时都要有节制，适当才合乎中道。如用物太少则太俭，对自己太刻薄；如太过则超出理法与制度，太放纵自己。节卦在物欲横流的今天，别有意义。

六十一

中孚䷼

【卦辞】 中孚：豚鱼吉。利涉大川，利贞。

【译文】 中孚卦象征内心诚信，用猪和鱼祭祀，可获吉祥，利于涉越大河巨川，利于守持正固。

【解读】《序卦》云："节而信之，故受之以《中孚》。"朱熹认为中孚就是诚信。《朱子语类》载："伊川云：'存于中为孚，见于事为信。'……《字说》：孚字从爪、从子，如鸟抱子之象。今之乳字一边从孚，盖中所抱者实有物也。中间实有物，所以人自信之。"从卦象来看，上巽木，下兑泽，以木作舟，舟行泽上而无沉溺之患。木舟中虚而外实，外实可涉水，中虚可载人。身份低的平民用小猪小鱼作祭品，心中诚信，仍会被神赐福。

【彖辞】 中孚，柔在内而刚得中。说而巽，孚乃化邦也。豚鱼吉，信及豚鱼也。利涉大川，乘木舟虚也。中孚以利贞，乃应乎天也。

【译文】 内心诚信，阴柔在内能够谦虚至诚，阳刚居外又能中实有信，使下者喜悦而上者和顺，如此诚信之德就能感化邦国。用猪和鱼祭祀，可获吉祥，诚信得之于用猪和鱼作祭品。利于涉越大河巨川，是因为此时能像乘驾木舟渡河那样方便可行。中心诚信又利于守持正固，是因为顺应天道。

【解读】 从卦体卦德发挥，全卦六爻，中虚而孚，外实而信。中间三四两阴处内，诸阳处外，有中虚而无私主之象，内心谦虚待人而柔顺于物。而从上下二体分而言之，则九二、九五皆秉刚中之德而中实为信。下兑性为悦，上巽性为顺，上顺下悦。程颐说："为上至诚以顺巽于下，下有孚以说从其上。"君臣上下孚诚相感而顺驯以悦，这是一种自觉的共鸣，其感化的力量是伟大的。如《左传·僖公二十五年》载："冬，晋侯围原，命三日之粮。原不降，命去之。谍出，曰：'原将降矣。'军吏曰：'请待之。'公曰：'信，国之宝也，民之所庇也。得原失信，何以庇之？所亡滋多。’退一舍而原降。”诚信连敌国之人都可感化，更何况本邦之人？另，“豚鱼吉”，程朱注说诚信感动无知之物。总之，天道四时运行丝毫无差，公正无偏。内心诚信，又能守持正固，这样就能无险不克。

【大象】泽上有风，中孚。君子以议狱缓死。

【译文】水泽之上吹拂着和风，象征中心诚信。君子效此以诚信之德来审议狱讼，宽缓死刑。

【解读】中孚下兑上巽，巽为风在上，兑为泽在下，故“泽上有风”，风吹泽面，风施泽受，以虚受实，上下感应，水波荡漾，如同政治上的教化。政令如风，民情似水，由此而产生“孚乃化邦”的效应，象征中心诚信。维护社会政治秩序的稳定，不能全然倚仗严刑峻法，崇尚暴力镇压，应实行教化，君民上下建立相互信赖的关系，共享悦乐。君子观此卦象，体会到要以中孚之德作为价值取向，来慎重处理刑狱的事务。“议狱”说审议讼狱，务求究明真相；“缓死”说减缓死刑，避免冤假错案。由于人死不可复生，要以至诚恻怛之心，尽可能找出不死的理由，放一条生路。

【爻辞】及**【小象】**

初九：虞吉，有它不燕。

象曰：初九虞吉，志未变也。

【译文】

初九：安宁诚信则吉祥，别有所求则不安。

象传：初九安守诚信，可以获得吉祥，说明初九别无他求的志向未曾改变。

【解读】初九阳刚得正，上应六四，其中孚之志未改变。黄寿祺据旧说译为：“初九，安守诚信可获吉祥，别有他求则不得安宁。”蒋凡另解：虞，指古人所称仁兽驺虞也。《诗经·召南·驺虞》篇，《毛传》云：“驺虞，义兽也，白虎黑文，不食生物，有至信之德则应之。”它，《说文》云：“上古草居患它，故相问无它乎？……它或从虫。”它即蛇。古代原始之民穴居而处，杂草丛生，故视蛇为大敌，常被蛇所咬伤，祸大莫甚于此。所以蒋凡认为初九爻辞意为：初九，如驺虞仁兽信守其中心之诚孚，则将吉祥如意。如果像咬人致祸的蛇那样游走草间、变幻不定，则会灾祸丛生而令人不安。

九二：鸣鹤在阴，其子和之。我有好爵，吾与尔靡之。

象曰：其子和之，中心愿也。

【译文】

九二：鹤在树荫之下鸣叫，它的同类应声而和。我有美酒，愿与你共享。

象传：鹤的同类应声和鸣，说明这是发自中心的真诚愿望。

【解读】九二以阳居中，表示以诚信应和是真诚愿望。《周易折中》引郑汝谐云：“二独无应，若未信于人，而爻之最吉莫二若也。自耀者其实丧，自晦者其德彰，无心于感物，而物无不感者，至诚之道也。二以刚履柔，其居得中，且伏于二阴之下，盖静晦而无求者，无求而物自应，故‘鹤鸣在阴，其子和之’者，感以天也。”九二阳处阴位虽非其正，但居下兑之中，以刚履柔而秉其刚中之德，笃实诚信于中而见诸实践，其美名令誉声闻遐迩，所以能感动同类，并引发了上下左右的共鸣互应，从而形成了团结一心、战胜险难的力量。

六三：得敌，或鼓或罢，或泣或歌。

象曰：或鼓或罢，位不当也。

【译文】

六三：遇到敌人，有的击鼓，有的罢战，有的哭泣，有的歌唱。

象传：有的击鼓，有的罢战，说明六三居位不当。

【解读】六三阴居阳位，以柔践刚，失位不正，有过中之弊，导致心意不诚，不能自安，又与诚信已穷的上九相应，明显已有“罢”“泣”的不祥之象。又六三处于下体兑极，兑卦性悦，已生悦极悲来之象。且六三处上下卦体之间，身处矛盾，却企望跳越下体而虚望上体，游移不定，所以爻有或进或退之辞。从互卦看，六三与九二、六四下互为震，震为足而性动，有前进之象。六三又与六四、九五上互为艮，艮为山而性止，有静止不进之象。在人际关系中，既不信赖别人，也不信赖自己，找不到合理的定位，因而进退失据，悲喜无常，处境十分尴尬。杨万里云：“水之为物，深则静，浅则动，深则融，浅则结。六三，泽水之最上，浅而未深之水也。今夫泽水之遇风也，其上则波，其下未必波；其遇寒也，其浅则冰，其深未必冰。何则？浅则易摇，深则难挠也。六三为泽水之浅，居柔说之极，故一与物遇，鼓之则动，罢之则止，结之则泣，融之则歌，安能有守而自信哉！人必自信然后人信之。六三已且不自信，又何乎于人？”比之战国纵横策士苏秦，挂六国相印，或歌或泣，最后遇刺惨死。苏秦唯利是图，反复无义，中无诚信而变幻欺人，无人信任，必败无疑。其个人悲剧实是咎由自取。

六四：月几望，马匹亡，无咎。

象曰：马匹亡，绝类上也①。

【译文】

六四：月亮将满未盈，马匹丧失，但却无咎。

象传：马匹丧失，表明六四断绝同类六三（弃应初九）的关系而顺上九五。

【解读】从爻位爻象看，六四已从下体升至上体，摆脱了六三无位过中的困境，以阴居阴得正。来知德释：“本卦下体兑，中爻震，震东兑西，日月相对……因四阴爻近五阳爻，故有此日月之象。”古人以为，月至满至圆，盛极即

① 绝类上：先儒多解。1. 六四绝初之党类而上信于五；2.《中孚》由《讼》变来，《讼》九四至初与上乾绝，即变为《中孚》，上谓《讼》乾；3. 六四绝六三之阴类而上孚于五。

衰。月象征臣下。大臣之位，盛极则有逼君之嫌。故爻称“月几望”，将圆而未满，如大臣心中诚孚，不敢有私，君王不忌而宠信有加，这是长盛之道。从爻位看，六四与初九正应，本为美事。马匹是一种喻象，对此有两种解释：一，指初九与六四匹配，阴阳互应；二，马匹指同类六三。总之，在中孚卦中，四若应初，或者亲比六三，都将承五不专，有三心二意于君。所以四只能舍己之私，绝初之应，弃三同类，专心承五，公忠体国。只有这样，方能无咎无害。

九五：有孚挛如，无咎。

象曰：有孚挛如，位正当也。

【译文】

九五：用诚信之德牵系天下之心，没有灾祸。

象传：用诚信之德牵系天下之心，说明九五居位正当。

【解读】《周易折中》引郭雍称：“孚之道无不通，亦无不感，可以通天下之志，至于固结挛如，是以无咎。九五君位，足以感通天下，又无私应之累，故直曰‘有孚挛如’而已。”九五以其阳刚中正之德，居全卦尊位，是中孚卦主。它下与九二表面无应，但九二同秉刚中之德，二五同声相应、同气相求，实是一种无须专应、发自内中诚孚的无心之应，也即因其必然的自然之应，故爻称“有孚挛如”。

上九：翰音登于天，贞凶。

象曰：翰音登于天，何可长也？

【译文】

上九：飞鸟的鸣叫响彻天空，必须守持正固以防凶险。

象传：飞鸟的鸣叫响彻天空（虚声远闻而信实不继），这种虚声怎能保持长久呢？

【解读】上九在一卦之上，居穷极之地，不中不正，华而不实，追求迎合时尚，虚声外饰。《周易折中》引胡瑗云：“翰者，鸟羽之高飞也。上九在一卦之上，居穷极之地，是无纯诚之心，笃实之道，徒务其虚声外饰，以矫伪为尚。如鸟之飞登于天，徒闻其虚声而已。”苏轼云：“处外而居上，非中孚之道，飞而求显、鸣而求信者也，故曰‘翰音登于天’。九二在阴而子和，上九飞鸣而登天，其道盖相反也。”上九居中孚卦之极，诚信之德过中已衰，而与之相反的虚伪则随之生出，于是有“翰音登于天”之象。孤高绝响长久，象征中孚之德走向衰竭，声闻过情，虚声无实，处境凶险。现实中就是一个欺世盗名的虚伪小人，表面上其飞鸟之音响彻云霄，但人皆不信，没有共鸣，只能导致凶险的后果。《晋书·王衍传》载，晋初清谈家王衍，内无中孚之实，而妄为虚声以求名，挟其善鸣，下欲动众，上以动君，躐取高位而登三台，执朝政。又与乃弟澄、敦之流，定狡兔三窟之计，以利家弃国。此实是妄而盗真、诈而盗诚，以哗众取宠者，如上九居穷极而不知变，最后矛盾爆发，身死国亡，落得万世唾骂之恶名。

总结：

人生之道，同于自然。草木之长，春生夏长、秋收冬藏，草木有信，气候有节，则欣欣向荣。诚与信乃人生之大节，有信则立。孔子反复以信德施教，《论语》屡屡提及“信”。《论语·为政》云：“人而无信，不知其可也。”《论语·子路》：“上好信，则民莫敢不用情。”《孟子·离娄上》说：“诚身有道，不明乎善，不诚其身矣。是故诚者，天之道也；思诚者，人之道也。至诚而不动者，未之有也；不诚，未有能动者也。”诚信是中华民族的优良传统，自古以来，人们讲求诚信，推崇诚信。

中孚卦正是阐明中心诚信的意义。中孚巽上兑下，卦象为泽上有风，风吹动着泽水之象，寓意是如同风吹水流，没有诚信不能到达的地方。陈梦雷曰：“全卦以诚信在中，则可以涉险难。然皆利于得正，六爻在他卦皆取阴阳相应，此独取二、五中实之同德为孚。盖中可兼正，即卦之贞也。四亦以正而无咎。初以正而吉而戒其有他。至三、上则不中不正，失所谓贞，即失所谓孚矣。”卦辞立意诚信之德应当广被万物，此全卦六爻进退变化之大概。

诸爻辞从不同的角度揭示其理：初安于下位以守信，二笃诚中实以感物，四专心致诚而不二，五广施诚信而居尊，这四爻虽位处不同、阴阳有别，但皆为有“信”的正面形象。其九五所取以“诚信”牵系“天下”之象，更蕴含着对“有国者”必须“取信于民”的期望，与卦辞的信及豚鱼、感化万物的观点相合。刘向《新序》说：“人君苟能至诚动于内，万民必应而感移。尧舜之诚感于万国，动于天地，故荒外从风，凤麟翔舞，下及微物，咸得其所。《易》曰：‘中孚：豚鱼吉’，此之谓也。”而六三居心不诚，言行无常，上九信衰诈起、虚声远闻，则为无信的反面形象。

唐韩愈散文名篇《柳子厚墓志铭》曾形象地描绘了世俗小人之信誓云：“今夫平居里巷相慕悦，酒食游戏相征逐，诩诩强笑语以相取下，握手出肺肝相示，指天日涕泣，誓生死不相背负，真若可信；一旦临小利害，仅如毛发比，反眼若不相识，落陷阱，不一引手救，反挤之，又下石焉者，皆是也。此宜禽兽夷狄所不忍为，而其人自视以为得计；闻子厚之风，亦可以少愧矣！”小人之信誓，有识之士反见其矫饰虚伪之心肠。故中孚之信必以正义为基础。

在如今被恶意标榜金钱至上的社会里，利益往往代替美德，诚信往往让位欺诈。在许多人的人生天平上，诚信变轻了，利益被无限扩大。古往今来，许多实例已然表明，一个没有诚信的国度和民族必然消亡。重塑诚信已成为社会刻不容缓的问题。诚信是一种品行、一种道义，是一种道德规范。在全

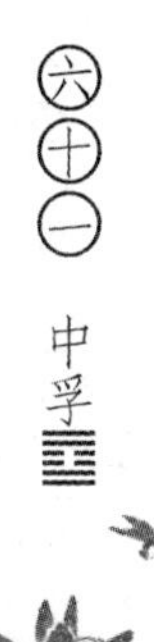

世界经济全面衰退的这几年中，重塑诚信对于整个社会的进步发展格外重要。任何一个市场都是以诚信为前提的，诚信的得失直接影响整个经济的发展，是促进还是衰退，全在此之间。诚信是一种温暖执着的光，它会照亮我们的人生，也会引导社会健康正常地发展。

六十二

小过䷽

【卦辞】小过：亨，利贞。可小事，不可大事。飞鸟遗之音①，不宜上，宜下。大吉。

【译文】小过：可致亨通，宜于守正。可以做小事，不可以做大事。飞鸟过后遗音犹在，不宜向上强飞，而宜于向下安栖，这样大吉大利。

【解读】“小过”，小有过越，《易》以阳为大，阴为小，阴柔过度强盛而阳刚相对薄弱，则称“小过”。从卦象看，上下四阴包围中间两阳，外虚而内实。卦形“有飞鸟之象”，中间二阳爻如同鸟身，上下四阴爻如同鸟翼。飞鸟空中啼鸣，孤高绝响，无有应者，乃不祥之兆。只有往下飞翔，才能找到伴侣，安居栖息。由于小过阴柔强而阳刚弱，呈失衡状态，上下四阴不可好高骛远，以阴剥阳，中间二阳不可过刚而不能自下，与阴为敌，双方都应良性互动，奉行“不宜上，宜下”，顺之则吉，逆之则凶。为了使阳刚与阴柔摆脱过越、复归平衡，应根据具体状态采取相应对策。程颐曰：“过者，过其常也，若矫枉而过正，过所以就正也。事有时而当然有待，过而后能亨者，故小过自有亨义。”阴柔势力能自我克制，随时调整与阳刚势力的关系，小有过越，履行中道，培植阳刚，可导致亨通。

【彖辞】小过：小者过而亨也。过以利贞，与时行也，柔得中，是以小事

---

① 飞鸟：《小过》中阳刚，外阴柔，有飞鸟舒羽之象。比喻“小过”主于谦柔，可居下，不可居上。王弼注：“飞鸟遗其音，声哀以求处，上愈无所适，下则得安。愈上则愈穷，莫若飞鸟也。”许鲤跃曰：“凡物之走者，皆下动而上止，惟鸟之飞者，则下止而上动。故震动象鸟翼之抟风，艮止象鸟足之企踵。”（《周易费氏学》引）可备为一说。

吉也。刚失位而不中，是以不可大事也。有飞鸟之象焉①，飞鸟遗之音，不宜上，宜下，大吉，上逆而下顺也。

【译文】小过，是说在日常小事上有过越可以获得亨通。有所过越，利于守持正固，表明应该配合适当的时候来实行小过之道。阴柔处中不偏不倚，因此小过施行平常柔小些微之事可以获得吉祥。阳刚失其正位而又不能居中，所以小过不能用以践履天下刚大之事。卦中有飞鸟的喻象，飞鸟发出了悲哀的叫声，不宜于向上强飞而宜于向下栖安，这样会大为吉祥，说明向上行大志则易违逆，而向下施行小事则会安顺。

【解读】《彖传》从卦德卦性方面来分析卦旨，卦中阴爻居中，阴柔和顺而乏劲健阳刚，因此只能处理小事而致其吉祥。卦中阳爻或失位或过中，处穷约之时，力所不逮，所以不可野心勃勃大干一场。小过卦形有飞鸟之象，“飞鸟遗之音，不宜上，宜下，大吉”，表明逆势上行违背事理，而顺势小事入手，可致安顺。孔颖达云：“飞鸟遗其音，声哀以求处，过上则愈无所适，过下则不失其安，以譬君子处过差之时，为过厚之行……顺则执卑守下，逆则犯君陵上，故以臣之逆顺逆类鸟之上下也。”六五居上体之中而乘凌九四阳刚，阴邪骄矜于上，而下无其应，野心不能实现。六二阴居阴位得正，又处下体之中而上承九三阳刚，态度谦下，柔以行事，则坎险可济而小事可成。

【大象】山上有雷，小过。君子以行过乎恭，丧过乎哀，用过乎俭。

【译文】山顶上响动着震雷，声太大，象征小有过越。君子因此在行动举止上稍过恭敬，居丧中稍过悲哀，日常消费上稍过节俭。

【解读】小过下艮上震，艮为山在下，震为雷在上。山上有雷，是雷过于山，所以是小过象。按《易》卦中震雷，多含警戒震惕。李光地释：“案雷出地则声方发达而大，及至山上，则声渐收敛而微，故有平地风雷大作，而高山之上不觉者，此小过之义也。”君子观山上有雷之象，悟到处小过之时，可行矫枉过正之道，以自贬损来启悟人们改过自新之意。《周易折中》又引陆铨云：“君子虽行贵得中，事期当可，然势有极重，时须损余以补缺，事必矫枉而后平，即夫子所谓‘宁俭’‘宁戚’之意。理所当过，即是时中。”在行止之恭、丧事之哀、用费之俭之类寻常小事上，稍能过越，以正俗弊，故孔颖达曰：“小人过差，失在慢易奢侈，故君子矫之以‘行过乎恭，丧过乎哀，用过乎俭’也。”

【爻辞】及**【小象】**

初六：飞鸟以凶。

象曰：飞鸟以凶，不可如何也。

---

① 《彖》中“有飞鸟之象焉”一句，观其文辞，与《彖传》不类，似如程颐《易传》所云，是后世“解者之辞误入《彖》中”。

【译文】

初六：飞鸟逆势向上将有凶险。

象传：飞鸟逆势向上将有凶险，初六自取凶咎，无可奈何。

【解读】从爻位看，初六以阴居阳而失位不中，又处下艮之初，居“小过”之始，理应安止、栖息，宜下息而不宜上行。明知六二相阻，不顾所处“小过”的特殊环境，不自量力，却贸然前应九四，意欲治国安邦，势必折翅坠落，导致悲剧结尾。九四处上震之下，震性动，初与四应，则动而不止，故有鸟飞之象。初之应四，在它卦为吉，小过之时，往上是逆，“不宜上”，往下是顺，“宜下”。初六资质柔弱而好用刚强，一心想高飞上行，往应九四。逆时而动而致凶，犹如小人急于进躐高位，因其趋势阿附权贵而自取其祸。

六二：过其祖，遇其妣（bǐ）；不及其君，遇其臣，无咎。

象曰：不及其君，臣不可过也。

【译文】

六二：越过祖父不见，得遇祖母；然而终不及其君主，能与臣仆相遇，没有咎害。

象传：不及其君主，说明六二作为臣仆决不可过越其尊贵之君。

【解读】《周易折中》引张振渊所说：“祖妣只作阴阳象，阳亢而阴顺也。过祖遇妣，是去阳而就阴，去亢而从顺，如此则不陵及于君，适当臣道之常矣。‘不及其君，遇其臣’，宜下宜顺也。”从爻位爻象看，六二以阴居柔，既中且正。得正而履中，爻象已显“无咎”。又六二处下艮之中，艮性为止，其上与六五阴阳无应，按常理，宜静不宜动。程颐曰：“阳之在上者，父之象；尊于父者，祖之象。四在三上，故为祖。二与五居相应之地，同有柔中之德，志不从于三四，故过四而遇五，是过其祖也。五阴而尊，祖妣之象，与二同德相应，在他卦则阴阳相求，过之时必过其常，故异也。无所不过，故二从五，亦戒其过。不及其君，遇其臣：谓上进而不陵及于君，适当臣道，则无咎也。遇，当也。过臣之分，则其咎可知。”九三在己之上，有父象。九四在九三之上，有祖象。六五以阴居尊，有妣象。当其上行之时，超过了九四，遇见了六五，故有“过其祖，遇其妣”之象。这是一种上行的态势，上行为逆，并不吉利。尤其是六五为君，六二为臣，如果臣下超过君上，就有乱名分甚或僭越之嫌。对于君上，可遇而不可过。六二遂停止上行，自动示下而不敢凌越六五柔中之君。遇见了与之相比的初六，故有“不及其君，遇其臣”之象。六二能自觉奉行“不宜上，宜下”，合理地处理左邻右舍关系，适应形势、权衡变化而行其中道，以柔顺中正之德调整自己的行为，可以免除咎害。

九三：弗过防之，从或戕（qiāng）之，凶。

象曰：从或戕之，凶如何也。

【译文】

九三：不肯过于防备，将要受人加害，有凶险。

象传：将要受人加害，说明九三的凶险有多么严重呀！

【解读】从爻位爻象看，九三阳刚得正，与上六正应，本该吉爻，但在小过反而致凶。如朱熹所说："小过之时，事每当过，然后得中。九三以刚居正，众阴所欲害者也，而自恃其刚，不肯为之备，故其象占如此。若占者能过防之，则可以免矣。"九三处下卦之上，以阳刚之质处阳刚之位，得正，过于刚强自信，一直上行求与上六正应，在小过之时，此举不合时宜，势必遭遇小人忌恨，受到他们的不断加害，带来莫大凶险。

九四：无咎，弗过遇之；往厉必戒，勿用，永贞。

象曰：弗过遇之，位不当也。往厉必戒，终不可长也。

【译文】

九四：没有咎害，不过分刚强就能得遇阴柔。但前往应和会有危险，必定要警戒，不可施展才用，要永久守持正固。

象传：不过分刚强就能得遇阴柔，说明九四居位不当。前往应和会有危险，必须戒备，最终不可长久无害。

【解读】从爻位爻象看，四已脱离下艮之止，而升至上震躁动之体，内存躁烈盲动之性。而处小过之时，宜下不宜上，宜静观其变、后发而应之，方能防过而保其无咎。故爻多诫辞。又四以刚居柔，位不正当，客观上却存在着危险，所以必须时刻警惕，戒慎恐惧，切切不可掉以轻心，犯下与九三同样的错误。九四阳居阴位，不为过刚，遂能得遇下卦之初，有宜下之象，所以无咎。但既已失正，若主动前往应和初六，则失自慎静守之道，故诫以往厉，并告之勿用、永贞。在小过之时，如果稍有不慎，轻举妄动，是决不会长久无咎的，所以说"往厉必戒，终不可长也"。

六五：密云不雨，自我西郊；公弋取彼在穴。

象曰：密云不雨，已上也。

【译文】

六五：乌云密布但不下雨，从我西郊而来；王公竭力射取隐藏在穴中的害兽。

象传：阴云密布而不下雨，说明六五阴气旺盛，已经高居阳刚之上。

【解读】从爻象看，小过约卦为坎，坎为水，有雨象。六五为一卦之主，以阴柔居尊位，阴过其阳，处小过之时，虽意欲有为，但六五与六二无法正应。好比西郊有乌云密布，无阳不能和合化雨，合乎"小者过""不可大事"之义。因处小过之时，隐患未解，阳气未能上升而和合阴气之故。这一隐患必须除去，所以爻辞有"公弋取彼在穴"，"公"指六五，"彼"指六二，以王公率众弋猎藏于洞穴中的猛兽害虫为喻。六五阴处尊位，故不以君主而以王公为喻。五处上震之中，震卦性动，所以又以弋猎隐害的积极行动设譬。另有一解也很合理。《周易折中》引姚舜牧云："时值小过，宜下不宜上，阴至于五，过甚矣！其所居者尊位也，挟势自亢，泽不下究，云虽密而不雨，自我西郊故耳。当此之时，欲沛膏泽于生民，必须下求岩穴之士以为辅，乃可也，故又戒之以求助，抑之以下贤。"《周易折中》引钱志立（钱澄之父）曰："小过所恶者，飞鸟也。鸟在穴而不飞，所谓'不宜上'而'宜下'者也，故公弋取以为助。"姚、钱之论与帛书《二三子》之论正合，"卦曰：密云不雨，自我西郊，公射取皮（彼）在穴。孔子曰：此言声（圣）君之下举乎山林，拔取之中也，故曰，公射取皮（彼）在穴。"孔子意即圣君选拔贤人于畎亩之中，帛书《二三子》（孔子）曰"下举乎山林"正基于小过卦辞"宜下"之旨。六五居于在上君位，以大局为重，求贤若渴，诚邀藏于洞穴的六二，辅佐自己。这种做法适应形势的要求，合理正当。

上六：弗遇过之；飞鸟离之，凶，是谓灾眚。

象曰：弗遇过之，已亢也。

【译文】

上六：不与阳刚相遇却更超越阳刚，如同飞鸟遭到射杀，有凶险，这就叫灾祸。

象传：不能遇合阳刚却更超过阳刚，说明上六升得过高，已到尽头。

【解读】从爻位爻象看，上六处上震之顶，性亢躁动。又居全卦之极，只知上行，不知琼楼玉宇高处不胜寒。上六既处于亢极之地，却不能自我克制，与在下阳刚遇合，反而背道而驰，超过阳刚。这完全违反"上逆而下顺"之道，必然招致灾眚。由小过渐积而至大过，自溺坎水险陷之中，而取灭顶之灾。上六之"弗遇过之"与九四之"弗过遇之"恰恰相反。九四没有过于刚强逆越六五，而是顺而下行遇见初六，因而无咎。初六与上六皆取飞鸟为象。初六在下，犯"不宜上，宜下"之诫，故曰"飞鸟以凶"。上六阴极已亢，高而不能下，犯了同样错误，故有"飞鸟离之，凶"。都是咎由自取，无可奈何。

总结：

小过卦四阴二阳，互大坎，故为小过。刚不得中柔得中，故"可小事，不可大事"；阴已过，阳不足，上逆下顺，故"不宜上，宜下，大吉"。自然和社会，无时不处在矛盾中，永远存有过失反常，小过卦阐明有时必须小有过越、矫枉过正的道理，其宗旨为：一，小有过越之道只能用以处理柔小之事，即卦辞之"可小事，不可大事"；二，过越的根本体现为谦恭卑柔，即卦辞之"不宜上，宜下"。

小过卦符组合象飞鸟，故以飞鸟为喻。初六上应九四，上则凶（不宜上），故曰"飞鸟以凶"。六二"过其祖"九四，"遇其妣"六五（不宜上），

已违礼制，故“不及其君，遇其臣”，返回顺承九三刚臣（宜下），亦“不可大事”之义。六爻唯二最吉。九三以阳居阳，恃刚而致凶，故诫以“弗过防之”（宜下），若上“从”上六，“或”遭上六阴邪“戕之”而“凶”（不宜上）。九四“无咎”，盖以阳居阴而“弗过”，故可下与初六“遇之”（宜下）；然亦不可上比六五（不宜上），“往厉”，故“必戒，勿用，永贞”。六五阴气滞上，阴盛阳虚，阴阳不和，故曰“密云不雨”（不宜上）。唯六五守中有德，下比九四（宜下），亦合《大象》“君子以行过乎恭”也，故可“公弋取彼在穴”而“下举”贤。上六以阴居阴，处穷极之位，且应爻九三亦自恃阳刚，故“弗遇”而凶。可见，卦辞与彖辞“不宜上，宜下”宗旨贯穿全卦，在小过卦大义中至关重要，故《系辞》曰：“知者观其彖辞，则思过半矣。”杨万里说：“小过之世，何时也？用静吉、用作凶之时也。曷为静吉而作凶也？君臣俱弱，一也；上动而下止，上作而下不应，二也；阴盛而阳孤，邪众而正寡，小人长而君子消，三也；可以不静而轻作乎哉？当是之时，君臣必也自揆其才，互量其力，而安处其时，小有所过则可，大有所过则不可，卑有所就则宜，高有所举则不宜，如飞鸟焉，有所飞必有所归也，飞而无归，凶孰大焉！是故飞有山可栖，则不可以排空而飞也。若下舍其艮之山，而欲上穷乎震之太空，至于无归而遗音哀鸣，则何及矣！是以圣人首戒之曰：‘小过：亨，利贞，可小事，不可大事’，言小者过则亨则利，然必正乃可也。有所为则不可也，犹恐其不量才力，不度时宜而轻动也。又戒之曰：‘有飞鸟之象焉，飞鸟遗之音，不宜上，宜下，大吉，上逆而下顺也。’言无若飞鸟薄山栖、羡云飞，始乎躁，卒乎悔也。维卑飞则吉则顺则宜，高举则逆则不宜也，周平王之伐郑，鲁昭公之伐季氏，东晋之北伐，石晋之挑契丹是已……”杨氏将小过卦旨卦象阐释得全面而深刻。

小有过越虽说可获吉祥，但所获都是些柔小之事。要建立在正的基础上，要守持正固。矫枉过正的分寸需小心把握，否则适得其反，过犹不及，必导致凶险。

六十三

既济䷾

【卦辞】既济：亨小，利贞。初吉终乱。

【译文】既济卦象征事已成：连柔小者也获得亨通，宜于守正。（若不慎守成功）最初吉利，最终混乱。

【解读】《周易折中》引俞琰曰："三刚三柔皆正，而位皆当，六十四卦之中，独此一卦而已，故特赞之也。"既济六爻全部当位、相应、亲比，爻象在六十四卦中最完美。下离火炎上，上坎水润下，水火相交，刚柔相济，如泰卦天地之交，故既济有泰卦之德。坎月离日，日居月下，故既济又有谦卦之德。《周易正义》："人皆不能居安思危，慎终如始，故戒以今日'既济'之初，虽皆获吉，若不进德修业，至于终极，则危乱及之。"既济是六十四卦最圆满的卦，大功已成。但仍应慎终如始，保持警戒之心。

【彖辞】既济，亨，小者亨也。利贞，刚柔正而位当也。初吉，柔得中也。终止则乱，其道穷也。

【译文】既济，事已成，亨通，柔小者也获得亨通。利于守持正固，阳刚阴柔均利于行为端正，居位适当。起始吉祥，柔小者也像刚大者一样能持中不偏。最终停止不前必将导致危乱，事成之道已经困穷。

【解读】此卦六爻刚柔均当位。柔小因为能得中，与刚大者相应，刚柔相济为吉。之所以说初吉，因为刚柔相应只是初步的条件，理应进一步修行。若据初吉之便利，止步于此，则道穷而乱。一般来说，具备良好的天赋，或有良好的物质基础，都只是可能成功的基础。如果善于利用此便利条件，加上个人后天的不断努力，则可成就大业。如果依仗自己的天赋或富裕的物质条件而放弃努力，最终或一事无成，宋朝方仲永即是一例。在当今社会，那些富二代、官二代若依仗父辈创造的条件，徒思奢靡生活而不思进取，则最终沦为寄生虫，甚至是社会的祸害。

【大象】 水在火上，既济。君子以思患而豫防之。

【译文】 水在火上（烹饪食物），象征事已成。君子因此在事成后，思虑可能出现的祸患并预先防备。

【解读】 既济离下坎上，离为火，坎为水。水性润下而居上，火性炎上而居下，水火既交，各得其用，是吉利卦。孔颖达曰：“水在火上，炊爨之象，饮食以之而成，性命以之而济，故曰：水在火上，既济。”坎为险，为加忧，故曰“思患”。离为火，火灾由星星之火引起，故曰“豫（预）防之”。又，“灾”字籀文“災”，上水下火，有既济之象。物极必反，大好的形势也藏隐危机。君子观此卦象，应当保持清醒的头脑，居安思危，采取预防的措施，避免向不利的方面转化。荀爽说：“六爻既正，必当复乱，故君子象之，思患而预防之：治不忘乱也。”君子观既济卦象，知“初吉终乱”之理，故能思其后患而预为防备。

【爻辞】 及 **【小象】**

初九：曳其轮，濡其尾，无咎。

象曰：曳其轮，义无咎也。

【译文】

初九：向后拖曳车轮避使猛行，小狐渡河沾湿尾巴不使速进，必无咎害。

象传：向后拖曳车轮避使猛行，说明初九的行为符合谨慎守成的意义而不致咎害。

【解读】 初九以阳刚之才居既济之始，且上应六四。本可以乘胜前进，一鼓作气，去争取更大的成功，但却“曳其轮，濡其尾”。因为对“初吉终乱”的发展趋势作了全面的估计，“思患而豫防之”。所以自我克制，慎始慎终，不去贪功冒进，而是脚踏实地，稳步前进。这是明智的选择，不会有什么咎害。陈梦雷《周易浅述》解释“兽之涉水必揭其尾”时说：“狐必揭其尾而后济，濡尾则不掉，不速济也。”意思是说狐狸渡河必然会翘起尾巴，否则就不能快速渡河。

六二：妇丧其茀（fú）[①]，勿逐，七日得。

象曰：七日得，以中道也。

【译文】

六二：妇人丧失车辆的蔽饰（难以出行），不用追寻，七日必将失而复得。

象传：过不了七日必将失而复得，说明六二能守持中正不偏之道。

【解读】 六二介于二阳之间，下乘初九，上承九三，乘承皆刚，阻碍了与九五相合的前进之路。处“既济”之特殊时地，九五又有日中则昃的中满之象，似

① 茀，又作“髴”“髢”等，帛书《周易》作“发”，或指首饰，或指车辆的蔽饰，此选后解。

含未能下贤的隐忧。程颐曰："自古既济而能用人者鲜矣，以唐太宗之用言，尚怠于终，况其下者乎？""妇丧其茀"，妇人出门因丧失其车辆蔽饰而难以成行，不太顺心，有些遗憾。虽如此，也不必过于焦虑，不必专门寻找，应当相信这种不利的因素是可以自动消除的。六二阴居阴而处位中正，上应九五阳刚中正之君，何况初九与九三在既济之时并没存心阻碍其前进之路。只要履行中道，静待时机，必定能与九五正应，实现自己志愿。如同车饰必定失而复得一样，所以说"七日得，以中道也"。据王国维《生霸死霸考》，我国出土的青铜器铭文中，保留了现存文献失载的周初纪日法，即按月亮盈亏规律，将每月分为四期，从月初至月末依序取名为"初吉""既生霸""既望""既死霸"，每期七日，七日正为日序周期转化之数。

九三：高宗伐鬼方，三年克之，小人勿用。

象曰：三年克之，惫也。

【译文】

九三：殷高宗讨伐鬼方，经过了三年才取胜，不可起用小人。

象传：持续三年之久终于获胜，说明九三持久努力到了疲惫的程度。

【解读】鬼方是商周时西北方的部族，常侵袭中原。商代第二十二代天子武丁，是殷商著名的中兴之君，花了数年时间终于征服了鬼方。从爻位爻象看，九三以阳居刚，遥应上六，上六处上体坎卦之极，是至远至险之地，故爻以远居西北的鬼方为喻。又三居下离之极，离卦有兵戈之象。又三爻变则下体由离化为震，震卦性动。兵戈震耀之极事即为兴兵征战，故爻以征伐鬼方设象为喻。"三"非确数，"三年"言其事难济，成功来之艰巨。多年苦战劳民伤财，损耗国力，疲惫不堪。征伐之事只可在万不得已时偶尔为之，不值得推崇。治国良策应是"思患而豫防之"，对事物的发展有一个全面的估计，深谋远虑，防微杜渐。九三在既济之时取得了应有的成功与胜利，但智者远虑，君子已有思患预防以善始善终之虑，故《周易折中》引沈该之说："既济初吉，锐于始也；终止则乱，怠于终也。中兴之业既就，远方之伐既成，而使小人预于其间，贪功逞欲，惫民不息，则必以乱终，不可不戒，是以'小人勿用'也。"

六四：繻有衣袽（rú）[1]，终日戒。

象曰：终日戒，有所疑也。

【译文】

六四：华美衣服将变成敝衣破絮，应当整天戒备祸患。

① 另一解据王弼、程颐、朱熹诸人之注，以"繻"当作"谓"，谓渗漏也。程颐《伊川易传》云："四在济卦而水体，故取舟为义……舟有罅漏，则塞以衣袽，有衣袽以备濡漏。"故爻辞是说，为了预防渡河时船漏，准备了堵塞漏洞的破衣旧絮，君子因此心中思虑深远，警钟长鸣，常备不懈，终日戒备祸患。

象传：整天戒备祸患，说明六四有所疑惧。

【解读】 从爻位爻象看，六四以阴居阴，当位履正，本身具有良好的素质，犹如舟已入水。又四阴柔位正，近于九五而居近臣之位，处于由“初吉”转向“终乱”的开始，为多惧之地。同时辅君施治，责任重大。所以整天戒慎警惕，不敢懈怠。《周易折中》引张清子之说：“六四出离入坎，此济道将革之时也。济道将革，则罅漏必生。四坎体也，故取漏舟为戒。终日戒者，自朝至夕不忘戒备，常若坐敝舟而水骤至焉，斯可以免覆溺之患。”所言甚是，既济以内卦为主，至外卦则开始向未济方向转化，六四已进入外卦，所以要居安思危，守正防患。

九五：东邻杀牛，不如西邻之禴祭，实受其福。

象曰：东邻杀牛，不如西邻之时也。实受其福，吉大来也。

【译文】

九五：东边邻国杀牛盛祭，不如西边邻国举行微薄的禴祭，更能切实地承受神灵降予的福泽。

象传：东边邻国杀牛盛祭，不如西边邻国微薄的禴祭适时明德。西邻更能切实地承受神灵降予的福泽，喻示吉祥将源源来临。

【解读】 从爻位爻象看，九五阳刚中正居尊位，是既济一卦之主。功成业就之后，坐享其成之时，但既济盛极，是最易萌生骄奢淫逸的危险时刻，所以作者因禴祭，而诫以诚敬惜时等语。古时“国之大事，惟祀与戎”，九五祀天而祭，禀成功于神明。但祭在诚乎，而不在于祭品丰盛与否。古时牛为大牲，东邻杀牛以祀，祭品丰盛至极，而西邻薄祭，明德馨香以奠，出之以诚敬，却胜于东邻厚祭而鬼享神佑，实受降福。《左传·僖公五年》载，公曰：“吾享祀丰洁，神必据我。”对曰：“臣闻之，鬼神非人实亲，惟德是依。故《周书》曰：‘皇天无亲，惟德是辅。’又曰：‘黍稷非馨，明德惟馨。’又曰：‘民不易物，惟德繄物。’如是，则非德，民不和，神不享矣。神所冯依，将在德矣……”大意是虞公说：“我的祭品丰盛洁净，神明一定会保佑我。”宫之奇说：“我听说过，鬼神不随便亲近哪个人，只保佑有德行的人。所以《周书》上说：‘上天对人不分亲疏，只帮助有德行的人。’还说：‘五谷祭品不算芳香，只有美德会芳香四溢。’又说：‘人们的祭品没有什么不同，只有有美德的人的祭品神才会享用。’如此说来，君主没有德行，民众就不会和睦，神明也不会享用他的祭品。神明所依凭的，在于人的德行……”东邻阳位，杀牛盛祭神灵，为九五之象。西邻阴位，奉行简朴禴祭，为六二之象。但东邻的盛祭不如西邻的薄祭，西邻可以享受实实在在的福泽。因为在既济之时，六二处于创业阶段，兢兢业业，励精图治，禴祭虽然简朴，却本于虔诚之心，自然能“实受其福”。九五与六二不同，已上升到至尊之位，已功成业就，易于志得骄矜。杀牛之祭虽然隆重，但过于注重形式，而心乏虔诚，自然不如六二“实受其福”。东邻西邻之祭，一正一反，形成鲜明对比，给人深刻启悟：处盛之时最忌骄奢。祭祀在于合时，不在于丰，心怀诚信必受福泽。

上六：濡其首，厉。

象曰：濡其首，厉，何可久也。

【译文】

上六，小狐渡河沾湿头部，有危险。

象传：小狐渡河沾湿头部，有危险，喻示事成之后若不审慎怎能长久守成。

【解读】上六位于既济之极，盛极必衰。坎为水，上爻为首，故曰“濡其首，厉”，亦卦辞“初吉终乱”之义。《周易折中》引胡瑗说：“物盛则衰，治极必乱，理之常也。上六处既济之终，其道穷极，至于衰乱，如涉险而濡溺其首，是危厉之极也。皆由治不思乱，安不虑危，以至穷极而反于未济也。”比较而言，初九“濡其尾”，有后顾之意，而上六“濡其首”，则因既济而志气盈满，所以不虑前险而唯知其涉，故自取其咎而致濡首没顶之祸。王申子曰：“不言凶而言厉者，欲人知危惧而速改，则济犹可保。”既然面临危厉，应采取断然措施。清楚说明了作者治不忘乱、居安思危的良苦用心。

总结：

既济卦名的取义，是借“涉水已竟”喻“事已成”，但全卦大旨却阐发“守成艰难”的道理。既济万事皆济，柔小者获得亨通，刚大者更是亨通。在六十四卦中，既济卦是最为理想的状态，也是世人追求的最高目标。《杂卦》说“定也”，是指一种和谐的秩序，是秩序与和谐的完美结合。《贞观政要·君道》载，唐太宗曾问侍臣：“帝王之业，草创与守成孰难?”魏徵答曰：“帝王之起，必承衰乱，覆彼昏狡，百姓乐推，四海归命，天授人与，乃不为难。然既得之后，志趣骄逸，百姓欲静，而徭役不休；百姓凋残，而侈务不息。国之衰敝，恒由此起。以斯而言，守成则难。”君臣对白虽论“帝王之业”，其义却吻合既济卦旨。

从卦辞看，虽称“事成”之时，物无大小，俱获亨通，但又以“利贞”二字强调不可忘乎守“正”。而“初吉终乱”一语，更是深明此时稍不敬慎必将复乱的诫意。初九处既济之始，如同小狐渡河，“濡其尾”以减慢前进，因而无咎。上六处既济之终，盲目冒进而“濡其首”，陷入灭顶之灾。这种对比表明了慎始慎终的道理。尽管既济的总体形势吉利亨通，但就人的主体行为而言，无论开始或结束，都须谨慎对待，不可掉以轻心，否则就会失败。所谓谨慎，就是自我克制，尽可能使主观与客观相符，做出合理的应对，避免产生不利后果。上六已处于大好形势终结之时，却不知谨慎，就不能维持长久，失败是必然的。

从卦爻结构看，离下坎上，卦中六爻，初九、九三、九五，阳居阳位，

六二、六四、上六，阴居阴位，所谓“刚柔正而位当”，象征各得其所，各安其位，建立了正常的秩序，没有颠倒错位的现象。初九与六四、六二与九五、九三与上六，刚柔相应，彼此沟通，特别是居于臣位的六二柔而得中，与九五刚健中正之君配合默契，象征社会政治和谐的整体。

《易》道贵中和，卦中六爻无不见警诫之旨：初诫“曳轮”不可前，二诫“丧茀勿逐”，三诫“小人勿用”，四“终日戒”，五有“东邻杀牛”之诫，上更以“濡首厉”为诫。可见，“既济”之时虽万事皆成，但要安保这一既成局面，却非易事。《大象》有“君子以思患而豫防之”，意味深长。欧阳修《易童子问》论曰：“人情处危则虑深，居安则意怠，而患常生于怠忽也。是以君子‘既济’，则思患而豫防之也。”此论实为本卦精义。事物发展到极点，必定会向相反的方面转化。日中则昃，月盈则亏。天地盈虚，与时消息。这是不以人的意志为转移的客观规律，所以尽管既济的爻位配置达到了最佳状态，完美地实现了中和的理想，也不能违反这个规律，必定要经历一个初吉终乱的过程。盛极必衰，治极必乱。当既济发展到上六，已到穷极之地，于是和谐转化为冲突，有序转化为无序，作为一个关键性的转折点，开始朝着与之相反的未济卦演变了。

六十四

未济䷿

【卦辞】未济：亨。小狐汔济，濡其尾。无攸利。

【译文】未济卦象征事未成：亨通顺利[1]。小狐狸快要渡过河时，沾湿了尾巴。前行无所利。

【解读】《序卦》说："物不可穷也，故受之以未济终焉。"事物的发展无穷无尽，既济所显示的成功只是事物发展告一段落的总结，意味着新的开始。程颐云："未济则未穷也，未穷则有生生之义。"因此，既济中已含"未济"之理。到了未济卦就象征着事业尚未完全成功，将继续发展，所以未济卦预示着新一轮艰难征途的开创。未济言"亨"，其"亨"是未然之亨，最终取决于事态发展和主观努力。既济之乱在终，未济之难在初。《周易正义》有"未济有可济之理，所以得通"，也即"事未成"正可促使其成，主观努力相当重要。既济之时要慎终如始，未济之时应慎始慎终，故李光地曰："自始济以至于将济，不可一息而忘敬慎也。"

【彖辞】未济，亨，柔得中也。小狐汔济[2]，未出中也。濡其尾，无攸利，不续终也。虽不当位，刚柔应也。

【译文】事未成，勉力使成可获亨通，是因为柔顺而能守持中道。小狐渡河接近成功，实际尚未脱险。被水沾湿尾巴，则无所利益，说明努力有始无终。卦中六爻虽不当位，但刚柔却能相应（勉力可促使成功）。

【解读】《彖传》更多从卦德卦性方面来分析，未济之亨指未然之吉，是尚未实现而有待努力的美好未来，只是一种希望。处在未济的特殊情境中，六五以阴

---

① 表示事未成，勉力使成可获亨通。

② 小狐汔济：小狐狸几乎渡过河。汔，帛书《周易》作"气"，其义为"几乎"。

柔谦虚之德而居中位，能够主动容纳上下、团结阳刚而同舟共济。人们常说，“君子同心，其利断金”，万众一心，何险不可济？故王弼注说：“位不当，故未济；刚柔应，故可济。”来知德曰：“言未济终于必济，故亨。”又有：“亨者，言时至则济矣，特俟其时耳，故亨也。”都从事物发展的总体来分析未济卦性，只要谨慎求济，则有致亨之道，与《象传》所称“慎辨物居方”同一精神。

【大象】火在水上，未济。君子以慎辨物居方。

【译文】火在水上（难以烹饪），象征事未成。君子因此审慎分辨诸物，使之各居适当的处所，则万事可成。

【解读】未济坎下离上，卦象火在水上。火性炎上，水性润下，水火不交，背道而驰，不能相济为用，象征事未成。未济卦的关键在于配置失当，安排错位，物不称其能，人不尽其才。水火为物虽异，但若能洞见其性，相须以用，则如王弼注之“辨物居方，令物各当其所也”。君子观此卦象，应当审慎辨别物类，合理安排，使之各得其所，做到六位而成章。既充分发挥个体潜能，彼此之间又有序协调。但是未济之时，虽存既济之亨，且有求济之心，但需慎处而谨渡。总之，诚济者处未济之道，以审慎为主，静待时机以济其新功。

【爻辞】及**【小象】**

初六：濡其尾，吝。

象曰：濡其尾，亦不知极也。

【译文】

初六：小狐渡河沾湿了尾巴，将有所憾惜。

象传：小狐狸沾湿了尾巴，说明初六阴柔失位，居坎险之下，而太不知谨慎持中。

【解读】未济之时，成功之路并不平坦，充满曲折艰辛，应当审时度势，合理应对。陈梦雷说：“既济阳刚得正，离明之体，当既济之时，知缓急而不轻进，故‘无咎’；此则才柔不正，坎险之下，又当未济之时，冒险躁进，则至于‘濡尾’而不能济矣，故‘吝’。”初六以阴居阳，错位失正，又在坎险之下，面临困境，但仍然质柔而用刚，盲目追求与九四相应，故有“濡其尾”之象，导致吝惜。

九二：曳其轮，贞吉。

象曰：九二贞吉，中以行正也。

【译文】

九二：向后拖曳车轮避使猛行，守持正固可获吉祥。

象传：九二守持正固可获吉祥，说明要持中，行事端正不偏。

【解读】九二“中以行正”，适应了形势的要求，选择了正确的行为。九二之“曳其轮”是自觉选择，故意减缓前进的速度，谨慎持中，静以待时。九二与六五正应，但以刚居柔失正，又身临坎险。此时，若躁动不安，急于前进，难以成功。经过深思熟虑，采取“曳其轮”的方法，自我克制，刚而能柔，守中审慎，循序渐进，自然可获安贞之吉。

六三：未济，征凶，利涉大川。

象曰：未济征凶，位不当也。

【译文】

六三：未能成功，急于进取则凶，利于涉越大河以脱出险难。

象传：事未成急于进取则必有凶险，六三居位不当。

【解读】六三既言“征凶”，又言“利涉大川”，看似矛盾。从爻位看，六三以阴居阳，不中不正，才质柔弱，且又处于下坎之上。俞琰说：“六爻皆位不当，而独于六三曰‘位不当’，以六三才弱而处下体之上也。”面临这种处境，积极行动当然不利，所以说“征凶”。但同时也存在着有利因素，因为其左邻右舍，下有九二刚健之大臣，上有九四刚明之近臣，如果六三以柔顺之道亲附，有可能得到有力的应援，涉险济难，所以说“利涉大川”。未济之时，“征凶”与“利涉大川”，说明挑战与机遇并存。

九四：贞吉，悔亡。震用伐鬼方，三年有赏于大国。

象曰：贞吉悔亡，志行也。

【译文】

九四：守持正固可获吉祥，悔恨消亡。以雷霆震动之势讨伐鬼方，经过三年取胜，而被封赏为大国诸侯。

象传：守持正固可获吉祥，悔恨消亡，说明九四求济的志向正在践行。

【解读】伐鬼方，殷高宗时实有史事。殷高宗震赫其师，远伐鬼方，三年功成，以大国诸侯之位赏赐将帅。从爻位爻象看，九四已脱离下卦坎险进入上卦离明，机运开始改变，未济将有可济的希望。四为近君之位，臣居多惧之地，太刚而能则有逼主之嫌，故以刚行柔，竭忠辅上，亲比六五。上卦为离，离有兵戈之象，震动兵戈，故爻以三年伐鬼方为喻。四爻变则二、三、四互卦为震，震性为动。与既济之世利用静不同，一样取伐鬼方事，未济之世利用动。故震赫王师而致吉，决不能临难苟免，独善其身。大战三年，方有赏赐，其战争之严酷惨烈可见一斑。九四心怀大局，勇于承担，虽居阴柔之位却能奋震动之威，毅然决然，出兵征伐，此举合理正当，合乎中道。克敌制胜，维护了正常秩序并立功受赏，九四在未济之时力求可济的志向得以完满实现。杨万里云：“临难而坐观，履险而不欲济，无志者也。有志矣，患无才；有才矣，患无位。有志而无才者，欲济而不能济；有才而无位者，能济而不得济。备斯三者，其惟未济之九四乎！怀刚正之资，其志立矣；奋震动之威，其才果矣；居近君之地，其位亲且重矣。是惟无动，动而用之，以伐远夷，则有大功，受大赏必矣。宜其志之得行，吉而悔亡

矣。”诚谓剖析精当，杨氏又以后来周宣王拨乱反正而获中兴的战事为例予以说明，如“吉甫伐猃狁、召虎伐淮夷、方叔伐蛮荆，未济之九四以之”。

六五：贞吉，无悔，君子之光，有孚，吉。

象曰：君子之光，其晖吉也。

【译文】

六五：守持正固可获吉祥，无所悔恨。君子之德的光辉，在于心怀诚信，必得吉祥。

象传：君子之德，光明有晖而吉祥。

【解读】从爻位爻象看，六五居上离之中，离象为光明，又五为君位，为未济成卦之主，是从未济之世向既济之世转化的核心动力之所在，故爻以“君子之光”为喻。六五位居至尊，掌控全局，其所以能拨乱反正，由始乱转而为终治，贞吉无悔，关键在于柔而得中。六五能以柔中之道自我克制，妥善处理与刚爻的关系，做到刚柔相应，自焕“君子之光”。不仅自明其视，而且以其内在诚信，感格大众，外发其光而普照天下。六五之德，自济济人，君主以至诚之心对待臣下，臣下亦以至诚之心对待君主。至诚相感，上下交孚，充分显示了未济卦中有可济致亨之理，故可于未济将济之时，排除险难以共济成功。杨万里又云：“盖未济之六五，其体离也，在天为日，在地为火，日与火虽柔犹刚，虽弱犹强。故日之在夏，暄之益热；火之在夜，宿之弥壮。六五文明之至盛，而养之以晦；刚烈之至猛，而掩之以柔；方且虚其中以临照百官，正其身以一正天下，坚其诚以信任群才……安得不一扫大难为无难之世，一变未济为既济之时乎？备三吉之盛福，而无一毫之悔尤，又何疑焉！其汤、武、高帝之创业，少康、宣王、光武之中兴事耶？”

上九：有孚于饮酒，无咎。濡其首，有孚失是。

象曰：饮酒濡首，亦不知节也。

【译文】

上九：寓诚信于饮酒之中，无咎害。但逸乐过度，将如小狐渡河被水沾湿头部，必然损害正道。

象传：饮酒逸乐而（如小狐渡河）沾湿头部招致祸害，说明上九也太不知节制。

【解读】从爻位爻象看，上九以刚健之性，居离明之极，处未济之极，开始由未济转而为既济，形势喜人，饮酒庆祝，歌舞升平。这些并无咎害，但必须有所节制，适可而止，居安思危，保持忧患意识。因为物极必反，盛极则衰，既济与未济常相转化。《周易折中》引邱富国曰：“既言饮酒之无咎，复言饮酒濡首之失，何耶？盖饮酒可也，耽饮而至于濡首，则昔之有孚者，今失于是矣。”唐玄宗初期，与姚崇、宋璟等贤臣，上下交孚，共济危难，成就开元之治。但其晚年天宝年间，奸相李林甫、杨国忠当政，上下相忌，人人自危。玄宗纵乐于上，犹如濡首饮酒而不知，导致“渔阳鼙鼓动地来”，惊慌失措，京城失陷于安史乱中，举国生灵涂炭。

总结：

《周易》以未济为终，蕴含着对“易者，变也”这一义理的归结。从卦名上看，未济是借“未能济渡”喻“事未成”，而全卦大旨乃在说明：当“事未成”之时，若能审慎进取，促使其成，则未济之中必有可济之理。

卦辞中小狐渡水的故事很生动。一只没有经验的小狐，在即将渡过大河、对岸近在咫尺时，被即将到来的成功冲昏了头脑，竟然在水中欢呼跳跃，结果沾湿了尾巴，或许差点被水淹没，终于未能如愿成济。《周易折中》引邱富国曰：“内三爻，坎险也，初言‘濡尾’之吝，二言‘曳轮’之贞，三有‘征凶，位不当’之戒，皆未济之事也；外三爻，离明也，四言‘伐鬼方，有赏’，五言‘君子之光，有孚’，上言‘饮酒，无咎’，则未济为既济矣。”卦中所示，下三爻尚未能“济”，主于诫其“慎”；上三爻已向“既济”转化，主于勉其“行”。六爻首尾，慎始诫终，把卦辞致亨之旨的错综复杂内容，明白揭示。大抵下卦之爻，因所处时段问题，陷于坎险之中，准备济渡之具尚未完备，所以爻位爻象显示，是皆未可急于进用。九二“曳其轮”方保贞吉，已是万幸。六三则直言急济“征凶”，严重其戒。而上卦之爻，则已跳出坎险之外，而处该进以济之时，故迅速行动而又不失时机，如九四“震用伐鬼方”，三年方才见功，经过顽强拼搏与重大牺牲，终于赢来了“有赏于大国”的贞吉之亨。六五因其合于中道而发“君子之光”，故致“有孚”之吉。发展至此，六五已是居中应刚，成为上离的文明之主，实际上已从未济困境中脱出，转而界临既济之界域，故爻称“贞吉”之亨，也是时势必然。《周易折中》引郑汝谐云：“既济初吉终乱，未济则初乱终吉。以卦之体言之，既济则出明而之险，未济则出险而之明；以卦之义言之，济于始者必乱于终，乱于始者必济于终。天之道、物之理固然也。”然而六爻寓意，上六最深长。就爻位看，其时虽已转为既济，但若纵逸无度，必有重返未济之危，故爻辞既言“无咎”又发“失是”之诫，意在揭示事物原始返终、祸福相依的道理。

若从卦变角度看，则泰䷊上下卦之中爻阴阳爻变为既济䷾，而否䷋之六二与九五换位而成未济䷿，似乎显示了既济为泰为吉，未济为否为凶。但《周易》作者深刻认识到，矛盾止息只是相对的，其运动才是绝对的，随着旧的过程止息，新的过程必将产生。正如《序卦》所说：“物不可穷也，故受之以未济终焉”。所以《周易》不是既济作结，而是未济。

不过，未济之吉也是有条件有限制的，当其上九纵酒逸乐而坐享既济成果之时，又会重新跌入未济坎陷之中，故爻称有“濡其首”之失。可见事物发展到既济、未济，并非发展的终结，只能说是事物发展告一段落的终结，但却是新阶段运动的开始。易之为道，生生不息，在完成了既济大功之后，又经未济而重新走向更高一层的新征途，这就是天道自然之理，合乎人类社会的生活辩证法，启迪后世人。

后记

流年徙转，我站在讲台上讲授“周易与人生”课程业已十二年了。在时光里行走：春花绚烂，夏风清凉，秋叶静美，冬雪翩然。花之荣谢，草之青黄，一切依着自然，拒绝和接纳。在现世烟火中研读《周易》蕴涵的人生哲理，恍如在寒冷冬夜找寻温暖灯光，每走一步，便是一种领悟，一番历练，于此成就了我们斑斓的世界和丰盈的灵魂。

愿年轻的学子抛却烦恼，卸下重负，让自己的大学生活诗意而晴朗。但人生从无完美，须尽力去完善。奔赴山水遥迢的岁月，或许会经历坎坷跋涉。回眸忆念，祈愿源远流长的中华传统文化经典支撑起我们的初心，砥砺前行，令我们的人生饱满、坚强而温暖。

这本书的面世，我特别感恩中南财经政法大学和北京大学出版社。衷心感谢中南财经政法大学给予我一路成长的种种机缘，感恩为这本书的面世真诚关心、帮助过我的领导和前辈。感谢北京大学出版社编辑王长民先生和郭莉女士在校阅这本书时认真严谨的付出，让我获益良多！

本书初稿完成于我在美国伊利诺伊大学香槟分校（UIUC）访学期间（2016年1月—2017年2月）。虽是第二次在UIUC访学，但UIUC的图书馆藏书实在卷帙浩繁，我经常辗转于各个藏书馆之间，头晕目眩。写稿期间得到该校Main Library的Dr. Shuyong Jiang，以及Dr. Betoel和Dr. Margaret Escobar的大量帮助，非常感谢他们的无私热忱。

感恩不已，永以珍惜，以一首小诗诚谢：

无题

时光里的笛音
一曲动听的曾经

擦肩而过那一瞬
芰荷映水 涟漪点圈

巽之风来 空灵净洁

震之云去 自如舒卷

寂寥的青石路上 桂花绽放

浓香杳然铭刻 夜雨秋色

初冬 清寒凛冽

拣选 旧日熟悉的旋律

被遗弃的每一支残简

穿梭在字里行间

碾碎情绪的残片

隔年飞雪的春天

毛笔彩笺 凝眄窗前

湖水宛若安宁的镜面

杨柳尚未抽芽

一片绿意 温暖的执念

只待樱花 起舞轻旋

如雨 如念

欢笑的黄昏 天行健

花开在掌心 地势坤

既济 未济

一一默然 作别天涯

岁月赐予的微笑 清浅

不离 不绝

青山依旧在 几度夕阳红

张玖青

2017年10月于南湖